Klaus J. Heinisch

Der Wassermensch

Entwicklungsgeschichte eines Sagenmotivs

Klett-Cotta

CIP-Kurztitelaufnahme der Deutschen Bibliothek

Heinisch, Klaus J.:
Der Wassermensch : Entwicklungsgeschichte e.
Sagenmotivs / Klaus J. Heinisch. — Stuttgart :
Klett-Cotta, 1981.
ISBN 3-12-933310-X

Verlagsgemeinschaft Ernst Klett – J. G. Cotta'sche Buchhandlung
Nachfolger GmbH, Stuttgart

Printed in Germany
Umschlag: Heinz Edelmann
Satz: Setzerei Lihs, Ludwigsburg
Druck: Gutmann, Heilbronn

„Entweder ist Verwandlungsfähigkeit
und auch gelegentlich Untergangsfähigkeit das Gesetz
des Menschen, oder er hat überhaupt kein Gesetz."
Gottfried Benn

Umseitig: Wassermann. Brunnenfigur in Rothenburg ob der Tauber.
Zeichnung von Egbert Greven

Inhalt

Vorbemerkung

Der vorliegenden Arbeit liegt nicht die Absicht zugrunde, den totgesagten Historismus wiederzubeleben. Vielmehr schien es ihrem Verfasser, wenn auch die reine Motivgeschichte ihre Bedeutung verloren haben sollte, sowohl in historischer wie in ästhetischer Hinsicht von Belang, die jeweilige Gestaltung eines Motivs zu erfassen. Was aber dieses selbst betrifft, so bemerkt Karl Kerényi, im Hinblick auf jede „in den Hauptlinien scharf umrissene Geschichte" dränge sich die Frage nach ihrer Herkunft „unabweislich" auf[1], und Ernst Robert Curtius setzt des Petronius Arbiter Wort: „... neque concipere aut edere partum mens potest nisi ingenti flumine litterarum inundata"[2] unter die „Leitsätze" seiner „Europäischen Literatur"[3].

Anlaß zu den weitläufigen Untersuchungen des „Taucher"-Motivs war indessen der Irrtum des Verfassers, daß der Wasser- oder Fischmensch von Messina zum ersten Male bei Fra Salimbene von Parma erwähnt werde[4], ein Irrtum, dessen Berichtigung unter Heranziehung aller erreichbaren Quellen die Reihe der Vorfahren und Nachkommen des Wassermenschen auftauchen ließ.

Deren jeweilige Gestaltung wurde zum Problem. Denn wenn die Geschichtlichkeit des Menschen auch auf seiner Erlebnis- und Entscheidungsfähigkeit beruht, so ist diese doch situationsbedingt – im literarischen Bereich an die Aus-

1 K. Kerényi, Die Griechisch-Orientalische Romanliteratur, S. VIII bis IX u. Anm. 16.

2 Petronii Saturae 118, 3 (ed. F. Bücheler, Berlin 1922, S. 88).

3 E. R. Curtius, Europ. Literatur u. lat. Mittelalter, 6. Aufl. 1967, S. 10.

4 Vgl. Kaiser Friedrich II. Sein Leben in zeitgenössischen Berichten, hrsg. v. K. J. Heinisch, München 1969, S. 349, Anm. 80; auch dtv dok. 2901.

drucks-, Formulierungs- und Stilzwänge der gegebenen Umstände gebunden.[5] Somit gilt für den Literaturhistoriker in demselben Maße wie für den Historiker das Gebot, die Erscheinungen in der Perspektive ihrer eigenen Zeit zu betrachten, um sie erst daraufhin und mit allem Vorbehalt aus der Sicht der Gegenwart zu beurteilen. Nur so wird er jenem ambivalenten Begriff der Menschlichkeit gerecht, der positiv die Möglichkeit, Mensch zu sein, bedeutet und negativ die Versuchung, im Kreatürlichen zu versinken.

In diesem Sinne handelt es sich hier um den Versuch, ein archetypisches Grundmotiv menschlichen Erlebens, die elementare Verfremdung, an einem speziellen Beispiel durch seine schriftlich fixierte und somit ablesbare Entwicklung zu verfolgen und es in einen größeren Zusammenhang zu stellen, es gewissermaßen an seinem mythischen Horizont erscheinen und in seiner jeweiligen historischen Färbung aufleuchten zu lassen.

5 Vgl. G. Benn, Ges. Werke, Wiesbaden 1968, Bd. 7, S. 1836.

1
Antike Metamorphosen

Der römische Modedichter Publius Ovidius Naso war gewiß nicht schlecht beraten, als er, durch die „Epistulae Heroidum" und die „Ars amatoria" zur Höhe des Tagesruhms erhoben, mit kühner Hand in die unerschöpfliche Welt des Mythos griff und in einem Sammel- oder Kettengedicht hellenistischer Prägung dem erwartungsvollen Publikum der Hauptstadt der Welt seine fünfzehn Bücher „Metamorphosen" vorlegte. Seiner erprobten Geschicklichkeit gelang es, einen zeitlichen Rahmen von der Erschaffung der Welt bis zur Apotheose des göttlichen Caesar um die mehr als zweihundert Verwandlungssagen zu legen, sowie auch jeder einzelnen der oft lokal begrenzten Legenden ihren bestimmten Platz und ihren eigenen Sinn zu geben, so daß das Interesse der Leser nicht nur nicht erlahmt, sondern sogar jeweils neu geweckt wird. Ovid vermied dabei auch sorgfältig jede Lehrhaftigkeit, zu der ihn seine zweifellos sehr ausgedehnten antiquarischen Studien leicht hätten verleiten können und der seine hellenistischen Vorgänger zuweilen zum Opfer gefallen waren. Das ist im Hinblick auf religionsgeschichtliche und religionspsychologische Einzelheiten vielleicht zu bedauern; der dichterischen Substanz der „Metamorphosen" ist es nur zugute gekommen. Trotzdem bedarf diese einer grundsätzlichen Erhellung, die durch den Hinweis auf einen auf seine konkrete Urtümlichkeit zurückgeführten Animismus nicht ausreichend gegeben ist. Um sie zu suchen, wird man jedoch weniger auf die, wenn auch keineswegs ganz unpoetischen, Fragmente des gelehrten Marcus Terentius Varro als vielmehr unmittelbar auf Homer, den Vater aller Dichtkunst, selbst zurückgreifen müssen, bei dem die totemistische Metamorphose noch in der reinsten Form zu finden ist. Denn der homerische Vergleich – Apollon und Pallas Athene als Geier[1], Athene als Adler[2] oder als Schwalbe[3] – ist ja nichts anderes als die, einer „bildhaften Urlogik“[4] entsprechende, Verwandlung oder Verfremdung objektiven Ursprungs, in der nicht nur „Verglichenes und Vergleich noch wirklich eins sind“[5], sondern das So-Sein in magischer Art und Weise variabel ist. Von solchen Verwandlungen geht eine atavistische Anziehungskraft aus, die keineswegs nur ästhetisch nacherlebbar, wenn auch von jeher in dichterischen Gestaltungen „konserviert“ worden ist und die dem erhöhten Reiz- und Schockbedürfnis der heutigen Zeit besonders zu entsprechen scheint. Es ist jedoch nicht nur jenes „spukhafte Es, das als waltendes Prinzip aufgezeigt wird“[6], sondern in genauso entscheidender Weise die Tatsache, daß das Ich sich damals wie heute seiner selbst noch nicht oder nicht mehr sicher ist, auf der die Anziehungskraft des „Anderen“ beruht, das man sein möchte oder sein könnte: die Lust, wenn nicht sogar der Zwang zur Verkleidung, Veränderung, Metamorphose.

Der stärkste, auch religionsgeschichtlich interessanteste Reiz liegt dabei in der elementar bedingten oder, besser gesagt: der elementar „gerichteten“ Verwandlung, der, wie Goethe es ausdrückt, „behaglichen“ Auflösung in die Urelemente des Feuers oder der Luft, vor allem aber in das des Wassers, dessen Kontrast zu dem erdgebundenen und erdbestimmten Menschen wohl am stärksten empfunden wird. Hier ist die Verfremdung – sofern dieser Begriff zunächst als Selbstentfremdung, als das überraschende und überwältigende Erlebnis des Sich-selbst-nicht-mehr-Kennens verstanden wird – am durch-

1 Ilias VII, 58 ff.

2 Ilias XIX, 350 f., Odyssee III, 371 f.

3 Odyssee XXII, 339 f.; vgl. i. ü. K. J. Heinisch, Homer im Deutschunterricht, Paderborn 1965, S. 27 u. S. 69–72.

4 W. Schadewaldt. Von Homers Welt und Werk, 3. Aufl., Stuttgart 1959, S. 149.

5 W. Schadewaldt a. a. O., S. 147.

6 L. Spitzer, Bespr. v. Kayser. Das Groteske, S. 96.

greifendsten und „natürlichsten“ und enthält gleichzeitig die zauberhafte Verlockung der Gefahr, die der Ambivalenz der tückischen Elemente entspricht.

Das Trügerische der äußeren Erscheinung erweist sich zudem jeweils als substantiell begründet. So sagt Platon an bedeutsamer Stelle von dem wahren Wesen der Seele, also der „Idee“ des Menschen, daß wir jenes „nur in einem Zustande“ schauen, „wie diejenigen, welche den Meergott Glaukos sahen:

Nicht leicht können diese nämlich seines eigentlichen Wesens (τὴν ἀρχαίαν φύσιν) ansichtig werden, weil seine ursprünglichen Gliedmaßen (παλαιὰ τοῦ σώματος μέρη) teils zerschlagen und zerstoßen sowie von den Wellen auf allerlei Weise verunstaltet, teils auch mit anderen, fremden Körpern, wie zum Beispiel mit Muscheln, Seemoos und Gestein bewachsen sind, so daß er eher jedem Meerungeheuer gleicht als seiner ursprünglichen Gestalt (ὥστε παντὶ μᾶλλον θηρίῳ ἐοικέναι ἢ οἷος ἦν φύσει)“[7]

Und Homer berichtet von dem Prototyp des Verwandlungskünstlers der alten Welt, dem Meergott Proteus, er könne

„sich ständig wandeln in alles,
Was auf Erden kriecht, auch in Wasser und loderndes Feuer“[8],

und erzählt:

„Anfangs verwandelt' er sich zum mächtigen Löwen,
Drauf dann zum Drachen, zum Panther, zum riesigen Eber,
Wurde ein Baum mit ragendem Wipfel, auch fließendes Wasser.“[9]

Es dürfte kein Zufall sein, daß sich entsprechende Beispiele in den Götter- und Heldenliedern der Edda finden lassen. Nicht nur Loki, „der wandlungsfähigste der Götter“, nimmt in der

---

7 Platon, Politeia 611 D.
8 Od. IV., 417 f.
9 Od. IV, 456 ff.

„Lokasenna“[10] alle möglichen Gestalten an, sondern auch der zauberkundige Odin selbst; der Zwerg Andwari wird von der „argen Norne“ in einen Hecht verwandelt[11], und seine Artgenossen Alwis und Dwalin[12] werden wie auch die Riesentochter Hrimgerd „vom Morgenlicht überrascht“ zu Stein.[13] Selbstverständlich handelt es sich hier weder um „Plagiate“ noch um künstliche Verformungen, sondern um konkrete Vorstellungen und die in ihnen ruhenden magischen Möglichkeiten.

Schon die Antike aber, obwohl sie sich, wie es sich bei Platon zeigt, um „ideelle“ Klärung durch Analogie und oft sogar schon um naturwissenschaftliche Beweise bemüht, bleibt nicht bei der einfachen Beschreibung oder Schilderung stehen. Der Vorgang wird in doppelter Hinsicht zum künstlerischen Ausdrucksmittel, indem magische Ursache und ästhetische Wirkung erkannt, unterschieden und bewußt verwendet werden. Den entscheidenden Schritt scheint hier Ovid getan zu haben. Vergil bringt zwar die „inmania cete“[14] in großer Szene, und das Bild der Scylla wächst unter den Händen dieses Dichters durch poetische Empfindung[15] und künstlerische Verformung aus dem Mythologischen ins Mythische[16]:

„Finstere Höhlen jedoch umgeben das Lager der Scylla,
Die ihre Köpfe hervorstreckt, die Schiffe an Klippen zu treiben:
Oben von Menschengestalt und Jungfrau mit schwellenden Brüsten
Bis zu der Scham, doch unten ein Meerungeheuer, dem Seehund

---

10 Edda, 2. Bd.: Götterdichtung und Spruchdichtung. Übertr. von Felix Genzmer. Mit Einleitungen u. Anmerkungen von Andreas Heusler, 2. Aufl., Jena 1932, S. 54 u. Anm. zu Str. 23, 4–6.

11 Ebd., 1. Bd.: Heldendichtung, 3. Aufl., Jena 1928, S. 114: Reginsmál 1/2.

12 Ebd., 2. Bd., S. 105: Alvissmál 36; vgl. Anm. zu 17, 3 u. 36, 6/7.

13 Ebd., 1. Bd., S. 172: Helgakvida Hjorvardssonar 29/30 u. Anm.

14 Verg. Aen. V, 822.

15 Vgl. E. R. Curtius a. a. O., S. 201.

16 Verg. Aen. III, 424–428.

Ähnlich der Bauch, und die Schwänze so lang, wie Delphinen sie wachsen."

Die Verformung ist jedoch, besonders wenn man die partizipiale Ausdrucksweise (exsertantem, trahentem, commissa) der Originalsprache in Betracht zieht, noch objektiv, während sie bei Ovid, obwohl es zunächst noch spielerische Absicht oder aber „elegante Variation"[17] sein mag — abgesehen von der Stelle, an der die zweifelnde Medea mittelbar von dem gefährlichen Untier berichtet[18]:

„Scylla belle gefräßig und wild im sizilischen Meere" —,

von der Scylla selbst innerhalb der Glaukos-Episode subjektiv erlebt wird[19]:

„Scylla kam und stieg in die Flut bis zur Mitte des Rumpfes,
Als sie den Schoß von bellenden Robben entstellt sah.
Erst vermochte sie nicht zu erkennen, daß diese Teil ihres Leibes
Seien; sie schauderte furchtsam, schreckte dann zaghaft die frechen
Mäuler der Hunde davon; doch sie zog, was sie floh, mit sich weiter,
Tastete ängstlich die Hüften, die Schenkel hinab und die Füße,
Fand aber nur den Rachen des höllischen Hundes und steht nun
Auf dem wütenden Tier, und die Rücken der schrecklichen Kläffer
Sind im verkümmerten Schoß, im geblähten Bauche verwachsen."

Ein Vergleich zwischen Vergils und Ovids Scylla ist aufschlußreich: Während nämlich jener eine Erscheinung beschreibt, läßt dieser die Verformung sich im wahrsten Sinne des Wortes am lebendigen Leibe vollziehen, wirkt somit „moderner", verleiht der Verwandlung, wenn man den Gegensatz von Verfremdetheit einer- und Verfremdung andererseits[20] ins Auge faßt, Vorgangscharakter. Man kann diese Vollzugsschilderung Ovids ureigene Erfindung nennen, ebensogut

17 E. R. Curtius a. a. O., S. 201.
18 Ovid, Met. VII, 65.
19 Ovid, Met. XIV, 59–67.
20 Vgl. L. Spitzer a. a. O., S. 103.

aber die seiner Absicht und seiner Zeit entsprechende Manier. Um diese jedoch noch deutlicher vor Augen zu führen, sei auf den bereits von Platon erwähnten Glaukos zurückgegriffen. Dieser, bei Ovid „ein neuer Bewohner der Salzflut“[21], wird zunächst von Scylla gemustert, die

> „Stand und von sicherer Stelle, ob Gott er sei oder Monstrum,
> Zweifelt', die Färbung bestaunend, die Haare, die weit ihm die Schultern
> Wie auch den Rücken bedecken, und außer sich feststellt, daß unten
> Bauch sowohl wie Beine und Füße sich ringelnd zu Fischen verwandeln.“

Auch dieser objektiven Beobachtung[22] steht wieder ein „persönlicher“ Bericht des Glaukos selbst[23] gegenüber, der Scylla erzählt, daß er, jetzt ein mächtiger „Gott des Meeres“, einst ein Sterblicher gewesen sei, aber schon damals mit dem Meere wohl vertraut (deditus aequoribus), und, angelnd und Netze auswerfend, in den Fluten beschäftigt. Einst habe er am Ufer die triefenden Garne getrocknet und die gefangenen Fische im Grase ausgebreitet, als diese sich plötzlich, als ob sie noch im Wasser wären, auf dem trockenen Rasen bewegt hätten, zum Meere gekrochen und gesprungen seien und sich wieder ins Wasser gestürzt hätten. Darauf habe er Gras gerupft und zerkaut; sofort habe er sich seltsam verwandelt gefühlt und unaufhaltsam zum Wasser eilen müssen:

„Land, lebe wohl!, so rief ich und tauchte tief in die Wogen.“ Die Götter des Meeres hätten ihn sodann in ihren Kreis aufgenommen und Okeanos und Tethys gebeten, ihm alles Menschliche zu nehmen, hätten neunmal[24] den „Bannspruch“ gespro-

---

21 Ovid. Met. XIII, 904: novus incola alti ponti.

22 Met. XIII, 912–915.

23 Met. XIII, 916–963.

24 Zu der Zahl Neun vgl. Exod. 7–10; Voluspà 2 (Edda II, 35), Odins Runengedicht 2 (ebda. II, 171), Volundarkvida 3 (ebda. I, 18); ferner J. Grimm, Deutsche Mythologie, S. 43, 39 u. 237, aber auch G. R. Hocke, Manierismus in der Literatur, Hamburg 1959, S. 55.

chen, um ihn zu reinigen (purgante nefas noviens mihi carmine dicto). Soweit sei er imstande, den Vorgang wiederzugeben (hactenus acta tibi possum memoranda referre, hactenus haec memini). Das Folgende habe er nicht in Erinnerung (nec mens mea cetera sensit). Als er wieder zu sich gekommen sei, habe er sich, auch geistig, völlig verändert gefunden (alium me corpore toto, ac fueram nuper, neque eundem mente recepi):

„Nunmehr erschien mir zunächst mein Bart in rostgrüner Farbe
Und das wallende Haar, das lang durch die Wellen ich schleppe;
Bläulich die Arme und blau die Schultern erblickt' ich, die starken,
Und die Schenkel gekrümmt, mit Schuppen gleich Schwänzen der Fische."

Die Verwandlung ist vollzogen: der Fisch- oder Wassermensch ist „existent."

Indessen wird die „Wahrheit" dieser Geschichte schon früh bezweifelt; ob wirklich schon im Altertum, erscheint ungewiß, wenn man den mysteriösen Verfasser der „Unglaublichen Geschichten" näher ins Auge faßt, der unter dem Pseudonym (?) Palaiphatos bis zum Beginn der Neuzeit, ja bis ins 18. Jahrhundert hinein gern und viel gelesen wurde. Auf jeden Fall bezieht sich seine kurze Erzählung unmittelbar auf Ovid, bringt aber gleichzeitig eine besonders interessante Version des Motivs vom kühnen Taucher und Schwimmer, die aufklärerische Ideen oder einfach den „unsagbar platten Rationalismus" des Verfassers[25] verrät[26]:

„Dieser Glaukos wird gerühmt, weil er nach dem Genuß von Kräutern unsterblich geworden sei und jetzt im Meere wohne. Daß Glau-

---

25 Vgl. Pauly-Wissowa, Real-Encyclopädie der klassischen Altertumswissenschaft 18, 2 (1942), Sp. 2449–2455 s. v. Palaiphatos (zit. Sp. 2455).

26 Palaephati De incredibilibus historiis, in: Opuscula mythologica physica et ethica graece et latine, ed. Thomas Gale, Amstelaedami 1688, pp. 34–35, n. 28.

kos allein dieses Kraut gefunden haben und als Mensch, oder was für ein Landtier auch immer, im Meere leben soll, klingt durchaus lächerlich. In Wahrheit verhält es sich vielmehr so: Glaukos war ein Fischer aus Anthedon [in Böotien] und ein Schwimmer, der in seiner Kunst alle übrigen übertraf[27]. Nachdem ihn seine Mitbürger im Hafen ins Wasser springen gesehen hatten, suchte er schwimmend ständig einen anderen Platz auf, und nachdem er viele Tage lang von seinen Freunden nicht mehr erblickt worden war, tauchte er wieder hervor und zeigte sich ihren Blicken. Als ihn daher seine Landsleute fragten, wo er denn gewesen sei, erfand er eine Lüge und sagte: im Meere. Und da er an einer bestimmten Stelle Fische versteckt hielt und keiner der anderen Fischer infolge des tobenden Sturmes etwas fangen konnte, fragte er seine Mitbürger noch obendrein, was für Fische sie von ihm haben wollten. Als er die gewünschten Fische herbeigeschafft hatte, wurde er der ‚Meer-Glaukos' (Glaucus marinus, Γλαῦκος Θαλάσσιος) genannt. Schließlich traf er auf ein wildes Meerestier und ging zugrunde. Als er aber nicht mehr aus dem Meere hervorkam, fabelten (fabulati sunt, ἐμύθευσαν) die Leute, er lebe im Meere und wohne auch dort."

Giuseppe Pitrè[28] betont mit Recht, daß hier eine (realistische) Besonderheit erwähnt wird: Der Fischer und Taucher Glaukos hält in einem Versteck Fische bereit, die er, bei schlechtem Wetter, wenn die anderen Fischer nicht zum Fang ausfahren können, zu (wahrscheinlich sehr) hohen Preisen verkauft. Doch tut diese sehr „menschliche" Gerissenheit seinem Nimbus offenbar keinerlei Abbruch. „Die Phantasie des Volkes und der Schriftsteller schuf um ihn eine Aureole von außerordentlichen Taten, eine wunderbarer als die andere; und so wurde der Fischer, der Taucher, nach dem Zeugnis des (Mythographen) Heraklit[29] ein Seher des Meeres (un vate

---

27 Vgl. Pausanias, Graeciae Descriptio IX, 22, 5ff.; Strabonis Geographica, recogn. A. Meineke, II, Θ, 2, 13: „ἐνταῦθα δὲ καὶ τὰ περὶ τὸν Γλαῦκον μυθεύεται τὸν Ἀνθηδόνιον, ὅν φασιν εἰς κῆτος μεταβαλεῖν." Vgl. auch Andrea Cirino l. c., p. 106–7, unten Seite 147.

28 Vgl. Studi di leggende popolari, p. 110.

29 Vgl. Ἡρακλείτου περὶ Ἀπιστίων n. 10, in: Opuscula mythologica (vgl. Anm. 26), p. 72: De Glauco marino: „Dieser, so berichtet man,

marino), der auf einer Insel wohnte und den Seeleuten, die sich näherten, zeigte, wie sie den Kurs halten könnten, und ihnen voraussagte, was auf dem Meere geschehen werde."[30]

Weniger menschenfreundlich verhält sich jenes Meereswesen, von dem der immer und immer wieder zitierte Bericht des hervorragenden Naturforschers Caius Plinius Secundus erzählt. Dieser überaus gelehrte römische Admiral behauptet,[31] er könne Gewährsmänner, die im römischen Ritterstande eine gewichtige Rolle spielten (auctores equestri ordine splendentes), anführen, die am Strande von Cadiz ein Meerwesen (marinum hominem) gesehen hätten, das einem Menschen völlig ähnlich gewesen sei (toto corpore absoluta similitudine); es habe nächtlicherweile die Schiffe erstiegen, und sofort sei die Seite des Schiffes, auf der es sich niedergelassen habe, herabgedrückt worden; das Schiff sei sogar gesunken, wenn jenes Wesen länger sitzen geblieben sei.

Hierzu bemerkt der Herausgeber der Separatausgabe des 9. Buches der „Naturalis Historia"[32], der zu seiner Zeit hochangesehene Philologe Lorenz Theodor Gronovius, skeptisch, es handle sich bei den von Plinius erwähnten Gewährsmännern um ausgesprochene Lügner (mendaces), unter denen an erster Stelle der Consul Caius Licinius Mucianus (gestorben um 77 nach Chr.) zu nennen sei, dessen „Admiranda" fragmentarisch erhalten sind.

Die Existenz eines antiken Palaiphatos wird dadurch nicht erhärtet. Mindestens für Ovid aber hat sich eine seltsame, aus der „Erlebnisdisposition" für „personifizierte Wesenheiten übersinnlicher Art"[33] erklärbare Freude an der Verfremdung

---

soll ein Seher des Meeres (vates marinus) gewesen sein; er wohnte nämlich auf einer Insel und zeigte den Vorüberfahrenden immer die [beste] Art der Weiterfahrt (modum navigationis expromebat) und sagte ihnen die Zukunft (futura) voraus."

30 Pitrè a. a. O.

31 Nat. hist. IX, 5, 10; Tusc. IX (1979), S. 18.

32 De Aquatilibus, Lugdunum Batavorum 1778, p. 9, n. d.); vgl. Conr. Gesner IV, 439.

33 E. R. Curtius a. a. O., S. 212.

der gewohnten Welt – selbst wenn sie sich „nur“ im Mythos vollzieht! – herausgestellt. Die Verwandlung, die in der Vermischung verschiedener Daseinsbereiche ihren Anfang nimmt und schließlich zu einer völligen „Verkehrung“ der Verhältnisse führt, entspricht offenbar bei ihm zugleich einer merklichen Umwertung der gängigen Begriffe, wie sie bereits ein Menschenalter zuvor der Historiker Caius Sallustius Crispus auf sittlichem Gebiete den jüngeren Marcus Porcius Cato (Uticensis) in seiner Rede vor dem Senat feststellen und rügen ließ.[34] Hier wird eine „Umwertung aller Werte“ sichtbar, deren Auswirkung sich auch in Dichtung und Literatur zeigt.

In wirksamem Gegensatz dazu steht jedoch gerade in der Dichtung die Genauigkeit der Schilderung der umgebenden Dingwelt. Und von ihrem Standpunkt aus gesehen, erscheint der Vorgang der Verwandlung im wahrsten Sinne des Wortes „ent-setzlich“ oder eben „grotesk“. Da er jedoch infolge der unerläßlichen Sinnfälligkeit der Motive, hier wie immer, auf Wiederholung angewiesen ist[35], zeigt sich nicht zufällig bereits auf der Höhe der römischen Dichtung „der Versuch, das Dämonische in der Welt zu bannen und zu beschwören“, von dem Wolfgang Kayser sagt, daß er „zu allen Zeiten unternommen worden“ sei[36], und der in spezifischer Gestalt im Mittelalter, dann aber vor allem im 16. und 17. Jahrhundert, später in der Romantik und schließlich in der gegenwärtigen Zeit wieder aufgegriffen wird.

---

34 Vgl. Coniuratio Catilinae 52, 11: „iam pridem equidem nos vera vocabula rerum amisimus.“

35 Vgl. dazu auch: L. Spitzer, Interpretationen, S. 138.

36 Vgl. W. Kayser, Das Groteske, S. 139.

2
Die Sage vom Fischmenschen

Die Sage vom Wassermann oder Fischmenschen ist uralt, ist zu allen Zeiten lebendig geblieben und durch Seemannsmärchen stetig genährt worden. Ihr jüngerer Bestandteil hängt mit der Fähigkeit einzelner Menschen zusammen, längere Zeit auf oder sogar unter dem Wasser zuzubringen, also mit besonders tüchtigen Schwimmern und Tauchern, deren Leistungen ans Übermenschliche grenzten oder einfach das normale Maß überschritten.

Von einem solchen Taucher weiß bereits Herodot im Zusammenhang mit der Seeschlacht bei Artemision zu berichten[1]:

„Währenddessen faßte ein gewisser Skyllias aus Skione [auf der Halbinsel Pallene], zu seiner Zeit der vorzüglichste Taucher, den es gab, den Entschluß oder führte den schon früher gefaßten, aber bis dahin nicht ausführbaren Entschluß aus, zu den Griechen überzugehen. Er befand sich auf der persischen Flotte und hatte bei dem Schiffbruch am Pelion den Persern einen großen Teil ihrer Schätze gerettet, auch sich selber einen großen Teil angeeignet. Auf welche Weise Skyllias sich jetzt zu den Hellenen flüchtete, kann ich nicht sicher angeben; was man darüber erzählt, scheint mir kaum glaublich (ὅτεῳ μὲν δὴ τρόπῳ τὸ ἐνθεῦτεν ἔτι ἀπίκετο ἐς τοὺς Ἕλληνας, οὐκ ἔχω εἰπεῖν ἀτρεκέως, θωμάζω δέ εἰ τὰ λεγόμενά ἐστιν ἀληθέα). Es heißt nämlich, er soll in Aphetai ins Meer getaucht sein, also die etwa achtzig Stadien unter dem Wasser durchschwommen haben. Auch sonst erzählt man von diesem Manne Dinge, die erlogen scheinen;

---

1 Herodot VIII, 8; übers. v. A. Horneffer, hrsg. v. H. W. Haussig, 2. Aufl., Stuttgart 1959, S. 529 f.

anderes ist wahr. Was den vorliegenden Fall betrifft, so glaube ich eher, daß er in einem Boot nach Artemision gefahren ist"[2].

Die Skepsis, mit der Herodot dem Bericht gegenübersteht und mit der er ihn wiedergibt, ist beachtlich.

Gleich zu Beginn des Mittelalters hat nun kein Geringerer als der langobardische Geschichtsschreiber Paulus Diaconus (720–797), der gelehrte „Verfasser der sagenreichen Geschichte seines Volkes", wie ihn Wilhelm Levison nannte[3], eine einschlägige Erzählung überliefert[4]:

„Nicht allzu weit von dem Gestade, von dem wir eben sprachen, gegen Westen hin, wo sich der endlose Ozean ausbreitet, gibt es einen außerordentlich tiefen Wasserstrudel, den wir mit einem geläufigen Namen den ‚Nabel des Meeres' nennen. Er soll zweimal am Tage die Fluten verschlingen und wieder ausspeien, wie es sich an allen jenen Küsten an den mit gewaltiger Geschwindigkeit anbrandenden und wieder zurückweichenden Fluten erweist. Ein derartiger Strudel oder Wirbel wird von dem Dichter Vergil ‚Charybdis' genannt; dieser behauptet in seiner Dichtung, er sei im sizilianischen Meere anzutreffen, indem er folgendermaßen spricht:

‚Rechts haust Scylla, zur Linken droht grausam Charybdis, und brausend
Bis zur Tiefe des Schlundes, verschlingt sie dreimal die Wasser,
Saugt sie zum Abgrund, um wieder, zur Höhe des Himmels sie speiend,
Bis zu den Sternen hinauf die stäubenden Wogen zu schleudern.'[5]

2 Vgl. ebd. Anm. 8 (S. 744): „Skyllias war wahrscheinlich Schwammtaucher und hatte sich bei diesem Gewerbe durch seine Geschicklichkeit ausgezeichnet. Nach Her. hätte er also unter Wasser eine Entfernung, die in der Luftlinie 15 km beträgt, zurückgelegt. Hiernach wurde auch zu Herodots Zeiten Seemannsgarn gesponnen." Vgl. Pausanias X, 19,1.

3 Vgl. B. Gebhardt, Handb. d. deutschen Gesch., 7. Aufl. Stuttg. 1930, 1. Bd., S. 171.

4 Historia Langobardorum I, 6 (MG SS rer. Langob. et Ital. s. VI—IX (1878) p. 50 s.

5 Verg. Aen. III, 420—423.

Man versichert, daß von dem genannten Strudel die Schiffe oft plötzlich und unversehens mit solchem Ungestüm erfaßt werden, daß sie wie Pfeile durch die Luft zu fliegen scheinen; und manchmal versinken sie in jenen grauenhaften Abgrund und finden ein schreckliches Ende. Oft, wenn sie schon am Versinken sind, werden sie vom plötzlichen Schwall der Wogen zurückgerissen und mit derselben Geschwindigkeit wieder fortgeschleudert, mit der sie vorher angezogen wurden. Man versichert auch, daß es einen weiteren derartigen Strudel zwischen der Insel Britannien und der Provinz Gallien gebe[6]; dazu stimmt auch, daß die Küsten des Seinegebietes und Aquitaniens zweimal am Tage von so jähen Überschwemmungen heimgesucht werden, daß, wer sich zufällig ein wenig zu weit vom Ufer entfernt hat, kaum noch entrinnen kann. Man kann sehen, wie die Flüsse jener Gegenden von wildem Ungestüm stromaufwärts getrieben werden und das Süßwasser viele Meilen weit in Salzwasser verwandelt wird.

Ungefähr dreißig Meilen von der Seineküste entfernt liegt die Insel Evodia[7]. Bis dorthin hört man, wie von ihren Einwohnern bezeugt wird, das Getöse der in die Charybdis strömenden Wasser.

Ich vernahm von einem vornehmen Gallier, daß so manches Schiff, das erst der Sturm zerschellte, nachher von der Charybdis verschlungen worden ist. Ein einziger von allen Seeleuten aber, die auf jenen Schiffen waren, wurde, während die übrigen zugrunde gingen, indem er noch atmend durch die Fluten schwamm, von der Gewalt der Wogen abgetrieben und gelangte bis an den Rand jenes ungeheuerlichen Schlundes. Als er bereits das abgrundtiefe und schier unendliche Chaos erblickte und, vor Angst halbtot, erwartete, hineingerissen zu werden, da plötzlich blieb er völlig unverhofft an einem der emporragenden Riffe hängen. Nachdem sich nämlich bereits alle Wasser ringsum im Schlunde verlaufen hatten, waren die Ränder ganz trocken. Als er nun dort in solcher Not, zitternd vor Angst und Schrecken, saß und den Tod, dem er kaum entronnen war, nichtsdestoweniger mit Sicherheit erwartete, siehe, da erblickte er plötzlich riesige Wasserberge aus der Tiefe hervorquellen und zudem die Schiffe, die verschlungen worden waren, hervortauchen. Und als eines von ihnen in seine Nähe kam, erfaßte er es mit letzter Anstrengung. Und unverzüglich wurde er in rascher Fahrt ans Gestade getrie-

---

6 Vgl. E. W. Happel, Relationes S. 90.

7 Wohl Alderney (nicht die Hebriden [Aebudae]).

ben, entrann so dem schrecklichen Tode und konnte darauf von der Gefahr berichten, in der er geschwebt hatte."

Hier liegt ein echtes Seemannsgarn vor, wie es, in tausend gedruckten und abertausend ungedruckten Abwandlungen gesponnen, gelegentlich bündige Gestalt gewann und etwa wieder bei Edgar Allan Poe, in der Erzählung „Der Sturz in den Malstrom", nacherlebbar geworden ist.[8]

Die Geschichte des aus höchster Not geretteten Seemannes erhielt nun aber im Laufe des Mittelalters eine in jeder Beziehung belangvolle Neufassung und gleichzeitig auch eine genauere Fixierung, indem sie in der jener Zeit eigenen, schon bei Paulus Diaconus deutlich spürbaren, didaktisch-unterhaltenden Art an eine ganz bestimmte, nunmehr auch namentlich genau bezeichnete Person, den apulischen oder sizilianischen Fischer und Taucher Nicolaus, genannt der Fisch, also an den berühmten Nicola Pesce, geknüpft wurde.

Es müssen ihr jedoch zunächst aus noch weit älteren Quellen mythologische sowie christlich interpretierte Beständteile zugeflossen sein, wie sie sich einerseits in den ständig wiederholten, gelegentlich durch Autopsie revidierten Berichten von Homer bis Ovid, von Aristoteles bis Plinius, andererseits in dem mit dem Namen Nikolaus zusammenhängenden Legendenkreis[9] erkennen lassen.

Der heilige Nikolaus von Myra nämlich, der Schutzpatron der Seefahrer und der Stadt Bari in Apulien[10], weist eben durch seinen Namen auf uralte Vorstellungen, die bereits F.

---

8 Vgl. auch dazu E. W. Happel, Relationes curiosae, S. 90: „Der ungeheure Nordische Strudel oder Moskoe-Strohm" u. Abb. S. 89.

9 Man wird sich hier erinnern, daß der Name des heiligen Nikolaus im Jahre 1969 aus dem Heiligenverzeichnis gestrichen wurde.

10 Vgl. Prospero de Lambertini (d. i. Papst Benedikt XIV.), De Servorum Dei beatificatione et Beatorum canonizatione, Pataviae 1743, lib. IV, pars I, cap. XXXI, § 19, pp. 298—300. Die Einwohner der Stadt Bari entführten die Gebeine des Heiligen „pio furto" (ib. p. 298).

Nork[11] in der Funktion des Hermes Psychopompos oder Psychagogos[12], „der die Seelen führt und zurückführt“[13], und – Odins wiederzufinden und in der Bezeichnung „Niko-laos“, dem Namen des die „Völker bezwingenden“ Todes, versinnbildlicht zu sehen glaubte. Die Verbindung von Hermes und Odin verdankt Nork, abgesehen von dem unmittelbaren Hinweis in der „Germania“ des Tacitus[14], wahrscheinlich Jacob Grimms „Deutscher Mythologie“[15], in der „Wuotan, Odinn das allmächtige alldurchdringende wesen, qui omnia permeat“[16], genannt und ihm die „herschaft über das wasser wie über den wind“ zugeschrieben wird[17]. Daß aber der heilige Nikolaus von den Fischern und besonders von den Seefahrern in Sturmesgefahr angerufen wurde, ist vielfach bezeugt[18] und von Nork ausdrücklich durch ein Beispiel aus Hospinians „Festa Christianorum“ belegt[19]:

> „Als in den Wirbeln des Sturmes die Schiffer mit hallenden Klagen
> Nikolaus' Hilfe erflehten, da, sagt man, vom Himmel herunter
> Sei in Gestalt des gerufenen Heiligen einer gestiegen,
> Welcher die Stürme vertrieb und die Wogen besänftigend wirkte.“

Wenn nun auch Jakob Grimm mit vollem Recht eine etymologische Verbindung zwischen dem (griechischen) Namen

---

11 Vgl. F. Nork, Der Festkalender, S. 718—719.

12 Vgl. K. Kerényi, Hermes der Seelenführer, S. 53 f., 62 u. 82.

13 Petronius, Sat. 140, 12: „Mercurius, qui animas ducere et reducere solet.“

14 Tac., Germ. 9: „Deorum maxime Mercurium colunt.“

15 4. Ausg., Basel 1953, S. 111, 121 u. bes. S. 123 ff. u. 136 f.

16 Ebd. S. 107.

17 Ebd. S. 123.

18 Vgl. D. H. Kerler, Die Patronate der Heiligen, S. 306, ferner die zahlreichen Beispiele und Quellenangaben bei G. Pitrè, Studi di leggende popolari, pp. 92—105.

19 Rodolphus Hospinianus (d. i. Rudolph Wirth, Pfarrer auf dem Hirtzel und Provisor der Lateinschule zu Zürich, 1547—1626), Festa Christianorum, Tiguri 1593, fol. 105 v.

Nikolaos und den (altnordischen) Beinamen Odins „als wassergeist und wassergott“: Hnikarr, Hnikudr, Nikarr, Nikuz[20] ablehnt[21], so liegt doch die volksetymologische Verknüpfung von Niklas und Nickel mit Nichus, Nicker, Nick, Nix und Nöck[22] deutlich auf der Hand. Und außer dem Namen ist auch der Mantel Odins, der, „wo er als Hnikarr auftritt, ein meergeist und wellenbesänftigend erscheint“[23], von Bedeutung, der weite dunkle Mantel, in den der Gott den Schützling „faßt“[24]. In diesem Mantel, dem (lateinischen) „Cucullus“, wandert Odin mit seinem Begleiter Loki, wandern die beiden heimlich-unheimlichen Besucher, die in der christlichen Interpretation zum heiligen Nikolaus und seinem Knecht Ruprecht mit ihrer „kinderscheuchenden“ Wirkung[25] geworden sind, von Gehöft zu Gehöft, von Haus zu Haus, und unwillkürlich wird man hier auch an den „großen Nikolas mit seinem großen Tintenfaß“ in Heinrich Hoffmanns unsterblichem „Struwwelpeter“ erinnert, eben auch wegen seiner charakteristischen Bekleidung, dem Kapuzenmantel, den wiederum auch der „kleine Totengott“ trägt: die Gestalt des Telesphoros mit „Cucullus“ und Buchrolle[26].

Der in Kapuzenmantel als Freund oder Feind auftauchende Tod hat als Odin, Hermes, Telesphoros oder – Nikolaus leibhaftige Gestalt angenommen.

Hier ergibt sich nun aber auf Grund des verbindenden „Elementes“, des Wassers nämlich, eine überraschende Beziehung zu der Deutung oder Bedeutung jenes empirisch faßbaren Meereswesens, das die Italiener wegen seines Aussehens „pesce-monaco“ oder „monaco-marino“, die Engländer „monk-fish“ nennen[27], der Robbe (phoca) also, des Seehun-

20 J. Grimm, Deutsche Mythologie S. 123.
21 Ebd. S. 417.
22 Ebd. S. 404 f.
23 Ebd. S. 405.
24 Ebd. S. 121.
25 Ebd. S. 425 f.; vgl. auch S. 417 u. 427.
26 Vgl. K. Kerényi, Romandichtung und Mythologie, S. 21.
27 Vgl. G. Pitrè, Studi p. 54.

des, Seelöwen oder See-Elefanten. Von diesen Tieren berichtet zunächst einmal im 12. Jahrhundert als Kronzeuge des Mittelalters Gottfried von Viterbo in seinem „Chronicon“ oder „Pantheon“ an jener Stelle, wo er den ungeheuren Ozean beschreibt[28]:

> „Dort lebt ein Fisch wie ein Mönch oder mönchischer Kutte vergleichbar,
> Trägt durch die Weiten des Meers sein bemanteltes Haupt[29].
> Denn einem ‚Schuh‘ ist er ähnlich und umfangreich seine Kapuze,
> Besser als sie könnte nichts und zweckvoller keine sonst dünken.
> Und wie menschlicher Laut klingt sein Geschnarr durch die Flut.
> Hände, Antlitz und Mienen nach Menschenweise ihm dienen;
> Läßt er sich aufwärts schnellen, schallen und wallen die Wellen.
> Öfters auch läßt er voll List Schiffe versinken im Meer.“

Je seltener derartige Tiere gesehen wurden, je schwieriger sie zu beobachten, je unbekannter sie der breiten Masse waren, desto mehr beschäftigten sie die Phantasie der Menschen, desto gefährlicher erschienen sie. Dichter wie Naturkundige von Homer[30] bis zu dem Erzbischof Olaus Magnus von Uppsala fanden mehr als zweitausend Jahre lang in ihnen willkommene Gegenstände der Verwunderung. Ihre Darstellungsweise aber ist dabei bei aller inhaltlichen Übereinstimmung nicht nur dem jeweiligen Zusammenhange zuliebe unterschiedlich. Wenn es bei Homer innerhalb der Erzählung des Menelaos [31] heißt: Proteus, „der göttliche Meergreis“

> „Taucht aus den Fluten, wenn Helios kreisend den Himmel erstiegen,
> Und verläßt das Wasser und ruht im tiefen Gewölbe ...
> Um ihn schlafen rings, entstiegen dem grauen Gewässer,

28 Gottfried von Viterbo, Chronicon, pars I, in: Joh. Pistorius, Germanicorum Scriptorum tom. II, Ratisbonae 1726, p. 29.

29 caput cucullatum.

30 Odyssee IV, 399—455.

31 ib. 401—406.

Floßfüß'ge Robben, der lieblichen Tochter der Wellen gehorsam,
Und verbreiten in Scharen die scharfen Gerüche des Meeres",

und weiterhin, im Geschehnisbericht[32]:

„Und dem Wasser entstieg die Schar der Robben, und reihweis'
Lagerte sie sich längs des Meeres umbrandetem Ufer",

so klingt es noch tausend Jahre später bei dem kilikischen Dichter Oppianos (ca. 177–180) zwar lehrhafter, aber inhaltlich entsprechend[33]:

„Seehunde aber verlassen zu nächtlicher Stunde die Fluten,
Ruhen jedoch auch am Tage oft träge am Strand und auf Klippen,
Wo sie sich fern vom Meere willkommenen Schlafes erfreuen."

Demgegenüber schreibt der „Wissenschaftler" Aelianus (ca. 220), vielleicht nach Plinius[34], ganz nüchtern[35]:

„Die Robben kommen gegen Abend hervor; manchmal jedoch pflegen sie auch mittags außerhalb des Meeres zu schlafen."

An einer anderen Stelle seines Werkes berichtet Aelianus ausführlich von der sagenhaften Insel Tapobrane (Ceylon)[36]:

„Das große Meer, das diese Insel umgibt, soll eine unermeßliche Menge von Fischen und sonstigen Lebewesen hervorbringen, und einige von ihnen sollen Köpfe wie Löwen, Panther, Wölfe und Widder und andere Tiere haben; was aber die größte Verwunderung erregt: manche dieser Ungeheuer haben ein ähnliches Aussehen wie

32 Odyssee IV, 448—449.

33 Oppiani poetae Cilicis De Piscatu libri V, Lugdunum Batavorum 1597, lib. I, vv. 407—409.

34 Nat. hist. IX, 7: „et vituli marini, quos vocant phocas, spirant ac dormiunt in terra" (Tusc. IX (1979), S. 24, § 19)

35 Claudius Aelianus Praenestinus, De natura animalium, Paris 1858, IX, 50, p. 163.

36 Ib. XVI, 18, p. 271.

Satyrn (satyrorum speciem, σατύρων μορφάς κήτη ἔστιν ἃ περιφέρει). Andere gibt es mit weiblichen Gesichtern, und an Stelle von Haaren hängen ihnen Stacheln herab ..."

Mehr als tausend Jahre später schreibt Guglielmo Rondeletti (1507–1566) in seinen Büchern „Über die Fische des Meeres, in denen die wahrhaftigen Bilder der Fische wiedergegeben sind"[37]:

„Glatten Hauptes und linkisch [war er]; die Schultern bedeckte eine Kapuze gleich der unserer Mönche. Zwei lange Schwingen hatte er an Stelle der Arme. Der untere Teil endete in einem breiten Schwanz; die Mitte des Leibes war viel breiter und ähnelte einem Soldatenmantel (sagi militaris figura)."

Ohne daß es ausdrücklich gesagt wird, ist die Erscheinung dieser Tiere immer von Gefahr umwittert, geheimnisvoll und wunderbar, hauptsächlich wohl wegen ihrer Menschenähnlichkeit. Am deutlichsten kommt das in der Schilderung der Schwierigkeiten des Fischfangs in Norwegen zum Ausdruck, die der um die Topo- und Ethnographie Skandinaviens im Mittelalter hochverdiente Erzbischof Olaus Magnus von Uppsala (1533–1544) gegeben hat[38]:

„Der unermeßliche Ozean bietet in seiner Tiefe allen Völkern ein seltsames Schauspiel: er zeigt verschiedenartige Wesen, und zwar sind sie nicht so sehr wegen ihrer Größe und im Vergleich zu den Gestirnen erstaunlich als vielmehr bedrohlich durch ihre Gestalt, so daß weder am Himmel noch auf der Erde — in ihrem Innern oder

37 Libri de Piscibus marinis, in quibus verae Piscium effigies expressae sunt, Lugduni 1554, lib. XVI, cap. XX, p. 492 (zit. nach Pitrè, Studi, p. 53 f.); vgl. auch C. Gesner, Historiae Animalium lib. Iv, Francofurti 1620, p. 439; über Rondeletti vgl. Thomas-Pope Blount, Censura celebriorum Authorum, London 1690, pp. 489—491.

38 Historia de gentibus septentrionalibus, Romae 1555, lib. XXI, Praef., p. 729 (De piscibus monstrosis).

unter ihren eigentlichen Erscheinungsformen — irgendetwas verborgen zu sein scheint, was nicht in seiner Tiefe zu finden ist.

In diesem so riesigen, weitgedehnten und lebensfördernden Ozean, der bereitwillig alle Samenkörner empfängt, die die unerschöpfliche Natur dauernd hervorbringt, finden sich zahlreiche, die Ungeheuer erzeugen. Diese scheinen durch die wilden, bald durch den Sturm, bald durch die Fluten hervorgerufenen Umwälzungen und andere Gründe derartige Gestalten hervorzubringen, daß wir überzeugt sind: alles, was irgendwo auf der Welt entsteht, lebt auch im Meere, und außerdem findet man dort gar sehr viel, was sonst nirgends zu sehen ist.

Aber nicht nur tierische Formen kann der kennenlernen, der das Meer durchforscht, sondern auch traubenförmige Klumpen, Schwerter, Sägen und Pferdeköpfe, die aus kleinen Muscheln hervorlugen. Außerdem Schwämme, Nesseln, Sterne, Schakale, Meerweihen, Mönche, Kühe, Wölfe, Schnecken, Muscheln, Mäuse, Sperlinge, Amseln, Raben, Frösche, Quallen, Rinder, Widder, Pferde, Esel, Hunde, Heuschrecken, Kälber, Bäume, Räder, Humpen, Löwen, Adler, Drachen, Schwalben und ähnliches. Von diesen Tieren gehen manche ans Land, um die Wurzeln der Sträucher und Saaten zu fressen und kommen wieder; manche wieder werden durch den Südwind, manche durch den Nordwind fett. Es gibt auch Tiere im Meere, die geradezu der Gestalt eines Menschen gleichkommen und schauerliche Laute ausstoßen, wie Nereiden, auch Meermänner, die am ganzen Körper den Menschen völlig ähnlich sind und zu nächtlicher Stunde die Schiffe ersteigen; man hat die Erfahrung gemacht, daß die Seite, auf die sie sich setzen, sofort niedergedrückt wird; wenn sie länger bleiben, versinken die Schiffe sogar."

Der letzte Satz geht natürlich unmittelbar auf Plinius zurück, auf den denn auch Olaus einige Zeilen weiter verweist und an den auch die lange Aufzählung der mannigfaltigen Gestalten der Meerestiere erinnert[39]. Auf eigener Erfahrung scheint es jedoch zu beruhen, wenn der Erzbischof fortfährt:

„Ich füge die Versicherung eines glaubwürdigen norwegischen Fischers hinzu: wenn solche Meereswesen nicht auf der Stelle freige-

---

39 Plin., Nat. hist. IX, 5, 10; cf. IX, 2/4, 2—8 (Tusc. IX (1979), S. 12—18).

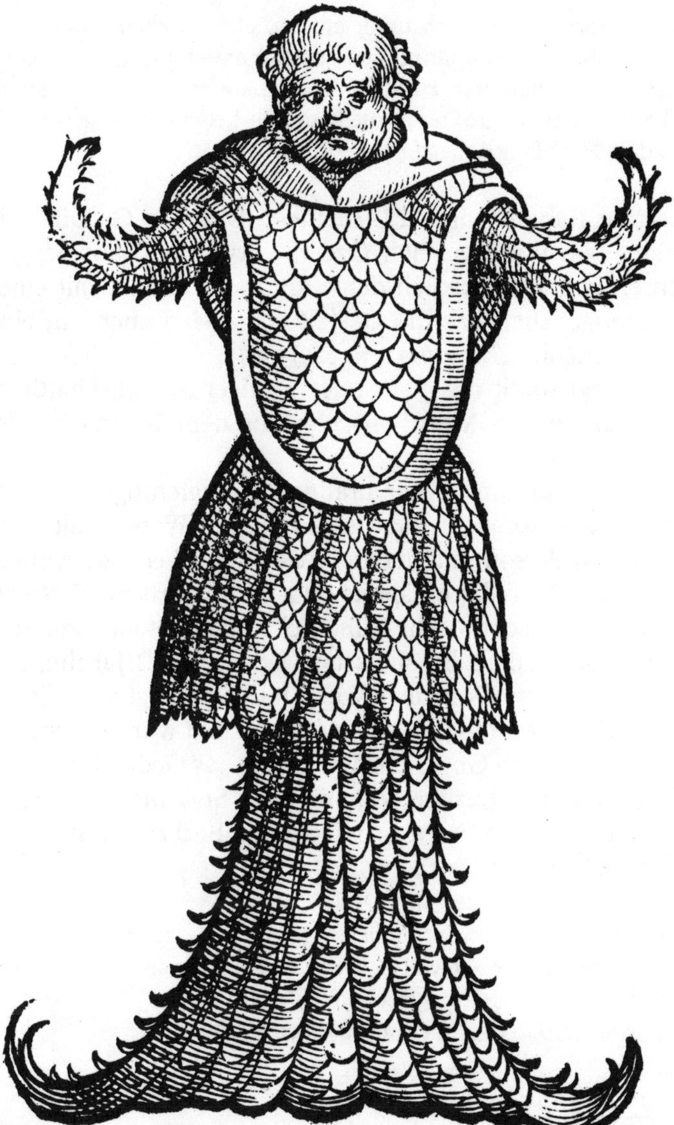

Piscis Monachus (pesce-monaco)
aus Conrad Gesners Historiae Animalium lib. IV,
qui est de Piscium et Aquatilium natura p. 439

lassen werden, erhebt sich unter entsetzlichem Geheul ihrer Artgenossen (eius generis hominum) und einiger anderer Ungeheuer ein so wilder Sturm, daß der Himmel herabzustürzen scheint, und die Fischer können mit größter Mühe kaum ihr Leben retten, geschweige denn dem Fischfang obliegen."

Im ersten Kapitel seines 21. Buches: „Über die Gefahren der Fischerei im norwegischen Ozean", erwähnt Olaus Magnus noch einmal ausdrücklich den Kampf der Fischer mit einem Meeresungeheuer, das die Gestalt eines Menschen mit einer Kapuze (cucullati hominis formam) hat[40].

Hier liegt somit die mehr oder weniger ‚wissenschaftliche' Beschreibung von Meermenschen aus dem 16. Jahrhundert vor.

Die Verknüpfung dieser uralten Überlieferungen und der Kunde oder Kenntnis so ‚elementarer' Wesen mit einer bestimmten Person und deren entweder der Legende entnommenem oder zufällig entsprechendem ‚bürgerlichem' Namen muß nun aber schon sehr früh, viel früher, als man zunächst anzunehmen geneigt ist, spätestens jedoch im 12. Jahrhundert, dem Jahrhundert Gottfrieds von Viterbo, erfolgt sein, dessen Bericht eben deshalb an den Anfang gestellt wurde. Denn nur wenige Jahre nach Gottfrieds Wirken ist das Gedicht des Troubadours Raimon Jordan, Vicomte von St. Antonin, entstanden, in dem Nicola Pesce als Nicola von Bari zum ersten Male namentlich erwähnt wird[41]:

„Ich werde so sein wie Nicola von Bari,
der, lebte er lange, ein weiser Mann geworden wäre,
der lange Zeit unter den Fischen im Meere war
und wußte, daß er dort einmal sterben werde,

40 Olaus Magnus l. c. p. 730.

41 Vgl. Archiv für das Studium der neueren Sprachen und Literaturen 18. Jg. 33. Bd. (1863), S. 466 ([Grützmacher], Auszüge aus der vaticanischen Handschrift Nr. 5232, fol. 130 b: Lo uescoms de saint Antonin); Übers. b. Karl Bartsch, Zu Schillers Taucher, in: Die Gegenwart 13. Bd. (1878), Nr. 15, S. 237.

und dennoch nicht ans Land kommen wollte,
und wenn er's tat, sofort zurückkehrte, um dort zu sterben,
im großen Meer, aus dem er nicht mehr herauskommen konnte,
in dem er unleugbar den Tod fand."

Als spätesten Termin für die Abfassung dieses Liedes, dessen erster Vers: „Tals estarai cum nichola debar", die Kenntnis jenes Mannes, „questet gran temps mest los peisos enmar, enla gran mar don pois non poc issir", voraussetzt, hat Karl Bartsch auf Grund einer auf das Lied bezüglichen Satire des Mönchs von Montaudon aus der Zeit zwischen 1190 und 1200 „den Anfang der 90er Jahre"[42] angenommen. Die Geschichte von dem apulischen Fischer Nicola von Bari muß aber, selbst wenn man die außerordentliche Beweglichkeit und Weltläufigkeit der Troubadours voll in Rechnung zieht, schon etliche Jahre, wenn nicht Jahrzehnte vorher im Schwange gewesen sein, um als allgemein bekannt vorausgesetzt werden zu können, so daß Giuseppe Pitrè mit Recht bemerkt, es handle sich hier „um eine einfache Bemerkung, die jedoch den Charakter eines historischen Dokuments" besitze[43].

Es ist daher auch nicht weiter verwunderlich, daß der ‚seit langem' berühmte und bekannte ‚Taucher' Nicola, auch schon unter dem (falsch verstandenen? oder verschriebenen? oder volkstümlichen?) Namen „Nicolaus Pipe" (Pepe?) in der vierten der fünf „Distinctiones de Nugis Curialium" des englischen Kanonikers von Salisbury und späteren Archidiakons von Oxford, Walter Map, auftaucht, der auf Grund seines langen Aufenthalts in Italien interessante Neuigkeiten aus dem Süden zu erzählen wußte. In dem „De Nicolao Pipe homine aequoreo" überschriebenen dreizehnten Kapitel seines Werkes berichtet er in einer für seine sonstige Schreibweise erstaunlichen Kürze[44]:

---

42 K. Bartsch a. a. O. S. 238.

43 Pitrè, Studi di leggende popolari, p.7.

44 Gualteri Mapes De nugis curialium Distinctiones quinque IV, 13, ed. Th. Wright, London 1850, p. 179.

„Es leben viele, die uns Großes und über alle Verwunderung Erstaunliches (omni admiratione majus) erzählen: sie hätten im Meere jenes Wunder, den Wassermenschen Nicola Pipe (illud prodigium Nicolaum Pipe, hominem aequoreum), gesehen, der ohne ‚Schnorchel'[45] einen Monat oder sogar ein Jahr lang die benachbarten Küsten, unbehelligt (indemnis) von den Fischen, besucht und bei schlechtem Wetter durch seine Warnung den Schiffen im Hafen die Ausfahrt verwehrt oder den ausgefahrenen zur Umkehr geraten habe.

Er war ein richtiger Mensch (verus homo), zeigte an seinen Gliedern nichts Unmenschliches und wies an keinem seiner fünf Sinne irgendeinen Mangel auf, besaß aber über das Menschliche hinaus (trans hominem) die Eigenschaften (aptitudo) der Fische. Jedesmal nun, wenn er ins Meer sprang, um sich dort aufzuhalten, brachte er alte eiserne Bruchstücke mit, die er von Zweigespannen oder Hufeisen (de biga vel pedibus equorum) oder verrottetem Hausrat abgebrochen hatte, von einer Art, von der ich noch nie gehört habe. Allein dadurch war er den Menschen unterlegen und den Fischen gleich, daß er ohne den Geruch und das Wasser des Meeres nicht zu leben vermochte; sobald er sich zu weit davon entfernt hatte, eilte er, als ob ihm der Atem fehlte, zurück.

Der sizilische König Wilhelm [I., 1154—1166 oder II., 1166—1189] wünschte, ihn, als er dies gehört hatte, zu sehen und befahl, ihn vor seine Augen zu führen; als sie ihn gegen seinen Willen (invitum) heranschleppten, verschied er infolge der Entfernung vom Meere unter ihren Händen.

Ich habe zwar mancherlei nicht weniger Verwunderliches gelesen oder gehört, aber ich kenne nichts diesem Wundermenschen (huic portento) Ähnliches."

Nicht viel jünger als die zwischen 1188 und 1193 entstandenen „Nugae" Walter Map's sind die um 1210 für Kaiser Otto IV. verfaßten „Otia imperialia" des Gervasius von Tilbury, der, wohl im Gefolge der englischen Prinzessin Johanna, der

45 „sine spiraculo"; zu dem seltenen Wort ‚spiraculum' vgl. Ed. Norden, Ennius und Vergilius, S. 27—30; vgl. ferner Verg. Aen. VII, 568 sowie Servius ad Aen. VII, 568 (ed. Thilo u. Hagen II, 168); Isidor, Etym. XIV, 9, 2 (Migne P. L. 82, 525); Lucret. VI, 493 (ed. Diels I, 342): „spiracula mundi".

Gemahlin König Wilhelms II., lange in Sizilien weilte und folgendes zu berichten weiß[46]:

„Sizilien wird von Italien durch einen schmalen Sund getrennt, in dem die Meeresstrudel Scylla und Charybdis wüten, von denen die Schiffe zerschlagen oder verschlungen werden; diese Stelle heißt Faro.

Dorthin sei, so berichtet man, auf Befehl des sizilischen Königs Roger [II., 1127—1154] Nicolaus Papa, ein aus Apulien gebürtiger Mann, hinabgetaucht, dessen Aufenthalt fast ständig die Tiefe des Meeres war. Er wurde von den Meerestieren wie ein Freund und Bekannter ungeschoren gelassen (vitabatur ad malum), war ein eifriger Erforscher der Gewässer, sagte den Seeleuten auf den auf hoher See fahrenden Schiffen die drohenden Stürme voraus, und wenn er plötzlich nackt aus dem Meere auftauchte, verlangte er nichts als Öl von den Vorüberfahrenden, um mit seiner Hilfe die Tiefen des Meeresgrundes besser beobachten zu können[47]. Er behauptete, der Grund des Faro sei bewaldet. Infolge der entgegenstehenden Bäume würden daher, so berichtete er, die Fluten gegeneinandergetrieben, und er versicherte, daß es auf dem Meeresboden Berge und Täler gebe, Wälder und Felder und Eicheln tragende Bäume; als Bestätigung haben auch wir oft Meereseicheln am Gestade erblickt."

Hier liegen bereits sämtliche Bestandteile der Erzählung aus Sage, Legende und ‚Naturwissenschaft' vor. Warum jedoch Nicola Pesce nur im Wasser leben kann, wird in keinem der beiden Berichte angedeutet; die objektive Verfremdung wird nur von Walter Map und auch von ihm lediglich im Sinne einer natürlichen Anpassung (Adaptation) an das fremde Element erwähnt. König Roger II. und sein Sohn Wilhelm I. der Böse oder sein Enkel Wilhelm II. zeigen über die Neugier, den Wundermenschen kennenzulernen, hinaus selbstherrliche, wenn nicht tyrannische Eigenschaften; daß aber Nicola

---

46 Gervasii Tilberiensis Otia Imperialia ad Ottonem IV. Imperatorem, in: Scriptores rerum Brunsvicensium, ed. G. W. Leibniz, tom. I, Hanoverae 1707, p. 921.

47 Zur Benutzung von Öl durch Taucher vgl. unten S. 199f. u. Anm. 3, 61; 4, 109, 110.

„gegen seinen Willen (invitus)“ vor den König gebracht wird, versteht sich gewissermaßen von selbst, und der Ausdruck „auf Befehl des Königs“ (ex coactione regis) gehört wohl in den natürlichen Zusammenhang der Erzählung und soll die Macht des gefürchteten Königs betonen.

Nur die Außergewöhnlichkeit der Lebensweise Nicolas sowie die Beschaffenheit des geheimnisvollen Meeresbodens erscheinen als ‚wunderbar'. Dagegen wird in beiden Erzählungen auf Nicolas menschenfreundliche Warnungen vor Unwettern hingewiesen, weshalb auch der Herausgeber der „Nugae“ anmerkungsweise auf die Wahrscheinlichkeit aufmerksam macht, daß es sich hier um Spuren einer „mermaid story“ handle, „of which it is hardly necessary to observe that we find examples in all ages, and almost in every country“.[48]

Gerade deshalb aber muß, obwohl der Name Nikolaus schon bei Raimon Jordan sowie auch bei Walter Map und Gervasius von Tilbury bereits fest mit dem Wassermenschen verknüpft zu sein scheint, im Hinblick auf diese ‚Spuren' noch auf eine in jeder Beziehung merkwürdige Erzählung des Vincenz von Beauvais zurückverwiesen werden, deren Bedeutung nicht zuletzt auf der namentlichen Erwähnung König Rogers II. von Sizilien beruht, zumal ja auch Arturo Graf, ein genauer Kenner der Materie, sowohl „Pipe“ als auch „Papa“ für durchaus selbständige Beinamen und keineswegs für Verwechslungen oder Entstellungen (alterazione) von „Pesce“ hält[49].

Der berühmte Polyhistor des 13. Jahrhunderts, Vincenz von Beauvais O. P (ca. 1190—1264), berichtet also im dritten Buche seines „Speculum naturale“[50]:

---

48 Th. Wright a. a. O. p. 179.

49 A. Graf in seiner Besprechung von: Benedetto Croce, La Leggenda di Niccolò Pesce, in: Giornale storico della letteratura italiana VI (1885), pp. 268—269.

50 Vincentii Beluacensis Speculi naturalis tom. I, Nürnberg 1485, cap. CXXVI; J. G. Th. Gräße zitiert die Stelle in seinen „Beiträgen zur Literatur und Sage des Mittelalters“, Dresden 1850, S. 39 nach Henningus Grosius (Henning Grosse), Magica de spectris et appa-

„Ein Dekan, der, als die Schwester des Herzogs von Burgund mit dem König Roger von Sizilien vermählt (desponsata) war[51], eine Zeitlang in diesem Königreiche wohnte, erzählte, was er dort aufs genaueste in Erfahrung gebracht hatte: Ein beherzter und des Schwimmens kundiger junger Mann, der in der Abenddämmerung bei Mondschein im Meere badete, ergriff eine hinter ihm schwimmende Frau bei den Haaren, wie etwa einen seiner Gefährten, der ihn untertauchen wollte. Als er sie ansprach, konnte er kein Wort aus ihr herausbringen. Er hüllte sie in seinen Mantel und brachte sie in sein Haus, und schließlich nahm er sie ordnungsgemäß (solenniter) zur Frau. Als ihm einmal von einem Freunde vorgeworfen wurde, er habe ein Gespenst geheiratet (quod fantasma accepisset), geriet er in Furcht, zog sein Schwert und drohte, den Sohn, den er von ihr hatte, vor ihren Augen zu töten, wenn sie nicht spreche und sage, woher sie komme. Sie antwortete: ‚Wehe dir Unglücklichem! Du verlierst eine tüchtige Gattin (vtilem perdis vxorem), da du mich zu reden zwingst. Ich wäre bei dir geblieben, und es wäre dir von Nutzen gewesen, wenn du mir erlaubt hättest, das mir auferlegte Schweigen zu wahren. Nun aber wirst du mich nie mehr wiedersehen!' Und im gleichen Augenblick verschwand sie.

Der Knabe aber wuchs heran und begann öfters im Meere zu baden. Eines Tages endlich entführte jene gespenstische Frau (fantastica illa mulier) den Knaben, als er ihr in denselben Fluten begegnete, vor den Augen vieler Menschen; wenn er ein richtiger Knabe (verus puer) gewesen wäre, hätte ihn das Meer ans Gestade spülen müssen."

Hier liegt in der Tat eine perfekte „mermaid story" vor, mit allen nur erdenklichen Nebenumständen, einschließlich des Undine- und Lohengrin-Motivs, sozusagen in Originalfassung, und Nicola Pesces ‚Entstehung' und ‚Untergang' gewinnt einen ganz neuen oder vielmehr den urtümlichen Aspekt, der

---

ritionibus I, 35 (Lugdunum Batavorum 1656, p. 25), wo sie mit leichten Veränderungen („Scribit Vincentius lib. 3 historiarum ...") wiedergegeben ist.

51 König Roger II. von Sizilien heiratete im Jahre 1149 in zweiter Ehe Sibylla, die Schwester Herzog Eudos II. von Burgund (1143—1162); sie starb bereits im September 1150.

nichts anderes als die ‚eigentliche' Begründung seiner elementaren Verfremdung darstellt: die Vermischung, das Ineinanderschieben zweier Welten, wie es in analoger Weise für die sogenannten „Aretalogien" des Hellenismus, die es ihrerseits aus dem orientalisch-ägyptischen Kulturkreis übernahmen, und die von ihnen abhängigen christlichen Wundererzählungen bezeichnend ist[52].

Um so bedeutsamer ist es, daß die Geschichte Nicolas in wesentlich veränderter und gewissermaßen ‚aktueller' Fassung zwei Generationen nach Gervasius von Tilbury in dem bekannten „Chronicon" des Franziskaners Salimbene de Adam aus Parma (1221—1287) auftaucht, der unter den ‚Verrücktheiten' oder Wahnideen (superstitiones) Kaiser Friedrichs II. jene bemerkenswerte Episode anführt, die wie viele andere seiner Verleumdungen weder wahr noch originell ist, deren Spuren aber, nicht zuletzt als die eines besonders handgreiflichen Beispiels menschlicher Entartung oder eben subjektiver Verfremdung, bis in die Gegenwart zu verfolgen sind. Salimbenes Bericht, in dem man gelegentlich die erste Fassung von Schillers „Taucher" sehen wollte, lautet[53]:

„Friedrichs vierte Verrücktheit war, daß er einen gewissen Nicola gegen dessen Willen (contra voluntatem suam) mehrfach auf den Grund des Faro sandte. Tatsächlich kehrte der auch mehrere Male von dort zurück. Da der Kaiser aber erfahren wollte, ob er wirklich bis zum Grunde hinab getaucht und von dort zurückgekehrt sei oder nicht, warf er einen goldenen Becher da ins Meer, wo er glaubte, daß es am tiefsten sei. Und jener tauchte hinab, fand ihn und brachte ihn dem Kaiser. Und dieser erstaunte. Als er jenen aber noch einmal hinabsenden wollte, da sprach der zu ihm: ‚Schickt mich um keinen

52 Vgl. K. Kerényi, Die Griechisch-Orientalische Romanliteratur, S. 4 u. pass.

53 Mon. Germ. Hist. SS XXXII, 350—351; Übers. in: Kaiser Friedrich II. Sein Leben in zeitgenössischen Berichten, hrsg. v. K. J. Heinisch, München 1969, S. 197—198, und in: Kaiser Friedrich II. in Briefen und Berichten seiner Zeit, hrsg. v. K. J. Heinisch, Darmstadt 1968, S. 85—86.

Preis wieder dorthin, weil das Meer in der Tiefe so aufgewühlt ist, daß, wenn Ihr mich noch einmal hinunterschickt, ich niemals zurückkehren werde!' Dennoch schickte er ihn hinab, und niemals kehrte er zurück, sondern ging dort unten zugrunde. Zuzeiten eines Seesturms nämlich gibt es in jener Meerestiefe viele große Fische und außerdem, wie jener berichtete, Klippen und viele Schiffstrümmer ...

Jener Nicola war ein Mann aus Sizilien, der einst seine Mutter schwer gekränkt und erbost hatte; und darauf sprach sie über ihn den Fluch aus, daß er sich stets im Wasser aufhalten und nur selten auf dem festen Lande erscheinen solle. Und so geschah es ihm ...

Man merke sich noch, daß der Faro bei Sizilien in der Nähe der Stadt Messina ein Meeresarm ist, in dem zuzeiten eine heftige Strömung herrscht und gewaltige Strudel entstehen, die die Schiffe verschlingen und in die Tiefe reißen. Ferner gibt es in jenem Faro Sandbänke und Wirbel und riesige Klippen und daher so manchen Schiffbruch. Auf dem anderen Ufer jenes Meeresarmes aber liegt eine Stadt namens Reggio, von der der heilige Lucas, der mit dem Apostel Paulus von Judäa nach Rom reiste, in der Apostelgeschichte (28, 13) sagt: ‚Von dort' — das heißt von Syrakus, der Stadt der heiligen Lucia —, kamen wir nach Reggio'.

All das Gesagte habe ich hundertmal von den Brüdern der Stadt Messina gehört und vernommen, die mit mir eng befreundet waren. Ich hatte außerdem im Minoritenorden einen leiblichen Blutsverwandten, Bruder Jacobinus de Cassio aus der Stadt Parma, der in der Stadt Messina wohnte und der mir ebenfalls jene Geschichte erzählt hat."

Der der polemischen Tendenz des geschwätzigen, gleichzeitig aber auf Authentizität seines Berichtes eifrig bedachten Franziskaners entsprechende erste Abschnitt entspringt der notorischen Abneigung des fanatischen Mönchs gegen den angeblich atheistischen Kaiser, von dem er in seiner „persönlichen" Art an anderer Stelle schreibt[54]:

„Ich habe ihn selbst gesehen und eine Zeitlang auch geliebt ... Und um es kurz zu machen: wäre er ein guter Katholik gewesen und hätte Gott, die Kirche und seine eigene Seele geliebt, so hätte er wenige seinesgleichen unter den Herrschern der Welt gehabt."

54 Vgl. a. (Anm. 53) a. O. S. 211 bzw. 195 f.

Es ist aber bezeichnend für Salimbene, daß er, der offiziellen Berichterstattung der Kurie folgend, die sich nicht scheute, den Kaiser als den Urheber der viel älteren Behauptung, „die ganze Welt sei von drei Betrügern: Moses, Mohammed und Christus, getäuscht worden",[55] anzuprangern, alte Geschichten dem Kaiser als ureigene Freveltaten andichtet, wie etwa die von dem Versuche, die Ursprache der Menschheit an Neugeborenen zu erforschen[56], die schon Herodot von dem Pharao Psammetich erzählt[57]. Es bleibt also bei dem zusammenfassenden Urteil Arturo Grafs[58]:

„Die Legende ist jedenfalls bestimmt älter als Friedrich II. ... Es scheint mir aber nicht unwahrscheinlich, daß sie von seinen Gegnern an den Namen Friedrichs II. geknüpft worden ist in der feindlichen Absicht (con le intenzioni ostili), die man in der Erzählung des Bruders Salimbene erkennt, — von seinen Gegnern, die jene selben Minoriten sein könnten, die der Chronist erwähnt. Es versteht sich somit, daß sich, nachdem die Verbindung erst einmal vollzogen war, die Legende bei der Berühmtheit Friedrichs II. nicht so leicht von ihm freimachen konnte. Daher kommt es, daß sie in der Folge die meisten Schriftsteller mit diesem Namen verbunden lassen."

Der zweite Abschnitt der Erzählung Salimbenes, der im Zusammenhang mit der ‚Quellenangabe' der Absicht entspringt, den Bericht durch konkrete Angaben möglichst glaubhaft und volkspädagogischen Zwecken dienstbar zu machen, versucht, die auffällige, weil fremdartige und wunderbare Lebensweise Nicolas, im Gegensatz zu Vincenz von Beauvais, durch den Fluch der Mutter zu erklären, eine Deutung, die dem Mittelalter in merkwürdiger, bisher wohl zu wenig beachteter Übereinstimmung mit der Antike immer dann zur Hand

---

55 Papst Gregor IX. in seiner Enzyklika vom 10 Juli 1239 (MG Epp. pont. I, 653; Übers. a. (Anm. 53) a. O. S. 204.

56 Vgl. a. (Anm. 53) a. O. S. 85 bzw. 197.

57 Herodot II, 2.

58 Giornale storico della letteratura italiana VI (1885), p. 267.

ist, wenn abgründige, also elementare Mächte dem einzelnen die vertraute und durch Gott von Anbeginn geordnete Welt verfremdet haben, so daß er sich selbst nicht mehr kennt und sich dem normalen Zusammenhang des Lebens infolge eines geheimnisvollen Zwanges entzieht, schließlich selbst ent- und damit verfremdet zum Fremdkörper innerhalb der allen anderen sowie auch ihm an sich gemäßen Natur wird.

Unter dieser neuen Voraussetzung lassen sich drei weitere fast gleichzeitige Berichte mittelalterlicher Chronisten leicht einordnen.

Ricobald von Ferrara (1230—1312) schreibt in seiner „Compilatio chronologica" kurz und bündig[59]:

„In jenen Zeiten (1234) lebte in Sizilien ein Mann namens Nicolaus der Fisch, der sich wie ein Fisch im Meere aufhielt und nicht lange außerhalb des Wassers bleiben konnte. Dieser enthüllte den Menschen viele Geheimnisse des Meeres. Auf Grund eines Fluches seiner Mutter fiel ihm ein solches Los zu."

Etwas ausführlicher ist der Dominikaner Franciscus Pipinus aus Bologna (etwa 1314) im 48. Kapitel seines „Chronicon"[60]:

„Zu jener Zeit wurde auch Nicola Pesce im Königreich Sizilien geboren. Diesem machte es schon als Knaben Freude, sich ständig im Wasser aufzuhalten. Seine Mutter, die darüber entrüstet war, verfluchte ihn mit der Verwünschung, er möge sich auf ewig im Wasser wohlfühlen und außerhalb des Wassers nicht leben können. Dieser Fluch ging in Erfüllung; denn er lebte von da an ständig in den Fluten des Meeres wie ein Fisch. Außerhalb des Wassers konnte er nicht lange verweilen. Er traf die Seeleute, blieb eine Zeitlang auf ihren Schiffen, sagte ihnen die Veränderungen des Meeres voraus und erzählte ihnen von den Geheimnissen, die er in der Tiefe gesehen hatte. Er sagte, daß die Seeschlange der größte Fisch sei und daß das Meer zwischen Sizilien und Calabrien am tiefsten sei.
Kaiser Friedrich zog ihn einst ins Gespräch und verlangte von ihm, nachdem er ein silbernes Gefäß in die Tiefe geworfen hatte, er solle

59 Muratori, Rerum Italicarum Scriptores IX, 248.
60 Ib. 669.

hinunterspringen und das Gefäß zurückholen. Jener aber sagte: ‚Wenn ich in die Tiefe springe, werde ich nicht zurückkehren.' Endlich versprach er, den Versuch zu wagen. Als er aber hinuntergesprungen war, erschien er nicht mehr vor den Augen der Menschen.

Ich erinnere mich, daß ich in meiner Kinderzeit die Mütter ihren schreienden Buben, wenn sie ihnen Schrecken einjagen wollten, jenen Nicola ins Gedächtnis rufen hörte."

Der Bericht des Franciscus Pipinus konzentriert sich, im Gegensatz zu dem Salimbenes, der ja, wie sich zeigte, seiner besonderen Absicht gemäß den Kaiser Friedrich II. in den Mittelpunkt der Erzählung stellte, mehr auf den verwünschten Nicola Pesce. Auffallend ist wieder die, bei Salimbene fehlende, vielleicht nur zufällige Übereinstimmung mit den Angaben des Plinius, merkwürdig aber vor allem der Schluß, der, kaum zwei Menschenalter nach dem „historischen" Tatbestand, auf eine Art volkstümlicher Mythisierung des so wunderbar Verwandelten schließen läßt, ähnlich, wie es sich schon bei Raimon Jordan gezeigt hatte.

Das damit unmittelbar zusammenhängende entscheidende, allen drei Berichten des 13.Jahrhunderts gemeinsame Merkmal ist jedoch der gelungene Versuch einer zeitgemäßen, also einleuchtenden und gleichzeitig erzieherischen Ätiologie: der dem Ungehorsam folgende Fluch der Mutter ist es, der den Sohn an das Meer bannt. Damit ist das Magische des Ereignisses, das noch bei Vincenz von Beauvais so stark hervorgehoben wurde, gewissermaßen „natürlich" erklärt und das ganze Geschehen auf den gemeinsamen Nenner einer geläufigen Volksmoral gebracht.

Selbst die lapidaren Sätze Ricobalds vergessen daher diesen Fluch nicht, und in einer etwas späteren Chronik der Stadt Parma, die bei aller Knappheit die Wundergeschichte aus dem Süden der Erwähnung wert findet, bildet er sogar den Kern der Notiz, in der es zum Jahre 1240 heißt[61]:

---

61 Chronica abbreviata de factis civitatis Parmae, in: Monumenta historica ad provincias Parmensem et Placentinam pertinentia III, Parmae 1858, Chronica Parmensia pp. 329—330.

„In Sizilien gab es einen gewissen Nicola Pesce (Nicolaus Piscis), der außerhalb des Wassers nicht lange leben konnte, und zwar auf Grund einer Verwünschung seiner Mutter (et hoc ex maladictione matris). Diese nämlich sagte, da er den ganzen Tag baden (se balneare) wollte: ‚So bitte ich Gott, daß du immer im Wasser bleiben mögest wie ein Fisch!' Und so geschah es."

Indessen gibt es noch einen weiteren, bisher unveröffentlichten Bericht über den Fischmenschen Nicola, etwa aus dem Jahre 1334; er stammt aus der Feder des norditalienischen Chronisten Jacobus ab Aquis (d'Acqui); sein Inhalt läßt sich nach dem noch lesbaren Wortlaut des stark beschädigten Manuskriptes etwa folgendermaßen wiedergeben[62]:

„Von Nikolaus, einem jungen Manne, der einst in den
Wogen des Meeres lebte wie ein Fisch:

Man schreibt (scribitur), daß sich zur Zeit Kaiser Friedrichs des Zweiten ein junger Mann namens Nikolaus auf Grund einer Verwünschung seiner Mutter (ex matris maledictione) ständig im Wasser aufhielt. Und schließlich wählte er das Meer zu seinem Aufenthalt, weil dort das Wasser wärmer war. Und er lebte zwanzig Jahre lang in den Wellen. Er kannte alle Verhältnisse des Meeres, die Tiefe des Wassers und die verschiedenen Arten der Fische. Er kannte die ruhigen Zeiten und sagte den Seeleuten oft voraus, daß am nächsten Tage schlechtes Wetter sein werde. Jene gaben ihm zu essen, und er aß Fische und spitzige Muscheln, und (er nahm auch) den Wein, den sie hatten. Er sagte, daß es an vielen Stellen unter der Oberfläche des Meeres Süßwasserströmungen gebe ... und daß auf dem Grunde des Meeres an den verborgensten Stellen fruchttragende Bäume wüchsen, von denen sich viele Fische nährten. Er erzählte auch, daß im Ozean Tiere lebten, die keinerlei Ähnlichkeit mit anderen Lebewesen des Meeres

---

62 Das Manuskript des „Chronicon imaginis mundi" des Jacob d'Acqui (Ms I. II. 22 s. XV Biblioteca Nazionale Universitaria di Torino), auf das bereits Oswald Holder-Egger (Neues Archiv 17 (1892), S. 500) hinwies, enthält auf fol. 96 den leider stark beschädigten Text; der Direktor der Bibl., Prof. Stelio Bassi, stellte liebenswürdigerweise eine Fotokopie z. Verfügung.

hätten, und zwar in großer Zahl, und daß es einige Fische gebe, die menschenähnlich seien (aliqui pissces in similitudine hominum) ... Er sagte, daß die Seeschlange (anguilla) im Ozean lebe und daß (dort) die Fische größer seien als im (Mittel-)Meer ... Der Walfisch aber sei am größten und tauche öfters aus den Fluten. Dennoch sei die Seeschlange noch größer, erhebe sich jedoch nicht über die Oberfläche.

Der Kaiser Friedrich unterhielt sich mit ihm und fragte ihn nach vielem ...

Ferner ist zu merken, daß die Insel Sizilien an der tiefsten Stelle des Meeres liegt ...

Nun wollte der Kaiser, daß jener in die Fluten springe und bis in die tiefste Tiefe vordringe, und warf einen silbernen Becher (scyphum de argento) hinein. Und der junge Mann ging auf einen und einen halben Tag (diem Vj), um diesen zu suchen. Er kehrte zurück und berichtete dem Kaiser. (Als dieser nun,) um genauere Kenntnis zu erhalten (in notitiam communitiorem cupidus), verlangte, er solle noch einmal in die Tiefe hinabtauchen, sagte er, daß er das nicht ohne größte Gefahr tun könne. Der Kaiser aber bestand darauf, daß er alles durchforsche (vult imperator, quod omnia uadat). Darauf tauchte er hinab und kehrte nicht mehr zurück."

Die Erzählung ist hier, gegen Ende des Mittelalters bereits zur reinen Anekdote geworden, die jedoch, dem Sinn und Zweck der zeitgenössischen „Weltbilder" (Imagines Mundi) entsprechend, mit naturkundlichen Einzelheiten ausgestattet ist; demzufolge sind die Gefahren und Wunder der Meerestiefe weit stärker hervorgehoben als bei den anderen Chronisten, stärker sogar noch als bei Gervasius von Tilbury. Eine neue Zeit kündigt sich damit an: das Unbekannte, noch zu Erforschende lockt weit mehr als bisher. Man ist sich zwar nicht ganz sicher, ob seine Erforschung ein Frevel ist oder nicht, aber „historische" Motive wie das des wißbegierigen und deshalb mehr oder weniger grausamen Herrschers, das für Salimbene eindeutig im Vordergrund stand, werden schon von Franciscus Pipinus in auffallend neutraler, weil zweckgebundener Form verwendet. Auch die Erwähnung der gelegentlichen Besuche des Wassermenschen auf vorüberfahrenden Schiffen, die an den Bericht des Plinius gemahnt und die auch Walter Map und Gervasius von Tilbury nicht vergaßen, findet sich nur bei Franciscus Pipinus und Jacobus ab Aquis; eine unmittelbare Abhängigkeit von Plinius ist möglich, dürfte sich jedoch schwer erweisen lassen. Vielleicht aber hat Jacobus die Chronik des Bolognesers gekannt; nicht nur der Ausdruck „scribitur", sondern auch die zweimalige Erwähnung der Seeschlange (anguilla) lassen es vermuten. Alle Berichterstatter aber schöpfen offenbar nicht nur aus geschriebenen Quellen, sondern auch aus der mündlichen Überlieferung, einem Volksglauben, den sie teilen und der ihre Aussage überzeugend bestätigen soll.

Man kann abschließend deutlich drei Stufen der mittelalterlichen Fassung der Geschichte vom Wassermenschen unterscheiden: die mythologisch-atavistische, im Wandel der Zeit immer christlicher interpretierte, fast schon ins Psychologische gewandte der fluchbedingten Verwandlung eines Menschen in einen Fisch oder, genauer gesagt: der Verformung vom Landtier (Menschen) über das Amphibium zum Meeresungeheuer (monstrum marinum), der in der Antike die allmähliche Vermenschlichung einer elementaren Gewalt entspricht, weiterhin die mirakulöse der Begegnung von Menschen (Seeleuten) mit sonderbaren Meereswesen oder aber eines menschlichen Wesens (des Fischmenschen) mit den Geheimnissen der Tiefe, und schließlich die „wissenschaftliche" der Erforschung des Meeresgrundes. Die Verbindung dieser drei Stufen ergibt sich völlig zwanglos aus der Absicht und dem Wissen des jeweiligen Verfassers; Reihenfolge und entsprechende Hervorhebung der einen oder der anderen sind daher verschieden.

Die Darstellungen zeigen somit in mehr oder weniger deutlicher Form eine „Welt, die gewisse Züge mit der gewöhnlichen gemeinsam hat, aber anderseits diese in einer neuen Kombination zeigt, die … ungewohnt ist und Schrecken erregt".[63] Die Gesamtgestaltung entspricht jeweils der mittelalterlicher Wundergeschichten überhaupt. Die Verwandlung, Verformung oder Verfremdung beruht weder auf Schizophrenie noch auf

63 L. Spitzer a. (Anm. 1) a. O. S. 98.

bloßem Kostümwechsel, sondern wird ebenso wie der schließliche Untergang durch äußere Einwirkung: den Fluch der Mutter oder den Zwang des Herrschers, verursacht.

Um so bemerkenswerter ist es, daß bereits ein Zeitgenosse des Jacobus ab Aquis, Johannes Junior Gobi, der in der ersten Hälfte des 14. Jahrhunderts lebte und, wie Karl Gödeke hervorhebt, aus Quellen, „die selten jünger sind als aus der Mitte des 13.Jahrhunderts“,[64] schöpfte, aus der Geschichte Nicolas eine rein moralische Konsequenz zieht. Er führt nämlich in seiner „Scala celi“, in der Abhandlung „De missa“, ein Beispiel an, das merkwürdigerweise die Grundmotive von Schillers Balladen „Der Taucher“ und „Der Gang nach dem Eisenhammer“[65] verbindet[66]:

„Man liest, daß einmal ein Ritter in solche Armut geraten war, daß er nichts besaß, was er seinem einzigen Sohne vererben konnte. Als er aber zum Sterben kam, rief er ihn zu sich und sagte: ‚Mein lieber Sohn! drei Dinge empfehle ich dir zu beachten, auf daß du Reichtum im Überfluß habest: Erstens an jedem Tage die Messe zu hören und Gottes Gebot nicht zu übertreten; zweitens mit keinem Menschen zu streiten; drittens deinem Herrn treu zur Seite zu stehen!‘ Jener aber erfüllte alles getreulich.

Eines Tages stellte man ihn auf Anstiften eines Widersachers eine unlösbare Aufgabe: er sollte nämlich in die Tiefe des Meeres tauchen, um zu berichten, wie es dort sei; andernfalls sollte er in einem Kalkofen verbrannt werden. Als sich jener so zwiefach vom Tode bedroht sah, beichtete er, hörte andächtig die Messe und kommunizierte; und nachdem er den Leib Christi empfangen hatte, sprach er folgendermaßen: ‚Herr Jesus Christus, der Du in gleicher Weise im Meere wie auf dem Lande Schutz gewährst, behüte mein Leben vor meinen Feinden! Denn es ist besser für mich, daß ich mich Deiner Erbarmung empfehle, als daß mich jene ungerechterweise in den brennenden Feuerofen werfen.‘ Und als nun von seinem Herrn ein Beutel voll

---

64 K. Gödeke in: Schillers Sämtliche Schriften, Stuttgart 1871, Bd. XI, S. 443; G. Pitrè, Studi p. 12, bemerkt dazu: „... ma io non so affermarlo non avendo sott'occhio l'opera del buon frate.“

65 Vgl. H. Düntzer, Schillers lyrische Gedichte IV, S. 193 Anm.

66 Scala celi auctore Joanne, Ulmae 1480, fol. 131 v.

Gold ins Meer geworfen wurde, sprang er hinein, holte den Beutel und kam unversehrt wieder zurück. Angesichts dieses Wunders ließ der Herr die Widersacher in den brennenden Ofen werfen und überhäufte jenen mit Ehren und Reichtümern."

Man sieht deutlich, wie hier die ganze Geschichte zu moralisch-didaktischen Zwecken volkspädagogischer Art sozusagen „mißbraucht" worden ist. In den knapp hundert Jahren, die man es verfolgen konnte, von Raimon Jordan bis zu Johann Gobi, ist das Motiv seiner Ursprünglichkeit entkleidet worden. Während man jedoch nur mit aller gebotenen Vorsicht behaupten dürfte, daß es nicht auch schon im 12.Jahrhundert zum bloßen Mittel hätte degradiert werden können, ist mit voller Sicherheit anzunehmen, daß es, im Laufe der Zeit seiner „poetischen" Selbständigkeit beraubt, wie jede urtümliche Aussage vom funktionalen über den ornamentalen zum rein pädagogischen Gebrauch herabgesunken ist.

Diese Tatsache bezeugt nicht viel später sogar noch eine ausgesprochen „dichterische" Aussage: die eigenartigste der in Nachahmung von Dantes „Divina Commedia" entstandenen „visionären Reisebeschreibungen" oder Kosmographien, der „Dittamondo" (Dicta Mundi, etwa 1350) des Fazio degli Uberti. Denn obwohl schon Jacob Burckhardt[67] scharfsinnig bemerkt, daß hier zunächst „einzelne auffallende Erscheinungen und Wahrzeichen namhaft gemacht werden", die zur Charakteristik einer bestimmten Gegend oder Stadt dienen, und daß der Dichter mit seinem fiktiven Reisebegleiter, dem antiken Geographen Caius Julius Solinus[68], die Stadt Bari „zu Ehren des S.Nicolaus"[69] besucht, betont Giuseppe Pitrè[70] mit Recht, auch im „Dittamondo" habe die Erwähnung Colas „noch moralisches Gepräge" (carattere anche morale), da „der Höhe-, ja man kann sagen, der Angelpunkt der ganzen

67 J. Burckhardt, Die Kultur der Renaissance in Italien, S. 196.

68 Collectanea rerum memorabilium, ca. 250 p. Chr. (Hauptquelle Plinius).

69 J. Burckhardt a. a. O. S. 102.

70 G. Pitrè, Studi di leggende popolari, p. 12 s.

Geschichte (anzi il perno di tutta la leggenda) die Verwünschung der Mutter" sei, wenn man auch nicht übersehen darf, daß die „Geschichte" am Anfang einer Aufzählung von merkwürdigen Menschen: Kaiser Friedrich II., Nicola Pesce, Michael Scotus, die Tataren, steht, die unter der Regierung Friedrichs II. eine Rolle gespielt haben. Fazio degli Uberti „mahnt"[71] jedenfalls ausdrücklich[72]:

„Hör, was ich jetzt berichte! öffne deine Ohren!
Ein Beispiel sei es vielen bösen Zungen,
die denen fluchen, die sie selbst geboren!

Nicola, dem der Mutter Fluch erklungen,
war seinen Eltern ewiglich verloren:
er hat dem Meere nie mehr sich entrungen.

Friedrichs Geheiß zu folgen, hatte er geschworen,
war in des Meeres tiefsten Grund gesprungen;
und niemals kehrte er zurück: er war verloren."

Man mag es wenden, wie man will: in solchen Zeugnissen drückt sich der Geist einer Zeit aus, die mit den ihr vorliegenden Motiven nur noch in lehrhafter Weise umgehen kann und will, die gewissermaßen am Ende einer Entwicklung steht und neuer Impulse bedarf, um Eigentliches und Wesentliches zu erkennen, zu unterscheiden und wiederzugeben. Es mußte eine neue Zeit kommen, um auch und gerade dem hier zugrunde liegenden Motiv der nicht nur objektiven, sondern eben auch subjektiven Verfremdung elementar-atavistischer Herkunft zur ‚Renaissance' zu verhelfen. Und sie kam.

---

71 G. Pitrè l. c. p. 13: „ammonisce."

72 Fazio degli Uberti, Il Dittamondo, pubbl. da Vincenzo Monti, Milano 1826, p. 178, cap. XXVII: Di Federico II, e de' suoi figliuoli, in fine dei fatti di Firenze, vv. 10—18.

3
Gelehrte Dichter, dichtende Gelehrte

Mit auffallendem Eifer bemächtigte sich der Humanismus der Wundererzählungen der Antike und des Mittelalters. Das ist zunächst angesichts der allgemeinen Wiederentdeckung der antiken Dichter und Schriftsteller ganz natürlich; es scheint aber auch, als ob man sich selbst die Berechtigung des noch nicht völlig überwundenen Wunderglaubens des Mittelalters durch wissenschaftliche Belege aus der gesamten greifbaren Literatur erweisen wollte. Obwohl — oder gerade weil, denn auch die Geschichte „macht keine Sprünge" — daher eine dichterische Gestaltung der Metamorphose sozusagen (noch) außer Frage steht, da man sich dem Verdacht fabulöser Phantastereien unter allen Umständen entziehen möchte, tritt unter Beibehaltung der didaktischen Tendenz die möglichst objektive Wiedergabe aller erfaßbaren Erscheinungen einschlägiger Art unübersehbar in den Vordergrund. Noch ist man verstandesfroh, aber die (dem dialektischen Gang des Geistes) entsprechende Reaktion läßt nicht lange auf sich warten.

Die Reihe der namhaften Gelehrten, die Wundererscheinungen lange Kapitel ihrer Kompendien widmen, reicht vom 15. bis zum 17., ja bis zum 18.Jahrhundert, von Sizilien bis nach Spanien und Skandinavien. Das Monströse reizt offensichtlich die trockene Gelehrsamkeit ebenso wie die „ernste" Kunst — man vergleiche die Titelvignette der (ersten) Pariser Ausgabe der „Genialium Dierum libri VI" des Alexander ab Alexandro (1532), die eine männliche (?) Sirene mit Löwenhaupt, weiblichen Brüsten, Drachenflügeln, Vogelbeinen und einem Fischschwanze — mit der bezeichnenden Unterschrift „Nocet empta dolore uoluptas" — darstellt, ebenso aber auch

Albrecht Dürers imaginösen Kupferstich „Das Meerwunder", ganz abgesehen von bestimmten Details bei Hieronymus Bosch und Pieter Brueghel, bei denen sich bekanntlich die ‚Keime' des Manierismus des 16. und 17. Jahrhunderts am besten aufzeigen lassen[1].

Andererseits erscheint, wie sich noch genauer zeigen wird, in der erwiesenen oder zu erweisenden Wirklichkeit des Organischen das „amphibische Ingenium", von dem Gustav R. Hocke im Anschluß an „die Doppelwelt des Faßbaren und des Unfaßbaren" in Emanuele Tesauros unerschöpflichem „Cannocchiale Aristotelico" (1654) spricht[2], geradezu leibhaftig.

Angesichts der Fülle von Belegstellen für Metamorphosen aller Art ist es ratsam, sich weiterhin auf den exemplarischen, weil pseudo-historischen Fall des Nicola Pesce und sein Fortleben in der Literatur des Humanismus und der Renaissance zu beschränken.

Man sollte annehmen, daß Nicola zunächst in seiner engeren Heimat bekannt geblieben sein müßte, darf aber nicht vergessen, daß, wie der Schlußsatz des Franciscus Pipinus aus Bologna beweist, sein Schicksal bereits in ganz Italien zum Kinderschreck geworden war, daß ferner, wie die reiche volkstümliche Überlieferung oder, mit Giuseppe Pitrès Worten „La Leggenda orale",[3] es zeigt, der Wassermensch zwar in aller Munde gewesen zu sein scheint, aber infolge der turbulenten politischen Ereignisse nach dem Tode Kaiser Friedrichs II. (1250) und mangels einer ständigen Residenz auf der Insel der geistige Mittelpunkt des Südens in Neapel lag, wo die 1224

---

1 Vgl. etwa Boschs Studienblatt zum Triptychon „Das Tausendjährige Reich", sowie die Daphne-Darstellungen bei R. G. Hocke, Die Welt als Labyrinth, Abb. 117 u. 77, 101, 102 u. 103, ferner das Motto „Homo omnis creatura", ebda. S. 158.

2 Vgl. G. R. Hocke, Manierismus in der Literatur, S. 60; Hocke benutzte die (7. ?) Ausgabe des „Cannocchiale", Venetia 1682, p. 350.

3 Pitrè l. c. p. 35: „Poche leggende ... son tanto diffuse ... quanto questa ..."

gegründete Universität fort und fort blühte und die spanischen Herrscher ihren Wohnsitz hatten.

Des Fischmenschen Nicola Pesce bemächtigt sich unter dem neuen und doch so uralten Gesichtspunkt der Verfremdung der in Neapel am Hofe des kunstliebenden Königs Alfons V. von Aragon und Sizilien (1442—1458) versammelte Kreis von Humanisten, an seiner Spitze, ausgerüstet mit profunder Kenntnis der Antike und eminenter Beherrschung der lateinischen Sprache, der Dichter und Gelehrte Johannes Jovianus Pontanus (1426—1503). Im vierten Buche seines astronomischen oder vielmehr astrologischen Lehrgedichtes „Urania sive de Stellis", das er seinem Sohne Lucius Franciscus widmete, erzählt Pontanus im Anschluß an die Beschreibung des Sternbildes „Pistrix" (Walfisch) mit einer Sachkenntnis, die er zum Teil mündlicher Überlieferung verdanken mag[4], die Geschichte des Nicola Pesce in 115 Hexametern[5]. „Alta Pelori saxa", Faro's felsige Höh'n, seien seine Heimat gewesen, behauptet er; Menschen hätten ihn erzeugt, genährt und umsorgt, er aber habe Land und Wald und Berge verachtet.

„Nur am Gestade des Meers verweilt' er, die Grotten Poseidons
Freuten ihn nur und das Fischen allein an dem sandigen Ufer."

Mutter und Vater ergrimmten; oft schalt ihn der Vater, noch öfter die Mutter.

„Er aber wagte sogar in die stürmenden Wogen zu springen,
Kühn in der Töchter des Nereus geheime Gemächer zu dringen,
In den Palast der Tritonen zu treten, des Glaukos versteckte
Zuflucht zu stören, zu pochen an Nereus' verschlossene Tore."

Er zögerte nicht, mit seiner Harpune bewaffnet, bis in die verborgensten Klüfte des Meeresgrundes vorzustoßen und dort den Kampf mit der Scylla selbst aufzunehmen.

---

4 Vgl. G. Pitrè, Studi, p. 14: „... si vedrà, che lo elemento subiettivo della redazione pontaniana devesi alla tradizione popolare."

5 Ioannis Ioviani Pontani Carmina, ed. B. Soldati, Firenze 1902, vol. I, pp. 130—132: Uraniae lib. IV, vv. 468—581.

„Während die grausige Scylla den klaffenden Rachen noch aufreißt,
Stößt er von oben das Schwert in die gurgelnde Kehle, und jene
Flieht in ihr dunkles Verlies, und sie sucht die Verstecke der Tiefe.“

Cola entdeckt auf dem Meeresgrunde die Wracke untergegangener Schiffe, die Schiffsgeräte und die Leichen der ertrunkenen Matrosen. Drei Tage lang verweilt er in der Tiefe, dann taucht er wieder an das Licht der Sonne und wird von der Bevölkerung Messinas freudig begrüßt:

„Froh zum Gestade eilt nun die Menge Messinas, und alle
Mütter sind dankbar der Rückkehr, die Mädchen, sie können's kaum fassen.
Staunend erfüllt so das Volk jetzt weithin das Ufer Siziliens.
Jener jedoch vollendet den Weg, und auf günstigen Wogen
Strebt er zum Hafen und landet im Hafen in glücklicher Wendung.
Fröhlich begrüßt den Besieger des Meeres die Stadt; auf den Klippen
Auf dem gebreiteten Tange verstreut man die stattliche Beute ...
Jetzt nun verbracht' er sein Leben im Meere nur noch, in den Wogen,
Eins mit den Töchtern des Nereus und Freund auch der Herden des Proteus.“

Cola wird immer vertrauter mit dem Meer und seinen Bewohnern; besonders sind es die Delphine, die ihn umkreisen (vagique per aequora circum/Adnabant delphines). Aber auch mit den Menschen hält er Freundschaft.

„Oft auch bestaunten Matrosen den Mann, der mit kräftigen Armen
Mitten im tosenden Meere die brandenden Wogen zerteilte;
Hoch auf entlegener Klippe das triefende Haar in der Sonne
Trocknend, bezeichnet' er jenen die Riffe, die drohn in der Tiefe,
Zeigt' ihnen auch, wie am besten sie meistern die wandernde Sandbank;

Homo omnis creatura
sed ‚nocet empta dolore voluptas'
(Hor. Epist. I, 2, 55)
Titelvignette zu der 1. Ausgabe von Alexander ab Alexandro, Genialium Dierum libri VI, Parisiis 1532

Ja sogar tückische Strudel der Strömung verkündet' er ihnen,
Woher der Euros sich stürzt aus den Weiten des südlichen Himmels,
Wann sich die Wolken versammeln in schwarzen und drohenden Ballen,
Auch wann die Stürme bedräuen das Meer und die nächtlichen Schatten;
Grollen des Meergottes sagt er voraus und nahendes Unheil ..."

Cola ist der Herr der Meere. Unbezwungen bleibt allein die Charybdis, die er fürchtet, als ob er ahnte, daß sie ihm zum Schicksal (fatum exitiale) werden wird. Das aber wird schließlich berichtet:

„Zufällig feierte Friedrich, der König, ein Fest in dem Hafen.
Und zum versprochenen Wettkampf vereinten sich pfeilschnelle Boote.
Preis für den endlichen Sieg war ein Mantel nebst goldener Kette.
Später begann dann der Streit um den Preis im Schwimmen und Tauchen;
Der war ein kostbarer Becher und drüber hinaus noch ein Degen.
Also erfaßte der König die herrliche Schale und sagte:
‚Cola, dem Sieger der Meere, gehört sie!' und warf in das Meer sie,
Da, wo oft die grause Charybdis zu heulen gewohnt war, sobald sie
Sich aus der Tiefe der bläulichen Grotte zum Lichte erhoben.
Hellauf ertönten die Wogen vom Wurfe, und blitzend vom Strahle
Spiegelt des leuchtenden Goldes erschimmernder Glanz in der Sonne.
Zögernd verweilt erst der Jüngling und denkt an das furchtbare Schicksal.
Aber der König befiehlt, wenn er nicht aus der Tiefe die Schale
Hole, sofort ihn zu fesseln, und schon sind die Ketten bereitet.
‚Möge denn,' ruft er, ‚das Schicksal gewinnen, der König auch, der noch
Härter als dieses! Mich soll meine Heimat nicht schmähen!' und stürzt sich
Rasch in das Meer ..."

Pontanus spart nicht mit homerischen Vergleichen, kommt dann aber in zwanzig großartigen Versen zum Schluß:

„Jener folgte der Schale, die kreiselnd versank, durch die Wogen
Bis in die tiefste der Tiefen, und wirklich, er hält sie in Händen.
Wehe, da brach aus dem Grunde die Grausige, streckt ihm entgegen
Heulende Mäuler von Hunden; und jener entgegen als Schutzwehr
Hält ihr die glänzende Schale, verteidigt sich kühn mit dem Schwerte.
Während er Schlag auf Schlag bald hierhin, bald dorthin erteilt und
Unter den hündischen Häuptern der Wölfischen wütet, die Meute
Bald sich zurückzieht, bald wieder hervorbricht, da trifft er doch endlich
Tief in den Leib mit dem Eisen das Ungetüm. Laut tönt der harte
Panzer der Haut, und die schaurigen Schuppen bedecken die Wellen.
Drauf ein gewalt'ges Geheul aus den untersten Schlünden des Rachens
Stößt jene aus, und die Meerflut erbraust, es erzittert der Aetna
Tief im Gefels, es erbebt in den Festen Vulcani Gewölbe,
Und der sizilischen Städte gewaltige Mauern, sie schwanken;
Selbst in der Ferne erschauert Ausoniens Küste vom Aufruhr.
Jetzt aber spreizt sie den Schwanz, und mit vollem riesigen Leibe
Taucht die Charybdis hervor, und dreimal berennt sie den Zagen,
Dreimal mit furchtbarem Schlage den Boden erschütternd vertreibt sie
Jenen, und endlich ergreift mit geringeltem Schweif sie den Armen,
Rammt ihn ans Riff, dann schleift sie ihn abwärts zu sich in die Tiefe,
Wo sie der gierigen Hunde weit klaffende Mäuler befriedigt.
Jener somit, der die Erde verlassen, vom Schicksal verleitet:
Wie er im Meere sein Leben verbrachte, beschloß er's im Meere."

„In ponto degit vitam, et fatum aequore clausit!" — Die Eleganz der vergilischen Diktion darf hier bei Pontanus nicht über die Neuartigkeit der Berichterstattung hinwegtäuschen. Das mythische Element scheint zwar noch lebendig zu sein, wird jedoch als solches lediglich ornamental verwendet[6]. Die von Jacob Burckhardt ausdrücklich vermerkte „Bewunderung der Seelenstärke“[7] in der Dichtung des Pontanus zwingt ihn zu fast schon barocken Formulierungen, die den klassizistischen Stil zu sprengen drohen. Wenn er daher auch als Humanist unter deutlichem „Stilzwang“[8] eine volkstümliche Erzählung gleichsam als klassischen Stoff bearbeitet, so steht sein Werk doch in fühlbarem Gegensatz zum Mythos, wie er etwa noch bei Ovid durchscheint. Hier wird nicht etwa Sagenhaftes glaubhaft gemacht, sondern Reales poetisiert, und zwar sogar mit den Mitteln der Realistik selbst, wenn es heißt, Cola habe auf dem Meeresgrunde „die Reste menschlicher Opfer“ (truncasque manus et pectora et armos) gefunden, unter Benutzung herkömmlicher, schon von Walter Map, Gervasius von Tilbury und Salimbene überlieferter Motive, aber auch mit kunstvoller Dialektik, wie in dem Schlußvers, und mit liebevoller Kleinmalerei[9].

Es ist nicht weiter verwunderlich, wenn bei solcher Volkstümlichkeit der sizilische Taucher Cola auch ‚wieder‘ im Norden Italiens erscheint, und zwar in den „Commentarii Vrbani“ des hochgelehrten Raphael Maffei von Volterra (1455—1522), wohl noch kurz vor dem Ende des 15. Jahrhunderts. Maffeis kurze Notiz folgt unmittelbar auf seinen Bericht vom Tode Karls von Calabrien († 10. 11. 1328), der daraufhin mit der Vermählung von dessen siebenjähriger Tochter, Johanna I.

---

6 Vgl. die Verse: „Audet, Nereidum et thalamos intrare repostos, /Tritonum penetrare domos Glaucique recessus,/ Et tentare imi pulsans clausa hostia Nerei“, und: „... Nereidum choreis mistus, quem coerula Protei/ Iam norant armenta, vagique per aequora circum/ Adnabant delphines ...“.

7 J. Burckhardt, Die Kultur der Renaissance in Italien, S. 202.

8 Vgl. K. Kerényi, Die Griech.-Orient. Romanliteratur, S. 247.

9 Vgl. besonders das zweimal beschriebene Trocknen der Haare!

von Neapel, mit dem kaum sechsjährigen Prinzen Andreas von Ungarn (26. 9. 1333) fortgesetzt wird[10]; sie lautet[11]:

„Ich will eine verwunderliche Geschichte (rem miram), die sich zu jener Zeit ereignete, nicht übergehen. Ein gewisser Nicolaus, Calapiscis zubenannt, der aus Apulien stammte, verbrachte, von Jugend auf an das Meer gewöhnt, sein Leben darin, hielt sich unbehelligt (illesus) mehrere Tage hintereinander unter den Seetieren auf und drang bis in die Tiefen des Meeres vor. Oft wurde er von den Schiffern gesehen und erschien ihnen wie ein Ungeheuer der See (nautis sepe uisus tanquam marinum monstrum apparebat), sagte ihnen sogar bevorstehende Stürme voraus."

Diese Notiz, die eher auf ältere Überlieferung als auf die neue Fassung des Pontanus zurückzugehen scheint und die infolge der großen Verbreitung der „Commentarii Vrbani" eine besondere Wirkung ausübte, gibt der Spanier Johannes Ludovicus Vives aus Valencia (1492—1536/44) im zweiten Buche seiner Schrift „De Veritate fidei Christianae" fast wörtlich wieder, indem er schreibt[12]:

„Raphael Volaterranus berichtet, vor zweihundert Jahren habe in Apulien ein junger Mann gelebt, der von Kindheit an gewohnt gewesen sei, sich im Wasser aufzuhalten. So weilte er mehrere Tage lang unter den Seetieren und lebte unbehelligt (illaesus) mit ihnen, nicht anders, als wenn er eins von ihnen wäre. Er drang bis zu den tiefsten und entlegensten Stellen des Meeres vor, kehrte oft ans Gestade zurück und sagte den Seeleuten künftige Stürme voraus. Zuerst wurde er Nikolaus genannt, später Colapiscis, also gleichsam ‚Nikolaus der Fisch'".

Nach allem, was sich von der Geschichte Nicolas bisher her-

10 Der sonst so genaue G. Pitrè vermerkt, l. c. p. 33, fälschlich, daß Maffei „la data dell'avvenimento" (p. 32) „nel sec. XV" setze; cf. l. c. p. 13.

11 Raph. Volaterranus, Commentariorum vrbanorum libri XXXVIII, Romae 1506, lib. VI, fol. LXXXXIIIr.

12 Joannis Lodovici Vivis Valentini De Veritate fidei Christianae libri V, Basileae 1543, p. 97.

Hydra septiceps
aus Conrad Gesners Historiae Animalium liber IV,
qui est de Piscium et Aquatilium natura p. 459

ausgestellt hat, scheint es verhältnismäßig gleichgültig zu sein, daß er, der ja doch schon Jahrzehnte vor Kaiser Friedrich II. (1215—1250) bekannt war, nun plötzlich erst unter König Friedrich II. (III., 1296—1336), dem Sohne Peters III. von Aragon und König Manfreds Tochter Constanze, gelebt haben soll. Wichtiger ist der „neue Ton", in dem von ihm, einem Menschen, dem, wie schon bei Walter Map, die Tiere des Meeres nichts antun, gleichsam wie von einem wunderbaren Ungetüm oder Ungeheuer (monstrum) gesprochen wird.

Die Monstruosität ist denn nun auch das eigentliche Thema der ausführlichsten Behandlung des Stoffes, die die Wende vom 15. zum 16. Jahrhundert bietet und die gleichzeitig die schier unerschöpfliche Quelle für eine fast unübersehbare Schar von Gelehrten und Dichtern der folgenden Zeiten bildet. Alexander ab Alexandro, ein vielseitig gebildeter Mann und hervorragender Humanist, der um 1490 Protonotar des Königs Ferdinand I. (Ferrante) von Neapel (1458—1494) war, erzählt nämlich im achten Kapitel des dritten Buches seiner „Dies geniales" von dem „Wunder der Tritonen und Nereiden, die man zu unserer Zeit an verschiedenen Orten gefunden hat"[13]:

„Es gibt viele Belege, daß auch zu unserer Zeit Tritonen und Nereiden sowie im Meere erzeugte Menschen, die man Meermenschen (marinos) nennt, gesehen worden sind, unerachtet dessen, was wir im neunten Buche der Naturgeschichte des Plinius lesen. Ich erinnere mich genau, daß, als ich gelegentlich als junger Mann in unserem Sommerhaus am Neuen Tor von Neapel weilte, Bonifacius Draconetus, ein Mann aus patrizischem Geschlecht und berühmter Familie, der sich als Soldat, Redner und Gelehrter[14] auf vielen Gebieten hervorgetan hatte, damals schon durch sein Alter verehrungswürdig und bereits schwach auf den Beinen, in größter Gesellschaft sowie in

13 Alexandri ab Alexandro iurisperiti Neapolitani Genialium Dierum libri VI, Moguntiae 1604, fol. 133v—134r; der Text stimmt mit dem der Pariser Ausgabe von 1532 überein.

14 Vgl. hierzu die der „Empfindung der Gesamtheit" entsprechende Wertschätzung des Gelehrten seit dem Hellenismus, bei E. R. Curtius, Europ. Lit. u. lat. Mittelalter, S. 309.

meiner persönlichen Anwesenheit zu berichten pflegte, er habe, als er in Spanien Kriegsdienste leistete, einen Meermenschen gesehen, der an Anlitz und Körperbau ganz menschlich, ja bis zur Scham einem Menschen vollständig ähnlich (pubetenus[15] absoluta similitudine) gewesen sei, dessen untere Gliedmaßen jedoch in einen Fisch übergingen ... Er sei bei den Heerführern, unter denen er, Draconetus, Kriegsdienste leistete, allenthalben für ein Ungetüm (monstrum) angesehen worden. Er habe aber das Antlitz eines Greises gehabt, borstige und struppige Haupt- und Barthaare von blauschwarzer Farbe, eine schlanke Gestalt von übermenschlicher Größe sowie Flossen von dünner Haut (alis quoque tenui cartilagine), mit denen er die Wogen des Meeres durchfurchte, und sei von oben bis unten mit durchsichtigen Schuppen (membrana passim interlucente) bedeckt gewesen. Und diese Tatsache, so versicherte Draconetus, sei nicht nur ihm, sondern sehr vielen Männern von höchster Achtbarkeit bekannt und ersichtlich gewesen."

Der Hinweis des Draconetus auf Spanien, wo er Kriegsdienste geleistet habe, ist nicht nur wegen des Anklangs an Plinius[16], nicht nur wegen der damit in etwa erwiesenen Ubiquität des Motivs, sondern auch deswegen bemerkenswert, weil fünfzig Jahre später der Sevillaner Pedro Mejía († 1552) Alexanders Werk gründlich ausschreiben sollte und hundert Jahre später kein Geringerer als Don Miguel de Cervantes im zweiten Teil seines „Don Quixote" (1615) im 18. Kapitel seinen edlen Ritter bei der Aufzählung der Tugenden und Wissenschaften, die ein echter Ritter besitzen müsse, außer der Rechtsgelehrsamkeit, der Theologie, der Medizin, der Astronomie, der Mathematik und den drei christlichen sowie allen Kardinaltugenden überhaupt, auch mit größter Selbstverständlichkeit betonen läßt, daß er, der fahrende Ritter, „schwimmen können muß, wie Nicolas oder Nicolao Pesce es konnte"[17].

15 Vgl. Verg. Aen. III, 427; vgl. oben S. 14 u. unten S. 63.

16 Vgl. Plin., Nat. hist. IX, 5, 10; Tusc. IX (1979), S. 18; vgl. oben S. 19.

17 El ingenioso hidalgo Don Quijote de la Mancha II, 18: „... saber nadar come dicen cha nabada el peje Nicolas ó Nicolao"; vgl. unten S. 89.

Alexander ab Alexandro jedoch führt zunächst als weitere Zeugen für das Auftauchen von Wassermenschen überhaupt den berühmten Gräcisten Theodoros Gazes (1395/ 1403—1476)[18], einen Freund des aller Welt bekannten Humanisten Pontanus, sowie dessen bösartigen Gegner Georgios Trapezuntios (1396—1486)[19], den Lehrer des Volaterranus, an[20]:

„Damit nun aber keiner glaube, daß dies nichtig oder gar erlogen sei: Theodoros Gaza, ein Mann, der seiner Kenntnis der griechischen Sprache wegen gepriesen wurde und in den Lehren der Philosophie hervorragend bewandert war, berichtete bei Jovianus Pontanus, den er oft besuchte, außerordentlich einleuchtend und unterhaltend, er habe während seines Aufenthaltes auf der Peloponnes, als nach einem fürchterlichen Unwetter in der härtesten Jahreszeit die Stürme einige Meeresungetüme (nonnulla piscium monstra) ans Ufer gespült hätten, unter anderen eine Nereide, die von den Fluten noch lebend und atmend ans Land geworfen worden war, am Strande liegen sehen, deren Antlitz dem menschlichen nicht unähnlich und deren Aussehen und Gestalt schön und nicht ohne Anmut, deren Körper jedoch bis zur Scham (ad pubem vsque) rauh von Schuppen gewesen sei; nur endete der übrige Leib in den Schwanz einer Heuschrecke (in locustae caudam). Als nun, um sie näher zu betrachten, ein allgemeiner Aufbruch erfolgte, er selbst und einige Nachbarn und Bewohner der nahen Orte sich dort eingefunden, hätten sie jene, von einer zahlreichen Menge umgeben, traurig und niedergeschlagen, wie man ihrem Gesichtsausdruck entnehmen konnte, am Strande liegen und vom heftigen Atmen erschöpft gesehen; da sie sich sodann von einer so zahlreichen Menschenmenge begafft und auf dem Trockenen hilflos preisgegeben sah, habe sie vor Schmerz tiefe Seufzer ausgestoßen und reichliche Tränen vergossen. Er selbst sei, da er ein sanfter und

18 Über Theodoros vgl. Thomas-Pope Blount, Censura celebriorum Authorum, pp. 333—334, u. neuerdings L. Mohler, Th. Gazes, in: Byz. Zs. 42 (1942), S. 50—75.

19 G. da Trebisonda, „also genannt, obwol in Caeta geboren", Sekretär Papst Nikolaus V.; vgl. Blount l. c. pp. 324—325 u. Zedler X, Sp. 1031—1034.

20 Alexander ab Alexandro l. c. fol. 134r—134v.

freundlicher Mann war, von Mitleid ergriffen worden. Während er der Menge befohlen habe, aus dem Wege zu gehen, sei sie mittlerweile, indem sie, so gut es ging, mit den Armen und mit dem Schwanz auf dem Boden einherkroch, allmählich ans Wasser gelangt; und nachdem sie sich kopfüber mit einem mächtigen Schwung ins Meer gestürzt, habe sie mit gewaltiger Kraft die Fluten zu durchqueren begonnen, sei im Nu seinen Augen entschwunden und nie mehr aufgetaucht.

Auch Georgios Trapezuntios, ein Mann von größtem Namen und hervorragender Gelehrsamkeit, berichtete seinen Freunden in aller Offenheit, er habe, als er nicht weit vom Strande an einer Quelle vorbeiging, ein Mädchen von ausgesuchter Schönheit bis an die Scham (pubetenus[21]) aus den Fluten herausragen und, geradezu ausgelassen (quasi lasciuiret), bald auf-, bald untertauchen sehen, bis es bemerkte, daß es beobachtet werde, und nicht mehr hervorkam."

Ein dritter (anonymer) Bericht setzt dem allen die Krone auf[22]:

„Einen alles Ähnliche in unserem Zeitalter übertreffenden Tatbestand aber haben wir aus Epirus vernommen, ein Ereignis nämlich, das tatsächlich so denkwürdig ist wie wenige und das einige Leute der Nachwelt zu überliefern für wert hielten, das übrigens auch durch offizielle Belege (actis quoque publicis) bezeugt ist.

An einer klaren Quelle, zu der Frauen aus einem Städtchen häufig, um Wasser zu holen, kamen, habe ein Triton oder Meermensch in einer Höhle, die er dort zufällig gefunden hatte, gelauert, ob er einmal eine Frau erspähe, die allein zum Wasser komme oder am Strande entlanggehe. Dann sei er gewöhnlich unhörbar mit leisen Schritten aus den Wellen oder aus der Höhle herausgerannt, habe die Frau von hinten angesprungen, mit tückischem Griff gepackt, gewaltsam festgehalten, sie, um sie zu vergewaltigen, ans Meer geschleift und schließlich unter Wasser gezogen. Als das bei den Bewohnern der Gegend ruchbar wurde, hätten sie das Ungeheuer aufmerksam beobachtet, und nachdem sie ihm eine Zeitlang Fallen gestellt hätten, sei es kurz darauf durch List gefangen und mit Stricken gefesselt worden. Da es jedoch Speise ablehnte, habe es außerhalb des Wassers nicht

21 Vgl. Verg. Aen. III, 427; vgl. oben S. 14 u. 61.

22 Alexander ab Alexandro l. c. fol. 134v.

länger leben können und sei schließlich vor Kummer und Abscheu dahingesiecht.

Es geht das Gerücht, daß die Tritonen sinnlich und weibstoll seien (venereos & flagrantissime mulierum amasios); deswegen hätten die Einwohner der Stadt durch einen Erlaß verboten, daß fürderhin eine Frau zu der Quelle gehe, es sei denn in Begleitung von Männern.

Dies und derartiges mehr haben wir sehr oft von Männern vernommen, die verschiedene Meere durchquerten und solche Ungeheuer im ruhigen Wasser spielen sahen, sowie auch berichteten, daß diese den Seeleuten mit aus dem Wasser herausgestreckten Köpfen entgegengeschwommen seien und jene ihre Stimmen gehört hätten."

Damit ist gewissermaßen der obligate halbmythische Rahmen im humanistischen Sinne abgesteckt, in den nunmehr die besonderen Beispiele wie Bilder oder Illustrationen gestellt werden können. Bei Alexander ab Alexandro geschieht dies freilich bereits im 21. Kapitel seines zweiten Buches. Er entnimmt die Beispiele auch nicht etwa nur den antiken Autoren, sondern vor allem der einheimischen Überlieferung; nachdem er von der außerordentlichen Geschwindigkeit gesprochen hat, mit der insbesondere die Marser ungeheure Entfernungen zurücklegen, verrät er seine Kenntnis des Solinus[23] durch die Erwähnung der Troglodyten, Aethiopier und Ichthyophagen, mit der er sodann auf sein eigentliches Thema kommt[24]:

„Auch von den Troglodyten und den weit entfernten Äthiopiern wird berichtet, sie vermöchten durch ihre angeborene Behendigkeit so viel, daß sie in rasendem Laufe das flüchtigste Wild unverzüglich einholten. Ebenso, sagt man, hätten diejenigen, die unter dem Sternbild des Fisches (sub piscis astro) bei einer bestimmten Konstellation der Gestirne geboren sind, im Schwimmen sehr viel geleistet und seien

---

23 Vgl. C. Iulius Solinus, Collectanea rerum memorabilium cap. 56, 9 (ed. Th. Mommsen, Berlin 1895, pp. 208—209): „... habitari etiam addit Aethiopiae adusta Trogodytarum et Ichthyophagorum nationibus: quorum Trogodytae tanta pernicitate pollent, ut feras quas agitant cursu pedum adsequantur, Ichthyophagi non secus quam marinae beluae nando in mari valent"; cf. ib. 54, 3 (pp. 201—202).

24 Alexander ab Alexandro l. c. fol. 90v—91v.

vorzügliche Schwimmer. Man glaubt auch, daß diesen das Fehlen der Milz viel genützt habe; denn wem die Milz fehle, der könne im Schwimmen am meisten leisten. Die Tüchtigsten von diesen sind die Ichthyophagen, die Nachbarn der Troglodyten, die gleich Meerestieren unendliche Entfernungen schwimmend durchmessen. Unter ihnen erzählt man auch von einem gewissen Sicyonier Scyllis, dem fähigsten Taucher der Griechen zu jener Zeit, der von Aphetai bis nach Artemision ungefähr achtzig Stadien in kurzer Zeit zurücklegte[25].

Zu unserer Zeit aber gab es einige Männer von bedeutendem und bemerkenswertem Rufe, die schwimmend eine ungeheure Strecke im Meere und gewaltige Fluten gemeistert haben. Von allen aber, die unser Zeitalter sah, kennen wir aus der letzten Zeit einen Mann von sicherlich nicht ererbtem Adel, jedoch außergewöhnlichem Schicksal (extremae sortis), der gewohnt war, das Schiffergewerbe mit geringem Ertrag zu betreiben und meistens seinen Lebensunterhalt durch Fischfang erwarb und der von Enaria, einer Insel, die im Gesichtskreis von Neapel zwischen den Pithecusen liegt, bis nach Procida, das, durch das dazwischenliegende Meer getrennt, ungefähr fünfzig Stadien entfernt liegt, gelegentlich selbst bei stürmischem Wetter und in der gefährlichsten Jahreszeit an demselben Tage hin- und manchmal sogar noch zurückgeschwommen sein soll. Da dies unglaublich erschien, soll er sich, nachdem mehrere Leute zu diesem Schauspiel herbeigeströmt waren, zum Wagnis seines Lebens bereit gezeigt haben; nachdem er sich in Enaria ins Meer gestürzt habe, sei er, wie man es von einem ihm folgenden Boot aus beobachtet habe, solange geschwommen, bis er das Land erreicht habe und unversehrt in Procida ans Ufer gestiegen sei.

Alles aber, was seit Menschengedenken jemals gehört worden ist und was von den Schriftstellern überliefert wurde, übertrifft das, was wir von Johannes Pontanus gehört haben: wunderbar zu berichten und jedes Wunder übersteigend (dictu mirabile, et supra omne miraculum).

Man berichtet nämlich, daß zur Zeit unserer Väter in Catania ein Mensch gelebt habe, der Colan genannt worden sei, mit dem Beinamen ‚Fisch', zu einem einzigartigen Geschick oder Schicksal (singu-

25 Vgl. Herodot VIII, 8 (oben S. 21); die älteste Ausgabe des Herodot stammt von Aldus, Venedig 1502; offenbar war sie in den neapolitanischen Humanistenkreisen bereits bekannt. Vgl. auch Anm. 79.

lari fato seu fortuna) geboren, der sein Leben mehr im Wasser als auf dem Lande zu verbringen pflegte und der an jedem Tage das Meer und die Wogen habe aufsuchen und dort durch die Macht der Natur und die Notwendigkeit gezwungen (naturae vi et necessitate coactus), lange Zeit habe verweilen müssen. Sonst, so behauptete er, könne er, wenn er lange außerhalb des Wassers sei, gleichsam nicht atmen und leben; und er versicherte, daß dies rasch zu seinem Tode führen würde. Die meisten haben es ungewiß gelassen, durch welches Schicksal oder Gestirn ihm das widerfahren sei, daß er sich nur durch Schwimmen fortbewegen konnte, so daß er nicht anders als ein Seetier (haud secus quam marina belua) riesige Meeresstrecken und gewaltige Entfernungen von fünfhundert und mehr Stadien bei schlechtem Wetter und gefährlichen Gegenströmungen mit außerordentlicher Kraft und Schnelligkeit schwimmend zurücklegte. Bekannt ist auch und wunderbar zu berichten (dictu mirabile), daß er, wenn ihm mitten auf seinem Wege Schiffe mit vollen Segeln durch die Wogen entgegenfuhren, gelegentlich bei heftigsten Stürmen im weiten und offenen Meere inmitten des Tobens und Schlagens der Wogen diesen entgegengeschwommen sei. Die Schiffer habe er dann aus dem Wasser heraus gewöhnlich bei ihren Namen gerufen, und da er allen wohlbekannt war, hätten ihn die Matrosen auf Grund seines plötzlichen wunderbaren Auftauchens (subitae rei miraculo) voller Freude auf ihrem Schiff aufgenommen und gewöhnlich wissen wollen, woher er komme, wohin er seinen Weg nehmen wolle und welche Meeresstrecke er noch schwimmend zurücklegen werde, auch was für Unwetter er erlebt habe. Und Colan habe jedem einzelnen alles genau bezeichnet. Dann habe er mit seinen Freunden gegessen und getrunken und, nachdem er sich ausgeruht, von jedem einzelnen Aufträge an dessen Angehörige entgegengenommen, was jene auch immer sagen oder ausrichten lassen wollten und was zu tun ihnen gutdünkte. Nackt wie er war, habe er sich dann, während das Schiff auf dem Meere seinen Kurs weiter einhielt, kopfüber in die Fluten gestürzt. Bald sei er in Gaeta, bald in Salerno, bald in Bruttien und Lucanien ans Ufer gekommen, bald schwimmend nach Sizilien und in seine Heimatstadt, wohin er häufig kam, munter und gesund gelangt und habe die Aufträge, die er von den Seeleuten bekommen hatte, den einzelnen Freunden und Verwandten ausgerichtet. Und das habe er gewöhnlich nicht nur einmal getan (idque non semel facere consuesse).

Schließlich versuchte er an einem hohen Festtage, in der sizilischen Meerenge vor einer riesigen neugierigen Menschenmenge im Hafen von Messina, wie man erzählt — ich glaube, um zu beweisen, wie sehr er alle anderen im Tauchen übertreffe (quantum prae ceteris vrinando valeret) — eine goldene Schale (pateram auream), die damals als Preis für die Schwimmer vom König ins Meer geworfen worden sei, aus der Tiefe heraufzuholen. Nachdem er sich ins Meer gestürzt hatte, durchsuchte er die Tiefen voll Begierde nach jener. Man wartete lange auf ihn, aber er tauchte aus der Tiefe des Meeres, in die er sich gestürzt hatte, nie mehr auf und wurde später niemals mehr gesehen.

Man glaubt, daß er in die tiefen Höhlen jenes Meeresarmes, von denen dieser Golf ganz erfüllt ist, gefallen sei und, erst einmal von den reißenden Strudeln in die tiefsten Schlünde gerissen, als er sich zurückziehen und an die Oberfläche heraufarbeiten wollte, nicht habe zurückkehren können. Da er nach langem Widerstande nicht mehr habe Atem holen können, sei er von den aus allen Richtungen hervorströmenden Fluten zwischen die entgegenragenden Klippen gedrückt und des Lebens beraubt worden."

Es fällt auf, daß hier von zwei verschiedenen Schwimmern die Rede ist und daß ferner trotz der Sachlichkeit und Genauigkeit der fast zu weitläufigen zweiten Erzählung der Fluch der Mutter, also die magische Ursache der Verfremdung, nicht erwähnt wird; Alexander sagt lediglich, Colan sei dem Berichte nach „singulari fato seu fortuna genitus" gewesen. Weiterhin werden die Geheimnisse des Meeres zu den natürlichen Gefahren des Seegangs, der Stürme und Unwetter sowie der Klippen und Untiefen. Einzig und allein die außerordentlichen Leistungen der beiden Schwimmer werden mehrfach mit den stärksten Ausdrücken hervorgehoben: super omnia quae post hominum memoriam vnquam audita, quaeque ab autoribus prodita sunt — dictu mirabile! Und der König — auf eine genauere Bezeichnung, um welchen es sich handelt, verzichtet Alexander, obwohl er bemerkt: „patrum nostrorum memoria" — wirft den Becher mehr zur Belustigung des Volkes, und um die Schwimmer zu verstärkter Anstrengung im Wettkampf herauszufordern, als aus Neugier oder Wissensdurst ins Meer, während Colan, um seine Überlegenheit im Tauchen zu beweisen, unverzüglich in die Tiefe springt. Die Tendenz geht demzufolge auf eine Normalisierung des Außergewöhnlichen; statt einer Verzerrung des Gegebenen erfolgt, soweit möglich, eine Einordnung des Außerordentlichen.

Die Quelle dieses ausführlichen Berichts ist, soweit er den Taucher Colan betrifft, wie Alexander ausdrücklich betont (quod a Iouiano Pontano relatum audiuimus) Johannes Jovianus Pontanus, der seinerseits, die von ihm ‚besungene' Episode als allgemein bekannt voraussetzend, in seiner Abhandlung „De Immanitate", deren Titel die „Enciclopedia Italiana"[26] mit der treffenden Bemerkung: „... noi diremmo delle degenerazioni morali", interpretiert, folgende Betrachtung darüber angestellt hatte[27]:

„Obwohl die Tugend dem Maße folgt und dem, was rechtschaffen und ehrenhaft ist, das Laster dagegen jenes flieht und meidet, weichen diejenigen, die den Untugenden folgen, nicht so sehr vom Maße und von der Ehrenhaftigkeit ab. Sie zeigen jedoch, daß sie, der menschlichen Vernunft und Natur bar und beraubt, jene wie die Tiere nicht kennen und zu Tieren werden.

Dies nun scheint jenem Cola Pesce widerfahren zu sein, dem Sizilianer, der nach dem Verlassen der menschlichen Gesellschaft fast sein ganzes Leben von Kindheit an im Meere und unter den Fischen verbrachte. Daher bekam er auch den Beinamen ‚der Fisch', da er sich nicht mehr menschlich benahm, sondern sogar fast das Aussehen eines Fisches bekam und bläulich, schuppig und schwammig wurde.

So werden diejenigen, die sich der Entartung (immanitati) ergeben, des menschlichen Wesens beraubt, vom Ungestüm dahingerissen und von der Unbändigkeit (impotentia) und Raubsucht der wilden Tiere erfüllt."

Auf solche Weise wird Nicola Pesce aus einem mythischen Phänomen, aus einem immerhin noch „wunderbaren" Monstrum zum moralischen Symbol, wie schon Giuseppe Pitrè unter Hinweis auf das „marinum monstrum" des Volaterranus

---

26 Vol. XXVII, p. 853 s. v. Pontano.

27 Opera quae soluta oratione composuit, Basileae 1538, p. 589.

bemerkt: „Questa figura è nuova“[28]. Monstren aber „sind grauenhaft existent, im Gegensatz zu dem archetypen Charakter der mythologischen Monstren“[29], „das Monströse“ wird „dialektischer Gegenspieler Gottes, der Liebe, des Unscheinbaren“[30] und, wie man mit Pontanus hinzufügen kann, des Maßvollen, denn „die Manieristen nehmen die Antike auf, aber es ist eine Antike der Meraviglia, der abenteuerlichen Seltsamkeiten, ... der Rätsel, Geheimnisse und auch der Abnormitäten“[31], die Mythen sind „Bilderbücher des Ungewöhnlichen“[32] geworden, und schließlich: „Das paranoische Element im Manierismus aller Zeiten sucht im Monstrum und im Monströsen eine ins Riesige projizierte Verkörperung des Deformierten“[33]. Auf die Frage jedoch, welche Motive jeweils bevorzugt und warum gerade sie gesucht, gefunden, gehegt und gepflegt werden, folgt unweigerlich die nach ihrer Gestaltung, die Frage, wie sie aufgefaßt, betrachtet, beurteilt und dargestellt werden.

Diese allmähliche Wandlung der Auffassung und Gestaltung, deren Anfänge sich bei Pontanus und Alexander ab Alexandro abzeichnen, ist nicht nur geistesgeschichtlich, sondern eben auch ästhetisch von eminenter Bedeutung, zumal sie einen weiteren Schlüssel für die Auslegung und das Verständnis des Problems der Verfremdung liefert.

Bevor hier jedoch ein endgültiges Ergebnis gewonnen werden kann, müssen die zahlreichen Erwähnungen Nicolas auch und gerade bei den Gelehrten des 16. Jahrhunderts herangezogen werden, deren gegenseitige Abhängigkeit, sofern sie nicht offensichtlich ist, freilich nur gelegentlich gestreift werden kann.

---

28 G. Pitrè, Studi di leggende p.14.

29 Nicolas Calas, in: Max Ernst, Brühl 1951, S. 60.

30 G. R. Hocke, Die Welt als Labyrinth, S. 90; vgl. E. Tesauro, Cannocchiale (1674), p. 296: „Mirabili sono i MONSTRI: Argutezze della Natura ...“

31 Ebd. S. 36.

32 Ebd. S. 93.

33 Ebd. S. 89.

Monstrum marinum
aus Conrad Gesners Historiae Animalium liber IV,
qui est de Piscium et Aquatilium natura p. 441

Nördlich der Alpen dürfte die erste Erwähnung des nun bereits sagenumwobenen Tauchers im 16. Jahrhundert in dem in seiner Art einmaligen Dialog „Colymbetes oder über die Schwimmkunst" des, wohl aus der Schweiz stammenden[34], Ingolstädter Professors Nikolaus Wynmann zu finden sein. Er kennt den „Calapiscis", wie er ausdrücklich bemerkt, aus den „Commentarii" des Volaterranus und, wie man auf Grund des plötzlich in „Colan" veränderten Namens und des fast wörtlich übernommenen Berichtes von dem Schicksal des kühnen Tauchers schließen muß, aus den „Dies geniales" des Alexander ab Alexandro.

Der den Nicola Pesce betreffende Abschnitt aus dem Gespräch des Lehrers Pampyrus mit dem Schüler Erotes lautet[35]:

„Pampyrus: ‚... Was wirst du, Erotes, zu dem Apulier Calapiscis[36] sagen, der infolge seiner außerordentlichen Beherrschung der Schwimmkunst (natandi artis praestantia), die er schon von Kindheit an vollkommen erlernt hatte, endlich fast ein Fisch geworden war, da ja Volaterranus, ein besonders ernst zu nehmender Gewährsmann, berichtet, er habe sich oft viele Tage und Nächte lang — was man freilich kaum glauben kann! — sicher (tuto) unter den Seetieren aufgehalten und die Tiefen des Meeres erforscht!'

Erotes: ‚Man berichtet mehr Verwunderliches dieser Art (huiusmodi complura admiratione digna), auch von einem gewissen Glaukos, den deswegen das törichte Altertum schließlich als Meeresgott verehrte, weil er sich ganz wie ein Amphibium verhielt (quod animal prorsus ageret amphibion)' ...

Pampyrus: ‚Auch ein gewisser Skyllis aus Skione[37] war ein großar-

---

34 Vgl. Karl Wassmannsdorff in seiner Ausgabe des „Colymbetes", Heidelberg 1889, p. XIV—XV.

35 Colymbetes, sive de arte natandi Dialogus per Nicolaus Wynman, Augustae Vindelicorum 1538, pp. 76—77.

36 K. Wassmannsdorff (vgl. Anm. 34) zitiert den Volaterranus (S. 134, fälschlich „Fo. 193a") und bemerkt, daß die Marginalglosse „Colapiscis" hat. Vgl. S. 57.

37 Herodot VIII, 8 (oben S. 21); Pausanias X, 19, 1; Alexander ab Alexandro (oben S. 65).

tiger Taucher, der, ununterbrochen schwimmend, oftmals achtzig Stadien zurücklegte; aber größer als dieser war Colan (!), der deswegen den Beinamen ‚Fisch' bekam.'

Erotes: ‚Was höre ich da?'

Pampyrus: ‚Man berichtet, daß dieser selbst bei gewaltigen Stürmen nicht selten fünfhundert Stadien schwimmend zurückgelegt habe, dergestalt, daß er gelegentlich den Schiffern auf hoher See begegnete, und so an das Wasser gewöhnt war, daß er ohne dieses gar nicht mehr leben konnte.'

Erotes: ‚So war er also einem Wundertier ähnlich (monstri simile)!'

Pampyrus: ‚Schließlich aber ging er im Hafen von Messina in der sizilischen Meerenge jämmerlich zugrunde.'

Erotes: ‚Was du nicht sagst!'

Pampyrus: ‚Die Ursache seines Schicksals war eine goldene Schale (aurea patera), die der König von Sizilien gewissermaßen als Preis für einen Wettkampf im Schwimmen und Tauchen in die Tiefe des Meeres zu schleudern befohlen hatte, um auf diese Weise der riesigen, an einem Festtage am Gestade zusammengeströmten Menschenmenge ein Schauspiel zu bieten. Denn als Colan im allzu großen Vertrauen auf seine Fähigkeit, um den Becher heraufzuholen (poculo auferendo) eifrig und voll Ungestüm losstürmte, soll er von der Gewalt der Wogen in die nahen und dunklen Höhlungen und Klüfte dieses Hafens gerissen worden und so, abgetrieben und an der Rückkehr gehindert, schließlich erstickt sein.'

Erotes: ‚Die Schale wurde ihm zum Verhängnis! Lieber möchte ich immer aus einem carchesischen Becher[38] trinken, als unter derartiger Lebensgefahr Gold in den Wellen suchen.'"

Wesentliche Abänderungen des Vorgangs sind in diesem Berichte nicht zu finden; die Einordnung der Geschichte in Form einer ‚Digressio' erinnert an die didaktische Tendenz der Zeit, hat jedoch hier natürlich ganz speziellen Charakter.

Auch die, chronologisch wohl nächste, Erwähnung Nicolas liegt weit von seiner Heimat, dem vermutlichen Ursprungsort der Sage, entfernt. Indessen ist es angesichts der engen Verbin-

38 „Carchesium" (cf. Verg. Aen. V, 77) ist ein in der Mitte eingedrücktes Trinkgefäß mit hoch über den Rand und bis zum Boden reichenden Henkeln.

dung, die zwischen den Gelehrten der Pyrenäen- und Apennin-Halbinsel bestand, so wenig verwunderlich wie bei Ludovico Vives, wenn der Chronograph Kaiser Karls V., der Sevillaner Pedro Mejía (Mexia), in seinem viel gelesenen und nicht weniger als dreimal ins Deutsche übertragenen Werke „Silva de varia lecion"[39] der seltsamen Geschichte ein ganzes Kapitel widmet. Johann Beat Graß genannt Vayen gibt sie in zeitgenössischem Deutsch in dem Kapitel „Von wunderbarlichem Schwimmen eines menschen/ welches der vrsprung sein möcht/ der fabel/ so man etwan von dem fisch Colas/ erzehlt hat"[40]:

„Wiewol jederzeit der weisen rath vnd meinung gewest/ das der mensch nicht solte von seltzamen vnglaublichen sachen schreiben oder reden/ von wegen das mehrmals an denselben gezweyffelt/ vnd ehe für fablen/ als warheiten von vilen gehalten werden/ so mag doch/ meins erachtens/ ein jeder wol frei daruon tractieren/ wann er sein fürgeben/ durch die auctoritet vnd gezeugnus anderer vnuerwerfflichen Authorn [testigos de auctoridad]/ wie ich dann in disem Capitel (vnangesehen das die Histori sich mehr einer fabel/ als warheit vergleichen thůt) zůthůn vermein/ kan probiern vnd beweisen.

Ich bin eingedenck/ das ich in meiner jugent oder kindtheit/ offt die alten weiber von einem Man hab hören sagen/ welchen man den

---

39 Pedro Mexia, Silva de varia lecion, Venetia 1553, libro I, cap. XXIII: Del admirable nadar de un hombre, de do parece que tuuo origen la fabula, que el pueblo cuenta del pesce Nicolao: traense otras algunas historias de grandes nadadores y como solia en tiempo antiguo ser estimada esta abilidad, fol. 59v—61r.

40 Schöne Historie, Exempel, Vnderweisungen, Auch viler natürlicher dingen Vrsachen, Herrlicher Philosophen Sententz/ Disputationes vnd Argumenta/ Durch Petrum Messiam ... erstlich zusamen gelesen Jetzunder aber aus Tuscanischer, und etslich aus Castilianischer sprach ins Deutsch gebracht/ Durch Johann Beat Graß genant Vayen, Strassburg 1570, cap. 20, fol. 93v—96r. Die Kapitelzählung weicht von der span. Ausgabe von cap. X ab immer stärker ab. Graß benutzte außer einer span. wohl eine der italienischen Ausgaben v. M. da Fabriano (Venetia 1547 und Lione 1556) oder L. Mauro (Venetia 1556).

visch Colas genant/ von wegen das er (vnangesehen derselbig alle menschliche gestalt vnd proportion des leibs gehapt) sich in dem Mehr enthalten/ vnnd der mehrtheil zeit darin hin vnd wider geschwummen/ vnd wiewol ich solichs lange zeit für ein fabel geachtet/ so hab ich doch seiderher/ in allerley Historien vnd Büchern/ die ich durchlauffen/ souil wunderbarlicher vnd seltzamer ding gefunden (die ich auch nicht geglaubt/ wan ichs hett sagen hören) das mich sollichs/ ob es gleichwol nit natürlich wol müglich/ sein gedeucht/ Vnd glaub gentzlich/ es werd eben dise geschicht sein/ welche die zwen fürneme männer/ Pontanus der Orator [Iouiano Pontano, uaron doctißimo en lectras de humanidad, y singular poeta y orador]/ vnd der hochgelert Jurist Alexander von Alexandria [Alexandro de Alexandro excelente jurisconsulto, y muy docto tambien en humanas lectras, el qual hizo un libro llamado Dias geniales, que contiene muy grandes antiguedades]/ beschrieben vnd affirmiert haben.

Die sagen also namlichen zůgleich/ das zů jrer zeit in dem Königreich Sicilia zů Catania/ ein man gewest/ welchen man den fisch Colas genant/ derselbig seye von Kindtsweiß vnd jugent auff/ dermassen in dem wasser zů sein incliniert vnd genaturt gewest/ das er kein andere übung gehapt/ oder sich keiner andern kurtzweil/ weder tag noch nacht angenomen/ dann allein im Mehr zůschwimmen/ in welcher übung er auch dermassen aufferwachsen/ das letstlichen wan er nicht den mehreren theil des tags im wasser verzeret/ habe er gsagt/ er empfinde so ein grossen schmertzen in seinem gantzen leib/ das jhme nicht möglich were zů leben/ wann er sich nicht wider im wasser erquicken solt/ derhalben er dise übung also volstreckt/ vnd sey (wie dise Authores melden) als er zů seinen manbarn tagen kommen/ so gewaltig/ starck vnd geschwindt im wasser worden/ das er sich ohne alle forcht vnd schrecken an allen orten des Mehrs habe hinein lassen/ vnd (ob gleich schon ein fortun oder vngewitter darauffkommen) von einem ort zů dem andern schwimmen dörffen/ Das er auch auff ein zeit/ fünffhundert stadien/ das seind sechzehen oder siben zehen Spanische meiln/ ohn alles rasten geschwummen seye. Er habe sich auch offtermaln/ etliche tag aneinander/ gleich wie ein fisch/ hin vnnd wider im Mehr enthalten.

Vnd wann es sich vnderweilen begeben/ das Nauen oder andere schiff für jhn gefahrn/ habe er dem volck darin so lang gerůffen/ vnd neben dem schiff hergeflossen/ biß sie jhn hinauffgezogen/ wan er dan hinauffkomen/ vnd sie jhn seiner reiß befragt/ vnd sein wunderbarlich schwimmen erfahrn gehabt/ haben sie jhme vnderweilen zů essen geben/ Aber wann er ein weil bey jhnen gewest/ seye er gehlingen wider hinauß gesprungen/ vnd daruon gerunnen wie zůuor. Er habe auch vilmaln in die stett/ so am Mehr ligen/ allerley zeitungen bracht/ so er in den schiffen vernomen gehabt/ vnd also diser gestalt/ hat er (laut obgenanter Authorn glaubwürdiger anzeigung) ein lange zeit sein leben/ gantz frisch vnd gesund hinauß bracht/ biß zů zeiten Alfonsi des Königs zů Neapolis.

Derselbig hielt auff ein zeit ein gewaltigs groß fest zů Meßnia in Sicilien [hasta que en una fiesta que el rey don Alonso de Napoles hizo enla mar en Micina, puerto de mar notable en Sicilia]/ vnd als er dises Colas/ auch anderer mehr (so sich für gůt schwimmer berümpten) geradigkeit im wasser begert zůsehen/ ließ er ein köstlich guldins Trinckgeschirr oder Duplet [una copa de oro de muy grande ualor]/ ins Mehr werffen/ mit anzeigung/ welcher dasselbige zům ersten bekeme/ dessen solte es eygen sein/ vnd er wolte nachmals andere kleinoter [otras piecas] mehr hinein werffen/ vff sollichs liessen sich nun vil gewaltiger schwimmer/ vnd auch oberzehlter Colas hinunder an den boden/ aber Colas ward nimmermehr weiter gesehen/ sonder blieb also im wasser/ das niemandt hat wissen köndten/ wo er hinkomen/ gleichwol hat man vermeint/ er seye jrgent in ein hüle komen/ darin er blieben/ vnd also verderben müssen. Welche oberzelte Histori/ so von disen vorgemelten zweyen fürnemen männern angezeigt vnd recitiert wurdt/ mich nichts anders sein gedeucht/ dann allein das jenig/ so/ wie anfenglichs gemelt/ man von dem fisch Colas für ein fabel erzelt/ vnd gehalten.

Vilgedachter Alexander von Alexandria/ sagt weiter in demselben Capitel/ das er ein armen schiffman gekent/ welcher so ein gwaltiger schwimmer gewest/ das er in eim tag von der Insel Enaria/ so gleich bey Neapolis ligt/ biß in die ander Insel Prochitam/ vnd wider gehn Enariam (so in die fünfftzig stadia von einander gelegen) geschwummen/ vnd wann sich gleich schon begeben/ das jrgent leuth im schifflein zů gleich mit jhme außgefahren/ so haben sie jhme doch vhnangesehen jhrer růder nicht gleich schiffen könden/ sonder seye er jederzeit vor jhnen ankomen/ welches dann/ gleich als wol als das vorig wunderbarlich zůhören [cosas son ambas marauillosas]. Es sagen die Astrologi/ sollichs kome auß der influentz des gestirns/ vnd welche menschen das zeichen des Visches in ascendente haben/ die sollen gewaltige schwimmer sein/ die Philosophi affirmiern/ das der mensch/ so kleine arm hab/ seye allzeit geschwindt vnd geschickt zů schwimmen.

In Occidentali India/ findet man auch leut so vnder dem wasser gehn könden/ vnd sonderlich die/ so die Perlen suchen/ lassen sich ins Mehr an den boden/ vnd bleiben so lang im wasser/ das zů verwunderen [cosa es marauillosa] vnd schier nicht müglich zůglauben ist/ bey den alten haben dieselben leuth/ curinatores geheissen/ vnd jetz nennet man sie guzani [los antiguos llamauan a estos Vrinatores, y agora se llaman Guzanos]/ es schreiben auch etliche Historien oder geschicht schreiber von vil wunderbarlichen vnd seltzamen dingen/ so ein man Delius genant/ im wasser thůn hat könden/ derhalben er dan Delius der schwimmer genant worden. Ich Translator dises Bůchs/ hab auch etliche Grecos/ auß der Insel Cipro kant/ vnd gesehen/ so auff dem Adriatischen Mehr (als die glückselig herrschafft zů Venedig jhren versunckenen Gallion/ widerumb auß dem Mehr vermeinten zů haben) vnder das wasser gefaren/ vnd etlich stund darunder blieben.

Vnd ist gewiß/ ob gleich die kunst des schwimmens kein tugent/ vnd keiner obligiert sollichs zů lehrnen/ so ist sie doch warlichen nicht zůuerachten/ sonder einem jeden Mann nützlich zů könden. Dann wie Vegetius schreibt[41]/ haben die Römer jhr kriegsuolck/ so sie Tyrones nanten/ gezwungen/ das sie schwimmen můsten lehrnen/ Dergleichen ist auch zů Rom der brauch gewest/ das die jungen knaben/ sich im schwimmen üben můsten/ vnd hat man derhalben auch ein sonders ort am gestad des Tybers/ nicht weit von Campo Martio (dessen ruinas ich gesehen) gehabt/ an welchem man sich im schwimmen/ vnd in andern geschwinden leibs übungen im wasser geübt vnd probiert hat/ damit es die jugent larte/ vnd sollichs hernach/ wann es jrgent die noth erfordert/ in kriegen/ schiffbrüchen oder fortunen/ zů jhrem nutz vnd errettung des lebens könden gebrauchen.“

Pedro Mejía hält sich, wie man sieht, eng an die Erzählungen des Pontanus und des Alexander ab Alexandro. Jedoch darf man nicht übersehen, daß er zunächst von Erzählungen spricht, die er in seiner eigenen Kindheit gehört haben will:

41 Cf. Viri illustris Flavii Vegetii Renati & Sex. Julii Frontini viri consularis De re militari Opera, ex rec. Petri Scriverii, Lugd. Bat. 1644, p. 13 (Epitome rei militaris, rec. C. Lang, Leipzig 1885, pp. 14—15).

„Desde que me se acordar, siempre ohy contar a uiejas no se que cuentos y consejas de un pesce Nicolao que era hombre y andaua enla mar.“ Bereits diesen Nicolao nennt Graß „den visch Colas“. Von Alexanders „Colan“ erzählt Pedro Mejía unter dem gleichen Namen an erster Stelle, während er von dem zweiten (namenlosen) Wunderschwimmer, der von Enaria nach Procida und zurück geschwommen sein soll, nur zusätzlich berichtet. Aber bei zwei Schwimmern, von denen der bei Messina ertrunkene Nicolaus, Colan oder Colas heißt, bleibt es. Es wäre ferner zu vermerken, daß sich die Charakterisierung ändert: aus Alexanders „quispiam haud sane ingenitae nobilitatis“ wird bei Pedro Mejía „un hombre, que era marinero y de baxa suerte“, bei Graß „ein armer schiffman“; andererseits ist die ‚Habgier' des Tauchers Cola, der, wie Alexander schreibt, „paterae aureae studio profunda exquirit vada“, kaum angedeutet. Es geht also jetzt hauptsächlich um das Wunderbare und Außerordentliche der Begebenheit.

Daß das so ist, zeigt sich deutlich in dem folgenden Kapitel „Von den Mehrleuthen/ vnnd etlichen andern seltzamen dingen“, in dem Mejía, wieder im Anschluß an Alexander ab Alexandro, die gesamte Überlieferung über die Tritonen und Nereiden zusammenfaßt. Dieses Kapitel erhält seine Bedeutung durch die Aufzählung der Gewährsmänner, seine Fortwirkung, insbesondere auf Simon Majolus, und schließlich durch die unnachahmliche Sprache des Beat Graß[42]:

WAnn die werck vnd geschöpff Gott des Almechtigen/ sonst mit nichten zůuerwundern/ so solte doch allein die vile vnnd mancherley der seltzamen Mehrfisch/ auch der thier so auff erden/ den menschen zů betrachtung vnnd verwunderung bewegen. Plinius/ Aristoteles/ Albertus Magnus[43]/ vnd andere mehr natürliche Philosophi/ thůnd

42 Span. Ausg. (1553), cap. XXIIII: „Delos Tritones y Nereydas que llaman hombres marinos si es uerdad que los hay, y d'ello algunos casos notables“; Graß cap. 21, fol. 96r—98r.

43 Vgl. Plinius, nat. hist. IX, 5; Aristoteles, de anim. hist. II, 1, 7; III, 20, 1 u. a. a. O.; Albertus Magnus, de animalibus XXIV, 85 u. 86 (Venetiis 1495, fol. 244r; ed. Stadler (1921), II, 1540: Monachus maris, Nereides).

derselben an mehrerley orten meldung/ wol weiß ich aber/ das an keinem ort dann allein auff dem erdreich die verstendigen menschen vnd creaturen gefunden werden/ vnd dieselbigen jr wonung vnd auffenthaltung im wasser gar nicht haben/ Nicht desto weniger aber (wie ich an etlichen orthen gelesen) so findet man etliche fisch im Mehr/ welche gantz vnd gar menschliche/ weib vnd mans form vnd gestalt haben/ Vnd werden die weiblein Nereides vnd die mänlin Tritones genant/ vnnd wiewol ich nicht sagen wil das jenig/ vnd die wunderbarliche ding/ so ich von viln/ gleich wol gemeinen leuthen/ so die Mehr lange Jahr gebraucht/ derhalben vermelden hören/ so wil ich doch was vil fürnemer/ glaub vnd lobwürdiger männer/ daruon geschriben/ hiemit zům theil anzeigen.

Plinius recitiert/ das zů zeiten des Keisers Tiberij/ die einwoner der stat Lißbona in Portugal (welche statt damals/ wie auch noch heutigstags/ ein grossen namen) gemeltem Keiser durch jhre Ambasiadores vnd gesandten zů entbotten/ vnd für gewiß anzeigen lassen/ das ein sollicher oberzelter Mehrman oder Triton/ nicht weit vom Mehr/ in einer hölen/ darinnen er mit einer Mehrschnecken gesungen/ gesehen worden. So meldet er Plinius auch in oberzeltem Bůch/ das der Keiser Octauianus Augustus/ für gewiß bericht worden/ wie man in dem Frantzösischen Mehr/ etliche Nereides oder Mehrweiber/ an dem gestad todt funden ligen. Gleicherweiß warde auch Neroni angezeigt/ wie das man vnder vil fischen vnd Mehrwundern/ so das Mehr vff das land oder grieß geworffen/ auch etliche Nereides vnd andere mehr thier/ so sich den jrrdischen thieren vergleicht/ ligen sehen. Vnd sollichs schreibt auch Elianus[44].

Vnd vber das die alten vil sollicher vnd dergleichen ding geschriben/ so finden wir bey den Modernis Authoribus/ auch gleicher gestalt/ vil so wunderbarlichen zůhören. Vnd namlichen schreibt Alexander von Alexandria/ von einem sehr gelehrten vnnd berümpten mann/ Theodorus Gaza genandt/ vnd sagt/ Als derselbe Theodorus in Grecia/ an eim gestad des Mehres gewest/ habe das Mehr/ nach einem schweren vhngewitter oder fortuna/ ein grosse anzal

---

44 Vgl. Plinius a. a. O.; Aelianus a. a. O., XVI, 18 (p. 271): „Alia exsistunt muliebri facie, eisque pro crinibus spinae dependent. Addunt et alia reperiri absurda, quorum genera tam monstrosa exacte explicari ac repraesentari ne a peritissimis quidem et in corporum diversorum mistione versatissimis pictoribus possent; caudae eis oblongae et involutae, pro pedibus forfices aut pinnae."

fisch hinaus auff das trucken landt geworffen/ vnder welchen auch ein Nereida hinauß komen/ dieselbige habe sich mit dem angesicht/ vnd aller anderer proportion des leibs/ biß auff den gürtel/ einem schönen weib vergleicht/ vnderhalb des gürtels aber/ seye sie gestaltet gewest/ wie ein ahl oder wurm/ gleich wie wir sehen/ das man die Sirenes mahlet/ vnd hab sich also auff dem landt erzeiget/ als wann sie gar angsthafft vnd vbel zů můt were/ Darauff seie er Theodorus hinzů gangen/ vnd jren/ wie er gemöcht/ widerumm ins wasser geholffen/ da sie dan von stund an/ so geschwind vnd hurtig angefangen zů schwimmen/ das er sie bald auß dem gesicht verlorn.

Georgius Trapezontius (so nicht in wenigerer authoritet/ bey den gelehrten/ als diser) sagt vnd affirmiert gleicher gestalt/ das er selber mit seinen eignen augen/ als er auff ein zeit am Mehr gestad spatziern gangen/ ein fisch gesehen/ welcher sich ausserthalb dem wasser/ so hoch als ein weib biß an gürtel sein mag/ gezeigt vnd sehen lassen/ vnd hab alle proportion/ lidmaß vnd gestalt/ eines sehr schönen weibsbild/ so weit er sehen mögen/ gehabt/ darab er sich dann nicht wenig verwundert/ vnd als er also zůgeschawet/ seie sie offtermaln herfür kommen/ vnd sich dann widerumb ins wasser verborgen/ so bald sie aber seinen wargenomen/ habe sie sich ins wasser gethan/ vnd jhme hernach nicht mehr sichtig worden. Welches dann alles warlichen wunderbarlich zůhören/ vnd schwer zůglauben/ wofern es nicht also durch gewaltige Männer angezeigt wurde.

Weiter zeigt obberürter Alexander an/ wie das er für gewiß vnd warhafft seye bericht worden/ das zů seiner zeit in Epiro (welches land man jetz Romania nennt) bey einem Brunnen nicht weit vom Mehr da vnderweilen die jungen kinder von den orten an der nähe wasser gereicht/ sich ein Triton oder Mehrman in ein hölin verborgen/ vnd wann er jhe weiln ein jungs dürnlin/ so allein zů dem brunnen komen/ erwartet/ sey er aus der hölin herfür gelauffen/ dasselbig genomen vnd mit sich ins Mehr getragen. Vnd als er nun sollichs offtermal getriben/ haben die einwoner in derselben gegne auff jne lassen acht nemen/ so lang biß sie jhn letstlichen gefangen/ vnd als man jhn für das volck desselben ort gebracht/ hat meniglich gesehen/ das er mit allen seinen glidern/ menschliche form vnd gestalt habe/ darab sich dann meniglich verwundert/ vnd seyen der meinung gewest/ sie wolten jhne lebendig behalten/ aber vhnangesehen/ das man jhme zů essen gebracht/ so hat er doch kein speiß annemen wöllen/ sonder ist also zům theil hungers/ vnd dann/ das er in einem andern element/ so seiner natur entgegen sein müssen/ gestorben.

Dise Histori bezeugt vns auch Aulus Gellius[45]/ vnd sagt souil weiter/ das dieweil er zů Marsilia gewonet/ seye jhme von einem fischer/ den meniglich für ein warhafften man gehalten/ gesagt worden/ das er selbs von seinem vatter gehört/ er habe aller diser oberzelten gestalt/ einen Mehrman gesehen/ der seie dem König Renato verehrt vnd presentiert worden. Also das das jenig/ so oberzelt/ durch gnugsame Authores vnd Historienschreiber/ narriert vnd bezeugt wurdt."

Diese völlig von Alexander ab Alexandro abhängigen sowie durch den Übersetzer[46] in kurioser, aber eben doch so bezeichnender Weise entstellten Berichte des Pedro Mejía reißen noch einmal den Hintergrund der „Sage" von Nicola Pesce auf.

Bevor diese selbst in ihren weiteren Gestaltungen jedoch verfolgt wird, scheint es angebracht, ein Wort über die Titel der Werke einzufügen, die in so auffälliger Form die „Specula" und „Imagines Mundi" des Mittelalters ablösen. Während sich Uberti und Volaterranus noch mit „Dicta" und „Commentarii" begnügten, beginnt mit den „Dies geniales", den ‚heiteren, den Genius erfreuenden Tagen' des Alexander ab Alexandro in

---

45 Hier verwechselt Graß den antiken Aulus Gellius und seinen Zeitgenossen Petrus Aegidius (Pierre Gilles), dessen Werk viel zitiert wird; bei Pedro Mejía heißt es (fol. 62v): „Affirma lo ya dicho tal bien Petro Gilio auctor moderno en los libros que hizo de animalibus", und bei Claude Gruget (Les diverses leçons de Pierre Messia contenans la lecture de variables histoires & autres choses memorables, mises en Françoys, Paris 1552): „Cest histoire est außi racontée par Pierre Gelie auteur moderne …" (Lyon 1561, cap. XXII, p. 136). Petrus Aegidius berichtet in „Ex Aeliani Historia per Petrum Gyllium Latini facti, itemque ex Porphyrio, Heliodoro, Oppiano, tum eodem Gyllio luculentis accessionibus aucti libri XVI De ui & natura animalium", Lugduni 1533, p. 280: „Cum nuper Massiliae essem, piscator & senex & probus mihi narrabat, se puerum de parente suo audiuisse regi Renato a piscatoribus captum muneri missum fuisse marinum hominem".

46 Die beiden anderen deutschen Übersetzungen sind von Lucas Zoleckhofer, Basel 1664, und Johann Andreas Matthe, Nürnberg 1669.

deutlichem Anklang an die „Noctes Atticae“ des Aulus Gellius, eine neue, die humanistische Sinngebung der Anekdoten- oder Kuriositätensammlungen. Sie findet ihren vorläufigen Abschluß in den „Dies caniculares“, den „Hundstagen“ des Simon Majolus aus Asti und erinnert damit in etwa an die „Otia“, die “Mußestunden“ des Gervasius von Tilbury, obwohl sie auch die Gewalt der panischen Verzauberung andeuten mag und kann. Die „Silva“ wiederum hat gleichfalls ihre unmittelbare Beziehung zur Antike; wenn auch die zehn Bücher „Silvae“ des Lucanus verschollen waren und sind, so strahlte der Ruhm der „Silvae“ des Publius Papinius Statius um so heller. Es wäre in der Tat der Mühe wert, die jeweilige Bedeutung dieses Titels einmal durch die Jahrhunderte zu verfolgen, wie es Oskar Walzel in seinen Vorlesungen gelegentlich wünschte. Bei Statius wird es weniger das Skizzenhafte der Dichtungen gewesen sein, das ihn zu der Namengebung veranlaßte, als vielmehr das Wildgewachsene, das die Wälder von den Gärten unterscheidet, das Ungeordnete somit, das auch Herder bewegt haben mag, seinen „Betrachtungen, die Wissenschaft und Kunst des Schönen betreffend“ den Titel „Kritische Wälder“ (1769) zu geben. Zweifellos aber hat Pedro Mejía das Wunderbare, Außer-Ordentliche und Abenteuerliche, das ihn und seine Zeit faszinierte, im Auge, wenn er sein Sammelwerk „Silva de varia lecion“ nennt, und keiner hat diesen Titel treffender übersetzt als mehr als hundert Jahre später der „besondere Liebhaber der Italiänischen Sprach“ Johann Andreas Matthe: „Historischer Geschicht-, Natur- und Wunder-Wald allerhand merckwürdiger Erzehlungen“[47]. Denn hier wachsen die seltsamsten Bäume, blühen die wun-

47 H. Ullrich (Zu Schillers Balladen, in: Archiv für Litteraturgeschichte X (1881), S. 220 f.) hat übrigens auf die Wahrscheinlichkeit hingewiesen, daß Schiller Matthes sowie Zoleckhofers und Grugets Übersetzungen kannte, da diese drei Werke „zu dem Fonds der Bibliothek des Jenaischen Schlosses gehörten, in welchem Schiller bekanntlich eine Zeit lang seine Wohnung hatte“, ein Irrtum, den U. (ebda. XV, 449) berichtigt.

derbarsten Blumen und begegnen die außergewöhnlichsten Tiere, ganz zu schweigen von den Menschen.

Der Wassermensch nun taucht auch im 16. Jahrhundert in der Literatur Siziliens wieder auf, die sich nur allzu gern des heimatlichen Stoffes annimmt. Es kann ohne weiteres angenommen werden, daß er damals wie heute im Munde des Volkes lebendig geblieben war; hier freilich geht es weniger um die Tatsache seiner Existenz als vielmehr um die Art seiner Gestaltung.

Die Reihe der sizilischen Geschichts- oder Historienschreiber des 16. Jahrhunderts führt der Dominikaner Thommaso Fazello aus Sciacca (1498—1570) an, der zwei „Dekaden" sizilischer Geschichte veröffentlichte; sein Bericht lautet[48]:

„Zur Zeit unserer Väter lebte in Messina Cola der Fisch. Er stammte aus Catania und war ein für alle Zeiten verwunderlicher (admirandus) Mann, der fast sein ganzes Leben außerhalb der menschlichen Gesellschaft (relicta humana societate) einsam in der Meerenge von Messina unter den Fischen verbrachte, so daß er, weil er außerhalb der Meeresfluten nicht lange zu weilen vermochte, den Beinamen ‚Fisch' bekam. Er verriet den Menschen viele unbekannte Geheimnisse der Natur jener Meerenge, da er wie ein Meerestier ihre tiefsten Tiefen und unermeßlichen Räume auch bei schlechtem Wetter schwimmend durchstreifte, worüber mich, obwohl ich eifrig danach forschte, niemals ein Einwohner von Messina hinreichend belehrte.

Da ihn also die Messinenser viele Jahre lang wie ein Wundertier (tanquam prodigium) bestaunten, wurde an einem hohen Festtage vor den Augen des Volkes von dem damaligen König Friedrich von Sizilien, in seiner persönlichen Gegenwart, eine goldene Schale ins Meer geworfen, die Cola heraufholen sollte. Als jener zum dritten Male — nachdem er sie zweimal hintereinander aus dem tiefsten Grunde heraufgeholt hatte — ins Meer gesprungen war, um die vom König hinabgeschleuderte Schale auf dem untersten Grunde des Meeres zu suchen, warteten der König und die Volksmenge lange auf

48 F. Thomae Fazelli O. P. De rebus Siculis prioris decadis liber II, cap. 2, in: Rerum Sicularum Sciptores ex recentioribus praecipue, Francofurti 1579, p. 45; cf. Pitrè, Studi, p. 132 (De rebus Siculis Decades duae, Panormi 1560, p. 50).

ihn; er tauchte nie mehr zu den Lebenden empor. Man vermutet, daß er in die gewaltigen Höhlen der Meerenge geraten und, von den allenthalben einströmenden Fluten überwältigt, zugrunde gegangen ist. So jedenfalls geht die Sage bei den Messinensern von Mund zu Mund (ita nimirum ducta per manus fama Messanenses praedicant), und so erzählen sie sie, und viele Schriftsteller ersten Ranges berichten von jenem Manne.

Wenn aber jemand fragen sollte, auf Grund welcher natürlichen Eigenschaft (quanam vi naturae) Cola so lange unter Wasser und ohne zu atmen aushalten konnte, so muß man annehmen, daß seine Lungen besonders weit und schwammig gewesen sind. Denn die Lebewesen, die eine derartige Lunge besitzen, bedürfen keiner häufigen Atmung, weil die einmal aufgenommene Luft lange aufbewahrt wird und sie deshalb länger unter Wasser bleiben können."

Es ist bezeichnend, und man hat es selbstverständlich längst bemerkt[49], daß Fazello sich ausdrücklich auf Erzählungen der Bevölkerung von Messina beruft, ähnlich wie es vor ihm Salimbene, aber auch nur er allein, getan hatte, und sogar genauere Angaben über Colas Entdeckungen auf dem Meeresgrunde vermißt. Übrigens verlegt er das Ereignis in die „Zeit unserer Väter", also wohl in die Regierungszeit König Friedrichs IV. von Sizilien (1496—1501).

Abweichend von ihm setzt es der zweite Sizilianer, Giulio (Antonio) Filoteo degli Omodei aus Castiglione, in seinem Verzeichnis berühmter Männer Siziliens (1557) in die Regierungszeit König Ferrantes (1458—1494)[50]:

„Cola, mit dem Beinamen ‚der Fisch', aus Messina, anderer Meinung nach aus Catania stammend, ein plebejischer und ungebildeter Mensch (uomo plebeo e privo di dottrina), ist wahrhaftig des Gedenkens wert und berühmt, und viele Schriftsteller erwähnen ihn. Er lebte zur Zeit des Königs Ferrante von Neapel um das Jahr 1460 — obwohl andere behaupten, er habe lange Zeit vorher gelebt — wie ich

49 Vgl. Pitrè, Studi, p. 16—17.

50 G. F. degli Omodei, Sommario degli uomini illustri di Sicilia, in: Biblioteca storica e letteraria di Sicilia, vol. XXV, Palermo 1877, pp. 39—40; cf. Pitrè, Studi, pp. 133—134.

von einigen vernahm, vor allem von meinem Lehrer, dem Priester Oliviero Palmeri aus Rosarno, einem frommen und hochgebildeten Manne, der berichtete, daß er um das Jahr 1525, als ich mich unter seiner Anleitung mit der Grammatik beschäftigte, mehrfach mit vielen Menschen gesprochen habe, die den besagten Cola kannten und sich mit ihm unterhalten hatten. Die erzählten von ihm wunderbare Geschichten (cose meravigliose), so etwa, daß sich Cola, der der Sohn einer armen Frau niederen Standes war, vor der Arbeit drückte, wie es die Buben oft tun, und seine ganze Zeit damit verbrachte, im tiefsten Wasser zu schwimmen, dergestalt daß er, gleichsam durch Gewohnheit und durch die Veranlagung, die in ihm steckte, getrieben (spinto quasi dall' abito e dalla natura, che gliel' inclinava), die Natur der Fische annahm (divenne quasi dell' istessa natura de' pesci) und sich die meiste Zeit im Meere aufhielt. Es gab keinen Ort ringsum, weder im Hafen von Messina noch in der Gegend des Faro, den er nicht genauestens erkundet hätte; daher kam es, daß er Cola der Fisch zubenannt wurde. Deshalb pflegten die Städter auch an Festtagen auf ihren Booten um die Wette durch den Hafen hinauszufahren, einzig und allein, um ihn und seine Wundertaten (le sue meraviglie) zu sehen, da er bisweilen einen ganzen Tag lang unter dem Wasser des tiefsten Meeres blieb.

Nun geschah es, daß der König Ferrante — wie die Sage erzählt —, der sich in Messina aufhielt, mit einer Galeere hinausfuhr, um ihn zu sehen. Er traf ihn, wie er gerade nackt am Strand lag, rief ihn zu sich, sagte ihm viele Freundlichkeiten und warf einen Ring mit einem überaus kostbaren Edelstein (gittò una gioia ricchissima legata entro un anello) ins Meer; darauf gab er ihm den Befehl, diesen heraufzuholen. Cola zeigte sich zuerst sehr verzagt (si buttò giù) und zögerte ziemlich lange, schließlich aber holte er den Ring herauf. Der König verwunderte sich und warf ihn an einer anderen, noch tieferen Stelle ins Wasser. Darauf sprang Cola aus Dienstbeflissenheit, und um den König, der das größte Vergnügen daran hatte, zu erfreuen, von neuem hinunter und brachte den Ring unter großem Jubel aller Zuschauer wiederum herauf. Nunmehr ließ der König, begeistert von so beachtenswerten Leistungen, die Galeere weiter aufs hohe Meer hinaus fahren, warf das Kleinod zum dritten Male hinab und befahl Cola, es zu holen. Da antwortete Cola, Seine Majestät nehme ihm mit diesem Befehl das Leben, weil eben an der Stelle, wo das Kleinod hinabgeschleudert worden sei, ein Polyp von solch schrecklicher und unermeßlicher Größe hause, daß er ihn beim ersten Blick verschlingen werde; schon bei anderer Gelegenheit sei er ihm nur mit großer Mühe entgangen. Der König aber, sei es, daß er von Natur aus hartnäckig war, sei es, daß er aus Geiz — um den Ring nicht zu verlieren — darauf drängte, oder weil eben einfach Colas letzter Tag gekommen war, wollte, obendrein überzeugt, daß Cola nur Ausflüchte mache (persuadendosi eziandio che Cola ciò dicesse per scusa), daß er trotzdem hinunterspringe. Dieser also sprang, wurde aber nie mehr gesehen, unerachtet dessen, daß viele Leute auf Befehl des Königs viele Tage lang an jenem Ufer auf Wache standen, da man genau wußte, daß Cola bisweilen zwei oder drei Tage lang unter Wasser zu bleiben und sich gleich den Fischen zu ernähren pflegte und daß er oft alle Strudel und Höhlen der Charybdis erforscht hatte. Und das war sein Ende."

Auch hier bei Omodei ist die Berufung auf die Erzählungen des Volkes auffällig, wie überhaupt dieser Bericht eine ganz besondere Originalität aufweist, obwohl von dem Fluch der Mutter keine Rede ist.

Giuseppe Pitrè, von dem man erfährt, daß Omodei zwar am 1. Mai 1557, also drei Jahre vor dem Erscheinen der ersten Ausgabe der „Dekaden" Fazellos, sein Werk beendete, dieses aber erst im Jahre 1876 gedruckt wurde, widmet ihm daher auch eine lange Betrachtung[51]; hier ist jedoch weniger die wahrscheinliche Unabhängigkeit Omodeis von literarischen Vorbildern als vielmehr seine natürliche Frische und Unbefangenheit, die auch Pitrè hervorhebt und die der Berichterstattung ihren eigenen Reiz verleiht, von Belang. Die Berufung auf zuverlässige Gewährsmänner, deren einer, Oliviero Palmeri, namentlich angeführt wird, entspricht der Sitte der Zeit. „La notizia delle persone che conobbero Cola fu certo una vanteria del maestro, nella quale lo scolare trovò modo di accreditare la narrazione: vanteria non rara a riscontrare facendosi ricerca di leggende e di canti, perchè anche il popolo ha le sue vanità, ed anche le persone dotte dicono le loro brave bugie"[52]. „Lügen und Prahlereien" der Gelehrten sowie eine gewisse

51 Studi di leggende pp. 17—18.
52 Ib. pp. 18—19.

„Eitelkeit des Volkes“ sind an sich nichts Neues; dem Bericht Omodeis verleihen sie jedoch zweifellos etwas Besonderes, eben jene Originalität, von der bereits die Rede war und die sogar dem ungleich berühmteren Fazello abgeht, obwohl oder gerade weil dieser genauere Berichte über die Wunder und Geheimnisse des Meeresgrundes vermißt.

So stellt Omodeis Erzählung die erste unbefangene Wiedergabe eines authentisch bezeugten und doch unhistorischen Ereignisses ohne mythologische Verbrämung und ohne manieristische Überhöhung, also eine echte ‚Anekdote‘ dar. Als solche bleibt sie zunächst einzigartig; denn das zwei Jahre nach Fazellos „Dekaden“ erschienene „Compendium“ des Franciscus Maurolycus aus Messina beruft sich mit ‚historischer‘ Genauigkeit in einer kurzen Notiz über Cola Pesce wieder auf Pontanus, aber erstaunlicherweise auch auf Ricobald von Ferrara[53]:

„Man berichtet von einem denkwürdigen Sizilianer namens Cola, der angeblich aus Catania stammte, einem unglaublichen Schwimmer, der ganze Tage lang unter Wasser verbrachte; schließlich ging er in dem Wirbel der Charybdis zugrunde, da ihm befohlen wurde, eine von Friedrich hinabgeworfene Schale heraufzuholen, und zwar im Jahre des Heils 1233; darüber berichten Pontanus und Ricobald in ihren Chroniken.“

Aus demselben Jahrzehnt stammt das Herzensbekenntnis des Paolo Regio in seiner Novelle „Syracusa pescatoria“[54]:

„Schließlich fand ich mich so vollkommen (in tal perfettione), wie man es dereinst von dem Fisch Nicolao (del pesce Nicolao) auf der

---

53 Sicanarum Rerum Compendium Maurolico abbate siculo Athore, lib. I, Messanae 1562; zit. nach G. Pitrè, Studi di leggende p. 134.

54 Paolo Regio, Syracusa pescatoria, Napoli 1569, p. 10—11. Über Paolo Regio vgl. Giambattista Passano, I Novellieri Italiani in Prosa, I[a] pte., Bologna 1965, pp. 530—531. Eine Fotokopie der Seiten 10_v und 11_r des „libretto rarissimo“, der „Syracusa pescatoria“ nämlich, stellte die Biblioteca Nazionale Vittorio Emanuele III in Neapel freundlicherweise zur Verfügung.

berühmten Insel Sizilien behauptete: Die neidische Eifersucht vertrieb eifrigst die boshaften Angriffe Cupidos und drang, von eisigem Frost begleitet, mit solchem Ungestüm in mein Herz, daß sie mich all meiner Freude beraubte. Und so kam es, daß eine bösartige, den Vergnügungen der Jugend feindselige alte und neiderfüllte Rivalin mit verhängnisvoller Mahnung mir fälschlich weismachte, daß ich eine andere Frau liebe".

Welch absonderlicher, welch doppelt und dreifach aufschlußreicher ‚Bericht'! Von einem Dichter wird die völlige Verwandlung Nicola Pesces zum Vergleich herangezogen, um die ebenso vollständige Entfremdung durch Liebe und Eifersucht aufzuzeigen. Das ist freilich ebensowenig neu — denn schon der Troubadour Raimon Jordan hatte einen ähnlichen Vergleich gewagt — wie zufällig; der Held der Novelle Regios wendet sich nämlich nach brüsker Abweisung durch seine geliebte Lucenia „mit tränenüberströmtem Antlitz" (col viso bagnato di lacrime) zu dem „klaren und reinen Silber" seines „kleinen, aber sagenberühmten Flusses Sebeto" (Sebethus, heute: Fiume della Maddalena), wo „eine schöne und anmutige Nymphe, den übrigen Körper, wie ich glaube aus Scham, in den Wellen verbergend" (il resto del corpo credo che per honestà nell'acque s'ascondeua), ihr blondes Haupt erhebt und ihm rätselhafte, aber tröstende Verse zuspricht. Außer Nicola Pesces „Vollkommenheit" ist es demnach die dunkle und geheimnisvolle Tiefe unter der spiegelnden Oberfläche des Wassers, die den Vergleich so überzeugend macht. Nachdem die Nixe wieder untergetaucht ist, steht der verschmähte Liebhaber zudem kurz darauf am Gestade, wo er mit seinem Schmachten „die Klippen, von den Fischen ganz zu schweigen" (non ch'i pesci), oft zu Mitleid gerührt hatte, und die Tränen flossen aus seinen Augen, bis „alle Umstehenden, von Erbarmen bewegt, Neptun baten, dem unglücklichen Liebenden Hilfe zu leisten".

Paolo Regio degli Urseoli (1545—1607) war Neapolitaner, Jurist und Theologe, von 1583 bis 1607 Bischof von Vico Equense bei Sorrent. Seine „Syracusa pescatoria" enthält eine Sammlung geistvoller Novellen, die er offensichtlich in Nachahmung der berühmten „Arcadia“ des Jacopo Sannazzaro (1458—1530) verfaßte. Sannazzaro gehörte seinerseits zum Freundeskreis des Jovianus Pontanus am Hofe Ferrantes und Friedrichs IV. von Neapel, den er 1501 in die französische Verbannung begleitete: außer der „Arcadia“ (2. Ausg. 1504) verfaßte er „Eclogae piscatoriae“. Die Bekanntschaft Regios mit dem sizilischen Taucher „Nicolao“ ist somit auch von der literarischen Seite her verständlich. Gleichzeitig ist aber eben vor allem die poetische Verwendung des Motivs in dem schon wegen seiner Seltenheit kostbaren Werke Regios von eminenter Bedeutung, zumal sein spanischer Zeitgenosse Miguel de Cervantes ‚nur‘ die Schwimmkunst Cola Pesces als unerläßlich für einen vollkommenen Ritter ansieht, nicht aber die Vollkommenheit der Verfremdung.

Recht lakonisch sind die Erwähnungen Colas in der „Weltgeschichte“ des Mailänders Gasparo Bugati, in dem geographischen Sammelwerk über die berühmtesten Inseln der Welt des Toscaners Thomaso Porcacchi und in den „Exercitationes“ des Paduaner Humanisten Julius Caesar Scaliger gehalten; aber offenbar nicht nur der Vollständigkeit, sondern eben auch der Wunderbarkeit wegen wollte man den großen Schwimmer und Taucher nicht mit Stillschweigen übergehen.

Bugati schreibt um 1569[55]:

„Unter dem Pontifikat [Gregors IX.] war in Sizilien ein Seemann (un huomo marino) namens Cola berühmt, der für einen Fisch gehalten wurde: so groß war seine Fähigkeit, im Meere zu leben. Er schwamm wie ein Fisch und haßte und fürchtete das feste Land wie ein Fisch, und wenn er an einem Tage nicht ins Meer springen konnte, wurde er krank. Tag und Nacht verbrachte er dort höchst vergnügt. Und er enthüllte den Menschen viele Geheimnisse des Meeres.“

Man sieht, daß Bugati, der bemerkenswerterweise auf die Wiedergabe des traurigen Schicksals Colas verzichtet, genau wie Maurolycus die Lebenszeit des sagenhaften Tauchers, offenbar

---

55 Historia Universale di M. Gasparo Bugati Milanese, lib. III, p. 286, Venetia 1570; zit. nach Pitrè, Studi p. 135.

seinen Quellen (Ricobald oder Jacobus ab Aquis?) folgend, wieder in das 13. Jahrhundert verlegt, während Porcacchi sie mehr als zweihundert Jahre später ansetzt[56]:

„Zur Zeit unserer Väter wohnte in Messina Cola der Fisch, der in Catania geboren war. Dieser verließ die menschliche Gesellschaft und verbrachte fast sein ganzes Leben einsam unter den Fischen im Meere von Messina; daher erhielt er den Beinamen ‚Fisch'."

Scaliger schließlich schreibt an seinen Freund, den berühmten Mailänder Arzt Hieronymus Cardanus, unter Berufung auf Pontanus[57]:

„Das italische Volk verdreht viele Namen: Francisco wird von vielen Ceco genannt, Dominicus Beco, Laurentius Renzo. So nennen die Türken Konstantinopel Stambul, Adrianopel Adrinas, den Elefanten Fil. Und so wurde auch von den Siziliern und Calabresen Nikolaus ‚Cola' genannt.

Da mit diesem Namen sowohl von anderen wie auch von Jovianus Pontanus ein gewisser junger Taucher bezeichnet worden ist, verstehe ich nicht, weshalb du ihn Colanus benannt hast. Seinen Namen und seine Geschichte kannst du bei jenem höchst anziehenden Dichter lesen. Die Genauigkeit hast du jedoch außer acht gelassen. Diejenigen nämlich, die aus irgendeinem Grunde lange unter Wasser bleiben, haben einen ölgetränkten Schwamm im oder am Munde[58]. Und so holen sie irgendwie die ausgeatmete Luft aus der, die in dem Öl enthalten ist. Wie das vor sich geht, weiß ich nicht. Ich bin nämlich noch nicht mit ihnen zusammengekommen. Jedoch habe ich es gesehen."

Hier handelt es sich also, abgesehen von der Öl-Theorie, um die merkwürdige Tatsache, daß neben Cola, wie schon bei Alexander ab Alexandro, bei dem dieser Name jedoch nicht genannt wird, ein zweiter Schwimmer, der Fischmensch Cola-

---

56 L'Isole più famose del Mondo, descritte da Thomaso Porcacchi da Castiglione Arretino, Venetia 1576, p. 54.

57 Julii Caesaris Scaligeri Exotericarum Exercitationum libri XV de subtilitate ad Hieronymum Cardanum, Lutetiae 1557, fol. 335v.

58 Vgl. oben S. 35 und unten S. 119 f. und Anm. 3, 61.

nus, erscheint, der nun gleichfalls in der Literatur weiterlebt. Der unmittelbare Anlaß zu Scaligers historisch-philologischer Belehrung ist aber ein anderer: Er hatte als Philologe die 21 Bücher „De subtilitate" seines etwas jüngeren Freundes Cardanus offensichtlich bereits im Manuskript eingesehen. Cardanus aber hatte sich im elften Buche über die normale und abnorme Größe sowie über anomale Größenverhältnisse des menschlichen Körpers ausgelassen; dabei machte er eine mehr beiläufige Bemerkung über den „Urinator Colanus"[59]:

„Andere sind von Natur aus nicht von so seltener Größe [wie Aias Telamonios und Hyllos], wie etwa der Taucher Colanus aus Catania, einer Stadt Siziliens, der bekanntlich kurz vor unserer Zeit, ja sogar noch zu unseren Zeiten gelebt hat. Dieser hielt sich drei und vier Stunden lang wie ein Fisch unter Wasser auf. Und das ist nicht weiter verwunderlich, da im westlichen Indien die Perlenfischer auf der Muschelsuche auch heute noch eine ganze Stunde unter Wasser zu bleiben pflegen."

Die Geschichte Colas ist hier, wie man sieht, vollständig versachlicht, zum Gegenstand wissenschaftlicher Untersuchung geworden.

Ebensowenig wie Mediziner und Philologen lassen sich die Juristen den dankbaren Stoff zur Illustration ihrer sonst so trockenen Commentarien entgehen. So ist trotz der Ähnlichkeit der Wiedergabe höchst anregend zu lesen, was Peter Peck aus Zierikzee auf der Insel Schouwen (1529—1589), ein Zeitgenosse also des Scaliger (1484—1558) und des Cardanus (1501—1576), in seinem Kommentar zum Seerecht der Rhodeser, den der Leydener Professor Arnold Vinnius (1588—1657) mit großer Umsicht erläutert hat, unter dem Titel VRINATORES zu berichten weiß[60]:

---

59 Hieronymi Cardani Mediolanensis medici De subtilitate libri XXI, Basileae 1582, lib. XI, pp. 635—636.

60 V. Cl. Petri Peckii In Titt. Dig. & Cod. AD REM NAUTICAM pertinentes Commentarii, quibus nunc accedunt Notae cum ampla dote variarum circa rem Navalem observationum Beneficio Arnoldi Vinnii, J. C., Lugduni Batavorum 1647, pp. 248—250.

„Als diese Art Menschen bezeichnet Varro[61] jene Schwimmer, die nicht nur, um ihren Körper zu reinigen, auf der Oberfläche des Wassers schwimmen, sondern in einen Fluß oder das Meer springen und, soweit möglich, vom Grunde heraufholen, was hineingeworfen wurde, die ihren Mund sichern, auf daß kein Wasser eindringe, und nach Art der Wasseramseln (merularum in morem), um die Tiefen des Meeres zu durchforschen, lange verborgen bleiben. So sagte auch Plinius im 37. Kapitel seines ersten Buches, daß Seehunde und Frösche lange unter Wasser tauchen[62].

61 Hierzu gibt Vinnius folgende Erläuterung: „Varro, lib. 4 de lingua Lat. [cf. De lingua Latina lib. V, ed. J. Collart, Paris 1954, XXVII, 126 (p. 82)]: ‚Tauchgefäße (Vrnae) heißt es, weil man sie, um Wasser zu schöpfen, eintaucht (urinant), wie die Taucher. Vrinare bedeutet: ins Wasser tauchen.' Die Taucher leisten den Seeleuten die häufigste und nötigste Hilfe; denn von ihnen werden gewöhnlich die bei einem Schiffbruch versunkenen oder zur Erleichterung der Ladung abgeworfenen Gegenstände heraufgeholt. Statius lib. I, sylv. 3 nennt sie ‚hinabgetauchte Erforscher des Meeres' [cf. Stat., Silvae, rec. A. Marestoni, Leipzig 1956, III, 1, 84—85 (p. 57), wo es von der ‚tenuis casa nomine templi' im Garten des Sorrentiners Pollius Felix heißt, sie sei ‚fluctivagos nautas scrutatoresque profundi vix operire capax']. Ihre Beschäftigung beschreibt Manilius lib. 5 Astronomicon geschickt mit folgenden Versen:

‚Jene ergötzt es, im Meere das Meer zu erforschen, die mutig Sich in die Wogen stürzen und tief in den Höhlen den Nereus Selbst und die Nymphen des Meeres zu sehen versuchen Und auch die Beute der Wogen hervor aus der Tiefe sich holen, Reste des Schiffsbruchs, und gierig den Sand auf dem Grunde durchwühlen.' [vgl. unten S. 199 (S. Spranger) u. Anm. 5, 106].

Antonius Mornacius [(Feriae Florenses, Parisiis 1619)?] schreibt, es sei bei den Fachleuten ausgemachte Sache, daß es möglich sei, das Öl, das die Taucher in den Mund genommen haben, unter Wasser auszuspeien und so das Meer hell (pellucidum) zu machen, und darauf zielten jene Worte des Plinius [nat. hist. II, 107, 234; T, II, 200]. ‚Die Taucher spucken Öl aus dem Munde, weil es die widrige Umgebung sänftigt und Licht verschafft' (urinantes ore spargere [oleum] quoniam mitiget naturam asperam lucemque deportet)." Vgl. auch Albertus Magnus XVI, 53, p. 1087.

62 Plin., nat. hist. XI, 72 (188): „Eadem est causa quare sub aqua diu ranae et phocae urinantur." (Natural history, 1956, III, 550).

Von diesen [Tauchern] sind manche weit tüchtiger (perspicaciores) als die anderen und bleiben länger unter Wasser, wie ich es in Anwesenheit des allererhabensten Kaisers Karl in unserer Stadt Zierikzee zu meiner Zeit gesehen habe, und im Seekriege fast unentbehrlich, da sie der feindlichen Flotte, indem sie die Schiffe anbohren, viel Schaden zufügen können[63].

Von allen denen aber, die auf diesem Gebiete sehr viel leisteten, soll, wie es Alexander ab Alexandro glänzend beschreibt[64], ein Mann besonders vortrefflich gewesen sein, der Colan geheißen habe, mit dem Beinamen ‚der Fisch', der, zu einem einzigartigen Schicksal oder Geschick geboren (singulari fato seu fortuna genitus), mehr im Wasser zu weilen als auf dem Lande zu leben pflegte und der es nötig gehabt habe, an jedem Tage das Meer und seine Wogen aufzusuchen. Deshalb verbrachte er mehrere Tage lang unter den Seetieren und lebte unbehelligt (illaesus) mit ihnen, nicht anders, als wenn er eines von ihnen gewesen wäre. Er drang bis in die tiefsten und entlegensten Winkel des Meeres vor, kehrte oft ans Gestade zurück und warnte die Seeleute vor bevorstehenden Stürmen, wie es auch bei Volaterranus ausführlichst beschrieben wird. Ob ihm dies durch sein Geschick oder durch sein Gestirn bestimmt war, haben die meisten im unklaren gelassen. Es wird nämlich lediglich hinzugefügt, daß er riesige Meeresstrecken und unermeßliche Entfernungen von 500 und mehr Stadien bei schlechtem Wetter und hohem Wellengange mit außerordentlicher Kraft und Schnelligkeit schwimmend zurücklegte und daß er das nicht nur einmal zu tun pflegte: bis er schließlich — so berichtet Alexander — an einem hohen Jahresfeste in der sizilischen Meerenge vor der zu diesem Schauspiel im Hafen von Messina versammelten Menge, wie ich glaube, erproben wollte, wie sehr er die übrigen im Tauchen übertreffe; während er versuchte, eine goldene Schale, die damals vom König als Preis für die Schwimmer ins Meer geworfen worden war, aus dem tiefsten Grunde heraufzuholen, tauchte er, nachdem er sich ins Wasser gestürzt hatte, um auf der Suche nach jener Schale die tiefen Gründe zu durchwühlen, nicht mehr vom Boden des Meeres, in das er gesprungen war, auf, obwohl man lange

---

63 Die Verwendung von Tauchern im Seekrieg ist alt. Vgl. unten S. 190f.

64 Vinnius bemerkt dazu: „Diese fast unglaubliche Geschichte berichtet Alexander ab Alexandro auf Grund eines Berichtes (ex relatu) des Jovianus Pontanus.".

auf ihn wartete; und auch später wurde er nicht mehr gefunden und erschien nirgends mehr. Man glaubt, er sei in die Klüfte und Höhlen, von denen jener Golf ganz erfüllt ist, geraten und habe, nachdem er erst einmal durch die wilden Strömungen in die Tiefe des Strudels gerissen worden war, obwohl er sich retten und an die Oberfläche zurückarbeiten wollte, nicht mehr zurückkehren können; und nachdem er sich lange abgemüht und nicht habe Atem holen können, sei er von den von allen Seiten hereinstürzenden Wassern zwischen die entgegenstarrenden Klippen gedrückt worden und elend zugrunde gegangen."

Peck, der sonst einen nüchternen, seinem spröden Stoffe angepaßten Stil, ein trockenes Juristenlatein schreibt, überschlägt sich in dieser Schilderung, wenn sie auch teilweise eine fast wörtliche Wiedergabe der Erzählung des Alexander ab Alexandro ist, geradezu mit Verschachtelungen und Volten, Wiederholungen und Übertreibungen und nähert sich damit bereits der im Jahre 1585 erschienenen höchst unterhaltsamen „Piazza Universale" des Tomaso Garzoni aus Bagnacavallo (1549—1589)[65]; diese „Piazza" ist eines der ersten barocken Handbücher, ein Compendium der Berufe der Menschen in aller Welt, und wurde etwa siebzig Jahre später unter dem Titel „Allgemeiner Schawplatz, Marckt vnd Zusammenkunfft aller Professionen/ Künsten/ Geschäfften/ Händeln vnd Handtwercken" ins Deutsche übersetzt. In der Übersetzung liest man im „Hundert vnd Eylfften Discurß[66]":

„Von Schwimmern. Ob wir gleich sehen/ daß das schwimmen/ welches an den Fischen natürlich/ an andern Thieren aber/ als Endten/ Gänsen vnd andern vnderschiedlichen Wasservögeln/ ja fast bey allen andern vierfüssigen/ auch von Jugend auff gemein/ so muß es doch allein der Mensch mit grosser Mühe/ Arbeit vnd Gefahr lernen/ vnd ist billich zu beklagen/ als der so elendig ist/ daß jhm in so vielerhand Dingen/ so jhme doch beynahe nothwendig sind/ oder zum wenigsten viel angelegen ist/ die vnvernünfftige Thier überlegen

65 Tomaso Garzoni, Piazza universale di tutte le professioni del mondo, discorso CXII, Venezia 1616, fol. 342v—343r.

66 Thomae Garzoni Piazza Universale, Frankfurt am Mayn 1659, S. 911.

sind. Doch hat man gleichwol etliche gefunden/ welche also in diesem Exercitio deß Schwimmens haben zugenommen/ daß man sich nit vnbillich darüber zu verwundern/ vnter welchen/ wie Pontanus ein fürtrefflicher Orator vnd Poet/ deßgleichen Alexander ab Alex. ein berühmbter Jurist in seinen diebus genialibus schreibet/ der zu zehlen/ der von wegen seines wunderbahren schwimmens Piscis Calanus genennet worden. Dieser ist zu Catana im Königreich Sicilien geboren/ vnd gleichsamb von Jugend auff im Meer erzogen/ vnnd sich also im schwimmen geübet/ daß er bißweilen auch in einem vnstätten vnd Sturmwetter biß in die fünffhundert Stadia, welche zwischen sechzehen vnd siebenzehen Hispanischer Meylen machen/ schwimmen können/ bißweilen ist er wie ein Fisch/ von einem Vfer oder Gestad deß Meers biß zum andern geschwummen/ allda er den Schiffleuthen begegnet/ vnd hat denen/ so auff dem Land gewohnet/ gewisse Zeitungen gebracht/ von den Schiffen/ so von jhnen abgefahren. Vnd ist jhme solches schwimmen allezeit glücklich abgangen/ biß auff das Frewdenfest/ so Alphonsus König zu Neapolis/ in der Statt Messina/ einem schönen vnd fürnehmen Meerhaven in Sicilien/ allda er auch vnter andern/ die wunderbahre Schwimmkunst dieses Menschen probiren wöllen/ vnd ein köstlichen güldenen Becher ins Meer geworffen/ welchen herauß zulangen/ dieser zwar sich mit andern hinunter gedauchet/ aber hernach nit wider gesehen worden: vnd meynet man/ er seye vielleicht in eine Höle/ so vnter dem Wasser in der Tieffe seyn möchte/ gerathen/ vnd allda ersoffen.

So schreibet auch gemeldter Alexander in vor angezogenem Buch/ er habe selbst zu Neapoli einen Schiffmann gekennet/ der ein solcher Schwimmer gewesen/ daß er in einem Tag von Enaria, welches eine Insul ist/ die man zu Neapoli siehet/ biß gen Prochitam, welches ein Orth ist am vesten Landt/ so bey die funfftzig Stadia, die mehr als anderthalbe Meile machen/ geschwummen. Vnnd das noch mehr/ daz auff eine Zeit ein Schiff gleich mit jhm abgefahren/ daran etliche Mann mit guten Riemen gezogen/ welchen er aber allezeit gleich geschwummen/ vnnd mit nichten dahinden geblieben/ ob sie schon jhr eusserstes Vermögen jhme vorzukommen/ daran gestrecket.

Von den Occidental Indianern schreiben die Historici wunderliche Dinge/ daß nemblich/ da man die Perlen fischet/ sie sich in das Meer werffen/ vnd biß in den Grundt tauchen/ allda sie bißweilen so lange bleiben/ daß man vermeynet/ sie werden nimmermehr wider herauß kommen. Endlich aber/ wann man jhrer beynahe vergessen/

kommen sie mit grosser Verwunderung deren/ die es nicht mehr gesehen/ herauß/ vnnd bringen die gefundene Perlen mit sich herauff."

Da Garzoni im folgenden auch den Vegetius zitiert, muß man annehmen, daß er, und zwar größtenteils wörtlich, die „Silva" des Pedro Mejía ausgeschrieben hat, während sein unbekannter Übersetzer deren deutsche Ausgabe wohl nicht kannte. Garzoni gibt jedoch, indem er auch hierin seinem Vorbild folgt, lediglich„il Pontano Oratore, & Poeta egregio, & Alessandro d'Aleßandro Giureconsulto chiarissimo" als Quellen an, und seine Originalität besteht letztlich nur in der Idee einer lexikalischen Übersicht über die Berufe der Menschen.

Unter einem anderen übergeordneten, nunmehr jedoch moralischen Gesichtspunkt sammelte noch im gleichen 16. Jahrhundert Rocco Gambacorta aus Messina (1554—1605) in seinem „Foro christiano" einschlägige Beispiele, unter denen folgendes zu finden ist[67]:

„Der Messinenser Colapesce ... schwamm wie ein Fisch im Meere und verbrachte dort Tage und Nächte, mied das Land und die Gesellschaft der Menschen. An einem Festtage warf König Friedrich von Sizilien, um ihn auf die Probe zu stellen, ein goldenes Gefäß ins Meer, das er vor den Augen des ganzen Volkes aus der Tiefe holte, und der König schenkte es ihm beim ersten Male; beim zweiten Versuch blieb er für immer unten, und er, der sich im Leben bei den Fischen aufhalten wollte, fand in ihrem Bauche sein ewiges Grab."

Den zusammenfassenden Bericht des 16. Jahrhunderts bringt schließlich in Form einer Diskussion über die physikalischen und medizinischen, die moralischen und metaphysischen Gesichtspunkte des „Falles Nicola Pesce" der gelehrte Bischof von Voltoraria und Montecorvino Simon Majolus aus Asti (Bischof 1572—1597) im neunten Colloquium „Über die Fische" seiner „Dies caniculares".

---

67 Rocco Gambacorta, Foro christiano, cap. XXXI, p. 291, zit. nach Pitrè, Studi p. 137.

Bevor jedoch auf diese ausführliche Darstellung und ihr ‚Vorspiel' im zweiten Colloquium „Über den Mann" eingegangen werden kann, muß der ins Literarische umgesetzte ‚mythische' Hintergrund, so wie ihn das 16. Jahrhundert sieht, umrissen werden. Merkwürdigerweise findet er sich am greifbarsten an einer kaum zu vermutenden und wenig beachteten, wenn auch von Majolus ausdrücklich erwähnten Stelle, nämlich in dem Kapitel „Harlem" jenes Prachtwerkes, das der Dortmunder Archidiakon und „Dechant unser lieben Frauen in Gradibus zu Cöln" Georgius Bruin (Georg Braun) über die berühmtesten Städte des Erdkreises verfaßt hat[68]. Was aber der oberitalienische Bischof nicht wußte, jedenfalls nicht vermerkt: Bruin hat, wie es bei derartigen Sammelwerken — und nicht nur bei ihnen — offensichtlich allgemein üblich war, seine ‚Städtebilder' zum weitaus größten Teil aus älteren geographischen oder historischen Darstellungen, meistens sogar wörtlich, übernommen, so auch den ersten Teil des Kapitels „Harlem" aus der „Descrittione di tutti Paesi Bassi altrimenti detti Germania Inferiore" des Florentiners Ludovico Guicciardini (1524—1589)[69], den zweiten seltsamer-, aber eben auch bezeichnenderweise aus der „Beschreibung Lissabons" des Damianus a Goes († 1502)[70].

Von dem Werke Guicciardinis liegt nun erfreulicherweise eine deutsche Übersetzung aus dem 16. Jahrhundert von Daniel Federmann aus Memmingen vor; hier heißt es von Harlem zunächst[71]:

---

68 Georgius Bruin, De praecipuis totius universi urbibus libri II, Antverpiae 1572, fol. 26; Bruin lebte (nach Zedler, Universal-Lexikon IV (1733), Sp. 1130) „noch zu Anfang des 17. Seculi".

69 Ludovicus Guicciardinus, Descrittione di tutti Paesi Bassi, altrimenti detti Germania Inferiore, Anversa 1567; lat.: Descriptio Belgiae sive Inferioris Germaniae, Amsterdami 1634

70 Damianus a Goes, Vrbis Olisiponis Descriptio, Eborae 1554

71 Niderlands Beschreibung. Erstlich durch Ludwig Guicciardin von Florentz … bis auf das MDLXVI Jar zusamen getragen: Jetzund … verteutschet durch Danielen Federman von Memmingen, Basel 1580, pp. CCIX—CCX

„HAerlem war gegrundstifftet durch einen loblichen Mann/ genannt Lem/ von welchem volgends diese Statt Heerlem/ das ist Herrlem genennt/ vnd also der Nammen zusammen gesetzt worden[72]...

Inn dieser Statt Haerlem findet man/ was massen nicht allein nach der gemeinen sag der Einwohnern vnd andern Holendern/ sondern auch nach innhalt etlicher Scribenten vnd andern gedächtnussen zum ersten erfunden ist worden/ die Kunst der Truckerey mit Buchstaben vnd Caracteribus auff Papir auff die jetzige weise zu Trucken. Demnach aber derselbig Erfinder vnnd Meister/ ehe er die Kunst zu volkomnen Stenden vollendet hat/ gestorben/ Ist sein Diener (wie man sagt) gehn Meintz zu wohnen gezogen/ alda er solche herrliche Kunst zu volkomner endtschafft vnd an das Liecht gebracht. Dergestalt ist nun das geschrey in aller Welt erschallen/ als seie diese Trukker kunst zu Meintz erfunden worden. Welches nun die warheit/ kan noch will ich hierinn nicht vrtheilen/ sonder mich begnügen lassen daz ich nur allein etliche wort daruon gemelt hab/ damit diser Statt vnd Landtschafft in dem nichts benommen werde."

Nach diesen, insofern „das geschrey" noch heute in aller Welt so erschallt, recht aufschlußreichen ‚einleitenden' Bemerkungen werden weiterhin folgende Geschichten erzählt:

„In diese Statt Haerlem war (wie der Meyer meldet/ vnd die Holendischen Jarbüchern[73]/ sampt der gemeinen sag außweisen) im Jar 1403. ein Meer Weib so stumm gewesen/ gebracht/ welche in einem Holen-

72 Vgl. dazu Hadrianus Barlandus in: Rerum maxime memorabilium in Brabantia, Flandria, Hollandia, Selandia ... gestarum, tom. II, Francofurti ad Moenum 1580, p. 4: „Herlemum: Hanc vrbem inuenio conditam a quodam illustri viro, cui nomen inditum fuerit Lem, Germanica lingua, vrbs hinc dici coepta HerlenstatGermanice, nos eadem ratione Herlemum dicimus Latine."

73 Cf. Commentarii siue Annales rerum Flandricarum libri XVII autore Jacobo Meyero, lib. XIIII, Antverpiae 1561, fol. 219r; Annales sive Historiae rerum Belgicarum a diversis auctoribus ... conscriptae I, Francofurti ad Moenum 1580, p. 251. Auch Bruin schreibt: „Ex Meiero & annalibus Hollandiae"; es ist jedoch nicht auszumachen, was für ‚Holländische Jahrbücher' damit gemeint sind; wahrscheinl. die gen. Ausg. v. 1580.

dischen See/ dahin sie die vngestümigkeit des Meers gefürt gehabt/ gefangen worden. Alsobald haben sie sie bekleidet/ vnnd gewehnet Brodt/ Milch vnd anders zu essen/ darnach spinnen/ vnnd andere dienstbarkeit gelehrnet: hat das Creütz geehret vnd andere Ceremonien/ die sie von jrer Frawen gesehen/ begangen/ vnd lange Jar/ doch allweg stummweiß gelebt.

Gleicher gestalt bestähten gemelter Statt Burger für gewiß/ welcher massen vngefahrlich bey viertzig Jaren inn dem Friesischen Meer ein Meer Mann gefangen worden/ welcher/ gleich wie wir/ gestaltet gewesen ist/ vnd wie man gesagt/ Bart/ haar/ haut vnd anders doch grob/ wie wir/ gehabt/ vnnd sich gewehnet Brodt vnd andere gemeine speiß zu essen. Man sagt er seye im anfang gar wild gewesen/ seye aber darnach zimlich/ doch nicht gar heimlich worden/ vnd war auch stumm/ vnd hat lange Jar gelebt/ dann wiewol er der Pest einmal entgangen/ so war er doch zum andern mal daran gestorben …

Es wirt gleichermassen in den Holendischen Jargeschichten vnnd Protocollen gefunden/ vnd ist auch derselben zeit durch Cornelium von Amsterdam gehn Rom dem Giliberto Physico[74] also geschriben worden/ das im Norwegischen Meer bey der Statt Elepoch[75] auch ein Meermann gefangen worden ist/ welcher einem natürlichen Bischoue in dem Bischoflichen kleide gleich gesehen/ vnnd als er dem König in Poln[76] geschenckt war/ vnnd er nicht essen wolte/ hat

---

74 Der häufig genannte „Cornelius Amsterodamus“ (Bruin l. c.) ist ebensowenig aufzufinden wie sein Brief. Gilbertus Horstius, nach Zedler (Universal-Lexicon XIII (1735), Sp. 950) „Gisbert Horstius, ein Medicus von Amsterdam, starb zu Rom 1556“ (vgl. auch Jöcher, Allg. Gelehrten-Lexicon II (1750), 1716); von den Zeitgenossen erwähnen Conrad Gesner und Hermann Lignaridus (Dürrholtz) Brief, Absender und Empfänger, Gesner auch das „Bildnis“, vgl. C. Gesner, Historiae anim. lib. IV, p. 439: „Eiusdem monstri picturam mihi ostendit Gisbertus medicus ex eadem Noruegia Romam ad se missam“, ib. p. 441: „Cornelius Amsterodamus Gilberto Physico Romae scripsit …“, H. Lignaridus, Oblectamenta, p. 319: „… quod accepi a Gisberto, Germano Medico, quod ipse Amsterodamo cum literis acceperat.“

75 Ellabogium oder Malmogia, heute Malmö; vgl. Gesner l c. p. 439 „oppidum Den Elepoch, Bruin l. c. „prope Elepochum Noruegiae oppidum“; Bruin datiert das Ereignis genau „Anno 1531“.

76 Sigismund I. Jagello (1506—1548).

er nur drey tag gelebt vnnd gar nichts geredt/ dann allein grosse seufftzer gelassen/ vnd dessen Bildtnis hab ich bey mir. Es seind zwar wunderbarliche vnd seltzame newe sachen/ welcher aber wol erwigt/ was Plinius vnd andere beglaubte Authoren von solchen Meerwundern vnd Meermännern/ so mehrmals gefunden worden seind/ geschrieben haben/ wirt sich deren nicht verwundern/ ja viel weniger wann er bedenckt/ das schreiben/ was sie von den Tritonen/ vnd andern Meerwundern/ deßgleichen von den Satyris/ vnd jrdischen Faunis oder Göttern gethan/ von welchen Satyris so gar S. Jeronimus in der H. Schrifft/ als für ein warhafft ding/ meldung thut"[77].

Damit endet die „Eigentliche Beschreibung der Statt Haerlem" in Federmanns Übersetzung des Guicciardini. Georg Bruin aber, den das Thema anscheinend ganz besonders fesselt, fährt fort[78]:

„Weil aber die Rede auf die Tritonen gekommen ist, soll auch das, was Damianus Goes in seiner Beschreibung von Lissabon Lesenswertes (non iniucunda lectu) von ihnen berichtet, angeführt werden:

‚An der Flanke des Berges [Cap da Roca]', sagt er, ‚die sich vom Ozean her erstreckt, findet man, in der Nähe der lusitanischen Stadt Sintra [oder Cintra, westl. von Lissabon] unter einem ins Meer ragenden Felsen eine Höhle, die ständig vom Ozean bespült wird und die den salzigen Schaum der hinein- und wieder herausströmenden Wogen in sich aufnimmt; dort drinnen glaubt unser Volk einst einen Tritonen, der auf einer Muschel blies, gesehen zu haben. Was freilich die Stelle betrifft, so möchte ich nichts fest zu behaupten wagen, weil sie von allen, die näher an diesem Ufer vorbeisegeln, leicht eingesehen werden kann. Daß man aber in Lusitanien zur Zeit des Kaisers Tiberius einen Tritonen gesehen und gehört habe, bezeugt auch Plinius: ‚Dem Kaiser Tiberius', sagt er, ‚meldete eine Gesandtschaft aus Lissabon, die eigens deshalb ausgeschickt worden war, man habe in einer Höhle einen Triton gesehen und gehört, der auf einer Muschel blies und den man an seiner Gestalt erkannt habe.'

Auch das glauben wir nicht schweigend übergehen zu dürfen, daß man zu dieser unserer Zeit an sehr vielen Stellen in der Nähe des

---

77 Cf. S. Eusebii Hieronymi Vita S. Pauli primi eremitae, cap. 8, in: Opera omnia II, Migne Patr. Lat. 23, 23.

78 Damianus a Goes a. a. O., fol. 8r—9v.

Piscis Episcopus
aus Conrad Gesners Historiae Animalium lib. IV,
qui est de Piscium et Aquatilium natura, p. 439

Gestades eine bestimmte Art von Menschen antrifft, die auf Grund ihres Wesens und ihrer Art von den Einwohnern gewöhnlich ‚Meermänner' (Marini) genannt werden, und zwar hauptsächlich deshalb, weil die Oberfläche ihrer Haut rauh ist und weil sie gewisse Anzeichen von Schuppen (hispidum quid in cutis superficie gerentes) und gleichsam die fast über den ganzen Körper verteilten Reste einer alten Gattung (reliquias antiqui generis) aufzuweisen und zu bewahren scheinen. Denn daß sie ihren Ursprung und ihre Herkunft von Meermännern oder Tritonen herleiten, ist immer für gewiß gehalten worden, und wir haben von unseren Vorfahren gehört, daß diese Entwicklung ihren Anfang daher genommen hat, daß Tritonen gelegentlich ans Ufer sprangen und sich allmählich daran gewöhnten, dort zu spielen, und daß sie, durch die Süßigkeit der Früchte, deren es in dieser Gegend eine sehr große Menge gibt, angelockt, öfters wiedergekommen seien, daß einige von ihnen durch die List der Einwohner auf irgendeinem Strohhaufen (in fabali quadam) gefangen worden und späterhin durch freundliche Behandlung zu einer gesitteten und geordneten Lebensweise erzogen worden seien. Und wenn es auch sagenhaft erscheint: die Tritonen hätten auf Grund des vertrauten Umgangs zum Sprechen gebracht werden können (vocales reddi) und es obendrein ermöglicht, mit den Lusitaniern zu verkehren, so kommt es mir auf jeden Fall noch viel fabelhafter vor, daß ein roher und barbarischer Triton in Afrika aus dem tritonischen Sumpf hervorgesprungen sein, mit den Griechen geschwatzt und von Jason den Dreifuß, den er nach Delphi bringen wollte, gefordert haben soll, damit jener mit seiner Hilfe den Gefahren der Syrten entgehe[79].

---

79 Vgl. Herodot IV, 179 u. Diodor IV, 56, 6. Es handelt sich um den sagenumwobenen Salzsee el Lodiah bei Tripolis, die Wiege der Pallas ‚Tritogeneia' (cf. Lucan IX, 347). Welche Quelle Goes benutzte, ist schwer zu entscheiden; von Herodot waren griechische Ausgaben bereits 1502 in Venedig, 1541 in Basel, eine griechisch-lateinische Ausgabe 1570 in Paris erschienen (vgl. auch Anm. 25); von Diodor hatte Francesco Poggio bereits 1472 in Bologna einen lateinischen Auszug veröffentlicht; 1554, also im gleichen Jahr wie Goes' Beschreibung der Stadt Lissabon, war in Basel eine deutsche Ausgabe des Werkes Diodors erschienen unter dem Titel „Diodori des Siciliers/ vnd berümptsten Geschicht schreybers vom anfang der Weldt biß zů jrer bewonung/ vnd rhůmreichen herrschunge furgfallner gschichten", in der es im

Zu unseren Zeiten aber — um ein einleuchtenderes Zeugnis anzuführen — sprang, als ein Fischer zwischen den Klippen des Vorgebirges Barbarium [Cap Espichel] sich gerade anschickte, mit Angel und Köder in der Nähe eines Heiligtums der göttlichen Jungfrau Fische zu fangen, aus den Wellen unversehens ein männlicher Triton auf eine Klippe, mit langem Bart, herabhängenden Haaren, zottiger Brust, ziemlich häßlichem Gesicht und völlig menschlicher Gestalt. Nachdem er sich ein Weilchen gesonnt hatte und den Mann von hinten, seine Gestalt betrachtend, gemustert, stieß er einen dem menschlichen nicht unähnlichen Laut aus und tauchte dann sofort wieder erschreckt in die See. Dies erzählte der Fischer über den Triton oder Meermann allen, die es hören wollten, in verständlicher Rede am selben Tage.

Ferner begab sich wenige Jahre später nicht weit vom Mondvorgebirge (haud procul a lunae promontorio [Cap Carvoeiro]), wie uns Fernando Alvarez, der Sekretär des Indischen Hauses[80], ein Mann von unbedingter Glaubwürdigkeit, der in der Nähe jenes Gestades ein kleines Landgut besaß und zum Nachbar einen rechtschaffenen und keineswegs lügnerischen Mann hatte, berichtet, eben jener Nachbar oft, um zu fischen, auf die Klippen am Ufer. Als er dort eines Tages mit Glück seinem Geschäft nachging, warf er — wie Fernando von ihm wörtlich vernahm — die Fische, die er mit der Angel gefangen hatte, hinter sich auf einen Absatz der Klippe, um sie sicher aufzubewahren. Während er dies öfter wiederholte, erblickte er von Zeit zu Zeit auf dem Klippenabsatz einen nackten und bartlosen jungen Mann. Jedoch glaubte er, da an jener Stelle die Bewohner der Umgegend oft zu schwimmen pflegten, es sei wohl einer von ihnen.

„fünfft buch" (p. CCX) heißt: „Darnach hatt sie (sc. die Schiffsgnossen) der wind jnn die Syrten geworffen/ vnnd als sie von Tritono dem künig doselbst gewharnet/ des mhörs lauff doselbst verständigt entrunnen/ haben sie jm ein alt öhrin gschirr/ mit alten buchstaben gezeichnet gschänckt ..." Den Salzsee erwähnt der Übersetzer J. Herold in der dem Diodor vorgebundenen unpaginierten Abhandlung „Von den Heydnischen Göttern vnnd irer vermeynten macht" s. v. Gorgona.

80 Es handelt sich vermutlich um Don Fernão d'Alvares d'Oriente, dessen „Lusitania transformada" (Lisboa 1607) im deutschen Leihverkehr nicht zu erhalten ist.

Und weil er mit seiner Fischerei beschäftigt war, richtete er kein Wort an ihn. Endlich blickte er genauer hin und sah, daß der junge Mann die Fische mit der Hand ergriff, sie zum Munde führte und verspeiste. Deshalb lief er aufgeregt hin, um den Mann festzuhalten. Dieser aber wandte sich in raschem Laufe, lachend und kichernd, zur Flucht, sprang ins Wasser und tauchte unter.

Ungefähr zur selben Zeit warf in der Umgegend der Stadt Lissabon an der angrenzenden Meeresbucht, nicht weit von dem Städtchen, das unsere Leute Barrerium [Barreiro, südl. von Lissabon] nennen, neben dem Landhaus des Patriziers Alfonso Albuquerce die Flut des Meeres einen toten Meermann ähnlicher Gestalt ans Gestade.

Außerdem findet man in den alten Archiven des Königreichs Portugal, deren Vorsteher ich, Damianus a Goes, selbst bin, noch eine sehr alte Handschrift von einem Abkommen, das zwischen dem König Alfons III. [1248—1279] und Pelagius Petreius, dem Großmeister des Ritterordens vom Heiligen Jacob, geschlossen wurde und durch das bestimmt wird, daß eine Abgabe für Sirenen und andere Meerestiere, die an den Küsten des Ordens gefangen würden, nicht dem Ordensmeister, sondern den Königen zustehe. Daraus ersieht man leicht, daß sie, da über sie ein Gesetz erlassen wurde, einst in unseren Gewässern zahlreich gewesen sind. Aber, was wir bisher über Tritonen, Nereiden und Sirenen gesagt haben, möge genügen.'"

Mit der treuherzigen Begründung, was Damianus a Goes aus der Geschichte Lissabons berichtet habe, passe gerade zu seiner Erzählung und sei zudem vergnüglich zu lesen (non iniucunda lectu), übernimmt Bruin ohne weitere Bedenken eine Kernstelle der Beschreibung der einen Stadt, nämlich Lissabons, zur ‚Charakterisierung' der anderen, nämlich Harlems. Sicherlich entspricht dies der allgemein üblichen Praxis und entspringt weniger der Absicht, Zeilen zu füllen oder gar dem Stoffmangel und eigener Gedankenarmut abzuhelfen, sondern der reinen Freude an der Fülle der Nachrichten über ein Thema, dem breites Interesse, zumal in einer Seestadt, sicher ist. Und so beweist er nicht nur seine Belesenheit sondern vermittelt ganz beiläufig auch einen Abglanz dessen, was der bedeutendste Zoologe des Jahrhunderts, der Zürcher Arzt

Conrad Gesner, in eine eindrucksvolle Übersicht zusammengefaßt hat[81].

In dem Abschnitt „De Hominibus marinis“ des vierten Buches seiner berühmten „Historia animalium“ liefert Gesner einen Beweis seiner ausgedehnten Gelehrsamkeit und seiner kritischen Einsicht. Er beschreibt zunächst jenen ‚Cucullatus‘, der schon bei Olaus Magnus auftauchte und bereits dort einen eindeutigen Hinweis auf Robben und Seehunde erlaubte. Dieses Seetier, so sagt Gesner, habe zwar ein menschliches, jedoch rohes und bäurisches Antlitz (facies rustica et agrestis) ein kahles und glattes Haupt und über den Schultern eben jene Kapuze (cucullus), die der „unserer Mönche“ ähnlich sei. Von diesem Seetier besitze er, Gesner, eine Abbildung (effigiem), ein Geschenk der durchlauchtigsten Königin Margarete von Navarra (1492—1549), die es ihrerseits von einem adligen Herrn erhalten habe, der ein gleiches dem Kaiser Karl V. übersandt habe. Eine weitere Abbildung (picturam) habe ihm der Arzt Gisbert (Horstius) gezeigt. Indessen meint er:

„Um die Wahrheit zu sagen, glaube ich, daß die Maler einiges zu viel getan haben, damit es um so wunderbarer aussehe (quaedam praeter veritatem a pictoribus addita fuisse puto, vt res mirabilior haberetur). Zudem möchte ich annehmen, daß das Ungetüm (monstrum hoc) nicht mit Schuppen, sondern mit einer harten und runzligen Haut bedeckt ist ...“

Auch Gesner ist also der Meinung, daß es sich hier um Robben handelt.

Ebensowenig wagt der Gelehrte von den sogenannten Meermenschen oder Tritonen zu behaupten, daß sie keine Tiere sind. Er zitiert Vergil, Plinius und Pausanias, hält aber derartige Berichte für erdichtet (fabulosa). Zu den Nachrichten über den Meermann, der im Jahre 1531 dem König Sigismund I. von Polen geschenkt worden sei und den er, Gesner,

---

81 Conradi Gesneri Historiae Animalium liber IV qui est de Piscium et Aquatilium natura, Francofurti 1620, pp. 439—441.

ein „Monstrum multo superiore mirabilius" nennt, Nachrichten, die er übrigens wiederum „dem deutschen Arzt Gisbert" verdanke, bemerkt er ausdrücklich:

„Ich übergehe absichtlich, was mir von diesem Ungetüm sonst noch erzählt wurde, weil ich es für erdichtet halte. Es liegt ja nämlich in der eitlen Wesensart der Menschen, einer an sich schon wunderbaren Erscheinung über das Wahre hinaus noch weiteres anzudichten."

Der Wissenschaftler beschreibt nur, was er vor Augen hat, und behält sich ein endgültiges Urteil vor. Und so schließt Gesner diesen Abschnitt mit den bezeichnenden Worten:

„Wie es für das Urteil des oberflächlichen Beobachters auf dem Lande viel Wunderbares gibt, so werden auch im Meere viele auf Grund ihrer Seltenheit und der Mannigfaltigkeit ihrer Gestalt geradezu unglaubliche Monstren beobachtet. Wer nämlich sollte sich nicht über das verwundern, was von den Alten über Tritonen, Sirenen, Nereiden, Najaden und unzählige andere See-Wesen geschrieben worden ist? Nach der Ansicht so mancher ist es nämlich kaum bloße Erfindung, was die Alten über Triton und die Nereiden überliefern."

In dem zusätzlichen Abschnitt „De Aquatilibus" gibt Gesner dann noch eine systematische Übersicht über Berichte von menschenähnlichen Seetieren und zitiert außer Plinius und Pausanias den Commentar des Joachim Vadianus zu Pomponius Mela, Hieronymus Cardanus, Petrus Bellonius, Alexander ab Alexandro, Petrus Aegidius, seinen Freund Rondelet und viele bekannte und unbekannte Augenzeugen, die einzeln zu nennen und zu belegen zu weit führen würde. Wie sehr den Wissenschaftler Gesner aber gerade die Zwielichtigkeit des Themas beschäftigt, beweist die Tatsache, daß er dieses in einem besonderen Kapitel „De Tritone"[82] später noch einmal aufgreift und aufs neue eine Unmenge von Belegen zum Teil wörtlich anführt. Am Ende aber bringt er ein Bild eines „Ichthyokentauren" (Iconem ichthyocentauri) unter der Über-

82 C. Gesner l. c. pp. 998—1001.

schrift „PAN VEL SATYRUS MARINUS“, das er einst von dem Maler erhalten haben will, der behauptete, er habe eine Skizze des Skeletts eines derartigen Ungetüms in Antwerpen zu sehen bekommen.

In einer merkwürdigen, wahrhaft „ichthyokentaurischen“ Mischung von Traditionalismus und Skepsis vollzieht sich in der Zoologie Conrad Gesners eine äußerst kritische, wenn auch noch zögernde Entmythisierung des naturwissenschaftlichen Horizonts durch das ‚lebendige Wissen'. Und gerade weil ein unmittelbarer Zusammenhang zwischen dem Zürcher Protestanten und dem italienischen Bischof mehr als unwahrscheinlich ist, verrät die weitgehende Berücksichtigung vieler Quellen und Belege Gesners, insbesondere der Berichte des Damianus a Goes und Georg Bruins durch Simon Majolus eine analoge Haltung, deren Besonderheiten eine Analyse der Stellen, an denen der Dialog der „Dies caniculares“ auf die ‚Monstra maris' und schließlich auch auf Nicola Pesce kommt, ergeben wird. Wie sehr sich der Bischof für das Thema interessiert, zeigt sich schon daran, daß er zweimal ausführlich darauf zu sprechen kommt; das erste Mal in dem zweiten Colloquium in dem Kapitel „Homo“, das der Theologe[83] unter den Gesprächspartnern im Dialog mit dem Philosophen und dem Ritter folgendermaßen zum Abschluß zu bringen sucht[84]:

„Theologus: ‚Es ist von großer Bedeutung, wenn wir zum Abschluß unserer Auseinandersetzung fragen, ob es einen Fisch gibt, der das

83 Wie sehr sich auch die Theologie angesichts der soeben erfolgten Entdeckung Amerikas mit der Meeresforschung und innerhalb dieser wiederum mit den menschenähnlichen Fischen befaßte, zeigt u. a. ein Satz bei Petrus Martyr (Pietro d'Anghiera), der in seinen „Drei Dekaden über den Ozean und die Neue Welt“ (Basel 1533) von einem „wunderbar menschlichen Fisch“ (piscis quidam mirifice humanus) schreibt, dessen Name „Matus“ sei, was ‚edel oder hochherzig‘ (generosus aut nobilis) bedeute (l. c. fol. 60D)

84 Dies caniculares, hoc est Colloquia tria et viginti physica, nova et penitus admiranda per Simonem Maiolum ep. Vulturariens., Helenopoli s. a., coll. II, pp. 84—85.

Pan vel Satyrus Marinus
aus Conrad Gesners Historiae Animalium lib. IV,
qui est de Piscium et Aquatilium natura, p. 1001

Aussehen eines Menschen hat, oder ob ein Mensch, der sich an das Meer gewöhnt hat, unter den Fischen schwimmend gleichsam als ihresgleichen lebt. Denn daß Fische von menschlicher Gestalt gefunden worden sind, werden wir an geeigneter Stelle aufgreifen; daß aber Menschen im Wasser gelebt haben, hat man oft erfahren. Deshalb gelten sie jedoch weiterhin für Menschen, selbst wenn sie im Wasser mit den Fischen leben und außerhalb des Wassers nicht leben können.'

Philosophus: ,Daß die Fischesser (Ichthyophagi) sich nicht anders als Seetiere schwimmend im Meere wohlbefinden, versichert Solinus[85]. Dies aber gehört zur Lebenstüchtigkeit (ad virtutem spectat) und tut der Menschlichkeit keinen Abbruch, sondern bereichert sie. Denn schon die Alten haben die Schwimmkunst gepriesen, dergestalt daß sie das Sprichwort prägten, um einen untüchtigen Menschen zu kennzeichnen: Er hat weder schwimmen noch denken gelernt (Neque natare, neque literas didicit). So beherrschte auch Caesar, der keinem Menschen in irgendeiner Fähigkeit nachstand, die Kunst des Schwimmens hervorragend, da er ja am afrikanischen Gestade nicht weit von Alexandria eine nicht unbeträchtliche Meeresstrecke kühn durchschwamm, wobei ihn Bekleidung und Mantel nicht im geringsten hinderten, als er sich aus dem Kahn ins Wasser stürzte, in der linken Hand seine Commentarien trug und mit der rechten schwamm; den Mantel mit dem Munde festhaltend, gelangte er zu seinen Dreiruderern und entging so dem überraschenden Angriff der Ägypter. Das bezeugt uns Sueton[86].

---

85 Cf. C. Iulius Solinus, Collectanea rerum memorabilium, cap. 56, 9: „... habitari etiam addit Aethiopiae adusta Trogodytarum et Ichthyophagorum nationibus: quorum Trogodytae tanta pernicitate pollent, ut feras quas agitant cursu pedum adsequantur, Ichthyophagi non secus quam marinae beluae nando in mari valent" (ed. Th. Mommsen, Berlin 1895, pp. 208—209); cf. ib. 54, 3: „... post Indos montanas regiones Ichthyophagi tenent, quos subactos Alexander Magnus vesci piscibus vetuit: nam antea sic alebantur" (pp. 201—202).

86 Cf. C. Suetoni Tranquilli Opera vol. I: De vita Caesarum libri VIII, Divus Iulius cap. 64: „Alexandriae circa oppugnationem pontis eruptione hostium subita conpulsus in scapham pluribus eodem praecipitantibus, cum desilisset in mare, nando per ducentos passus euasit ad proximam nauem, elata laeua, ne libelli quos tene-

Und sicherlich wiesen auch die folgenden Jahrhunderte hervorragende Männer auf, die sich in der Schwimmkunst auszeichneten. Denn um uns mit einem von vielen Beispielen zu begnügen: Siward, ein adliger Norweger, legte schwimmend unter Wasser seinen Brustpanzer ab; darauf tauchte er ganz unter, sogar mit allen Kleidern am Leibe; und schließlich, als er unter Wasser noch sein Hemd anhatte, das den letzten Platz unter den Kleidern einnimmt, entblößte er sich ganz, da er in einer blutigen Seeschlacht zur Stelle sein mußte und auf Grund seiner Schwimmkunst auch zur Stelle war, etwa im Jahre des Herrn 1054. Das berichtet Albert Krantz in der Geschichte Norwegens[87]. Daher werden wir die, die gut schwimmen, schon dieser ihrer Fähigkeit wegen bewundern müssen.

Jetzt aber wollen wir über die Meereswesen sprechen. Ich möchte es nicht für bloße Fabelei halten, daß auch Tritonen zu finden sind, die man auch Meermänner nennt, ebenso Sirenen und Nereiden, wie wir in dem Kapitel über die Fische ausführlicher darlegen werden. Alexander ab Alexandro schreibt nämlich im achten Kapitel seines dritten Buches[88], daß in Epirus ein Meermann gesehen worden sei, der vom Wasser aus Frauen, die allein am Ufer weilten, raubte. Diesen fing man durch List; er habe jedoch, obwohl er an allen Gliedern einem Menschen glich, die gebotene Speise ausgespien, so daß er an Hunger und Erschöpfung zugrunde ging, wie in einem ihm fremden Elemente.'

Eques: ‚Petrus Gellius berichtet in seinen Büchern über die Lebewesen[89], daß dem König Renatus[90] ein Meermann gebracht worden sei; dies bezeugt auch Petrus aus Sevilla[91]. Ja sogar Ludovicus Vives schreibt im zweiten Buche „Über die Wahrheit des christlichen Glau-

---

bant, madefierent, paludamentum mordicus trahens, ne spolio poteretur hostis."

87 Cf. Alberti Krantzii Regnorum Aquilonarium, Daniae, Sueciae, Noruagiae Chronica, Francofurti 1583, p. 412 (Chron. Noruagiae V, 8).

88 Alex. ab Alex. Gen. Dierum libri VI, Mog. 1604, III, 8 (fol. 134v).

89 Petrus Aegidius (Pierre Gilles), Ex Aeliani historia libri XVI de vi et natura animalium, Lugduni 1533, p. 278; vgl. Anm. 45

90 René I. von Anjou, Titularkönig v. Neapel, Graf v. Provence, 1408—1480.

91 Petrus Mejía (Hispalensis), Silva de varia lecion, cap. XXIII, Venetia 1553, fol. 62v.

bens[92]" folgende Worte: „Zu unserer Zeit wurde bei den Batavern von vielen Leuten ein Meermann gesehen, der sogar mehr als zwei Jahre fesgehalten wurde; er war stumm, begann aber dann zu sprechen; jedoch zweimal von der Pest befallen, wurde er zu seiner Freude ins Meer zurückgebracht und schwamm vergnügt davon."

Theologus: ‚Volaterranus[93] aber berichtet, daß mehr als zweihundert Jahre vor seiner Zeit, also wohl unter Gregor IX., in Apulien ein Mann gelebt habe, der so sehr an die Fluten des Meeres gewöhnt war, daß er, der vorher Nikolaus geheißen habe, später Colapiscis genannt wurde; über ihn schreibt auch Bugati im dritten Buch seiner Geschichte[94]. Es gab aber auch in Sizilien einen Mann, der Piscis Colanus hieß und der von Kindheit an aus übergroßer Lust am Schwimmen Tag und Nacht fröhlich in den Fluten weilte, schwimmend bis zu fünfhundert Stadien zurücklegte und den Seefahrern freundlich und wohlwollend entgegeneilte. Außerhalb des Wassers lebte er in tausend Ängsten. Als er unter dem König Alfons, der einen Preis für die Schwimmer ausgesetzt hatte, ins Meer gesprungen war, tauchte er nicht mehr empor; durch irgendeinen unbekannten Zufall fand er sein Ende. Dies erzählt Alexander ab Alexandro im 21. Kapitel des zweiten Buches[95].

Deswegen bleiben sie aber doch Menschen, wenn sie auch zu ihrer irdischen Natur die des Wassers hinzuerwerben.

Was weiterhin die Fische, die menschlicher Gestalt nahekommen, angeht, so darf man sie nicht zu der Art der Menschen rechnen und meinen, sie stammten sozusagen von Adam ab, sondern es sind Fische, die keine Vernunft besitzen. Was aber Vives berichtet hat, daraus erhellt, daß jener Meermann ein Mensch war, weil er bereits

---

92 Cf. Joannis Lodovici Vivis De veritate fidei christianae, Basileae 1543, lib. II, p. 97: „At sunt etiam homines in mari, sicut in terra: quod pro indubitato est habendum, uiuere homines integros in mari, sicuti Plinius tradit, quorum unus captus est ante annos duodecim in Batauia, quem uiderunt plurimi: etenim detentus est supra duos annos mutus, & incipiebat iam fari, quoad ictus bis pestilentia in mare est remissus, gaudens & exiliens."

93 Comm. vrbanorum libri XXXVIII, Romae 1506, lib. VI, fol. LXXXXIIIr.

94 Historia Universale, lib. III, p. 286; vgl. oben S. 89.

95 Dies Geniales II, 21, fol. 91r—v; Alex. nennt den Namen des Königs nicht.

sprechen lernte, weshalb er des Verstandes teilhaftig war, obwohl er, an das Meer gewöhnt, in jedem anderen Element der Luft zu ermangeln schien. Das gilt auch für den in Epirus aufgefundenen Triton. Dazu kommen nun aber noch die Schemen (spectra), die von Zeit zu Zeit gesehen wurden. Folgendes soll unter dem Kaiser Tiberius [II. Konstantinus, 578—582] folgenden [byzantinischen] Kaiser Mauritius [Maurikios, 582—602] geschehen sein: In Rom entstand bei einer ungeheuren Überschwemmung des Tibers ein gewaltiger Gestank durch ans Ufer geschwemmte Schlangen, worauf eine große Seuche folgte[96]. Bei einer Überschwemmung des Nils zeigten sich verschiedene tierische Ungeheuer männlichen und weiblichen Geschlechts, die bis an die Lenden menschliche Gestalt aufwiesen; obwohl sie mit dem Namen Gottes beschworen wurden, ließen sie sich von der ersten bis zur neunten Stunde des Tages sehen, nach Bonfinius[97], [u.] Theophanes — jedoch, etwas anders, zum Jahre 192 (sic!)[98] — bei Anastasius[99].

Wir können nicht mit Gewißheit behaupten, daß das wirkliche Menschen waren, eher doch wohl Schemen (spectra).'

Eques: ,Weisen denn nicht die verschiedenen Arten der Hautfarbe auf Ungeheuer (monstra)?'

Philosophus: ,Das glaube ich nicht. Darauf haben den meisten Einfluß die klimatischen Verhältnisse (coeli climata), die in Aethiopien schwarze, in Europa weiße, in anderen Gegenden Menschen von mittlerer Farbe hervorbringen. Eher wäre es ungeheuerlich (monstrosum) zu nennen, wenn ein Aethiopier von weißen oder ein Weißer von äthiopischen Eltern erzeugt würde ...'"

Der Theologe führt abschließend noch einige Abnormitäten der menschlichen Körperbildung an und vertröstet den Ritter, der etwas über die Menschen, die „ohne Nahrung gelebt haben“ (qui sine cibo vixerunt), erfahren will, auf die späteren Unterredungen.

96 Diesen Satz hat Majolus sinnlos aus dem Bonfinius abgeschrieben.

97 Antonii Bonfinii Rerum Vngaricarum Decades III, Basil. 1543, p. 116 (I, 8).

98 Theophanis abb. Chronographia ann. DXXVIII, Migne P. G. 108, col. 595—596 ad annum 592.

99 Anastasii Historia ecclesiastica, Migne P. G. 108, col. 1288.

Die zweite Diskussion über die Wassermenschen ergibt sich, im neunten Colloquium „Über die Fische“[100], wiederum auf Wunsch des Ritters, also gewissermaßen des Laien, der gern wissen möchte,

„ob die Fische irgendeine Beziehung (aliquod symbolum) zu den Menschen haben, da sie doch mit ihnen freundschaftlich (familiariter) verkehren oder ihnen sogar ähnlich sind (eius [sc. hominis] vultum referunt).“

Auf diese, ebenso komplexe wie verfängliche, Frage antwortet der Philosoph:

„Die Fische haben ganz und gar nichts mit den Menschen gemein, nicht einmal die Luft. Da jedoch auf Geheiß Gottes alles dem Menschen dient, sind auch sie diesem als ihrem Herrn dienstbar. Daß Fische aber ein menschliches Antlitz zeigen, hat mit Menschlichkeit nichts zu tun (nihil ad rem humanam pertinet). Es steht jedoch fest, daß man an Fischen menschliche Gesichtszüge angetroffen hat; das beweist Aelian mit folgenden Worten[101]: ‚Das Meer, das die Insel Tapobrane [Ceylon] umspült, soll Fische hervorbringen, die ein ähnliches Aussehen haben wie Satyrn, und es gibt dort, wie man sagt, ein Meeresungeheuer mit weiblichem Antlitz, dessen Haare Gräten sind.‘“

Die Antwort des Ritters, der sich nach dem Vorbild Alexanders ab Alexandro auf Autoritäten wie Theodoros Gazes, Georgios Trapezuntios und Pedro Mejía beruft, lautet:

„Es gibt nicht wenige unter den neueren Autoren, die behaupten, daß die Existenz von Fischen mit menschlichem Antlitz über jeden Streit erhaben sei. Theodoros Gazes nämlich, ein in diesen Dingen, die er übrigens mit eigenen Augen gesehen hat, besonders bewanderter Mann, berichtet schriftlich[102]: Als er einmal, ganz in seine Gedanken

---

100 Simon Majolus, Dies caniculares coll. IX, pp. 330—333.

101 Aelianus, De natura anim. XVI, 18; vgl. oben S. 28 f.

102 Cf. Alex. ab Alexandro, Dies geniales fol. 134r, wo aber nur von „ratiocinari ... apud Iouianum Pontanum“, nicht von „scribere“ die Rede ist; vgl. oben S. 62.

vertieft, am Gestade Griechenlands wandelte, sah er das Meer einen Fisch heraufspülen, der einer Nereide ähnlich war und bis auf die Schenkel ein ganz menschliches Aussehen hatte; der untere Teil des Körpers jedoch endete in den Schwanz einer Seeschlange. Da er von den Fluten ans Land geworfen worden war, zuckte er auf dem fremden Element und zeigte durch vielfache Seufzer an, daß er sich quäle. Theodoros trat heran, betrachtete ihn genau und schleppte ihn zum Wasser zurück. Sobald jener merkte, daß er wieder in den Wogen sei, verschwand er, kräftig schwimmend, aufs hohe Meer. Daß dies von Theodoros erzählt wird, bezeugt auch Petrus [Mejía] Hispalensis[103].

Georgios Trapezuntios aber, ein gleicherweise gelehrter Mann, versichert, er habe oft mit eigenen Augen Fische aus dem Meere auftauchen sehen, die bis zum Bauche eine vollkommen menschliche Gestalt hatten und häufig aus dem Wasser heraussprangen. Sobald sie aber merkten, daß sie beobachtet würden, hätten sie sich sogleich wieder in den Fluten verborgen, zur großen Verwunderung des Trapezuntios, von dem dies vernommen zu haben Petrus Hispalensis bezeugt[104].

Philosophus: ‚Es gibt noch weitere neuere Schriftsteller, die Ähnliches behaupten. Sie berichten nämlich, daß man an der Küste Aethiopiens jenseits des Kaps der Guten Hoffnung einen Fisch-Leichnam gefunden habe, der einem Menschen ähnlich war, jedoch weit größer als ein Mensch; er hatte eine mit Schuppen bedeckte Haut und sehr harte Haare; man glaubt, daß er ein Meeresfisch gewesen sei, der das Aussehen eines Menschen besaß. Ramusius schreibt das im ersten Bande am Ende seines Berichtes über die Seefahrt des

---

103 Cf. Pedro Mejía, der seinerseits Alexander ausschreibt, oben S. 79 f.

104 Majolus schreibt wörtlich: „... non sine magna ipsius Trapezuntii admiratione, a quo didicisse testatur Petr. Hisp. cod. cap. 22“; auch dieser Bericht ist fast wörtlich aus der „Silva“ des Pedro Mejía (vgl. oben S. 80) übernommen, der ihn seinerseits dem Alexander ab Alexandro (vgl. oben S. 63) verdankt; mittlerweile waren derartige Erzählungen nachgerade allgemeiner Besitz der Gelehrten geworden; daher führt sie natürlich auch Conrad Gesner unter Heranziehung aller erreichbaren antiken und zeitgenössischen Belege ausführlich an.

Karthagers Hanno[105]. Ferner wurden in dem Flusse Cholcam bei der Stadt Cochin [Kotschin] ohne Zweifel Fische von menschlicher Gestalt in großer Menge gefangen, nachdem man am Ufer Lichter

---

105 Johannes Baptista Ramusius (1485—1572) sammelte und edierte die ihm erreichbaren Berichte über die Entdeckungsfahrten nach Afrika, Asien und Amerika; vgl. Primo volume & Seconda editione Delle Navigationi et viaggi, Venetia 1554, fol. 124r: „Discorso sopra la navigatione di Hannone Carthaginese fatto per un pilotto Portoghese: ‚… Come giunsero in terra [sc. all'isola di San Lorenzo i. e. Madagaskar] uiddero un corpo morto grande, buttato dalla fortuna sopra la spiaggia con le mani, piedi et corpore simile in tutto all'huomo, eccetto che era tutto coperto di squamme, et li capelli erano come fili durissimi sottili et che è possibile che trouandosi questi tal monstri nel mare, altre uolte ne siano stati sopra la terra; ma a detto pilotto pareua piu uerisimile di pensare, che hauendo Hannone inteso ne i libri de poeti (quali appresso gli antichi erano in somma ueneratione esser scritto:) come Perseo era stato per aere a questa isola, et di quiui riportata la testa di Medusa, essendo egli ambitioso di far creder al mondo che lui ui fusse andato per mare, et dar riputation a questo suo uiaggio, di esser penetrato fino doue era stato Perseo, uolesse portar due pelli di Gorgone'." Vgl. dazu die Anm. 79 genannte Abhandlung „Von den Heydnischen Göttern vnnd irer vermeynten macht" s. v. Gorgona: „Perseus … flog inn die Insel zů den Gorgonern/ wölliche/ wie ettlich wöllen/ auch fliegen kundten/ Eber zän hatten/ vnder jnen war auch allein Medusa tödtlich/ vnd weil sie so ein grausam haupt/ wolt ers haben/ dormitt seine feind in stein zů uerwandlen … Do sie aber so gar schön/ vnd er morgens dasselbig ersehen/ hatt er jro das haupt ab gehauwenn/ den Griechen dasselbig zům thům vnd warzeichen anzůzeigen/ inn disen tempel gethon" Vgl. dazu Solinus, Collectanea 56, 12: „Prodidit Xenophon Lampsacenus Hannonem Poenorum imperatorem in eas permeavisse repertasque ibi feminas aliti pernicitate atque ex omnibus quae apparuerunt duas captas tam hirto atque aspero corpore, ut ad argumentum spectandae rei duarum cutes miraculi gratia inter donaria Iunonis suspenderit, quae duravere usque ad tempora excidii Carthaginensis" (l. c. pp. 210—211), vgl. auch ib. 56, 10—11 (l. c. p. 210).

oder Feuer angezündet hatte; auf diese schwammen sie nämlich von ganz allein zu. So berichtet Nicolaus de Comitibus[106].

Der Theologe zitiert daraufhin sogar die „Historia de gentibus septentrionalibus" des Erzbischofs Olaus Magnus, dessen Meeresungeheuer (marina quaedam monstra, quibus sit humana facies simul cum monachorum cuculli quadam similitudine[107]) sich scharenweise lärmend um und auf die Schiffe der norwegischen Fischer gedrängt haben sollen und offensichtlich Robben oder Seelöwen waren.

---

106 Niccolò de'Conti († 1468); cf. Viaggio di Nicolo conti scritto per Messer Poggio Fiorentino, in: Ramusius, Navigationi et viaggi, fol. 377v—378r: „Della citta di Cochin posta sulla bocca del fiume Solchan, sulla riua del quale si veggono di notte pesci di forma humana: Lasciato da Nicolo la città di Coloum in tre giorni arriuò alla citta di Cochin, che circonda cinque miglia & è posta sulla bocca del fiume Colchan, dal quale prende il nome, nauigando alcuni giorni per detto fiume, vidde di notte sulla riua accender molti fuochi, & pensando che fussero pescatori, domandò quel che faceuano quiui tutta notte, i suoi compagni cominciando à ridere gli risposero, i cippe, i cippe, che sono di forma humana, ò pesci, ò mostri, che siano, i quali di notte escono dell'acqua, & accozzando insieme delle legne, percotono vna pietra con l' altrà, & cauatone fuoco accendono quelle legna accanto alla riua del fiume, doue i pesci, che ve nè sono in quantità, se nè vengono allo splendor del fuoco, & questi li pigliano, & mangiano, & di giorno stanno sempre sotto acqua. Di questi se nè sono presi alcuna volta, gli dissero che non sono differenti dalla forma humana, cosi i maschi come le femine." Bei der Stadt ‚Coloum' oder ‚Coulom' handelt es sich wohl nicht um Colombo auf Ceylon (arab. Kolambu), sondern um Kawlem Kolumbum südl. von Calicut oder Colan (vgl. Reales Staats-Zeitungs- u. Conversations-Lexikon, 6. Aufl. Lpzg. 1715, Sp. 422); der Fluß ‚Solchan' od. ‚Colchan' erinnert an die Stadt Kolachel westl. v. Kap Comorin (vgl. jedoch R. Staats-Lex. Sp. 418/9, wie auch Zedler VI (1733), s. v. Cochin). Der Fluß ist vielleicht der Periyar (?).

107 Olaus (vgl. oben S. 32): „cucullati hominis formam habentis" (p. 730).

Nun aber erfolgt von seiten des Ritters, also wiederum des Laien, die entscheidende Frage:

„Woher haben die Fische die menschliche Gestalt? Gibt es etwa (comperiuntur) Wassermenschen (aquatiles homines), die, im Wasser erzeugt, im Wasser ihr Leben verbringen?"

Die Antwort erteilt diesmal nicht der Theologe, sondern vielmehr der Philosoph:

„Die menschliche Gestalt dieser Fische ist nicht echt (non vera), sondern nur eine, die der des Menschen näher als der der anderen Lebewesen kommt. Ein Mensch aber kann im Wasser weder erzeugt werden noch dort sein Leben dauernd verbringen, es sei denn auf Grund langer Gewöhnung (nisi longissima forte consuetudine). Ein richtiger Mensch nämlich, der eine Seele und Vernunft besitzt, entsteht auf der Erde und bewohnt das feste Land. Trotzdem gab es welche, die im Wasser lebten, auf dem Lande aber dahinsiechten."

Darauf folgt der wörtliche Auszug aus der Naturgeschichte des Plinius, in der bekanntlich von einem blasenden Triton die Rede ist. Auf den Einwand des Ritters, daß doch einzig und allein Plinius derartige Fabeln und Wundergeschichten (fabulosa aut superstitiosa velut daemoniacae illusiones) berichte und sogar ihm die Sirenen nur erdichtet erschienen[108], ergreift wieder der Theologe das Wort:

„Platina ist in seinem Lebensabriß des Papstes Sabinianus (604—606) der Meinung, daß von den Sirenen die Wahrheit berichtet werde. Er schreibt nämlich, daß bei der Insel Delos Meereswesen von ganz und gar menschlichem Aussehen erblickt worden seien, die vielleicht Sirenen gewesen seien.[109]

---

108 Plinius, Nat. hist. IX, 5, 9; Tusc. IX (1979), S. 18.

109 Cf. Historia (Bartholomaei Sacchi alias) Platinae de Vitis Pontificum Romanorum usque ad Paulum II, Coloniae 1573, p. 76: „Et apud Delon insulam, duo marina monstra omnino humanam speciem habentia, visa sunt. Sirenes fortasse fuere Acheloi filiae, vt aiunt poetae: quod si ita fuisset, nequaquam pro monstro habenda erant, cum elementum aquae, animalia terrestribus similia, in omni specie producat."

Aber weder Platina noch ein anderer behauptet fest und bestimmt, daß Sirenen jemals wirklich gesehen worden seien. Dennoch können wir zugeben, daß es Fische gibt, denen man irgendeinen menschlichen Körperteil zuschreiben kann. Daß aber ein Mensch von Vernunft ein Fisch sei und unter Fischen lebe, wie die Dichter von den Sirenen fabeln, ist unmöglich. Ich jedenfalls glaube, daß diese Ungetüme im Meere erzeugt und dem Volke vor Augen geführt werden, um, wie die Ungeheuer des festen Landes, den Zorn Gottes anzuzeigen, sobald sich die Menschen der fleischlichen Lust in solchem Maße ergeben, daß sie die unbekannte geschlechtliche Vereinigung der Fische übertreffen oder die Unzüchtigkeit der Wasserwesen (mollitiem aquatilium animantium) zu überbieten scheinen."

Soweit die Meinung des Theologen. Der Gegeneinwand des Philosophen beruft sich auf Alexander ab Alexandro, der doch im achten Kapitel seines dritten Buches ausdrücklich versichere, daß man in Epirus einen Wassermann gesehen habe[110], und außer Petrus Mejía[111] bezeuge doch auch Petrus Gillius[112], daß dem König René ein Wassermensch geschenkt worden sei.

„Wenn das wahr ist, so waren das richtige Fische, die menschliche Gestalt hatten, nicht aber Menschen, wie ja auch (Petrus) Hispalensis an der angeführten Stelle betont."

Nachdem sich also auch der Laie zu der Ansicht bekannt hat, daß aus Fischen keine Menschen werden können, kommt die Rede auf den entgegengesetzten Vorgang und damit auf Nicola Pesce. Der Theologe berichtet weit ausholend:

„Wir können trotzdem zugeben, daß es außer Frage steht, daß es einmal Menschen gegeben hat, die auf Grund langer Gewöhnung an die Meeresfluten, in denen sie ihr Leben mehr als auf dem festen

110 Cf. Alex. ab Alex., Dies geniales fol. 134v; vgl. oben S. 63.
111 Cf. Pedro Mejía, Silva fol. 62v; vgl. oben S. 81.
112 Cf. Petrus Aegidius, Ex Aeliani Historia, p. 280; vgl. oben Anm. 45 und 89.

Lande zubrachten, in ihnen gesünder und angenehmer lebten als auf der Erde, wo sie wie die Fische nur mühsam, wie in einem ungewohnten Elemente, zu atmen schienen.

Daher scheint es angebracht, sich an jenen Mann aus Apulien zu erinnern, der vor mehr als zweihundert Jahren unter den Tieren des Meeres zu leben gewohnt war, so daß er wegen seiner außerordentlichen Schwimmkunst und seines fast dauernden Aufenthaltes im Wasser der ‚Fisch' genannt und für einen Fisch gehalten wurde. Obgleich er nämlich als Christ in der Taufe den Namen Nikolaus erhalten hatte, wurde er später Cola Pesce (Colapiscis) zubenannt, wie wir es von Alexander ab Alexandro, Petrus Hispalensis und Bugatus erfahren; obwohl dieser behauptet, jener (Cola) habe zur Zeit Papst Gregors IX. (1227—1241) gelebt, glaube ich verbessern zu müssen: zur Zeit Papst Bonifaz' IX. (1389—1404), da das mit Volaterranus übereinstimmt.

Dafür spricht auch — und deshalb konnte man es auch für wahr halten —, daß sogar Vives in seinem zweiten Buche über die Wahrheit des christlichen Glaubens[113] erzählt, zu seinen Lebzeiten sei bei den Batavern von vielen Leuten ein Wassermensch gesehen und dort mehr als zwei Jahre lang festgehalten worden; er sei zunächst stumm gewesen, habe dann aber zu sprechen begonnen und sei schließlich voller Freude wieder ins Meer gesprungen; er war also vielleicht ein richtiger Mensch, denn er begann ja zu sprechen, besaß somit Verstand. Aber die lange Gewöhnung an das Wasser erlaubte ihm nicht, als Mensch auf dem Lande in Gesundheit zu leben, da ihm die zu dünne Luft das Atmen erschwerte."

Die Ergänzung dieses Zitats durch den Ritter, der zuvor schon Theodoros Gazes und Georgios Trapezuntios angeführt hatte, also gleichfalls sein Wissen anbringen will, bleibt nicht aus, zumal vom Standpunkt des Verfassers des Dialogs, des Simon Majolus, die Sprecher wohl oder übel abwechseln müssen:

„Dieser Cola Pesce, dessen sich so viele Autoren erinnern, ist vielleicht derselbe, den Alexander ab Alexandro in seinen ‚Libri genia-

---

113 Joannis Lodovici Vivis De Veritate fidei Christianae libri V, Basileae 1543, p. 97; vgl. oben S. 111 f.

les‘[114] den Fisch Calanus nennt. Er erzählt nämlich, daß es im Königreich Sizilien einen Menschen gegeben habe, der durch seine Gewohnheit, Tag und Nacht zu schwimmen, von Kindheit an so an das Meer gewöhnt gewesen sei, daß er, sofern ein Tag verging, ohne daß er geschwommen habe, starke Herzbeklemmungen sowie auch Atemnot bekommen habe. Deshalb gab man ihm den Namen ‚Calanus der Fisch‘. Durch die tägliche Übung erwuchsen ihm solche Kräfte, daß er, unentwegt schwimmend, fünfzig und mehr Stadien, ganze Tage und Nächte die Meeresfluten durchmessend, zurücklegte und den Stürmen spottete. Er begegnete Schiffen, wurde auf ihnen freundlich und kameradschaftlich aufgenommen und verpflegt und sprang dann wieder in die Wogen zurück. Schließlich wurde von König Alfons ein goldener Becher als Preis für die Taucher ausgesetzt, und der unglückliche Calanus, der im Wettstreit die tiefsten Tiefen des Meeres zu erreichen suchte, wurde nicht mehr gesehen. Vielleicht geriet er in irgendeine Kluft auf dem Grunde des Meeres oder ist, wie man annimmt, irgendeiner für ihn unvorhersehbaren Gefahr erlegen. Das berichtet auch Petrus Hispalensis nach Alexander ab Alexandro[115].

Daher muß man meiner Meinung nach zu dem Schluß kommen, daß auch die Schwimmkundigsten im Wasser zugrunde gehen, wie der flugkundige Ikarus und auch Simon Magus[116] beim Fliegen umge-

---

114 Alexander ab Alexandro, Dies Geniales fol. 91r; Alexander spricht von „Colan vrinator, cognomento piscis“; vgl. oben S. 65 u. S. 112.

115 Pedro Mejía, Silva de varia lecion fol. 59v—60v; vgl. oben S. 75 f.

116 Hier werden der von Juvenal (I, 3, 75—80) erwähnte Gaukler oder Zauberer aus Athen, „qui sumpsit pinnas“ (v. 80) und der bei Sueton (Nero 12, 2) genannte „Icarus“, der gleich beim ersten Flugversuch neben der Loge Kaiser Neros herabstürzte und diesen mit seinem Blute bespritzte (primo statim conatu iuxta cubiculum eius decidit ipsumque cruore respersit), also im römischen Theater einen vergeblichen Versuch unternahm, des ‚anderen‘ Elementes Herr zu werden, mit dem Simon Magus der Apostelgeschichte (8, 9—11: „Vir autem quidam nomine Simon, qui ante fuerat in civitate magus, seducens gentem Samariae, dicens se esse aliquem magnum: cui auscultabant omnes a minimo usque ad maximum … Attendebant autem eum: propter quod multo tempore magiis suis dementasset eos“) identifiziert.

Gefahren des Meeres
Ausschnitt aus der gleichnamigen Abbildung in Sebastian Münsters „Cosmographey“, Basel 1614, S. 1356

kommen sind, wie es übrigens auch den gelehrtesten Männern zustößt, daß sie mehr wissen wollen, als zu wissen guttut. Ich glaube daher, daß man so vielen Zeugen und Männern solchen Ansehens, die von im Meere lebenden Menschen berichten, nicht widersprechen darf."

Es ist immerhin bemerkenswert, daß gerade der ‚Laie' unter den drei Gesprächspartnern die moralische Auswertung auf die breiteste Plattform bringt: Nicola Pesce wird nicht nur solchen Frevlern gegenübergestellt, die sich wie Ikarus und Simon Magus vermaßen, ein anderes Element, die Luft, zu beherrschen, sondern auch den Gelehrten und Forschern, die ihrem Verstande zu viel zutrauen. So wird der Wassermensch Cola ganz unversehens zum Stellvertreter des Menschen, der, verblendet und verlockt, den eigenen überschätzten Fähigkeiten vertrauend, in den Strudel des Geschehens gerissen wird und elend zugrunde geht.

Die weiteren Ausführungen des Dialogs reihen einen Bericht über die Auffindung von Wassermännern, Meerweibern und Fischmenschen an den anderen und nennen jeweils getreulich den Gewährsmann: den auch von Conrad Gesner erwähnten Dogen von Genua (1478—1483), Baptista Fulgosus, der in seinem „unvergleichlichen Werke von denkwürdigen Taten und Worten[117]" über „Sirenen und andere Meeresungetüme" zu berichten weiß, den Abt Theophanes „Isauros[118]" und dessen Kommentator, den Bibliothekar Anastasius[119], deren bereits angeführte Berichte über das Auftauchen eines Meermannes und einer Nereide im Nildelta im Jahre 592 besonders anschaulich sind, die „Geschichte Ungarns" des Antonius Bonfinius[120], die den Bericht des Theophanes knapp

117 Baptistae Fulgosi Opus incomparabile in IX libros digestum de dictis et factis memorabilibus, Basileae 1541, I, 6, pp. 159—160.

118 Theophanes Isaacos, Chronographia, Migne P. G. 108, 595; vgl. Anm. 98.

119 Anastasius Bibliothecarius, Hist. eccl., Migne P. G. 108, 1288; vgl. Anm. 99.

120 Antonii Bonfinii Rerum Vngaricarum Decades III, Basileae 1543, p. 116; vgl. Anm. 97.

und nüchtern wiederholt, den vielzitierten Brief des Cornelius Amsterodamus an den deutschen Arzt Gilbertus Horstius[121], den „scriba domus Indicae“ Fernão d'Aluares de Oriente[122] und als Kronzeugen den Damianus a Goes, der ja, wie sich zeigte[123], alle diese Quellen anführt, sowie schließlich auch Georg Bruin[124].

Der Theologe schließt das Thema mit der Bemerkung ab:

> „Wenn es so ist, daß all dies gesehen wurde, so ist es nach göttlichem Ratschluß geschehen, um das menschliche Geschlecht zur Einsicht und Besinnung zu bringen (consilio deterrendi generis humani causa, vt resipiscat).“

Abgesehen von dem charakteristischen Bestreben aller Humanisten, jeden einzelnen Bericht durch ‚authentische‘ Quellen zu belegen, ja diese Quellen womöglich auch kritisch zu beleuchten, ist hier der moralische Aspekt sozusagen umgekehrt und ins Allgemeine erweitert: während Pontanus die Verformung als eine Strafe für die menschheitswidrige, somit unmenschliche Lebensweise Nicolas ansieht, betrachtet Majolus das Auftreten entarteter Lebewesen als Warnung oder abschreckendes ‚Vorbild‘, also als exemplum malum. Allen steht jedoch die innermenschliche Möglichkeit der psychophysischen Perversion (homo omnis creatura) bewußt oder unbewußt vor Augen. Ein endgültiges Urteil erlaubt der Stand der Naturwissenschaft auch dem Gelehrtesten nicht; daher wird Gott bemüht. Besonders interessant erscheint in diesem Zusammenhang der ‚Vergleich‘ der Forscher und Wissenschaftler mit den Schwimmern und Fliegern: beide begeben sich frevelhafterweise in die Gefahr des Absturzes, des Unterganges, der — Verfremdung.

Eine letzte, überaus wichtige Quelle dessen aber, was man im 16. Jahrhundert von Nicola Pesce wußte und erzählte, ist

121 Vgl. oben S. 99 u. Anm. 74.
122 Vgl. oben S. 103 u. Anm. 80.
123 Vgl. oben S. 97 u. Anm. 70.
124 Vgl. oben S. 97 u. Anm. 68.

die „Relacion de como el Pece Nicolao se ha parecido“, die in der Art eines ‚Volksbuches‘, dem wohl auch Cervantes seine Bekanntschaft mit ‚Nicolao Peje‘ verdankt[125], im Jahre 1608 in Barcelona gedruckt[126] und 1896 von Benedetto Croce neu herausgegeben wurde[127]. Croce war zu einer ersten Schrift über Nicola Pesce[128] durch ein Relief an einem alten Hause an der

---

125 Vgl. oben S. 61 u. Anm. 17; Cervantes kannte sicher auch die „Silva“ des Pedro Mejía; der 2. Teil des „Don Quijote“ kam 1615 heraus.

126 Relacion de como el Pece Nicolao se ha parecido de nueuo en el mar, y habló con muchos marineros en diferentes partes, y de las grandes marauillas que les contó de secretos importantes a la nauegacion. Este Pece Nicolao es medio hombre, y medio pescado, cuya figura es esta que aqui va retratada ... En Barcelona, por Sebastian de Cormellas, al Call, ano de 1608 (cf. J. Brunet, Suppl. au Manuel du libraire, Paris 1880, tom. II, col 24).

127 Vgl. Benedetto Croce, La Storia popolare spagnuola di Niccolò Pesce, in: Napoli nobilissima, vol. V, fasc. IX (Settembre 1896), pp. 141—143; cf. S. B., Le Plongeur XVI. Colà Pesce, in: Mélusine VIII (1896/97), col. 97—100, ferner Pitrè, Studi p. 3, n. 3; Croce fand den Titel bei Brunet l. c. mit dem Hinweis „Pièce d’une très grande rareté“ s. v. Nicolao Pez.

128 Vgl. B. Croce, La Leggenda di Niccolò Pesce, in: Giambattista Basile, Archivio di Letteratura popolare an. III (1885), n. 7 (Traduction libre, in: Mélusine III (1836/37), col. 37—41); vgl. die krit. Bespr. von Arturo Graf, in: Giornale storico della letteratura italiana VI (1885), pp. 263—269. Vgl. ferner B. Croce, Il Bassorilievo del Sedile di Porto I—V, in: Napoli nobilissima, vol. V, fasc. V—VI (Maggio e Giugno 1896), pp. 65—71; 85—89, hier (p. 66) u. Mélusine VIII, col. 97 die Wiedergabe des Bassorilievo; es stellt „un uomo selvaggio“ dar, den, nach Croce (p. 65, n. 1 u. 3), Mélusine III, 38—39 u. Pitrè (p. 65) Giulio Cesare Capaccio in seinen Werken „Delle Imprese“ (Napoli 1592, II, 12, fol. 26) und „Il Forastiero“ (Napoli 1634, p. 86) mit Orion identifizierte, während ihn Carlo Celano in seinen „Notitie del bello, dell’antico, e del curioso della città di Napoli“ (Napoli 1692, IV, 57) bereits „un uomo marino“ nannte; man finde es auch bei C. Gaetani di Castelmola, La Napoli che scompare, Napoli 1889, p. 51. Pitrè l. c. weist daraufhin, daß sich ein ähnliches Relief auf einem Wappen im Bin-

Der „Wilde Mann“
Il bassorilievo di Orione, deità tutelare dei marinai, del Sedile di Porto a Napoli, nach einer Zeichnung von Andrea Petroni (Napoli nobilissima V (1896), fasc. V, p. 66)

Ecke des ‚Vicolo Strettola' im Hafenviertel von Neapel angeregt worden, das den bekannten Typus des ‚Wilden Mannes' zeigt; Giuseppe Sigismondo hatte dazu in seiner „Descrizione della città di Napoli e suoi borghi" bemerkt: „Das Volk hält das Bild für das des hochberühmten Schwimmers und Seemanns Niccolò Pesce aus Neapel[129]".

Eine Abschrift der äußerst seltenen „Relacion" erhielt Croce nach langen Bemühungen durch die Vermittlung eines spanischen Freundes dann aus der Bibliothek des berühmten Orientalisten Don Pascual de Gayangos y Arce (1809—1897[130]). Das Büchlein selbst zeigt, wie der Titel sagt, im Frontispiz ein Bild des sizilischen Tauchers (una vignetta raffigurante Cola Pesce, un uomo qui desinit in piscem[131]).

Die „Relacion" ist aus drei Romanzen von insgesamt 366 Versen zusammengesetzt[132]. Zunächst wird erzählt, daß Nico-

---

nenhof des Palazzo Pantelleria in Palermo vorfinde, ferner in der Straße Giallonardo in Siculiana (westl. v. Agrigento) unter der „Torre delle Pergole" ein Bild Colapesces, dessen Oberkörper der eines Menschen, dessen Unterleib der eines schuppigen Fisches sei und dessen Finger durch Schwimmhäute verbunden seien. — Croce faßte die Ergebnisse seiner Veröffentlichungen in den „Leggende di Luoghi ed Edifizi di Napoli" I (Scritti di storia letteraria e politica XI: Storie e leggende napoletane, 2ª ediz., Bari 1923, pp. 266—273) noch einmal zusammen; vgl. dort (p. 267) die Abb. des „Arco di Porto" mit dem Relief (cf. Nap. nob. V, 5, p. 67: „Antico Sedile di Porto (da una veduta nell'opera del D'Ambra)").

129 Napoli 1788, II, 193; zit. b. Croce, Storie e leggende nap. p. 269, Mélusine III, 39 u. Nap. nob. V, 5, 66: „Il volgo crede che questa sia l'immagine di Niccolò Pesce napoletano, celeberrimo nuotatore e marinaro."

130 Cf. Croce, Nap. nob. V, 6, 85 u. Storie e leggende nap. p. 270.

131 Cf. Pitrè, Studi p. 55 u. Croce, Nap. nob. V, 6, 85.

132 Vgl. auch die Inhaltszusammenfassung bei Croce, Nap. nob. V, 6, 86, Mélusine VIII, 99—100 u. Pitrè, Studi pp. 56—57, ferner die Wiedergabe der Volkssage (la vivente versione popolare), die Croce nach der Erzählung eines Freundes, „senza nulla alterare", veröffentlicht hat (Mélusine III, 37—38 u. Pitrè, Studi pp. 172—173) sowie die originelle Auskunft eines „vecchio in napole-

lao in dem kleinen Fischerort Rota bei Cadiz, wo die Nachkommen seiner Familie angeblich noch leben, zur Welt gekommen sei:

„Rota heißt das schmucke Städtchen,
nur zwei Meilen weit von Cadiz
an dem Strand von Andalusien,
freundlich, fruchtbar, reich gesegnet.

Dort, in dem berühmten Städtchen,
lebt noch heut die ganze Sippe,
welcher jener ‚Fisch' entsprossen,
der bekannt auf allen Meeren.

Wahrheit ist es, wohl verbürgte,
daß er war wie alle Kinder
und als wohlgeratner Säugling
lag behaglich in den Windeln."

Demnach war Nicolao ein völlig normales Menschenkind, zeigte aber schon früh einen besonderen Drang zum Meere, in dem er sich im Sommer wie im Winter tummelte, und wünschte sich, ein Fisch zu sein, um die Geheimnisse der Tiefe zu erforschen:

„Doch im Alter von zehn Jahren
fiel die Lust ihn an, zu baden
in den aufgewühlten Wogen,
die der Wind im Meere peitschte.

Mehr und mehr wuchs ihm die Sehnsucht,
als er älter ward, zu schwimmen
auf die hohe See, zu kennen
ihre menschenleeren Weiten.

Da die altersmüden Eltern
nicht vermochten, ihn zu hindern,
banden, um ihn zu bewachen,
sie ihn fest mit starken Fesseln.

---

tano pulito" über das Relief des „Wilden Mannes" (Nap. nob. V, 5, 66).

Er befreit' sich, lief zum Meere;
niemand konnte ihn mehr halten,
wenn auch eiseskalten Winters
rauhe Stürme ihn bedrohten.

Vater und Verwandte folgten,
sahen ihn auf hoher Klippe,
sahn, wie er sich in die Wellen
vom umwogten Riffe stürzte."

„,Wer ein Fisch doch wäre!' rief er,
,um euch, Vater, zu berichten
von dem klaren Elemente,
den geheimnisvollen Tiefen!'

Der Vater verliert die Geduld und schreit ihn an: „So werde doch ein Fisch!" Der Fluch erfüllt sich:

Zornig flucht' darauf der Alte:
,Kehr als Fisch zurück vom Meere,
das du liebst von ganzem Herzen!
Bleib am besten ganz im Wasser!

Kommst du aus den Fluten, stirbst du;
denn nicht länger sollst du leben,
als du in den Wogen hausest,
da du meines Kummers spottest.'

Kaum war dieser Fluch gesprochen,
floh voll Schreck hinweg der Vater,
weil des Sohnes halber Körper
ward zum schauderhaften Fische.

Und er tauchte in die Tiefe,
in die glasig klaren Fluten;
und ein Jahr und zwei vergingen,
niemals fand man seine Spuren."

Nach Jahr und Tag kam er ans Ufer und wollte seine Eltern sprechen:

„Doch am Ende dieser Zeiten
kam die Eltern er besuchen,
und an jener Meeresküste
bat er sie, mit ihm zu sprechen.“

Die Leute eilten von nah und fern herbei, um das Meereswunder zu sehen:

„Staunend standen da die Leute
vor dem großen Meereswunder,
tausend Meilen weit sie wallten,
nur um ihn zu sehn, zu sprechen.“

Und Nicolao erzählte ihnen von den Wundern und Geheimnissen des Meeres:

„Er erzählte von den Wundern,
von verborgnen Ankertiefen;
vor gefährlichen Passagen
warnt' er manche Schiffsbesatzung.“

Derartige Besuche wiederholten sich von Zeit zu Zeit. Zur Hochzeit einer seiner Schwestern ließ sich Nicolao sogar in einem Bottich voll Meerwasser ins Haus tragen, erbat sich darauf den Segen seiner Eltern, wurde ans Ufer zurückgebracht und sprang wieder ins Wasser. Seit hundert Jahren wurde er nicht mehr gesehen.

Im Gegensatz zu dieser letzten Zeitangabe wird gleich darauf berichtet, Nicolao sei „im vergangenen Jahre“ (este Inuierno passado) aus dem Meere aufgetaucht, habe Schiffe bestiegen und mit den Matrosen geplaudert. Unter anderem habe er erzählt, er sei vierzig Tage lang geschwommen, bis er ein friedliches Meer (la mar mas apacible) erreicht habe, dessen Gestade an die des Jordans reichten und in dem die Fische froh und zufrieden lebten und ihm gehorchten. Nun aber habe ihn sein Wunsch, den Menschen zu helfen, in die Heimat zurückgetrieben. „Und nun beginnt er den Fischern eine Reihe von Geheimnissen aufzuzählen, die der Verfasser, mit einer sehr naiven Ausflucht (con un ripiego assai ingenuo), nicht wiederholen zu können behauptet, weil sie eines ganz anderen Dichters bedürfe[133]":

„Alles dieses zu beschreiben,
fehlt mir die gewicht'ge Sprache;
es bedarf der bessern Leier,
größ'rer Worte und Akzente."

Im dritten Teil der „Relacion" wird der Abschied Nicolaos von den Fischern beschrieben. Er bittet sie, seine Eltern zu grüßen, die er bald wieder einmal in Rota besuchen wolle. Die Fischer erzählen dann bei ihrer Ankunft in Lissabon (vino la Nave a Lisboa ...) von dieser seltsamen Begegnung und treffen andere, die Nicolao ebenfalls gesehen haben wollen, einige sogar auf den Bermudas:

„Viele, die's genau erfahren,
haben später noch berichtet,
daß man selbst auf den Bermudas
Nicolao, den Fisch, getroffen.

Viele Male haben Spanier
ihn gesehen auf dem Meere,
aber niemals sie sich trauten,
nah an ihn heranzufahren."

Viele haben seine Stimme vernommen; manche hielten sie für die Stimme einer Sirene, andere für die eines Meeresdämonen.

Es geht hier nicht so sehr um die Verbrämung der Geschichte mit mehr oder weniger alten Schiffermärchen, „zweifellos traditionellen Elementen[134]", sondern vielmehr um

133 Pitrè, Studi p. 57.

134 Pitrè, Studi p. 58; die Tatsache, daß einige Fassungen der Sage (vgl. u. a. Croce, Nap. nob. V, 5. 66, Mélusine III, 38 u. Pitrè, p. 172) berichten, Cola sei von einem gewaltigen Fische verschlungen worden, habe in seinem Bauche riesige Strecken zurückgelegt und sich schließlich mit seinem Dolche, den er auf dem ‚Bassorilievo'

die Tatsache, daß auch und besonders in Spanien, und zwar vor allem in der Gegend von Cadiz, von dem schon Plinius und andeutungsweise auch der alte Bonifatius Draconetus bei Alexander ab Alexandro[135] sprachen und das in einem späteren Bericht noch viel mehr in den Mittelpunkt des Berichtes tritt[136], ein Wassermensch beheimatet ist, der zudem auch noch Nicolao heißt.

Daraus läßt sich einmal mehr der Schluß ziehen, daß die elementare Verfremdung zu jenen auf der ganzen Welt verbreiteten Kulturelementen zählt, deren Polygonie gesichert ist, und daß ihr, in Europa, die Personifizierung des übermächtigen, gefährlichen und tückischen Elementes in der Gestalt des Poseidon-Nikolaos, also der umgekehrte Vorgang, zugrunde liegt.

Es darf ferner nicht übersehen werden, daß es sich in der „Relacion" um eine echte Metamorphose, um eine objektive Veränderung, deren Vorgangscharakter offenkundig wird, handelt. Ähnlich wie bei Ovid, wenn auch schlichter und einfältiger, heißt es nach der Verwünschung des Vaters: „Apenas la maldicion/ acabó de echarle el Padre,/ quando al hijo el medio cuerpo/ vio de pescado espantable". Das klingt so einfach und selbstverständlich, daß es keines weiteren Hinweises bedarf als eben dessen, daß es außerordentlich wunderbar war.

Und tatsächlich werden ja dergleichen Vorgänge von den Gelehrten der Zeit als ‚einfache Tatsachen' hingestellt. So findet sich etwa in dem Kommentar, den Bernard Bertrand nach Isaac Tzetzis zu dem „wohl wunderlichsten Gedicht der

---

in der Hand hält, befreit, rückt seine Geschichte in unmittelbare Nähe der Herakles- und Jonas-Geschichten (vgl. H. Schmidt, Jona, Göttingen 1907).

135 Vgl. oben S. 61.

136 Vgl. die Erzählung des Benito Feyjoo, unten S. 232 ff.; Pitrè, Studi p. 59 führt noch, ohne nähere Angabe, eine ‚summarische Notiz' aus einer „Contribucion al Folklore d' Asturias" von Braulio Vigon an, die sich wohl eindeutig auf Benito Feyjoo bezieht.

gesamten Literatur[137]", der „Cassandra" oder „Alexandra" des Lykophron (ca. 280 a. Chr.), schrieb, als Erläuterung zu der berühmten Stelle von Herakles, „den einst des Triton Hund mit scharfgezahnten Kiefern hinunterschlang[138]", folgender Satz: „Triton war eigentlich ein Sohn Neptuns und der Amphitrite, dem oberen Teil des Körpers bis zum Nabel nach ein Mensch, vom Nabel abwärts bis zum Schwanz aber ein Delphin; um es kurz zu sagen: gleichsam ein Ichthyokentaur[139]". Und zu den Versen:

„Daß dort die Griechen die Herrschaft des Landes dereinst noch gewinnen,
wird euch des Meeres Gott, der zwiegestalt'ge, verkünden",

heißt es: „Triton wird zwiegestaltig genannt, weil er oben ein Mensch, unten aber ein Delphin war[140]".

Wenn es dieses Beleges vielleicht auch kaum bedurfte, so zeigt er doch noch einmal in aller Deutlichkeit, wie ‚selbstverständlich' der Vorgang und sein Ergebnis genommen wurden und wie ‚natürlich' sich mythologische Kenntnis und schlichter Volksglaube entgegenkamen.

Eine dritte Feststellung läßt sich auf Grund der „Relacion" treffen: die Verfremdung ist nicht nur Tatsachenbericht oder

---

137 Vgl. E. Bethe, Die griech. Dichtung, Wildpark-Potsdam 1929, S. 336.

138 Griech. Text u. Übers. b. Hans Schmidt, Jona, S. 4—5.

139 Lycophronis Chalcidensis Cassandra siue Alexandra, nunc primum e Graeco in Latinum sermonem … uersa … per Bernardum Bertrandum una cum eruditis Isacij Tzetzis grammatici commentarijs ab eodem Bertrando jam primum etiam Latio ornatis … Basileae 1558, p. 47: „Proprie filius fuit Neptuni & Amphitritae, superiori parte usque ad umbilicum homo, ab umbilico uero usque ad caudam delphinus; et ut paucis dicam, ueluti ichthyocentaurus."

140 Ib. pp. 280—281: „Graecos uero regiones tunc occupaturos imperium/ Marinus puer biformis dicet Deus", wird erläutert: „Triton biformis dicitur, quoniam superioribus partibus homo erat, inferioribus uero delphinus."

Sage, sondern wird auch als Kunstmittel angesehen und freudig aufgegriffen, denn der Berichterstatter hat ganz offensichtlich poetische Ambitionen. Den Beweis dafür liefert eben jene „naive Ausflucht“ des Verfassers, „di non poter ripetere (sc. die Geheimnisse des Meeres), perchè han bisogno di ben altro poeta[141]“, die Ernst Robert Curtius sicherlich gern unter seine „Bescheidenheitsformeln[142]“ aufgenommen hätte.

Schließlich gibt die Fixierung der ‚Sage‘ durch den spanischen Anonymus auch Anlaß, all der mündlichen Überlieferungen zu gedenken, die Giuseppe Pitrè so sorgfältig, vor allem natürlich aus dem sizilischen Raum, gesammelt hat[143], und man muß wohl auch schon an dieser Stelle jenen Fischmenschen erwähnen, der, wie Benoît de Maillet in seinem „Telliamed“ am Ende einer fast unübersehbaren Reihe von ähnlichen Fischer- und Schiffermärchen erzählt[144], in den ersten Jahren des 18. Jahrhunderts aus dem Meere an Bord des Frachtschiffes „Hirondelle“ stieg und — um eine Pfeife Tabak bat:

„Er war mit Schuppen bedeckt und hatte Fischflossen ähnliche Hände. Man fragte ihn, wer er sei. Er antwortete, er sei Holländer, habe sich im Alter von acht Jahren auf ein Schiff verdingt, das mitsamt seiner Besatzung untergegangen sei, und habe seitdem im Meere gelebt, ohne zu wissen, wie das vor sich gegangen sei (sans sçavoir comment cela s'étoit fait). Als dieser Mann jedoch sah, daß der Kapitän den Matrosen ein Zeichen gab, ihn zu ergreifen, warf er die Pfeife, die er in der Hand hielt, ins Wasser und stürzte sich mit dem gleichen Schwung, mit dem er sich auf das Schiff geschwungen hatte, wieder ins Meer.“

---

141 Pitrè, Studi p. 57.

142 E. R. Curtius, Europ. Literatur u. lat. Mittelalter, S. 93.

143 Vgl. das Kapitel „La Leggenda orale“ (Studi pp. 35—68) und die zahlreichen Beispiele (ib. pp. 150—171).

144 Benoît de Maillet, Telliamed, ou Entretiens d'un philosophe indien avec un missionnaire français sur la diminution de la mer, la formation de la terre, l'origine de l'homme etc., Amsterdam 1748, p. 202.

Ferner gehört, schon wegen des vielsagenden Namens, die Geschichte vom Fisch Nicolaus hierher; eine ihrer vielen Fassungen hat Paul Chardin festgehalten[145]:

„Der Fisch Nicolaus ist das Verderben der Fischer. Er ist größer als ein Walfisch. Er hat große starke Arme wie die eines Menschen, und wenn ein Boot oder sogar ein Schiff vor Anker liegt, um zu fischen, hängt er sich an das Ankertau und zieht das Schiff weg, weil er nicht will, daß man ihm seine Fische nimmt ... Die Matrosen erzählten, er habe offenbar Arme, Körper und Kopf wie ein Mensch, nur daß der Kopf ganz schwarz sei, und er habe zwei Beine in Gestalt von Fischschwänzen."

Angesichts der Fülle der Beispiele und Belege scheint es jedoch geboten zu sein, eine Zwischenbilanz für das 15. und 16. Jahrhundert zu ziehen, zumal sich bereits in der „Piazza Universale" des Garzoni und in ihrer deutschen Übersetzung eine neue Zeit ankündigte. Zwar stehen einem guten Dutzend gelehrter Aussagen, wenn man von der Volksüberlieferung absieht, nur zwei oder höchstens drei dichterische Aussagen gegenüber, zu denen man allenfalls aus guten Gründen auch die des Giulio degli Omodei zählen könnte. Da aber auch die Gelehrten der Renaissance[146] im Sinne der Poetik des Horaz

145 Cf. Les Poissons fantastiques I: Paul Chardin, Le Poisson Nicole, in: Revue des Traditions populaires, tom. VI (1891), n. 3, p. 142; vgl. dazu Paul Sébillot, Traditions et superstitions de la Haute-Bretagne, Paris 1882, tom. I, pp. 153—156 (Les Littératures populaires de toutes les nations 9).

146 Vgl. die summarische Übersicht Pitrès (La Leggenda di Cola Pesce, in: Archivio per lo studio delle tradizioni popolari VIII, p. 9, zit. b. B. Croce, Nap. nob. V, 5, 68): „Scienziati e letterati, teologi e filosofi, prosatori e poeti, l'hanno citato a ragioni diverse, chi per dimostrare come si possa vivere lungamente sott'acqua, chi per descrivere una particolare conformazione dei polmoni del' l'uomo, chi per istabilire un essere intermedio tra l'uomo ed il pesce: questi per dare un'idea della natura del fondo sottomarino o delle comunicazioni che esso ha nello stretto di Messina, o delle ricchezze che il mare possiede e nasconde; quegli per offrire un esempio dei capricci di un re curioso o della debolezza di un povero pescatore."

zuweilen ‚unterhalten‘ (delectare) wollen, ist das Übergewicht der Belehrung (prodesse) nicht eindeutig. Es erweisen sich demnach zwei ‚kategorische‘ Betrachtungsarten als möglich: die rein literargeschichtliche und die psychologisch-ästhetische. Jene ist, abgesehen von der lexikalisch-statistischen Erfassung, wie sie Giuseppe Pitrè für alle Einzelheiten der ihm bekannten Quellen der Nicola-Pesce-Erzählung, soweit sie Namen und Herkunft, Zeitbestimmung und Untergangsmotiv betreffen, genauestens zusammengetragen hat[147], vom didaktisch-moralischen Gesichtspunkt aus vorzunehmen.

Während man sich also anfangs vorzugsweise unterhaltsam belehren lassen wollte, wie es schon die Titel „Nugae“ und „Otia“ bei Walter Map und Gervasius von Tilbury anzeigen, und ‚Exempla‘ allenfalls zur Zeit- und Personenkritik ‚mißbrauchte‘, wird die Didaktik allmählich zum Selbstzweck und gerät, zunächst in besonderen Fällen, dann aber sogar allgemein unter die Botmäßigkeit der Moral. Das ist jedoch weniger System als Methode, das heißt, es entspricht dem zeitgemäßen „Ausdruckszwang[148]“. Und die Intensität hängt selbstverständlich jeweils vom Verfasser ab, ist zweckgebunden und steigert sich demgemäß vom Historiker über den Moralphi-

---

147 Vgl. Pitrè, Studi pp. 20—34; eine rein quellenkritische Untersuchung müßte natürlich auf Grund der entsprechenden Indizien die hier nur ganz gelegentlich erwähnte Abhängigkeit der einzelnen Berichte voneinander in einem Stemma erfassen; abgesehen von dem durch die Volksüberlieferung und der relativ leichten Austauschbarkeit von Becher und Schale, Gold und Silber, zweimaligem und dreimaligem Tauchversuch usw. gegebenen Unsicherheitsfaktor, liegt jedoch ein solcher Versuch außerhalb der Zielsetzung der vorliegenden Untersuchungen, die sich auf die jeweils hervorgehobenen ‚Motivationen‘ des Motivs beschränken.

148 Vgl. dazu G. Benn: „Ich würde ... sagen, daß sich im Verlauf einer Kulturperiode innere Lagen wiederholen, gleiche Ausdruckszwänge wieder hervortreten, die eine Weile erloschen waren“ (Lyrik des expressionistischen Jahrzehnts, in: Gesammelte Werke Bd. 7 (1968), S. 1836).

losophen bis zum Theologen, bei dem dann schließlich der Frevel der Entfremdung zur Strafe der Verfremdung führt.

Da die Dichter, bewußt oder unbewußt, meistens aber doch wohl mit voller Absicht, insofern sie als Humanisten dem Gelehrtenstande angehören, ihrerseits mehr oder weniger ausdrücklich dem Horaz folgen, wollen sie lehrhaft unterhalten und gelangen so, wenn natürlich auch vom entgegengesetzten Ausgangspunkt, in dieselbe ‚Mitte' der Aussage, die sich von Omodei, ja schon von Uberti an in steigendem Maße der Fabulierlust nähert und sie gelegentlich erreicht; das außerordentliche Beispiel dient daher schon bei Paolo Regio und Cervantes der Illustration, sofern es nicht, wie bei Pontanus, Glied einer höchst kunstvollen Kette ist.

Zuweilen zeigen sich hier auch schon psychologische Ansätze, die freilich mehr allgemeinen, teils christlich-moralischen, teils klassizistischen Leitbildern folgen, als zu differenzieren versuchen; zudem entsprechen sie einem ästhetischen Grundgefühl, das an der Antike abgelesen, wenn nicht geschult ist, es sei denn, daß die Originalität und Frische der Volksüberlieferung durchschimmert, wie es bei Omodei und besonders auch in der „Relacion" offensichtlich der Fall ist.

Was aber das besondere, hier in möglichster Breite verfolgte Beispiel: die Geschichte des Wassermenschen Cola Pesce angeht, so wird man der einleuchtenden Analyse Benedetto Croces, die die „Elemente" der Erzählung herauszustellen versucht, um so lieber folgen, als sie Dichtung und Wissenschaft in gleicher Weise gerecht wird[149]:

„Die Sage von Cola Pesce setzt sich, wie übrigens alle Sagen, aus verschiedenartigen Elementen zusammen, und die Ergebnisse vielfältiger Vorstellungen und Empfindungen haben sich um sie herum kristallisiert. Man kann die verschiedenen Elemente etwa folgendermaßen analysieren: 1. Die Wirkung des elterlichen Fluches, 2. der Glaube an Menschen mit tierischen Anlagen (Fisch- und Vogelmenschen, Kentauren usw.) oder Tiere mit menschlichen Eigenschaften (Seehunde, Mönchsfische, Sirenen, Harpyien usw.), 3. die Empfin-

149 Il Bassorilievo IV, in: Napoli nobilissima V, fasc. VI, p. 87.

dungen, die das Meer hervorruft, wie etwa die ästhetischen der Anziehung und der Neugier oder die sozusagen ökonomischen der Gier nach den Reichtümern, die es mutmaßlich birgt, 4. die von den Seefahrern gefürchteten Gefahren und die eifrige Suche nach außergewöhnlichen Möglichkeiten, ihnen zu entgehen, 5. das Tauchen nach dem Ring oder einem anderen kostbaren Gegenstand, der in den Tiefen des Ozeans verloren ging ..."

Daß von diesen „Elementen" das zweite: „der Glaube an Menschen mit tierischen Anlagen oder an Tiere mit menschlichen Eigenschaften", als das eigentliche Verfremdungselement psychischer oder rein ästhetischer Observanz innerhalb der vorliegenden Betrachtung nicht nur im Vordergrund, sondern auch auf einer anderen ‚Ebene' steht als die vier anderen, ergibt sich schon daraus, daß es als Resultat einer kausalen (objektiven) oder finalen (subjektiven) Verfremdung, somit als wahrgenommene Verfremdetheit, oder aber als ein derartiger Entfremdungsvorgang selbst angesehen werden muß. Dem ersten und vierten „Element" Croces kommt rein ätiologische Bedeutung zu, während das dritte in all seiner Vielfältigkeit die psycho-physische Ausgangssituation des Menschen, die passive und aktive Bereitschaft zu Mythos, Dichtung und Forschung trotz aller Kürze der Definition andeutet und daher wohl nicht zufällig in der Mitte steht; das fünfte dagegen ist rein akzidentiell. Immerhin vermögen die fünf „Elemente" Croces in entsprechender Anordnung die bisher gewonnenen Ergebnisse aufschlußreich zu ergänzen.

4
Emblematische Sensationen

Hat man schon bei Alexander ab Alexandro und seinen Epigonen, besonders aber bei Simon Majolus das unabweisliche Gefühl, daß ‚alles' wesentlich kürzer gesagt werden könnte, so wird nunmehr mit dem 17. Jahrhundert die Berichterstattung in jenem Ausmaße breiter und aufgebauschter, das man, in Anlehnung an kunstgeschichtliche Analoga, als ‚barock' zu bezeichnen sich fast allzu leichtfertig gewöhnt hat. Die Fülle des Ausdrucks wird, im Latein wie auch in den Volkssprachen, insbesondere natürlich im Italienischen, dessen „Befruchtung ... durch die Latinität" Ernst Robert Curtius am Beispiel Dantes dargetan hat[1], aus dem ständig wachsenden Reservoir der immer geläufiger werdenden antiken Dichter und Schriftsteller sowie aus dem volkstümlichen Wortschatz geschöpft, der, mit sichtlicher Freude verwendet, in Worthäufungen, Wiederholungen, Steigerungen und ungewohnten Neubildungen einen neuen, den Stil des Manierismus bilden hilft.

Eines der auffälligsten Merkmale dieses neuen Stils ist, wie Wolfgang Kayser feststellte, das Groteske, „die entfremdete Welt, ... unsere Welt, die sich verwandelt hat, ... deren Verläßlichkeit sich als Schein erweist[2]". Dieses Groteske aber zeigt sich bereits in der Sprache; „in der Dichtung erscheint es in einer Szene oder einem bewegten Bild[3]". Leo Spitzer sieht sein

1 Vgl. Europäische Literatur und lateinisches Mittelalter, 6. Aufl., 1967, S. 356.

2 Vgl. Das Groteske in Malerei und Dichtung, rde 107, S. 136 f.

3 Ebd.

eigentliches Wesen in der „Entfremdung von der Welt, die wir kennen ... Es müssen Elemente unserer Welt da sein, und dann ... wird alles anders ... Je unerklärlicher, desto grotesker, d. h., es gibt Stufen des Grotesken, und das Groteske kann sich mit dem Tragischen, mit dem Komischen, mit dem Tragikomischen, mit dem Burlesken, mit der Satire verbinden[4]". Bezeichnend und zugleich aufschlußreich ist, daß dieser ‚neue Stil' auch die Geschichtsschreiber, ja überhaupt die Gelehrten in gleich starker Weise in seinen Bann zieht. „Denn an die Wand malt man jetzt lieber Monstren als klare Abbilder der dinglichen Welt[5]". Aber diese Monstren und Zwitterwesen, die aus der Vermischung verschiedener Elemente, ja aus der „Zertrümmerung der geschichtlichen Ordnung[6]" erstehen, werden jeweils konkret erfaßt, in ihrer leibhaftigen Existenz sinnfällig dargestellt und als Motive, gleich den unerhörten Worten (oder auch nur Wörtern), wiederholt. Sofern es Gelehrte sind, die dergleichen tun, wird man sich nicht zu wundern brauchen, daß diese den Künstlern nachhinken. Für sie wurde die alte rationale Ordnung, die „aus Erfahrungen lebt, die in den vorherigen Sinndeutungen des Daseins ungedeutet blieben[7]", erst später fragwürdig; denn erst „der Schlaf der Vernunft gebiert Ungeheuer" (el sueno de la razón produce monstruos), wie es fast zwei Jahrhunderte später wieder bei Francisco Goya heißt[8].

Wenn aber Wolfgang Kayser ausdrücklich betont, es gehe „nicht um Taten, die als solche vereinzelt stehen, und nicht ... um das Zerbrechen der moralischen Weltordnung", sondern

---

4 Vgl. L. Spitzer, Interpretationen, S. 138.

5 Vgl. W. Kayser, Das Groteske, S. 14.

6 Ebd. S. 137.

7 Ebd. S. 140.

8 Vgl. Francisco Goya y Lucientes, Caprichos. Einl. v. Miroslav Micko, Prag 1958, Capricho 43, ferner S. 26 u. 39: „Die vom Verstand verlassene Phantasie erzeugt unglaubliche Gebilde. Verbunden mit ihm ist sie die Mutter der Künste und eine Quelle ihrer Wunder."

„primär um das Versagen der physischen Weltorientierung[9]", so muß hier der Einwand gemacht werden, daß man sich doch gerade um diese „physische Weltorientierung" in steigendem Maße bemüht. Aber welche Genugtuung mußte man empfinden, wenn man das Ungeheuerliche, das Monströse, das – Groteske bereits vorfand, wenn das der normalen Welt Entfremdete, das Zwitterwesen: das menschliche Amphibium als überlieferte, hundertfach bezeugte Wirklichkeit vor Augen stand, wenn es als unzweifelbar existent gegeben war, wenn es als historische Tatsache feststand, daß — Nicola Pesce im Wasser lebte „wie ein Fisch"!

Am Anfang des 17. Jahrhunderts steht, wie es sich gehört, ein Landsmann Nicola Pesces, Francesco Flaccomio aus Milazzo, der im Jahre 1622 als Kanonikus an der Kathedrale von Messina starb und somit als Humanist und Dichter zeitlich genau in der Mitte zwischen Jovianus Pontanus und Niccolò Giannettasio liegt. In seinem „Poema erocio", der 1603 und 1609 in Messina erschienenen „Sicelis", besingt er den Lokalhelden Cola in 33 wohlgebauten Hexametern[10]:

„Cola will ich jetzt preisen, den ‚Fisch', wie er rühmend genannt ward;
Rechtens erhielt er den Namen, denn, Kälte des Winters, des Sommers
Hitze und stürmende Wogen dem Fisch gleich verachtend, durchschwamm er
Nackend die tobende See, und sein Leben verbrachte er lieber
Täglich und nächtlich im Meer als zu Lande. Die weite und blaue

9 Vgl. W. Kayser, Das Groteske, S. 137. Kayser schreibt einige Zeilen zuvor: „Damit ist ... der Charakter der Fremdheit näher bestimmt. Das Grauen überfällt uns so stark, weil es eben unsere Welt ist, deren Verläßlichkeit sich als Schein erweist ... Es geht beim Grotesken nicht um Todesfurcht, sondern um Lebensangst."

10 Francesco Flaccomio, Sicelis, Messanae 1609, sectio III, p. 39; die Biblioteca Universitaria Messina stellte freundlicherweise eine Xerokopie der betr. Seite des offenbar seltenen Werkes zur Verfügung.

Flut des Sizilischen Meers, doch auch des Tyrrhenischen kreuzend,
Traf er öfters auf Segler und rief seine Freunde, die Schiffer,
Jeden beim eigenen Namen, bestieg auch zuweilen die Schiffe,
Nahm der Matrosen Speise und Trank, die Geschenke der Ceres
Wie auch des Bacchus entgegen, verließ dann das Schiff und die Mannschaft,
Sprang kopfüber ins Meer und durchmaß aufs neue die Fluten.
Dich, Palinurus, dich, Procida, leuchtende Bucht von Neapel,
Dich, und den flammenden Berg auch, vom tosenden Meere
Sah der Sizilier euch! Doch mit niemals erlahmenden Kräften
Rudert' er eilends zurück durch die Wellen zur Küste Catanas —
War er doch Catanenser! — und kehrte zu Gattin und Kindern.
Endlich ereilt' dich ein grausames Schicksal im Hafen von Zankle:
Tief im Schlunde des Strudels begrub es dich, armsel'ger Cola,
Dich und den herrlichen Ruhm deiner Künste im Tauchen und Schwimmen!
Alfons, der hochherz'ge König, er schickte dich nämlich hinunter,
Daß du den Becher dir holtest, den goldnen, und Geld zur Belohnung.
Da nun gerietst du ins Wanken, die herrlichen Gaben bedenkend.
Wehe, noch heute erwartet man dich, der du niemals mehr kehrtest
Her zu den zärtlichen Lüften, den wärmenden Strahlen der Sonne.
Wehe, somit muß man glauben, daß dich ein gefräßiger Seehund
Jählings bedrängte, zerriß mit den Zähnen, den Bauch sich dann füllte
Oder ein Hai mit starrendem Rachen dich angriff und schließlich
Mit einem plötzlichen schlingenden Schluck in den scheußlichen Schlund zog
Oder aus dunkelnder Höhle ein tückischer Meeraal hervordrang,
Der dir die Glieder zerbrach und zerstückelte, oder, die Arme
Breitend, ein grauser Polyp dich ergriff und verschlang und verschluckte."

Wortschatz und Stil Flaccomios stehen noch ganz unter dem Einfluß der antiken Dichtung, wenn auch Palinurus, Prochyte (für Procida), Zankle (für Messina) und Parthenope (für Neapel) auf unmittelbarer (Lokal-)Kenntnis beruhen mögen und nicht unbedingt auf Vergil und Ovid zurückgehen müssen. Auch die Schilderung der seltsamen Lebensart Colas ist herkömmlich: „... quasi piscis in vndis/ Frigora nil metuens hyemis, fluctusque tumentes/ Nec canis ardores nudus maria alta petebat."

Erst bei Erwägung der möglichen Todesart Colas greift der Dichter zu ungewöhnlichen Ausdrücken, auch hier freilich noch im Banne der Antike, wenn er die „phoca vorax", den „canis dentatus", den „subdolus conger" und den „magnus polypus" aufzählt.

Noch schwerer jedoch scheint es für die Gelehrten zu sein, sich von der klassischen Ausdrucksweise zu entfernen.

Der Historiker Giuseppe Buonfiglio e Costanzo berichtet kurz und bündig[11]:

„Es geht die Kunde von jenem großen Taucher Cola Pesce aus Catania, der drei und mehr Tage hintereinander im Meere verweilte und dort schließlich den Tod fand. Denn eines Tages warf Kaiser Friedrich, der sich über die Fähigkeit dieses Mannes wunderte, einen goldenen Becher in der Nähe des Hafens von Messina hinab. Nachdem ihn Cola aus der Tiefe heraufgeholt hatte, schleuderte er ihn ein zweites Mal hinein, und jener tauchte wiederum hinunter, um ihn zu holen, wurde aber nicht mehr gesehen. Man glaubt daher, er sei von den Strudeln der Charybdis verschlungen worden, [und zwar,] wie Pontanus und Ricobald schreiben, im Jahre des Heils 1223."

Die Berufung auf Jovianus Pontanus, der ja kein genaues Datum angibt und auch nur von einem „König Friedrich" schreibt, dürfte ebenso wie die auf Ricobald, der das Ereignis in das Jahr 1234 setzt, auf Maurolycus[12] zurückgehen.

In auffälligem Gegensatz zu dieser ‚historischen' Notiz steht der bereits ganz seiner Zeit entsprechende Bericht des Kurio-

---

11 Giuseppe Buonfiglio e Costanzo, Prima parte dell'Historia siciliana, lib. I, Venezia 1604, pp. 65—66; zit. nach Pitrè, Studi p. 138; vgl. auch ebda. p. 21, wo es Zeile 14 wohl 1223 (statt 1228) heißen muß.

12 Vgl. Pitrè, Studi p. 21.

sitätensammlers Secondo Lancellotti aus Perugia († 1643), der zwar von zwei wunderbaren Tauchern spricht, aber den sizilischen „Pesce Colano“ unter König Alfons II. (1494—1495) versetzt[13]:

„An den Küsten Siziliens lebte ein Mann, der den Namen Pesce Colano führte. Von Kindheit an fand er Vergnügen daran, sich in den Wellen des Meeres aufzuhalten, so daß er Tag und Nacht darin verweilte, und er soll fünfzig Stadien weit geschwommen sein. Er verkehrte freundlich mit den Seeleuten und konnte nur mit großer Anstrengung außerhalb des Wassers leben. Als von König Alfons vielen Tauchern eine Belohnung ausgesetzt wurde, sprang auch er ins Wasser, und man sah ihn nie mehr.“

Lancellotti vermerkt am Rande das Jahr 1494 und beruft sich ausdrücklich auf Alexander ab Alexandro; einige Seiten weiter aber berichtet er zum Jahre 1237[14]:

„In Apulien lebte ein Mann, der so an das Meer gewöhnt war und der sich dort auf solche Art unter den Seetieren aufhielt, daß er schwamm wie ein Fisch und wie ein Fisch das feste Land haßte und fürchtete; und wenn er eines Tages nicht ins Meer tauchte, wurde er krank. Daher blieb er Tag und Nacht gewissermaßen zum Vergnügen dort und enthüllte den Menschen viele Geheimnisse des Meeres. Während er zuerst Nicola hieß, wurde er später Cola Pesce genannt. Von demselben Mann ist schon unter dem Jahre 1494 gesprochen worden; doch finde ich es so und lese es so besonders bei Bugati.“

Der letzte Satz beweist Lancellottis Aufmerksamkeit; er bemerkt, daß hier offenbar eine doppelte Überlieferung vorliegt.

---

13 Secondo Lancellotti, L'Hoggidi overo gl'ingegni non inferiori á' passati, parte seconda, Venetia 1636, disinganno XLIX, p. 640; die ältere Ausgabe trägt den Titel „L'Hoggidi, ovvero il mondo non peggiore ne più calamitoso del passato“, Venetia 1627. Vgl. Mongitore, unten S. 227.

14 Ib. pp. 648—649.

Demgegenüber vermerkt Andrea Cirino (1618—1664), obwohl aus Messina gebürtig, lediglich[15]:

„Von einem gewissen Catanienser, der in Messina wohnte und den das Volk Cola Pesce nannte, berichtet man, er sei gleich den Fischen ohne Kinnbacken (ad instar piscium abruptis maxillis) durch das Wasser geschwommen und schließlich in den Strudeln der Charybdis seinem Schicksal anheimgefallen."

Die starken Abweichungen der italienischen Quellen voneinander sind auffällig. Sie lassen jedoch nicht nur auf exemplarische Ungenauigkeit schließen, sondern verraten vielmehr das große Interesse an der Sache, das sich bei Andrea Cirino der sich allerdings ausdrücklich mit der „Natur der Fische" beschäftigt, kurz vor der Erwähnung Colas durch eine (fast wörtliche) Wiedergabe der Glaukos-Episode nach Palaiphatos äußert[16]:

„Der Fischer Glaukos stammte aus Anthedon [in Böotien]; er war ein hervorragender Taucher, der alle Schwimmer seiner Zeit im Wasser schlug. Es geschah jedoch, daß es ihm, als er in der Nähe des Stadttores vor den Augen seiner Mitbürger schwamm und von allen gesehen wurde, gelang, an eine bestimmte Stelle zu schwimmen, an der er einige Tage lang von seinen Freunden nicht erblickt wurde, dann aber schwimmend wieder in ihren Gesichtskreis kam. Auf die Frage seiner Angehörigen, wo er denn zu der Zeit, zu der man ihn nicht gesehen habe, geweilt habe, antwortete er fälschlich: er sei im Meere gewesen. Daher wurde er der Meer-Glaukos (Glaucus marinus) genannt. Als er dann auf ein wildes Meertier stieß, wurde er von diesem verschlungen. Da er nirgends mehr aus dem Wasser auftauchte, fabelte man, Glaukos lebe im Meere und wohne auch dort."

Cirino verzichtet zwar auf den veristischen Hinweis auf die Geschäftstüchtigkeit des Fischers Glaukos, zieht aber eine höchst rationalistische Schlußfolgerung, indem er schreibt[17]:

---

15 Andreae Cirino Liber secundus De natura piscium, Panormi 1653, cap. IX, n. 172, p. 107.

16 Ib. p. 106—107; vgl. oben S. 17 f. u. Anm. 1, 26 u. 27.

17 Ib. p. 108.

„Deshalb haben wir den Nereus, die Tritonen, den Portunus[18] und den Saron[19] keineswegs unter die Meeresgottheiten gerechnet; sie waren nämlich Fischer und Seeleute.“

Die Parallelen zu der Geschichte Nicola Pesces sind unverkennbar und deuten noch einmal, nach so vielen Jahrhunderten, auf den mythischen Glaukos-Nikolaus-Ursprung der Tauchersage zurück. Die Volkstümlichkeit Colas ist offenkundig und unübersehbar. Und vielleicht oder vielmehr sicherlich eben deshalb wird seine Gestalt von den Gelehrten als beispielhaft für naturwissenschaftliche und moralische Betrachtungen eifrig verwendet, wie sich ja auch in dem skeptischen Schluß Cirinos eine ziemlich bestimmte Ahnung von der grundlegenden Verschiedenheit zwischen Apotheose und Epiphanie, zwischen Anthropo- und Theriomorphismus andeutet.

Auch die erste Erwähnung eines wunderbaren Tauchers, die sich im deutschen Schrifttum des 17. Jahrhunderts findet und die sich, obwohl er namentlich nicht genannt wird, doch auf Cola Pesce beziehen dürfte, entspringt rein naturwissenschaftlichen Erwägungen. Sie findet sich in dem „Systema physicum“ des Danziger Theologen und Philosophen Bartholomäus Keckermann[20], der, nach Zedler[21], „einige Bücher“, schrieb, „die nach Beschaffenheit der Zeit nicht uneben waren“. Bei ihm heißt es in Frage und Antwort[22]:

„Man fragt, ob die Taucher unter Wasser ausreichende Atmung haben, zumal wenn sie dort lange aushalten können, wofür wir in der neapolitanischen Geschichte ein wunderbares Beispiel (exemplum mirabile) finden: Als nämlich Neapel von König Alfons, dem gelehr-

---

18 Portunus ist Palaimon; cf. Ovid, Fast. VI, 481—501, Verg. Aen. V, 240—242; 823—824, Ausonius, Ecl. XXI, 3 (Opuscula, rec. R. Peiper (1886), p. 104).

19 Saron, König von Troizen, der auf der Hirschjagd ertrank, cf. Pausanias II, 30, 7.

20 Bartholomäus Keckermann, Systema physicum, Hanoniae 1612

21 Großes vollst. Universal-Lexicon XV (1737), Sp. 374.

22 L. c. p. 429.

ten Helden (heroe docto), belagert wurde und jene, die in der Burg waren, dem König zwar geneigt waren, jedoch wegen der Aufmerksamkeit der Wachen und Posten keine Nachricht an König Alfons gelangen lassen konnten, fanden sie zufällig einen Taucher, der, die riesige Strecke unter Wasser schwimmend, Briefe, die — damit sie nicht naß würden und verdürben — mit Wachs überzogen waren, zwei- oder dreimal zum König brachte.

Man antwortet: Wenn die Taucher kein besonderes Abkommen mit dem Teufel geschlossen hätten, könnten sie mit dem Atem schlecht auskommen (Vrinatores, nisi habeant peculiare pactum cum Diabolo, admodum aegra vti respiratione); denn wenn sie auch mit Hilfe ihrer Schnorchel und Glasröhren (per fistulas et vitra) Luft holen können, so muß das doch beim Schwimmen schwierig vor sich gehen, es sei denn, daß manche Menschen so geräumige Lungen haben, daß sie eine anfangs eingeatmete große Menge Luft lange warm halten können, um das Herz vor Abkühlung zu schützen, vor allem unter dem Wasser, das selbst schon kalt ist.“

Man sieht deutlich, wie der „Empiriker“ mit den überlieferten „Tatsachen“ in Konflikt gerät und seine — geradezu verzweifelte — Zuflucht zum — — Teufel nimmt.

Um so verständlicher ist es daher, daß Cola Pesce wenige Jahre später in einem Zusammenhang und in einer Weise erwähnt wird, die zunächst recht verwunderlich erscheint, verwunderlich und doch wieder bezeichnend für den aufkommenden manieristischen Barock. Und gleichzeitig beweist nichts besser, wie bekannt die Geschichte des sizilischen Wundertauchers mittlerweile in den Kreisen des internationalen Humanismus geworden war, als gerade der Umstand, daß sie der Tübinger Professor Thomas Lansius (1577—1657), natürlich nicht ohne große Mühe, in seine salbungsvolle Totenrede auf den mit fünfzehn Jahren am 13. Juni 1616 verstorbenen Rudolf, Bischof von Halberstadt und Herzog von Braunschweig-Lüneburg, einen Sohn des Herzogs Heinrich Julius (1589—1613) und Bruder Friedrich Ulrichs von Braunschweig-Wolfenbüttel (1613—1634), in Tübingen „in illustri collegio 23. Augusti 1616“ einbaut, um die Monotonie der üblichen Elogen zu unterbrechen. Ganz unvermittelt erzählt er nach dem Preis der Frömmigkeit (pietas adversus Deum) des Verstorbenen, der nicht „hundert Jahre der Freuden in diesem irdischen Frondienste (in hoc terrarum ergastulo), sondern die Ewigkeit im Himmel erstrebt" habe, da ja das Leben des Menschen hienieden (vita inferior mortalis) ganz unglücklich wäre, wenn ihm nicht auf Grund seiner Frömmigkeit das jenseitige und unsterbliche Dasein folgte[23]:

„Es lebte zur Zeit unserer Großväter in Messina auf Sizilien Cola Piscis aus Catania, ein Mann, der für alle Zeiten denkwürdig ist. Er verließ die menschliche Gesellschaft und verbrachte fast sein ganzes Leben einsam in der Meerenge von Messina unter den Fischen. Und da er es außerhalb der Fluten des Meeres nicht lange aushalten konnte, deshalb wurde ihm der Beiname ‚Fisch' gegeben. Er vermochte aber im Schwimmen so viel, daß er nicht anders als ein Seetier unermeßliche Strecken des Meeres, Entfernungen von fünfhundert und mehr Stadien, sogar bei schlechtem Wetter im Kampf mit den Wogen schwimmend zurücklegte. Es steht auch fest, daß Cola oft, wenn Schiffe mit vollen Segeln bei heftigstem Wellengang und gewaltigsten Wasserbergen durch die Fluten gejagt wurden, diesen entgegengeschwommen ist und mitten aus den Wellen die Schiffsleute bei ihren Namen gerufen hat. Und weil er allen bekannt war, hätten ihn die Matrosen, außer sich vor Staunen über das unerwartete Wunder (subitae rei percitos miraculo), fröhlich an Bord genommen und gefragt, woher er komme, wohin er wolle, wieweit er schon geschwommen und welche Unbilden er ausgehalten habe. Cola aber habe jede Frage verständig beantwortet, darauf mit seinen Freunden an Bord gegessen und, nachdem er sich ausgeruht habe, von jedem einzelnen Aufträge an Angehörige entgegengenommen, was auch immer sie denen sagen oder ausrichten lassen wollten; dann sei er, nackt, wie er war, vom Schiffe, das seinen Kurs auf hoher See einhielt, kopfüber ins Meer gesprungen. Bald sei er in Gaeta, bald an der Küste Salernos, Bruttiens oder Lucaniens, bald an den Gestaden Siziliens und auf heimatlichem Boden, den er oft aufsuchte, gesund und munter gelandet und habe die von den Matrosen erhaltenen Aufträge deren Verwandten und Verschwägerten getreulich ausgerichtet. Die Messinenser bestaunten ihn deshalb viele Jahre lang wie ein Wunder-

---

23 Oratio in funere Rudolfi Episcopi Halberstadensis Ducis Brunsvicensis et Luneburgensis habita Tubingae in illustri Collegio 23. Augusti 1616 a Thoma Lansio, Tubingae 1616, pp. 26—29.

tier (tanquam prodigium quoddam). Einmal aber strömte an einem Festtage im Hafen von Messina die Menge des Volkes zusammen und wollte, glaube ich, in Erfahrung bringen, wie sehr er die anderen Taucher übertreffe. Als er nun eine von dem damaligen König Friedrich von Sizilien als Preis für die Schwimmer ins Meer geworfene goldene Schale, nachdem er sie bereits zweimal aus der Tiefe heraufgebracht hatte, zum dritten Male heraufzuholen versuchte, tauchte er, obwohl man lange auf ihn wartete, aus der Tiefe des Meeres, in die er sich gestürzt hatte, nicht mehr auf. Man glaubte, daß er in die hohlen Klüfte und in die unergründlichen Strudel jener Meerenge geraten sei und, als er sich nach oben arbeiten wollte, nicht mehr habe zurückkehren können; und so sei ihm der Atem ausgegangen und er sei zwischen den entgegenstarrenden Klippen von den allenthalben hereinstürzenden Fluten begraben worden und elend zugrunde gegangen."

Hier ist unverkennbar Alexander ab Alexandro bis in wörtliche Wiedergabe als Quelle anzusehen und der Verdacht, daß vielleicht sogar Schiller diese Rede kannte, nicht ganz von der Hand zu weisen. Aber wie der hochgelehrte Herr Professor den seltsamen Exkurs seiner feierlichen Threnodie begründet, ist doch weit bedeutsamer und kann nur wörtlich angeführt werden[24]:

„Wozu Derartiges, geliebte Zuhörer? Auf daß wir begreifen, daß mit Fug und Recht der Vergleich gezogen ist mit jenen Unglücklichen, die ernsthafte Frömmigkeit verschmähen und sich dem Ozean eitler Nichtigkeiten überlassen, in dem sie, da ihnen auf lange Zeit alles unter dem Spiel der Wellen aufs angenehmste zusagt, endlich in Ausschweifung und schnödem Übermut, sowie in den andern durch die Schmeicheleien des Glücks erzeugten Lastern in den schauerlichen Abgrund des höllischen Sumpfes, ohne jede Hoffnung wieder aufzutauchen, versinken, ‚wo nicht mehr verschieden das Los, wo Ehre nicht dauert und dürftige Armut bestürzt den leeren Namens entledigten König'[25]."

---

24 Thomas Lansius l. c. p. 29.

25 Claudius Claudianus, In Rufinum liber II (Claudii Claudiani Carmina rec. Th. Birt, V, 474—476, in MGH, Auct. ant. tom X (1892), p. 51): „Ibi nulla manent discrimina fati/ Nullus honos vanoque

Der moralische Aspekt wird hier geradezu ungeheuerlich erweitert; das „Meer der Laster“ entspricht den Fluten des Faro, der Tod des Versinkens und Ertrinkens dem moralischen Verfall, die sittliche Zügellosigkeit der hemmungslosen Freude am Schwimmen und Tauchen.

Fast gleichzeitig bemächtigt sich aber auch die deutsche Fachwissenschaft des unerhörten Falles. In seinen „Miracula vivorum“ berichtet Heinrich Kornmann, der nach Zedler zwischen 1607 und 1614 „florirte[26]“, seinen genannten Quellen getreu von zwei staunenswerten Tauchern[27]:

„Von Nicolaus Colapiscis: Volaterranus berichtet, daß mehr als zweihundert Jahre vor seiner Lebenszeit, demnach unter Gregor IX., in Apulien ein Mann gelebt habe, der so sehr an die Fluten des Meeres und seine Tiere gewöhnt gewesen sei, daß er, der vorher Nicolaus hieß, später Colapiscis genannt worden sei; über ihn schreibt auch Bugati im 3. Buch seiner Geschichte.

Von Colanus: An der Küste Siziliens lebte ein Mann, der Colanus der Fisch hieß. Von Kindheit an machte es ihm Vergnügen, sich aus lauter Lust am Schwimmen Tag und Nacht in den Fluten zu tummeln, und er vermochte bis zu fünfhundert Stadien schwimmend zurücklegen. Den Schiffern begegnete er freundlich und gefällig; außerhalb des Wassers konnte er sich nur mühsam am Leben erhalten. Als unter König Alfons den Schwimmern ein Preis ausgesetzt wurde, sprang er ins Meer, tauchte aber nicht mehr auf, da er durch irgendeinen unbekannten Zufall ums Leben kam. Dies erzählt Alexander ab Alexandro im 21. Kapitel seines 2. Buches.“

Hier sind neben Volaterranus, Bugati und Alexander ab Alexandro auch Simon Majolus, Albert Krantz und andere Gelehrte ausgeschrieben, ein Zeichen für die zunehmende ‚Kritik‘ und das (immer noch) eifrige Bestreben, jedes ‚Exemplum‘ durch Autoren zu belegen, die alle — und zwar nicht

exutum nomine regum/ Proturbat plebeius egens.“ — Lansius zitiert ohne Quellenangabe.

26 Großes vollst. Universal-Lexicon XV (1737), Sp. 1543.

27 Opera curiosa in tractatus IV distributa, Francofurti 1694, pp. 182—183.

nur für das Mittelalter — „Autoritäten waren[28]“. Unmittelbar vor den angeführten Taucher-Beispielen nämlich werden der Sprung Caesars in den Nil nach Sueton[29] und die außerordentliche Leistung des Norwegers Siward nach der Chronik des Albertus Krantz oder nach Simon Majolus[30] angeführt, danach eine Notiz des Franciscus Alvarez über Wasserfrauen und Wassermänner in einem der beiden Seen, aus denen der Nil, „che in questo paese chiamano Gion“, seinen Ursprung nehme[31], und ein längerer Bericht über die Tauchkünste eines Mauren nach den beiden berühmten Ärzten Andreas Vesalius (1512—1564) und Levinus Lemnius (1505—1568)[32].

Nunmehr jedoch erobert sich Nicola Pesce in ungeahntem Ausmaß das ‚gebildete‘ Deutschland. Neben den Gelehrten sind es jetzt auch die ‚Unterhaltungsschriftsteller‘, die, unter nicht weniger sorgfältiger Benutzung aller möglichen ‚Autoritäten‘ als jene, voluminöse Compendien seltsamer und ver-

28 Vgl. E. R. Curtius, Europ. Lit. u. lat. Mittelalter, 6. Aufl., S. 369.

29 Cf. Sueton, Divus Julius 64; vgl. oben S. 110.

30 Cf. Albertus Krantzius, Chronic. Noruagiae V, 8 (oben S. 111) bzw. Simon Majolus, Dies caniculares II, p. 84.

31 Cf. Viaggio nella Ethiopia al Re Prete Janni fatto per Don Francesco Alvarez Porthugese, in: Ramusius, Primo Volume & seconda Editione Delle Navigationi et viaggi, Venetia 1554, cap. CXXXV, fol. 272v: „Hor lasciando il mezo giorno, & pigliando il ponente alquanto piu basso, è posto vn’altro regno, che è del Prete, che si chiama Goyame, gran parte del quale fu della Reina Helena sua madrc. In questo regno veramente nasce il fiume del Nilo, che in questo paese chiamano Gion, & vien da dui laghi, che sono cosi grandi, che paiono mari, nelli quali è fama, che si trouione huomini & femine marine, & alcuni me l’hanno affermato di veduta.“.

32 Andreas Vesalius (Opera omnia anatomica & chirurgica, cura Hermanni Boerhaave & Bernhardi Siegfried Albini, Lugduni Batavorum 1725) erwähnt in seinen „De humani corporis Fabrica libri VII“, lib. II, cap. XXXV De musculis thoracem moventibus, p. 234 [i. e. 236] den Mauren nicht. Lemnius in „De miraculis occultis naturae libri IIII“, Francofurti 1593, II, 6, p. 160, schreibt allerdings auch ausdrücklich: „Sic enarrantem audiui D. Vesalium ...“

wunderlicher, anzüglicher und ungeheuerlicher Geschichten zusammenstellen. Daß diese Sammelbände über Jahrhunderte hin wahre Fundgruben für Motivjäger bilden, bedeutet an sich nichts Neues; daß sie aber andererseits nicht nur die italienischen „Welttheater" und „Allgemeinen Schauplätze", die „Wälder" und „Christlichen Weltmärkte" des 16. Jahrhunderts nachahmen, sondern eben damit auf einen in seiner Art uralten, den Illustrierten der Neuzeit entsprechenden und in mancher Beziehung erforschenswerten Literaturzweig zurückgehen, daß sie schließlich ein getreues Spiegelbild ihrer ebenso sensationslüsternen wie bildungshungrigen Leserschaft bieten, sollte doch betont werden.

Zunächst ist da ein „Kayserlicher Hofrath in Böhmen[33]", der 1640 verstorbene Otho Melander, der in seinen „Jocoseria" den Catanenser Cola nach Alexander ab Alexandro beschreibt[34]:

„Der ausgezeichnete Schwimmer Cola aus Catania mit Beinamen ‚der Fisch' brachte es fertig, nicht anders als ein Seetier, die größten Strecken, nämlich fünfhundert Stadien und mehr, im Meer bei schlechtem Wetter und hohem Wellengang mit außerordentlicher Kraft und Schnelligkeit schwimmend zurückzulegen. Als er aber einmal im Hafen von Messina erweisen wollte, wieviel er im Schwimmen vermochte, indem er versuchte, eine goldene Schale, die dazumal an einem Festtage vom König als Preis für die Schwimmer ins Meer geworfen worden war, aus der Tiefe heraufzuholen, tauchte er nicht mehr auf und wurde auch später nicht mehr gefunden. Mehr liest man [lege sis (sic!) = legeris?] bei Alexander [ab Alexandro] 2, cap. 21."

Bereits der nächste Deutsche ist einer jener ‚Vielschreiber', der von der Lexikographie der Nachfolgezeit etwas stiefmütterlich

---

33 Zedlers Großes vollst. Universal-Lexicon XX (1739), Sp. 442—443.

34 Jocorum atque Seriorum cum novorum tum selectorum atque memorabilium tomus III, recensentibus Othone Jc. filio, et Dionysio Melandris, Francofurti 1626, cap. LXXI: De Cola Catanensi insigni natatore, p. 68.

behandelte Christoph Richter aus Bischofswerda[35], der in seinem „Spectaculum historicum [i. e.] Historisches Schau-Spiel/ So auf dem Schau-Platz dieser Welt von Gott/ von der Natur/ von guten und bösen Engeln/ von Frommen und Gottlosen Menschen/ in natürlichen Dingen und Politischen Welthändeln/ meistentheils in dem XVI. Seculo nach Christi Geburt/ ist gespielet worden/ Dargestellet in vierhundert Gesamleten Wunder-Historien Von einem Liebhaber der Welt-Geschichte" im 50. Kapitel von einem „Erd-Meermann" erzählt[36]:

„Also nenne ich den Mann/ dessen Historien ich zu der vorhergehenden setze. Unsere Väter haben gesehen zu Messina (dieses saget Tho-

35 Christoph Richter ist 1591 in Bischofswerda westl. Bautzen geboren und am 8. Dez. 1644 gestorben (vgl. Jöcher, Allg. Gelehrten-Lexicon III (1751), 2085); er lebte wahrscheinlich in Görlitz; nach der Nominierung auf dem Titelblatt seines Werkes „Christophorus Richterus Gorlicensis" nennt ihn auch der General-Catalog des Brit. Museums (202, 627) „Christoph Richter von Görlitz".

36 Spectaculum historicum, Jena 1661, S. 103—104; in den vorhergehenden Kapiteln erzählt Richter, offensichtlich nach Guicciardinus (vgl. oben Anm. 3, 69) oder dessen Übersetzer Federmann (vgl. oben Anm. 3, 71) die Geschichte von dem „Meermann", der schließlich an der Pest starb, von dem Meermann, den man bei Malmö gefangen und dem König Sigismund von Polen geschickt habe — er „sey am driten Tage gestorben/ habe nichts geredet/ sondern nur grosse tieffe Seufftzer gehohlet: Guicciardinus setzet dar: Er habe einen eigendlichen Abriß dieses Meer-Bischofs" — und schließlich, im 51. Kapitel, auch: „Ein Meerweib/ gantz nakkend und stumm/ als ein Fisch/ ward gefangen in einem See in Holland/ darein sie vermuthlich von einem Sturm geworffen worden/ und ward gen Harlem gebracht im Jahr 1403. daselbst sie als eine Weibesperson bekleidet/ und gewehnet worden/ daß sie hat Brodt/ Milch/ und andere Speisen gessen. Sie lernet auch spinnen/ und andere Hausarbeit verrichten. Sie verehrete das Crucifix/ machte alle Minen und Ceremonien nach/ wie sie ihre Frau es sahe machen./ Sie blieb aber stumm ihre gantze Lebenszeit/ welche ziemlich lang war." Vgl. oben S. 98 f.

mas Fazellus) eine Mannesperson von Catana bürtig: Über welchen sich werden verwundern alle/ die von ihm künfftig hören werden.

Dieser Mensch hätte verlassen (es fehlete wenig dran) sein gantzes Leben/ durch die Gesellschaft anderer Menschen/ und hielt sich an dem engen Meer bey Messina fast täglich bey den Fischen auf/ also/ daß weil er nicht lange kunte ausser dem Meer bleiben/ er genennet wurde Poisson Cola (Fisch Cola) entweder weil er Nicolaus geheissen/ oder daß das letztere Wort ein schimpfflicher Zunahme war.

Er redte verständlich/ und offenbahrete den Siciliern viel Heimligkeiten der Natur/ die vorhin gantz unbekant waren: Welches er denn leicht thun kunte/ in Betrachtung/ daß er wie ein Fisch in die Tieffe hinab schlupffete/ und das weite und breite Sicilianische Meer durchfuhr/ und sich weder umb stillen Wetter/ noch umb Ungewitter und Sturm bekümmerte.

Alle Leute zu Messina haben sich viel Jahr über ihn verwundert: Und da trug sichs nun ferner zu/ daß an einem herlichen Freudentag Fridericus/ damals König in Sicilien/ ließ eine güldene Trinckschale in die tieffe dieses engen Meers werffen/ und den Cola bitten/ er wolte sie wieder holen: Welches er zweymal thät.

Der König selber warff sie da zum drittenmal hinein: Cola ließ sich hinab/ aber er ist hernach nicht mehr gesehen worden: Davon die Urtheil unterschiedlich giengen/ wie sie noch heutiges Tages gehen können: Ingleichen von seiner Geburt/ und von seinem langen Verzuge unter dem Wasser. Und das gehöret vor die Naturkündiger."

Diesen Bericht hat Hans Schultze genannt Krüger aus Zethlingen in der Altmark, der am 25. Oktober 1680 zu Leipzig an der Pest starb und unter dem wohlklingenden Namen Johannes Praetorius eine Unzahl von Büchern schrieb, in seinem „Anthropodemus Plutonicus, Das ist/ Eine Neue Weltbeschreibung von allerley Wunderbahren Menschen" nebst vielen anderen wortwörtlich abgeschrieben[37] und sich damit die, allerdings etwas zweifelhafte, Anerkennung jener Forscher erworben, die unentwegt nach der Quelle von Schillers „Taucher" suchten[38]. Die französische Bezeichnung „Poisson

37 Magdeburg 1666, S. 81—83.

38 Vgl. H. Ullrich, Beiträge zur Geschichte …, S. 5; A. Graf, La legg. p. 268.

Cola“ hat zudem die Vermutung laut werden lassen, Herr Schultze habe sogar die französische Übersetzung der „Silva“ des Pedro Mejía von Claude Gruget eingesehen[39]. In Wirklichkeit könnte das ja nun aber nur Christoph Richter gewesen sein, bei dessen Tode im Jahre 1644 Praetorius erst vierzehn Jahre alt war; und das ist auch keineswegs ausgeschlossen, da Richter recht belesen ist und unter vielen anderen ja auch die bereits von Georg Bruin aus der „Beschreibung Lissabons“ des Damianus a Goes abgeschriebenen Berichte über Meerfrauen und Meermänner einschließlich jenes Briefes wiedergibt, den Cornelius von Amsterdam an Gilbert Horstius geschrieben haben soll. Für die Geschichte von dem „Meer-Weib“ nennt Richter ausdrücklich als Quelle „Ludovicus Guicciardinus in descriptione Hollandiae[40]“. Praetorius aber scheint von Colas Abenteuern so angetan zu sein, daß er in seinen Erzählungen „Von Oceänischen Männern“ viele Seiten später noch einmal auf jene zurückkommt[41]:

„Im übrigen seynd diejenigen demnach auch von uns Menschen gezeuget und herkommen: Denn es giebt an etlichen See-Oertern Leute/ welche sich trefflich auffs schwimmen befleissigen/ und zu welcher Übung sie ihre Kinder dermassen gewehnen/ daß sie ziembłich lange unterm Wasser tauern können. Also/ gleich wie die andern Menschen auffn trucknen; Dergestalt wohnen jene im Meer: Und solche Leute sollen sonderlich zu finden seyn/ in den äussersten Insulen der See/ in den warmen Ländern/ wie zu schliessen stehet aus denen Relationen unserer gereiseten Leute. Raphael Volateranus gedencket/ daß in Apulien/ nunmehr für 200. Jahren/ ein Jüngling gewesen/ der von Kindesbeinen auff sich im Meere pflegen auffzuhalten/ da soll er sich unter die Meerwunder viel Tage befunden haben/ da hat er mit ihnen gespeiset/ nicht anders als wenn er eines aus dieser Zahl wäre. Er machte sich trefflich tieff in die See hinunter/ und kam offt wiederumb ans Ufer heraus/ und verkündigte denen Schiffern von bald bevorstehenden Ungewittern. Er hiesse anfänglich Nicolaus/ hernach der Fisch Cola. Biß hieher jener/ der lib. de Verit,

39 Vgl. H. Ullrich, ebd.; vgl. auch oben Anm. 3, 45 u. 3, 47.

40 Spectaculum historicum p. 105.

41 Anthropodemus Plutonicus S. 146—147.

fid, c. 1. dergleichen Sachen mehr hat[42]. Sonsten besiehe von diesem Cola auch Alex. ab Alex. l. 2. c. 21. Genial. dier. und von dergleichen Monstris l. 3. c. 8. Wer im übrigen dieses lustige Argument, Übungs halber/ weiter anfassen und fortsetzen wollte; Der könte sich folgender Beweißthüme gebrauchen. 1. Weil das Meer aller Vater genannt wird. 2. Weil dem Menschen auch das Gebiet über die Geschöpffe im Meere muß übergeben worden seyn. 3. Weil die Erfahrung gelehret hat/ daß es Tritones und Nereides giebt: Davon Münsterus in Cosmograph. ex Edit. Basil. 1614. l. I. 1. c. 7[43]. Lignarid. Oblect. Acad. c. 40. & c. 4[44]. 4. Weil man auch Münche und Meer-Bischoffe gesehen hat.

---

42 Damit ist natürlich Lud. Vives (vgl. oben Anm. 3, 12) gemeint.

43 Sebastian Münster berichtet in seiner weitberühmten „Cosmographey, das ist Beschreibung aller Länder/ herrschafften/ vnd fürnemester Stetten/ des gantzen Erdbodens", Basel 1614, im Cap. VII des 1. Buchs (p. 17) „Von den wunderbaren Geschöpffen Gottes so in dem Meer gefunden werden" (vgl. Abb.) u. a. von einem „Tritonem oder Meermenschen": er „seye mehr dann menschlicher grösse/ allerdingen biß auff den Nabel einem Mann/ vnd vnden auß einem Fisch gleich gewesen, habe ein lustig Angesicht/ krause Haar vnd Bart blawer Farb wie das Meerwasser gehabt." Münster wiederholt die Erzählungen des Theodoros Gazes, „wie er in Peloponneso zur Zeit eines grawsamen Vngewitters ein Meerfraw am Vfer habe sehen ligen", des Georgios Trapezuntios, „wie daß er auff ein zeit/ alß er am Meer bey einem Brunnen spatzieren gegangen/ ein Meerjungfraw/ eines sehr schönen vnd lieblichen Angesichts habe gesehen/ so auch oben ein Jungfraw vnd vnden ein Fisch gewesen", die Geschichte von dem Meermann in Epirus, „so auff die Weiber vnd Jungfrawen/ die daselbst Wasser geschöpfft/ sehr begierig achtung geben: auch eine so allein am Vfer herumb gangen/ hinderwertz heimlich erwitscht/ vnd mit derselben gewalthetige Vnzucht getrieben", und schließt mit der Bemerkung: „Sonsten ist gewiß/ daß gedachte Meermänner den Weibern sehr nachstellen vnd von schandlicher vnlauterkeit vber die massen entzündet vnd getriben werden."

44 Oblectamenta academica, exarata, eo fine, quo juventus academica, post studia graviora, animum honeste & vtiliter reficiat, Auctore Hermanno Lignarido [Dürrholtz], Oppenhemii 1618, cap. XL. Hermann Dürrholtz, Professor der Theologie in Bern (1516—1565) schreibt unter Berufung auf Autoritäten wie Plinius,

Nemblich damit man ja an derselbigen Leuten ihrer Seligkeit keinen Zweiffel habe. Vide Gesn. de Pisc. 5[45]. So ist solches auch der Göttlichen Allmacht nicht unmüglich; als welche den Jonam im Bauche des Wallfisches/ und Paulum in die Tieffe des Meers hinunter gesencket/ wol erhalten können."

Die pseudotheologische Argumentation kann wohl nicht weiter getrieben werden und bildet die permanente Captatio benevolentiae lectorum. Noch befremdlicher erscheint ihr äußerer Anlaß: „Wer dieses lustige Argument übungshalber weiter ... fortsetzen wollte ...", sagt Praetorius und stellt damit das „Exemplum Nicolai Piscis" ausdrücklich in den begrenzten Kreis der „argumenta ludi" der philosophisch-theologischen Schulung. Damit aber wird das Phänomen an sich, zugleich jedoch auch seine „ästhetische" Bedeutung und — Gestaltung abgewertet.

Während aber Johannes Praetorius vulgo Hans Schultze alias Krüger ‚nur' Magister der Philosophie zu Leipzig war und daher einer Captatio benevolentiae sehr wohl bedurfte, hatte der Jesuitenorden, der sich in der Folgezeit des Stoffes bemächtigte, eine solche keineswegs nötig. Sein gelehrtester und einflußreichster Vertreter, der in einer Fülle von zum

---

Alexander ab Alexandro, Ludovico Vives u. a. l. c. p. 313: „Quae de Tritonibus & Nereidibus passim feruntur, fabulosa esse plerique existimant. Equidem quod in Deorum Dearumve numero apud poetas censentur, id gentilismum & nugas sapere lubens dederim; interim tamen affirmo, Tritones & Nereides monstra aquatica, unde figmenti occasio, de Diis & Deabus marinis enata est, vere existere, id quod sequentibus testimoniis clarum fiet" und l. c. p. 319: „Nulli igitur dubium sit, quin Tritones reperiantur; sed & Nereides esse constat."

45 Vgl. Conrad Gesner, Historiae Animalium liber IV qui est de Piscium et Aquatilium natura, Francofurti 1620, pp. 438—441; 998—1001. Gesner faßt, wie oben S. 104 ff. dargetan, das gesamte Material über Meermenschen und Tritonen mit eminenter Sach- und Quellenkenntnis zusammen. Als Landsmann und Zeitgenosse des Lignaridus stand er mit diesem sicherlich in Beziehung.

Meermann und Meerfrau
aus Sebastian Münsters „Cosmographey“ Basel
1614, S. 17

größten Teil auf exakter Kenntnis der Materie und eigener Anschauung beruhenden wissenschaftlichen Werken die irdischen und überirdischen Dinge unter seine vielbeschrieene Lupe nahm, ist der im Jahre 1602 zu Geisa in Thüringen geborene Jesuit Athanasius Kircher. Sein Bericht, im 15. Kapitel des 2. Buches seines umfangreichen Werkes „Mundus subterraneus[46]", das „Von der Unebenheit des Meeresbodens" handelt und dem „Eine denkwürdige Geschichte, die das oben Gesagte bestätigt", beigefügt ist, verfestigt den ‚historischen Tatbestand' auf Grund der manieristischen Mentalität des Verfassers, der nicht zufällig Veranlasser, wenn nicht Mit-Autor einer vierbändigen „Magia universalis" (1657/59) ist, zur greifbaren Anekdote und ist daher, wohl auch nicht zufällig, immer wieder als Schillers unmittelbare ‚Quelle' in Anspruch genommen worden.

Athanasius Kircher, der Kronzeuge aller Taucher-Erzählungen der Folgezeit, schreibt:

„An dieser Stelle will ich eine Geschichte (historiam) einfügen, die sich zur Zeit König Friedrichs in Sizilien ereignete und die das bestätigt, was bisher über die Unebenheit des Meeresbodens gesagt worden ist.

Es lebte damals in Sizilien ein sehr berühmter Taucher namens Nikolaus, den man wegen seiner Gewandtheit im Schwimmen gewöhnlich Pescecola, das heißt ‚Nikolaus der Fisch' nannte. Dieser, von Kind auf an das Meer gewöhnt, und vor allem auf Grund seiner Geschicklichkeit im Schwimmen berühmt, war fast nur mit dem Sammeln von Austern und Korallen und Ähnlichem auf dem Grunde des Meeres beschäftigt und fristete mit dem Verkauf seiner Beute sein Leben. Er wurde aber von seinem Handel mit Seegetier so in Anspruch genommen, daß er sich in den ersten Zeiten ungefähr vier oder fünf Tage lang im Meere aufhielt und nur von rohen Fischen lebte.

Er schwamm immer wieder nach Calabrien und zurück und versah dabei das Amt eines Briefboten. Man sagt sogar, er habe das Gebiet der Liparischen Inseln nicht nur einmal durchschwommen. Gele-

---

46 Amsterdam 1678, S. 97—99.

gentlich wurde er von Galeeren mitten in dem brandenden und stürmischen Meeresgolf von Calabrien entdeckt, wobei ihn die Matrosen beim ersten Anblick für ein Meeresungeheuer hielten, dann aber, nachdem er von einigen erkannt worden war, in ihr Schiff aufnahmen. Auf die Frage, wohin er denn in dem von so heftigen Stürmen aufgewühlten Meere wolle, antwortete er, er bringe Briefe, die er, in einem durch einen kunstreichen Verschluß gesicherten ledernen Beutel, untergebracht hatte, damit sie nicht von dem eindringenden Wasser beschädigt würden, in irgendeine Stadt. Nach langem Erzählen und einer guten Mahlzeit stürzte er sich schließlich, nachdem er den Matrosen alles Gute gewünscht hatte, wieder ins Meer.

Man erzählt außerdem, der genannte Nicola habe durch den dauernden Aufenthalt im Wasser seine Natur und sein Wesen so verändert, daß er mehr einem Amphibium als einem Menschen ähnlich war: zwischen den Fingern seien ihm Knorpel gewachsen, ähnlich wie bei den Füßen der Gänse, wie sie zum Schwimmen nötig sind, und seine Lunge sei so ausgedehnt worden, daß sie genügend Luft zum Atmen für einen ganzen Tag aufnehmen konnte.

Als daher einmal der König von Sizilien in Messina weilte und allerlei kaum Glaubliches über diesen Taucher erzählen hörte, wünschte er, voller Neugier und zugleich voll Verlangen, den Mann zu sehen, daß er vor ihm erscheine. Nachdem man ihn lange zu Wasser und zu Lande gesucht hatte, geschah das schließlich. Der König hatte viel Wunderbares von der Charybdis erzählen hören, und da sich eine so günstige Gelegenheit bot, glaubte er, das Innere der Charybdis erforschen zu sollen, weil er der Meinung war, daß dies durch niemanden besser als durch diesen Nicola geschehen könne. Er befahl dem Nicola also, sich in die Tiefe zu stürzen. Weil er aber dem Befehl des Königs, indem er die großen und nur ihm bekannten Gefahren hervorhob, ein wenig zu widerstreben schien, ließ der König, um dem Nicola zur Ausführung der Tat Mut zu machen, eine goldene Schale an dieser Stelle ins Wasser werfen und versprach ihm, daß diese ihm gehören solle, wenn er sie wiederbringe. Nicola, vom Golde verlockt, nahm die Bedingung an und stürzte sich sofort in den Strudel. Ungefähr drei Viertelstunden blieb er darin, während der König und sein Gefolge ihn mit großer Spannung erwarteten. Endlich wurde er mit ungeheurer Gewalt aus der Tiefe des aufschäumendenden Strudels wieder emporgeworfen. Er hielt die Schale triumphierend in die Höhe. Dann wurde er in den Palast des Königs geführt. Da er von der

Tabula Freti Siculi,
Charybdis et Scyllae, aliorumque Aestuum rationes
explicans aus Athanasius Kirchers „Mundus
subterraneus“
Amsterdam 1678, p. 101

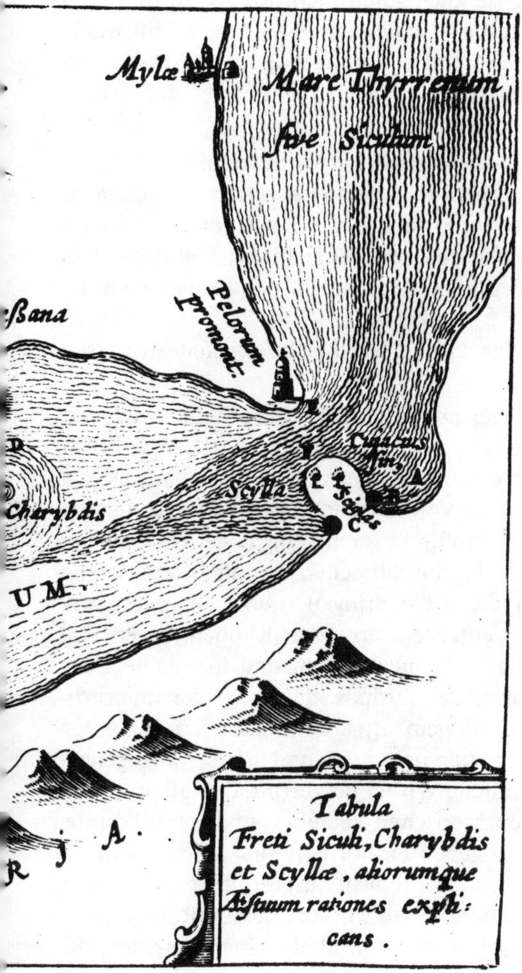
Mylæ
Mare Thyrrenum
sive Siculum
ßana
Pelorum
Promont.
Charybdis
Scylla
UM.
R J A.
Tabula
Freti Siculi, Charybdis
et Scyllæ, aliorumque
Æstuum rationes expli:
cans.

übermäßigen Anstrengung ziemlich geschwächt war, wurde er durch eine reichliche Mahlzeit gestärkt; nachdem er sich dann ein wenig dem Schlafe hingegeben hatte, trat er vor die Augen des Königs. Auf die Frage, was er alles in der Tiefe des Meeres erlebt habe, soll er dem König folgendes berichtet haben:

‚Gnädigster König! ich habe deinen Befehl ausgeführt. Ich hätte aber deinem Geheiß niemals gehorcht, wenn ich vorher gewußt hätte, was ich jetzt weiß, selbst wenn du mir die Hälfte deines Reiches versprochen hättest. Ich habe eine große Leichtfertigkeit begangen, indem ich es für leichtfertig hielt, dem Befehl des Königs nicht zu gehorchen.‘

Als der König jedoch den Grund der Leichtfertigkeit zu wissen verlangte, antwortete er:

‚Wisse, o König, daß es vier Dinge gibt, die diese Stelle — ich will nicht sagen: Tauchern wie mir, sondern sogar den Fischen selbst — unzugänglich, ja furchtbar machen: Erstens das Getöse der aus den tiefsten Klüften des Meeres hervorbrausenden Strömung, der kaum ein Mensch, wie stark und kräftig er auch sein möge, widerstehen kann und die auch ich nicht durchbrechen konnte, weshalb ich durch seitliche Klüfte in die Tiefe dringen mußte. Zweitens die Unmenge der allenthalben entgegenstarrenden Klippen, deren Fuß ich nur unter größter Gefahr für mein Leben und für meine Haut erreichte. Drittens das Tosen des Euripos, das heißt der unterirdischen Fluten, die mit gewaltigem Ungestüm aus den innersten Schluchten der Felsklippen hervorstürzen und deren entgegengesetzte Strömung so schreckliche Wirbel hervorruft, daß allein schon die Furcht vor ihnen einen Menschen betäuben und töten könnte. Viertens die Scharen von ungeheuren Polypen, die, an den Schründen der Klippen hängend, durch ihre weit ausgestreckten Fangarme mit größtem Entsetzen erfüllen. Einen sah ich, dessen Rumpf allein schon größer als ein Mensch war; wenn mich seine Fangarme, die wohl zehn Fuß lang waren, erfaßt hätten, so hätten sie mich durch die bloße Umklammerung in den unausweichlichen Tod gezogen und erdrückt. Auch in den benachbarten Felsenhöhlungen wimmelt es von Fischen von ungeheuerlicher Größe, die man Hunde, im Volksmunde gewöhnlich Hundsfische oder Haie nennt und deren Rachen mit einer dreifachen Reihe von Zähnen besetzt ist. Ihre Größe ist fast die von Delphinen [Walfischen?]. Vor ihrer Wut kann sich niemand retten. Wen sie nämlich mit ihren Zähnen erfassen, um den ist es geschehen. Davon magst du überzeugt sein. Denn kein Schwert, kein

Dolch kann so groß und so scharf sein wie das Gebiß dieser Meeresungeheuer, mit dem sie alles zermalmen.'

Nachdem er dies alles der Reihe nach berichtet hatte, fragte man ihn, wie er denn die Schale so schnell habe finden können. Er antwortete, die Schale sei wegen der heftigen Gegenströmung keineswegs senkrecht hinabgesunken, sondern, wie er selbst, durch die Gewalt der Fluten abgedrängt worden, und so habe er sie in einer Felsenhöhle gefunden. Wenn sie bis auf den Grund gesunken wäre, so hätte er keine Hoffnung haben können, sie bei dem Toben der Fluten und der Gewalt der Strudel jemals wiederzufinden. Der Euripos nämlich, durch den das unterirdische Wasser bald eingesogen, bald wieder ausgespieen werde, gerate in einen solchen Wirbel, daß es keine Kraft gebe, die ihm widerstehen könne. Zudem sei das Meer an dieser Stelle so tief, daß es die Augen mit einer geradezu kimmerischen Finsternis erfülle. Auf die Frage nach den Verhältnissen in der Tiefe des Meeres antwortete er, es sei ganz übersät von zahllosen Felsriffen, an deren Fuß Strömung und Gegenströmung der unterirdischen Gewässer je nach dem Zeitpunkt die Strömungen an der Oberfläche des Wassers hervorrufe, denen die Seeleute unter größter Gefahr für ihre Schiffe ausgesetzt seien.

Als man ihn weiterhin fragte, ob er Mut genug besitze, den Grund der Charybdis noch einmal aufzusuchen, erwiderte er: Nein. Dennoch wurde er noch einmal durch einen Beutel voll Gold verlockt, sowie durch eine in die Charybdis geworfene höchst kostbare Schale. Von dem verfluchten Hunger nach Gold verführt[47], stürzte er sich abermals in den Strudel. Aber er kam nie mehr zum Vorschein. Vielleicht wurde er durch die Gewalt der Strömung in das Wirrsal der Felsen gerissen, oder er wurde eine Beute der Fische, die er so gefürchtet hatte.

Es schien mir angebracht, diese Geschichte, wie sie in den königlichen Akten aufgezeichnet ist und wie sie mir von dem Sekretär des königlichen Archivs mitgeteilt worden ist, an dieser Stelle anzuführen, damit die wirbelreichen Tiefen des Meeres deutlicher vor Augen treten (ut Marium vorticosi tractus luculentius paterent)".

Athanasius Kircher, sonst, nach Ausweis seiner Werke, geradezu der Großmeister der (wissenschaftlichen) Manieristen,

47 „Aurique sacra fame allectus", cf. Verg. Aen. III, 57: „Quid non mortalia pectora cogis/ Auri sacra fames!"

erscheint in diesem Bericht, gerade wegen dessen formaler Geschlossenheit, als genauer und sachgetreuer Erzähler. Indessen zeigt er alle Kennzeichen des Manierismus: die unbesiegbare Neugier[48], hier wieder, wie bei Salimbene, auf seiten des Königs, dessen Name, Friedrich, ohne nähere Bestimmung genannt wird, die Freude am Abnormen, die schon seine Vorgänger im Rückgriff auf die Antike, vor allem auf den Bericht des Plinius, bewiesen, und schließlich „das paranoische Element“, das „im Manierismus aller Zeiten im Monstrum und im Monströsen eine ins Riesige projizierte Verkörperung des Deformierten sucht[49]“.

Man wird, falls man Wert darauf legt, die Quelle von Kirchers Erzählung nur schwer bestimmen können, zumal er persönlich in Sizilien, wo er nach eigener Aussage[50] im Jahre 1638 Messungen im „Fretum Siculum“ durchführte, weilte und vielleicht, wie Pitrè glauben will[51], dort handschriftliche Aufzeichnungen des erstaunlichen Ereignisses zu Augen bekommen hat; die Erwähnung des königlichen Archivs hat den Forschern jedenfalls Kopfzerbrechen genug gemacht. Vergleicht man aber seine Erzählung mit den vorangegangenen Berichten, so entdeckt man alle Bestandteile der ‚Geschichte‘ Nicola Pesces, mit Ausnahme des mütterlichen Fluches, so daß man auch an Alexander ab Alexandro als Gewährsmann denken könnte, den jetzt jedoch Kircher dank seiner ständig wachsenden Beliebtheit allenthalben als entscheidende Autorität ablöst.

Obwohl, der Absicht Kirchers entsprechend, besondere Betonung auf die Beschreibung des Meeresbodens verwandt ist, darf gerade die Bemerkung, daß Nicola Pesce „mehr einem Amphibium als einem Menschen ähnlich war“ (narrant … Nicolaum ita naturam, temperamentumque mutasse, ut

---

48 Vgl. G. R. Hocke, Die Welt als Labyrinth, S. 119: „Die Neugier ist einer der mächtigsten Antriebe aller Manieristen.“

49 G. R. Hocke, Die Welt als Labyrinth, S. 89.

50 Mundus subterraneus cap. XVI (p. 99).

51 Studi p. 23s.

amphibio, quam homini similior esset) nicht übersehen werden. Betrachtet man jedoch den Bericht als „dichterische Aussage", deren Kircher durchaus fähig war, so entspricht er in jeder Beziehung dem Zeitgeist und beweist in der Vorgangsschilderung ein beträchtliches Gestaltungsvermögen, weshalb man ihn wohl doch nicht ganz zu Unrecht als Schillers mittelbare Quelle angesehen hat[52].

Auch der Jesuitenpater Caspar Schott aus Königshofen bei Würzburg, Kirchers Schüler, obwohl nur sechs Jahre jünger, weilte längere Zeit in Palermo auf Sizilien und weiß nach Volaterranus und Alexander ab Alexandro von den beiden Tauchern Cola und Colanus zu erzählen[53]:

„Was die Tritonen und Sirenen betrifft, so neigen manche zu dem Glauben, es gebe richtige Meermänner, die ihre Natur durch lange Gewohnheit so weit gebracht haben, daß sie, ohne zu atmen, im Wasser leben. Denn auch Volaterranus — sagen sie — schreibt von einem Manne, der zur Zeit des Papstes Gregor IX. in Apulien sich allmählich so an die Fluten und die Tiere des Meeres gewöhnt habe, daß er in einen Fisch verwandelt (in piscem mutatus) zu sein schien, und deswegen, während er vorher Nikolaus hieß, Colapiscis — Cola bedeutet bei den Calabresen und Sizilianern soviel wie Nikolaus — genannt wurde.

In Sizilien lebte auch nach dem Zeugnis des Alexander ab Alexandro lib. II, cap. 21 ein gewisser Colanus, der eine solche Begierde und Gewohnheit, zu schwimmen und unter Wasser zu leben, besaß, daß er bis zu fünfhundert Stadien zu schwimmen vermochte und außerhalb des Wassers nur mit Mühe (anxie) leben konnte. Er sprang schließlich unter dem König Alfons, der den Schwimmern einen Preis ausgesetzt hatte, ins Meer und tauchte nicht mehr auf, da er auf unbekannte Weise ums Leben gekommen war.

Hinzu kommt, daß, wie man sagt, bei den Batavern ein Triton zu sprechen begann und eine Sirene das Kreuz schlug, das Bildnis Christi verehrte und viele weibliche Geschäfte verrichtete[54].

---

52 Vgl. u. a. P. Polack, Aus deutschen Lesebüchern, S. 365.

53 Caspar Schott, Physica curiosa, lib. III, cap. V, § 3, p. 416; Schott ist der Autor der „Magia universalis naturae et artis", vgl. oben S. 162.

54 Vgl. oben S. 98 f. u. 112.

Nichtsdestoweniger behaupte ich: es ist wahrscheinlicher, daß weder Tritonen noch Sirenen richtige Menschen sind. Der Grund ist, daß viele ähnliche Ungeheuer in ihrem Verhalten nichts von menschlicher Überlegung gezeigt haben, wie man weiß. Denn reden können auch die Papageien und andere Vögel, ein Kreuz zu schlagen und ähnliches zu tun, vermögen und pflegen auch Affen. Man bedenke außerdem, daß es mit der Vorsehung des göttlichen Schöpfers und der Güte des Erlösers nicht vereinbar wäre, wären die aus Adams Samen stammenden Menschen — denn andere kennt die klare Lehre der Katholiken nicht — den Fluten des Meeres für alle Zeit anheimgegeben und der Gemeinschaft der anderen Menschen gänzlich entzogen."

Hier zeigt sich ein neues, der Soziallehre der Scholastik entnommenes theologisches Argument, das den Bericht des Schülers von dem des Lehrers abrückt: Gemeinschaft ist nur unter Gleichgearteten denkbar. Die unmittelbare Anwendung auf den der menschlichen Gesellschaft abtrünnigen Taucher fehlt, aber der Zweck seiner Erwähnung ist einsichtig.

Unzweifelhaft von Kirchers Darstellung hängt die lange und ausführliche Erzählung des Erasmus Francisci Finx (oder Fiex) aus Lübeck ab. Francisci, wie er sich ‚schlicht' nach dem Vornamen seines Vaters, eines ehrbaren Lübecker Patriziers, nannte, war offenbar ein besonders beliebter ‚Unterhaltungsschriftsteller' seiner Zeit; er starb am 20. Dezember 1694 zu Nürnberg und hinterließ einige voluminöse Allerweltsbücher, die noch im 18. Jahrhundert gelesen wurden, wie Goethes briefliche Äußerung beweist[55]. In „Vorgespräch und Einleitung zu dem Ost- und West-Indischen wie auch Sinesischen Lust-Garten" unterhalten sich die drei Gesprächsteilnehmer: Floris, „ein tapferer und weitgereister Schiff-Befehlhaber", Angelott, „die andere Person bey diesem Indianischen und Sinesischen Lust-Garten", und Sinnebald, „ein Teutscher wol gestudirter Mensch", eingehend über die Tiefen des Meeres,

55 Brief Goethes an Schiller vom 13. 1. 1798; vgl. unten S. 252.

ein Thema, das Sinnebald mit der Geschichte Nicola Pesces beschließt[56]:

„Ehe wir aus dem Grunde deß Meers wiederum/ mit unsern Zungen/ herauf an die Lufft fahren: will ich noch eine gar denckwürdige Begebenheit erzählen/ dadurch die Ungleichheit deß Meer-Grundes/ neben andren gar scheinbarlich bestettigt wird/ und verhoffen/ meine Herren werden hiemit ihre Gedult nicht beleidigt finden.

Nichts anders/ (versetzte Angelott)/ Kan unsre Gedult versehren/ weder dieses/ daß der Herr sich entschuldigen will/ und viel Vorredens machen/ in einer so danck-verbindlichen Sache. Er erzähle: wir hören.

Hierauf hub Sinnebald an/ folgender Gestalt zu reden[57]:

Zu den Leb- und Regierungs-Zeiten König Friedrichs/ hat in Sicilien sich diese wundersame Geschicht gefüget. Es war damals/ in Sicilien/ ein sehr fertiger Schwimmer und gar berühmter Wassertretter/ mit Namen Niclas; wiewol ihm seine grosse Erfahrenheit im Schwimmen einen Beynamen unter dem Volck erworben: angemerckt/ man ihn in gemein Pescecola, (ist so viel gesagt/ als Niclas der Fisch/) genannt. Dieser Mensch hat sich/ von seiner Kindheit an/ auf das Schwimmen/ und/ so zu reden/ gleichsam in die Gesellschafft der Fische/ begeben; die meiste Zeit in dem Meer zugebracht; Austern/ Muscheln/ Korallen/ und dergleichen Sachen/ so an dem Boden deß Meers ihre nasse Wohnstatt haben/ gesamlet; hernach dieselbe verkaufft/ und sich von dem gelösten Gelde ernährt. Auf welche Muschel-Fängerey er so eifrig gewest/ daß er vier oder 5. Tage im Wasser offt geblieben/ und/ zu Stillung deß Hungers/ rohe Fische gegessen. Er schwamm nach Calabrien hinüber/ und wieder her/ und gab einen Wasser-Boten ab. Man will/ er solle/ durch die Liparitanische Insuln/ mehr als einmal/ schwimmend gedrungen seyn. Unterweilen haben ihn die Schiffe/ mitten in dem Busen deß stürmmischwallenden Meers/ gegen Calabria über/ angetroffen/ und die Schiffleute anfangs gemeint/ sie sehen ein Meerwunder: nachdem ihn aber

56 Erasmus Francisci, Ost- und West-Indischer wie auch Sinesischer Lust- und Statsgarten, Nürnberg 1668, pp. 68–74; vgl. auch H. Ullrich, Zu Schillers Balladen, in: Archiv f. Literaturgesch. X (1881), S. 221 ff.

57 Marginalglosse: „Denckwürdige Erzählung von einem Sicilischen Wasser-tretter."

etliche erkannt/ ist er von ihnen auf- in das Schiff genommen worden: und/ wie man gefragt: wo er/ in einem so ungestümmen Meer/ hinaus gedächte? ist seine Antwort gewest: Er trüge/ nach weiß nicht was für einer Stadt/ Briefe.

Briefe? fragte Floris/ und fieng an zu lachen: wie hat er sie im Wasser können unverdorben behalten?

Warum nicht? sprach Sinnebald: sie waren in ein klein Fell-Eisen gethan/ und mit Schloß und Kettlein gar artlich verwahrt. Wenn er sich denn/ mit Essen und Trincken/ wol gefüttert; nahm er von den Schiffern Abschied/ und warff sich wieder in die Wellen.

Man erzählt über das/ es habe dieser Niclas seine Natur/ durch die stetige Behausung deß Wassers/ und Aufenthalt in der See/ der Gestalt verändert/ daß er einem Land-Wasser-Thier (Amphibio) fast gleicher/ weder einem Menschen/ worden: gestaltsam ihm/ zwischen den Fingern/ ein Krospel wie ein Gänse-Fuß heraus gewachsen/ damit er desto besser könnte schwimmen; zudem auch seine Lunge dermassen ausgedehnt/ und erweitert/ daß sie so viel Luffts mögen behalten/ als zum Athem holen/ auf einen gantzen Tag/ gnug gewesen.

Als nun/ auf eine Zeit/ der König von Sicilien/ zu Messana sich aufhielte/ und von diesem Wasser-tretter unglaubliche Dinge erzählen hören: hat er Lust gewonnen/ den Menschen zu sehen/ und begehrt/ man möchte ihm denselbigen stellen: welches auch/ nachdem man ihn lange/ zu Land und Wasser/ gesucht/ endlich geschehen. Nun hatte der König viel Wunderliches vernommen/ von der benachbarten Charybdis: (ist ein sehr gefährlicher Würwel-Schlund/ im Sicilischen Meer/ von den Anwohnern sonst Calofaro/ und La Rema[58]/ genannt) wolte also diese bequeme Gelegenheit/ selbigen Meer-Schlunds innerliche Bewandniß recht zu erkündigen/ nicht aus der Hand gehen lassen; sintemal ihm/ zu solcher Verrichtung/ niemand geschickter daugte/ als gegenwärtiger Fisch-Nickel/ oder Niclas der Fisch. Befihlt derhalben/ derselbe solle sich hinablassen/ und machte ihm/ weil er die Schultern zoch/ mit Fürwendung der grossen Gefahr/ die kejnem/ weder ihm allein/ recht bekandt/ durch stattliche Belohnung/ einen Muth/ indem er eine güldene Schüssel daselbst an dem gefährlichen Ort ließ hinab werffen/ mit Verheissung/ sie solte sein seyn/ so fern er dieselbe wieder heraus brächte. Es

58 Fußnote a) „Vide Cluverium de Antiq. Sicil. l. 1. cap. 5. Et ejusdem Introduct. Geograph. lib. 3, p. 200“ (Lugd. Bat. 1627 p. 214).

ist ein Wunderding um das Golde; denn selbiges macht das abscheuliche annehmlich/ verkleinert die Grösse der Gefahr/ wie ein subtiles Schau-Glas; macht die forchtsamen muthig/ die blöden und verzagte hertzhafft/ die langsame Schnecken zu Adlern/ oder leichten Fischen; und ist der allerkräfftigste Balsam/ so man einem Geitzhals unter die Nasen streicht/ ja der Auszug und das fünffte Wesen seiner Seelen. Das gab Niclas/ mit seinem Exempel/ gnugsam zu erkennen. Denn so bald er diese Hertz-Stärcke/ und kräfftigen Seelen-Trost/ von dem Könige/ empfangen/ nemlich die Zusage/ daß die güldne Schüssel seiner Mühe Vergeltung wäre: verlor er alle Barmhertzigkeit über sich selbsten/ und begunnte vielmehr mit der herrlichen Schüssel Mitleiden zu haben/ daß sie also in dem finstern Abgrund/ unter dem tieffen Wasser solte begraben ligen: bedachte sich demnach nicht länger/ sondern stürtzte mitten in den Wasser-Würbel sich hinein/ und war das Gold der Magnet/ der ihn eben so starck hinab zoch/ als wie das in einen Kreys sich drehende Wasser hinunter in den Schlund zu fallen pfleget. Er blieb unter dem Wasser/ bey drey viertheil Stunden/ als unterdessen der König/ und alle/ die neben ihm stunden/ mit sehnlichem Verlangen seiner Wiederkunfft erwarteten: biß er endlich wieder/ aus dem untersten Grunde deß Würbel-Schlundes/ mit grossem Ungestüm/ herfürkommt/ und als ein triumphirender/ die verworffene Schüssel mit der Hand herum schwinget.

Hierauf wird er in den Königlichen Palast geführt/ und/ weil ihn die vielfältige Arbeit etwas abgemattet/ mit Essen und Trincken zuvorderst gelabt: schläfft hernach/ und ruhet ein wenig aus. Nach diesem bringt man ihn für den König: welcher ihn/ um alles/ was er auf dem Grunde erblicket/ gefragt/ und von ihm folgende Antwort soll bekommen haben:

Gnädigster König: was eure Majestät befohlen/ hab ich verrichtet: würde aber nimmermehr ihrem Geheiß folge geleistet haben/ so ich vorher gewust hätte/ was ich nun erfahren; wenn dieselbe mir gleich auch die Helffte dero Königreichs hätten versprochen. Eine grosse Verwegenheit hab ich begangen/ indem ich es für eine Verwegenheit gehalten/ deß Königs Befehl nicht zu gehorchen.

Als der König zu wissen begehrt/ warum er denn solches eine so grosse Verwegenheit tauffe? spricht der Wasser-tretter abermal: Eure Königliche Majestät mögen wissen/ daß vier Dinge seynd/ welche nicht nur meines gleichen Wasser-Tauchern/ sondern wol den Fischen selbsten/ diesen Ort solten undurchdringlich/ forchtsam und erschrecklich machen. Das erste ist die Ungestümme und Gewalt

Schwimmende Sirene
aus Erasmus Francisci, Ost- und Westindischer wie auch Sinesischer Lust- und Statsgarten, Nürnberg 1668, S. 1412

eines Stroms/ der aus dem innersten Schlunde und Abgrunde der See herauf strudelt/ dem kaum der stärckste Mensch widerstehen mag/ welchen auch ich selbsten nicht durchbrechen können/ sondern durch andre Neben- oder Umwege in die Tieffe hinab fahren müssen. Das andre/ die Vielheit der Felsen und Klippen/ so einem hin und wieder begegnen/ auf deren Gründe ich/ nicht ohne merckliche Lebens-Gefahr/ bin gekommen. Das dritte; die unterirdische Flüß-Röhren/ welche sich/ mit hefftiger Gewalt/ mitten durch die Felsen heraus giessen: deren Gegen- oder Quer-Strömung so erschreckliche Würbeln und Wasser-Kreyse verursacht/ daß einer/ für der blossen Forcht/ möchte davon sterben. Das vierdte; die Menge der ungeheuren Blackfische oder Vielfüsse/ welche an den Seiten der Klippen hafften/ und/ mit ihren weit und breit ausgestreckten Füssen/ mir einen kalten Schauder machten: darunter ich eines gewahr worden/ der von Leibe grösser/ weder ein Mensch/ und dessen Füsse einer Meßruthen/ an Länge/ nichts nachgaben/ und/ so sie mich erwischet hätten/ ohn Zweifel mich/ mit ihrer blossen Umfahung/ als recht tödlichen Banden/ würden ersticket und gewürget haben. In den benachbarten Winckeln und Hölen der Felsen haben die grausame Fische ihren Aufenthalt/ welche man Pesce Cane Hund-Fische nennet/ und mit einer dreyfachen Reyhe Zähnen gewaffnet sind/ an Leibes-Grösse den Delphinen gantz vergleichlich: für deren Wüte und Grimmigkeit niemand mag sicher seyn; sintemal es um den jenigen/ der ihnen einmal unter die scharffe Raubzähne fällt/ geschehen: denn kein Sebel/ noch Schwert/ kan so scharff schneidend/ oder spitzig seyn/ weder das Gebiß dieser ungeheuren Meer-Fische/ welches alle Sachen von einander schneidet[59] …

Wie viel genandter Niclas alles/ was er gesehen/ und zu fürchten gehabt/ so nach einander ausgesagt; fragt man ihn: auf was Weise er doch die hinabgeworffene Schale so bald können finden? Darauf er geantwortet: die Schale sey/ wegen deß ungestümmen Hin- und Wieder-strömens deß Gewässers/ nicht gerad hinab gesuncken/ sondern/ von der Ungestümmigkeit desselben/ also bald ausgeschlagen und abwerts geworffen/ auf gleiche Weise/ wie es ihn selbsten

59 Auf den folgenden Seiten 70 bis 72 erzählt Francisci einige Fälle von lebensgefährlichen Zusammenstößen mit Haifischen; sein Berichterstatter Sinnebald schließt mit den Worten: „Da hat der Herr Capitain Lieutenant die Gestalt und Art des Fisches/ dessen Zähne der Sicilische Schwimmer Niclas so ängstiglich gescheuet.“

abwerts geschmissen: da hab er sie/ in der Aushölung eines Felsens/ gefunden: welches nicht hätte geschehen können/ von so vielen Strudeln und strengem Würbel-drehen/ so fern die Schale wäre an Grund gefallen. Denn die Fluß-Röhre/ vermittelst deren das unterirdische Wasser bald in das Eingeweide der Erden verschlungen/ bald wieder ausgestrudelt würde/ würden mit einer so unwiderstreblichen Gewalt bewegt/ daß keine Macht so groß/ die ihnen möchte Widerstand thun. Wozu auch dieses käme/ daß das Meer/ an selbigem Orte so tieff/ daß es schier eine Cimmerische Finsterniß den Augen fürwürffe.

Als man noch weiter geforschet/ wie es/ mit dem inneren Meer-Busem/ beschaffen? hat er zur Antwort gegeben: es sey gantz überall mit Felsen und Klippen gleichsam durch geflochten/ aus deren Wurtzeln oder Grund-Füssen/ der unterirdischen Gewässer/ Fluß und Rückfluß nach Unterscheid der Zeit/ oben auf der Fläche deß Meers solche Verwirrungen und Kreyselungen machte/ wie die Seefahrende/ mit grosser Gefahr ihrer Schiffe/ erführen.

Auf diß ist er abermal ersuchet und gefraget worden/ ob er sich getrauete/ und so viel Hertzens hätte/ den Grund dieses Chaybdischen Meer-Schlundes noch eins zu untersuchen? Dazu er nein gesagt. Aber

Quid non mortalia pectora cogis
Auri sacra fames! ————————
Ach wozu zwingst du nicht deß Menschen fäige Brust/
Verfluchter Durst nach Gold! aus Schrecken machst du Lust[60].

Ihn überwandt/ zum anderm mal/ ein Beutel mit Goldgülden gefüllt/ daran eine Schale von grossem Werth war geknüpfft; welches man mit einander der Würbelringlein-giesserin/ will sagen/ der Charybdis/ in ihren tieffen und grundlosen Schos schüttete/ als ein Lock-Bißlein/ so den Niclas solte hinab reitzen/ dasselbige wieder daraus zu erheben. Also sprang er wieder in den Würbel-Schlund: soll aber noch wiederkommen. Vielleicht haben ihn die streng-aufwallende Ströme in die irrsame und unwieder-ausfindliche Berge verworffen/ oder die vorgeförchteten Fische/ zum Raube/ erschnappet.

Angelott sagte hie zu: Wenn ich der König wäre gewest/ wolte ich auf der güldnen Schalen diese Worte haben lassen zuvor stechen: Wer Gefahr liebt; kommt darinn um. Scheint aber/ selbiger Sicilianischer König sey nicht gesinnt/ wie David/ gewest: welcher/ als er nach dem Bethlehemitischen Brunnen-Wasser lüstern worden; sol-

60 Verg. Aen. III, 56–57.

ches/ wie es gebracht/ dennoch nicht trincken wollen: weil er es gleichsam für das Blut derer/ die es mit Lebensgefahr geholet hatten/ geschätzt/ und nimmer zum andern mal einen solchen Hazard/ ein solches Wage-Stücklein/ seinen getreuen Kriegs-Dienern würde aufgebürdet haben[61]. Dieses Sicilianischen Königs Lüsternheit und Vorwitz aber hat sich/ mit der ersten ausgestandenen Lebensgefahr deß armen Fischers/ als wie gleichsam mit dessen Fleisch und Blut/ nicht sättigen lassen wollen; sondern ihn endlich/ durch die wiederholte güldne Reitzungen/ um ein unersetzliches Kleinod/ nemlich um sein Leben gebracht. Also geht es aber gemeiniglich denen/ die sich den Geitz lassen angeln: wenn sie noch immer mehr Guts und Geldes/ und zwar mitten aus dem Busen der Gefahr/ ja aus dem Rachen und Zähnen deß Todes/ und aus dem Pfuhl deß Verderbens/ zu erfischen gedencken; werden sie selbst gefischet und von dem Untergange erhaschet.

Floris sprach. Der Herr hat wol geredt: er betrachte solches/ und nehme/ auch für sich selbst/ eine Warnung daraus/ daß auch wir Kriegs- und Seeleute/ wenn uns Gott unser Stücklein Brods bescheret/ davon wir uns ehrlich mögen erhalten/ keine Schlingsucht bekommen/ der offt überstrebten Gefahr so lang und viel unter Augen/ oder unter die Klauen tretten/ biß sie uns einmal erwischt und zerreisst. Denn/ der seinen Rantzen verloren/ kan man so hoch nicht verheben/ daß er ihn/ auch mitten aus dem Feuer oder aus dem Wasser/ aus Blut und Flut/ wieder herfür sucht: wer ihn aber wieder gefunden/ und zwar nicht leer; der mag wol einmal ruhen/ und andre gehen lassen/ da/ wo es hart und beym Halse hergeht.

Der Herr sey bedanckt seiner Erinnerung/ versetzte Angelott: Wenn ich nun meinen verlornen Rantzen auch wieder gefunden/ und mir ein solches Accommodement erworben/ so zu reputierlicher Unterhaltung eines ehrlichen Mannes vonnöthen; will ich auch ruhen/ und auf keinen Wellen mehr/ mit dem hültzernen Roß/ daher reiten.

Sinnebald warff seinen Lehr-Spruch auch dazu/ und sagte: meine Herren irren gewißlich beyderseits/ wenn sie vermeinen/ das Gnughaben könne einen Menschen begnügen. Es hat/ in der heutigen Welt/ fast niemand weniger/ weder der am meisten hat: und diejenigen finden sich am aller unvergnügsten/ die am besten von dem Glücke schon vergnügt worden. Diese Wassersucht weiß den gülde-

---

61 Vgl. I Chron. 11, 17–19.

nen Wein-Becher nicht abzuziehen/ will nicht aufhören zu trincken; sondern dürstet nur desto hefftiger/ je mehr sie eingeschwelget. Die Gnugsamkeit steckt im Hertzen/ und nicht im Rantzen: vom Hertzen muß sie urspringlich herfür quellen/ und sich in die Begierden ergiessen: alsdenn werden diese auch mit wenigem bald erfüllet und vergnügt seyn.

Floris hub wieder an: Es seynd alle Worte gut/ die wir reden/ und fehlt uns nur an nichts/ weder an den Wercken: keine Zeit hat jemals schönere Blumen/ aber gifftigere Wurtzeln und bösere Früchte erzeugt/ weder diese letzte/ darinn wir leben: welche ihrer Schwindsucht nicht eher loß wird/ biß sie gantz/ verschwunden; ihre Schlingseuche nicht eher verleurt/ biß sie selbst/ von der Ewigkeit/ verschlungen. Noch eins gelüstet mich/ wegen der erzählten Begebniß mit dem Wasser-tretter/ zu fragen: Bey weme der Herr Sinnebald dieselbe gelesen? ob es ein Author/ der Glauben verdient? Denn/ die Warheit zu bekennen/ es lautet die Sache schier etwas mährleinhafftig.

Sinnebald antwortete. Der Scribent/ bey dem ich sie gefunden/ ist der offt gerühmte Kircherus: welcher vermeldet/ daß ihm diese Histori/ so wie sie unter den Königlichen Acten beschrieben/ von dem Archiv-Secretar sey mitgetheilet worden. Derhalben/ meines Erachtens/ hiebey mehr der Glaube/ weder Unglaube/ Statt findet.

Man findet auch/ von dieser Geschicht/ etwas bey dem Majolo: welcher schreibt; es sey/ in Sicilien/ ein Mensch gewesen/ mit Namen Piscis Colonanus, (Fisch-Klaus) der von Kindheit an seine Lust unter den Wellen/ mit Schwimmen/ gepflogen/ und ausser dem Wasser nicht ruhen noch friedlich seyn können: diesem sey/ von dem König Alfonso/ ein den Schwimmern verordneter Lohn/ aufgesetzt; um deß willen er ins Meer gesprungen/ aber umgekommen/ unwissend/ durch was für einen Zufall.

Kurtz vorher zeucht Majolus den Volaterranum an/ nach dessen Bericht/ zu seiner Zeit/ unter Gregorio dem IX. in Apulien ein Mensch gelebt/ der sich an die Meer-Wellen/ und Fische/ so sehr gewehnt/ daß Colapiscis deßwegen genannt worden; da sein Nam sonst vordem Niclas geheissen. So soll auch Bugatus, im dritten Buch seiner Historien/ dessen gedencken. Ob nun gleich einer Apulien/ der andre Sicilien/ ihm zum Vatterlande gibt; und dieser setzet/ daß es zu Königs Friedrichs/ der andre/ zu deß Alfonsi Zeiten/ geschehen: seynd doch diese veränderte Namen der Könige und Oerter nicht so wichtig/ daß sie die gantze Begebenheit für sich selbst darum solten umstossen.“

Die Frage, was Erasmus Francisci aus der „Anekdote" des Athanasius Kircher gemacht, ob er außer einer, übrigens recht guten, Übersetzung etwas Neues, Eigenes, das seine Weitschweifigkeit rechtfertigt, hinzugefügt hat, ist, ganz abgesehen von der stilgeschichtlichen Bedeutung, nicht einfach von der Hand zu weisen. Eine Abwertung in dem Sinne, daß es sich lediglich um eine „kuriose", oder um mit Goethe[62] zu reden, eine „abgeschmackte" Erzählung handelt, kann in diesem Zusammenhange nicht genügen. Das Motiv ist, obwohl auch hier die Berufung auf „Autoritäten" nicht fehlt, weder „historisch" noch etwa gar,mythologisch' verwendet, sicherlich aber ‚barock' oder vielmehr sogar ‚manieristisch'. So ist die Verfremdung des Tauchers mit ganz offensichtlichem Vergnügen wiedergegeben, obwohl es doch fast wörtlich Kirchers Beschreibung ist: „Narrant praeterea ex continuo aquarum contubernio dictum Nicolaum ita naturam, temperamentumque mutasse, ut amphibio, quam homini similior esset; excrescente inter digitos in formam pedum anseris cartilagine ad natandum necessaria, pulmoneque ita diducto, ut ad integrum diem sufficientem ad respirandum aerem contineret[63]".

„Es habe dieser Niclas seine Natur ... der Gestalt verändert, daß er einem Land-Wasser-Thier fast gleicher weder einem Menschen geworden, gestaltsam ihm zwischen den Fingern ein Krospel wie ein Gänse-Fuß heraus gewachsen", heißt es mit größter Anschaulichkeit und in jener barocken Ausdrucksweise, die sich bei jeder nur möglichen Gelegenheit behaglich ausbreitet, vor allem in der ‚Nutzanwendung', die gleich in drei verschiedenen Versionen gegeben wird. Denn der Welt „Geitz" oder Habgier, deren sym- oder vielmehr parabolisches Abbild die „Wassersucht" des armen Fischers ist, „will nicht aufhören zu trincken, sondern dürstet nur desto hefftiger, je mehr sie eingeschwelget", und wie die „Würbelringleingiesserin" Charybdis jenen verschlingt, so wird auch die Zeit, „darinnn wir leben", nicht eher ihre „Schwindsucht"

62 Brief Goethes an Schiller vom 13. 1. 1798.

63 Kircher, Mundus subterraneus, p. 98.

und „Schlingseuche“ verlieren, als bis sie „selbst von der Ewigkeit verschlungen“ ist. Wenn eine derartige ‚Moral‘ auch oberflächlich oder mindestens zeitgebunden erscheint, so trifft sie doch im Besonderen das Allgemeine und versucht, die Gebrechlichkeit und Eitelkeit der Welt an dem Beispiel ihrer „Lüsternheit“ zu demonstrieren. Vor allem aber darf man nicht übersehen, daß es dem simplizianischen Zeitkritiker Erasmus Francisci keineswegs an skeptischer Distanz fehlt. Sie äußert sich genauso in dem Zweifel an dem „mährleinhafftigen“ Tatbestand der Tauchergeschichte wie in der Ambivalenz seiner grotesken Vergleiche, die bald verharmlosen, bald übertreiben, und ganz besonders deutlich in der unverkennbaren Ironie, die allenthalben spürbar ist, am greifbarsten in der, bei Kircher nur angedeuteten, hier also durchaus eigenwüchsigen Betrachtung über die betörende Verlockung des Goldes: denn „Niclas ... verlor ... alle Barmhertzigkeit über sich selbsten und begunnte vielmehr mit der herrlichen Schüssel Mitleiden zu haben, daß sie also in dem finstern Abgrund unter dem tieffen Wasser solte begraben ligen“; und so holt er sie denn auch wirklich „aus dem untersten Grunde deß Würbel-Schlundes, aus dem Busen der Gefahr, aus dem Rachen und Zähnen deß Todes, aus dem Pfuhl deß Verderbens, aus dem Wasser, aus Blut und Flut wieder herfür“.

Derartige Gestaltungsversuche zeigen immerhin eine bestimmte Absicht, das eigentliche Anliegen des Verfassers, das seine präsumtive Naivität in preziöse Prätention verwandelt. Zweifellos erwartet er ‚gebildete‘ Leser, die sich nicht mit „Mährleinhafftigkeit“ begnügen, sondern den Anspruch erheben, durch seine Berichterstattung „delektiert“ und erbaut zu werden, und denen die Art und Weise der Darstellung auf keinen Fall gleichgültig ist. Um so merkwürdiger ist die Geringschätzung, mit der spätere Zeiten den wackeren Francisci bedacht haben[64].

64 Die 1. Aufl. des Literatur-Lexikons von Wilh. Kosch (Halle 1927) führt ihn z. B. überhaupt nicht an; die 2. Aufl. (Bern 1959) charakterisiert ihn (I, 538): „Als Novellist Nachahmer Boccaccios, aber barock und weitschweifig.“

Meer-Mensch, so bey Brasilien gefangen
aus Erasmus Francisci, Ost- und Westindischer wie
auch Sinesischer Lust- und Statsgarten, Nürnberg
1668, S. 1412

gefangen
Die Liebe.

Weit größerer Anerkennung erfreut sich dagegen ein weiterer Vielschreiber desselben Jahrhunderts, Eberhard Werner Happel aus Kirchhayn in Hessen (1647—1690)[65], dessen Werke, vor allem die „Grösten Denkwürdigkeiten der Welt[66]" eine schier unerschöpfliche Fundgrube für literarische Motive jeglicher Art sind; die Aufgabe, sie als Quelle einer langen Reihe von mehr oder weniger bekannten Novellenstoffen zu erweisen, wäre nicht ohne Reiz[67].

Happels ‚Fruchtbarkeit' steht nun zwar außer Zweifel; auch gibt er sich den Anschein größter Wissenschaftlichkeit. Aber sein Ausdruck ist wesentlich fader als der Franciscis, seine Darstellung blasser, auch und besonders in der Wiedergabe von Kirchers Bericht. Interessant dagegen ist der Zusammen-

---

65 W. Kosch a. a. O. (1. Aufl.) I, 775 nennt ihn einen „fruchtbaren Autor", der aber „wertvoller als Kulturhistoriker und Übersetzer" sei, i. ü. wegen der „wirtschaftlichen Not seiner Familie" veranlaßt worden sei, „politisch-galante Romane zu schreiben".

66 Eberhard Werner Happel, Gröste Denkwürdigkeiten der Welt Oder so genannte Relationes curiosae, Hamburg 1683; vgl. auch ders., Mundus mirabilis tripartitus oder Wunderbare Welt, Ulm 1687.

67 Vgl. u. a. „Die seltzame Lucenser-Gespenst", eine Erzählung, die Jos. v. Eichendorff, nach seinem Briefe an F. de la Motte Fouqué vom 2. 12. 1817 (Friedr. de La Motte Fouqué u. Josef Frhr. von Eichendorff, hrsg. v. Max Koch, Stuttgart o. J., Deutsche National-Litteratur 146, 2, S. 157 u. Anm.) im 3. Bande von Happels „Relationes curiosae" (Hamburg 1670) gefunden und als „entfernte Veranlassung" zu seiner Novelle „Das Marmorbild" (vgl. K. J. Heinisch, Deutsche Romantik, Paderborn 1966, S. 154 ff.) bezeichnet hat, die wiederum das Motiv für Franz von Gaudys „Frau Venus" (1838) und Prosper Mérimées „Vénus d'Ille" (1837) geliefert zu haben scheint. Happels Quelle ist entweder Vincenz v. Beauvais (cf. Vincentii Beluacensis Opera, Speculi historialis pars III, Aug. Vind. 1474, lib. XXV, cap. XXIX, oder Wilhelm v. Malmesbury (cf. Gesta regum Anglorum II, § 205 in: Migne P. L. 179 (1855), coll. 1190–1191; ed. Stubbs in: Rer. Brit. med. aevi SS 90, London 1887, I, pp. 256–258); vgl. Gédéon Huet, La légende de la statue de Vénus, in: Revue de l'histoire des religions 68 (1913), pp. 193–217

hang, in den er diesen stellt. Zunächst erzählt er nämlich die in ähnlicher Gestalt bei Alexander ab Alexandro ohne nähere Quellenangabe, jedoch durch den Hinweis auf das Zeugnis irgendwelcher „acta publica" erhärtete Geschichte eines weibstollen Tritonen, die bereits von Simon Majolus übernommen wurde, mit sichtlicher Freude an ihrer Pikanterie in barocker Form unter der Überschrift:

„Der seltzame verliebte See-Mann[68]

DAß die Liebes- und Fleisches-Passion bey allen Thieren/ ja auch etlichen leblosen Geschöpffen in grosser Übermasse zu spühren/ bezeuget die tägliche Erfahrung/ so gar/ daß wir auch in Historien finden/ wie so wol Thiere als Menschen öffters ihres gleichen vorbeygegangen/ und sich zu einem andern/ das nicht von ihrer Abkunfft freundlich gewand und gehalten haben. Leo Fioravantus[69] erzehlet hievon in seiner Physicâ folgende nachdenckliche Geschichte.

Am Seestrande der Spanischen Provintz oder Königreichs Gallicien/ spatzierete einsmahls eine adeliche Dame/ umb ihren Gedankken desto füglicher nachzuhängen; Ehe sie sichs aber versahe/ ward sie von einem Meermanne/ nahe bey einem niedrigen Gepüsche/ angegriffen/ der sie mittelst einer lieblichen Gewalt-thätigkeit zu seinem Willen zwange/ und hernach seines Weges gieng. Er ließ sich zwar hierauff mehrmahlen dieses Orts sehen/ und laurete auff seine Nymphe/ aber durch seine Vorsichtigkeit machte er alle Anschläge seiner Nachsteller zu nichte. Immittelst empfand die Dame den Nachdruck des freundlichen umarms dieses See-Manns/ denn sie brachte nach Verfliessung der gebührlichen Zeit einen sehr wolgestalten Sohn zur Welt/ welcher zum Beweiß seiner vätterlichen Herkunfft an 3 oder 4 Ohrten etliche mit Schuppen bewachsene Stellen an seinem Leibe auffzeigen kundte. Als dieser erwachsen/ zog er Schwerdt und Harnisch an/ und erwarbe im Kriege sonderliche Ehre und einen unsterblichen Nahmen. Er verheurahtete sich auch/ und zeugete Kinder/ welche allesampt in ihres Vatters ruhmwürdige Fußstapffen traten. Man will vor gewiß sagen/ daß noch einige aus dieser Abkunfft in Spanien vorhanden sind/ die sich Marinos oder See-

68 Gröste Denkwürdigkeiten, Hamburg 1683, S. 87.

69 Cf. Leonardo Fioravanti, Della Fisica, Venetia 1582, lib. III, cap. 9, pp. 312.

Leute nennen/ und obbesagte merckmahlen am Leibe/ gleich wie ihr Anherr/ tragen."

An diesen Versuch einer vererbungswissenschaftlichen Erklärung des Theriomorphismus, der, nach der angegebenen Vorlage, die ‚natürlichen' Konsequenzen aus der, übrigens auch von Erasmus Francisci ausführlich wiedergegebenen, Geschichte von dem weibstollen Tritonen[70] zieht, der „aus dem Wasser/ und der Hölen/ gantz leise herfür gewischt/ die Frau von Ruck-zu angefallen/ sie genothzüchtiget/ auch mit sich/ um deß Beyschlaffs willen/ ins Meer weggeruckt", schließt sich bei Happel eine wiederum ‚hochwissenschaftliche' und durch Autoritäten wie den „Priester" Clausonius[71] den „hochverständigen Kircherus" und Olaus Magnus gestützte Beschreibung des „ungeheuren Nordischen Strudels oder Moßkoe-Strohmes[72]", in dem, nicht nur in der Bezeichnung „Seenabel", der sagenhafte „umbilicus maris" wiederzuerkennen und wohl auch das Vorbild zu Edgar Allan Poe's „Malstrom" zu sehen ist. „Umb der grossen gleichheit der Materien willen" kommt Happel dann auf die „gefährliche

70 Ost- und West-Indischer wie auch Sinesischer Lust- und Statsgarten, Nürnberg 1668, p. 1415; Francisci nimmt auf den Seiten 1412 bis 1418 das Thema „Von den Meer-Menschen" noch einmal in breitester Form auf, führt alle ihm erreichbaren Beispiele von „Meerwundern" an und versucht, die Frage, ob es sich dabei um Menschen oder Tiere handle, zu beantworten; dabei kommt er auch noch einmal auf Nicola Pesce zu sprechen: „Unter diese Zahl (d.h. der Meerwunder) wird zwar auch der Cola Piscis von etlichen gerechnet/ dessen ich/ bey unserem ersten Wasser-Gespräch/ ausführliche Meldung gethan; aber gantz ungeschickt: angemerckt/ dieser ein rechter vernünfftiger Mensch gewest/ der durch stetige Übung/ von Jugend auff/ deß Meers also gewohnet/ daß er hernach/ ausser demselben/ kaum Athem können schöpffen" (p. 1416).

71 Happel zitiert (p. 90) das sonst nicht zu ermittelnde Werk: Clausonius, Norriges oc omliggende Oers sandre erdige Beskrivelse, Copenhagen 1632.

72 Gröste Denkwürdigkeiten der Welt, S. 88—90; vgl. oben Anm. 2, 8.

Scylla und Charibdis[73]" zu sprechen, um endlich in dem Kapitel „Der verwunderungswürdige Täucher" ‚zur Sache' zu gelangen[74]:

„ZU mehrer Erläuterung der gefährlichen Charybdis dienet der Augenschein und würckliche Besichtigung eines wundersamen Täuchers. Zu Zeiten Friderici, Königs in Sicilien, war in dieser Insul einer/ genandt Niclas, welcher wegen seiner Fertigkeit im schwimmen Pesce-Cola oder Clas der Fisch/ genennet wurde; dieser hatte sich von Jugend her im Meer geübet/ und seine Nahrung von den gesambleten Corallen und Oestern/ welche er aus dem Grunde herauff holete/ gesucht. Er war aber deß Wassers dermassen gewohnet/ daß er manchmahl 5 Tage darin bliebe/ und sich von rohen Fischen erhielte; er schwumme gewöhnlich aus Sicilien nach Calabrien, und dienete vor einen schwimmenden Brieffträger. Einsmahls ersahen ihn etliche Schiffleute im Meer/ und hielten ihn vor ein See-Wunder/ endlich aber kam er ihnen näher/ und nachdem er mit ihnen gesessen und getruncken/ wünschete er ihnen eine glückliche Farth/ und warff sich wieder in die See/ vorgebende/ er müste einige Briefe an einen gewissen Ort bringen/ die er in einer ledernen wolverwahrten Tasche hatte. Von dem vielfältigen schwimmen sind ihm endlich zwischen den Fingern Häutlein/ wie den Gänsen gewachsen/ und seine Lunge hat sich dergestalt außgedähnet/ daß er so viel Lufft schöpffen kunte/ als er einen gantzen Tag zum Athem nöthig hatte/ dahero man ihn auch billiger unter die Amphibia, oder solche Thier/

73 Gröste Denkwürdigkeiten der Welt, S. 90–91; Mundus mirabilis tripartitus, Ulm 1687, S. 232–233.

74 Gröste Denkwürdigkeiten der Welt, S. 91–93; Mundus mirabilis tripartitus, S. 233–235 mit geringfügigen, wohl auf den Drucker zurückzuführenden, orthographischen Varianten wie: Taucher (statt Täucher), Austern (statt Oestern), gegessen und getruncken (statt gesessen und getruncken), Reihe (statt reige) u. a. m. Der volle Titel der Ausgabe von 1683 lautet: Gröste Denkwürdigkeiten der Welt Oder so genannte Relationes Curiosae/ Worinnen dargestellet/ und Nach dem Probier-Stein der Vernunfft examiniret werden die vornehmsten Physicalis, Mathematis, Historische und andere Merckwürdige Seltzamkeiten, welche an unserm sichtbahren Himmel/ in und unter der Erden/ und im Meer jemahlen zu finden oder zu sehen gewesen/ und sich begeben haben.

die im Wasser und auff dem Lande zugleich leben können/ als unter die Menschen rechnen wolte.

Wie demnach einsmahls obgemeldter König zu Meßina war/ und man ihm von diesem Pesce-Cola so viel redens machte/ verlangte er ihn zu sehen/ und weil zugleich auch von der berühmbten Charybdis, gedachten nahe bey Meßina gelegenen Wasser-Strudel/ man viel Wunders auff die Bahn brachte/ so trug der König Verlangen/ offtbesagten Pese-Cola in diesen Strudel zu senden/ damit er auß dessen Munde und Erfahrung die rechte inwendige Beschaffenheit desselben erlernen möchte. Weil sich aber der Täucher dessen nicht ohne Ursach beschwerete/ und die grosse Gefahr/ so ihm allein bekandt/ deßfalls vorschützete/ so ließ der König eine güldene Schale in ersagten Strudel werffen/ und verehrete sie dem Pesce-Cola, wann er sie wieder heraus holen würde. Das Gold blendete diesen armen Schwimmer/ daß er die grosse Gefahr nicht sehen kunte/ stürtzete sich demnach in den ungeheuren Strudel/ und kam endlich nach 3 viertel Stunden sambt der güldenen Schale frolockend wieder herfür/ da er dann/ nachdem man ihn ein wenig schlaffen lassen/ auch mit essen und trincken gebührlich gelabet/ dem Könige folgenden Bericht von der beruffenen Charybdi ertheilete.

Ich habe/ gnädigster Herr und König/ deinen Befehl verrichtet/ welches ich/ wann ich dieses gewust hätte/ was ich nun weiß/ nicht würde gethan haben/ wann du mir dein halbes Königreich versprochen hättest. Ich habe einen grossen Frevel begangen/ weil ich es vor einen Frevel achtete/ dem Könige nicht zu gehorsamen. Dann du solt wissen/ daß vier Dinge sind/ welche nicht allein allen Täuchern/ sondern auch den Fischen selber/ diesen Strudel allzu erschröcklich machen: Erstlich die Gewalt des von unten auff hervor stürtzenden Strohms/ welchen auch der stärckste Mensch nicht widerstehen kan/ ich selber habe andere Mittel und Wege suchen müssen/ hinunter zu gelangen. Zum andern/ die vielfältigen herfür stehende Felsen/ die man ohne Lebens-Gefahr nicht vorbey kommen kan/ daß sie einem nicht hie und da ein stück Haut und Fleisch abreissen solte. Zum dritten/ der gewaltige Zufluß deß unterirrdischen Wassers/ dessen widerwärtiger Strohm so erschröckliche Wirbel und Strudel verursachet/ daß ein Mensch auß blosser Furcht sterben solte. Und dann viertens/ der grosser Hauffe gewaltiger Fische/ welche hin und wieder an den Felsen kleben/ wann mich diese mit ihren langen abhangenden Baaren ergriffen hätten/ so wäre es ohne allen Zweiffel umb mich geschehen gewesen: Zwischen den Felsen halten sich auch andere grosse Fische auff/ die man See-Hunde nennet/ diese haben eine dreyfache reige Zähne/ so scharff/ als ein Säbel immer seyn kan/ im übrigen sind sie etwan so groß/ als die uns allen wolbekante Meer-Schweine.

Als nun der König fragte/ wo er dann die Schale wieder bekommen? gab er zur Antwort/ daß selbige keines geraden Weges nach dem Abgrund gesuncken/ sondern gleich von den widerwärtigen Ströhmen an eine Seite in einem holen Felsen gefallen wäre.

Dann solte sie in den Grund versuncken seyn/ so wäre es ihm unmöglich gewesen/ dieselbe wieder zu bekommen/ sintemahl das auff- und absteigende Wasser/ welches durch den Strudel bald unter sich gezogen/ bald wieder herauß gestossen worden/ so gewaltig gewesen/ daß ihm kein Mensch widerstehen könte. Über das wäre das Meer hieselbst auch so tieff/ daß man keinen Stich vor seinen Augen in dieser tieffen Wasser-Höle sehen könnte.

Der König forschete weiter von der inwendigen Beschaffenheit des Strudels/ worauff er berichtete/ daß er mit vielen Felsen gleichsam gantz durchflochten/ auß deren Wurtzel der Ab- und Zufluß/ oder Auß- und Eingang des unterirrdischen Gewässers zu unterschiedlichen Zeiten oben auff dem flachen Meer solche Verwirrungen zu wege brächte/ davon die Schiffer mit ihrer grossen Gefahr viel zu sagen wüsten.

Man fragte ihn/ ob er wol noch einmal Lusten hätte/ sich hinein zu wagen/ darauff antwortete er ohngescheuhet mit Nein; Als man aber einen grossen Beutel voll Ducaten/ sambt einer daran hangenden kostbahren Schale/ in den Strudel warff/ da ließ er sich den Geitz und die Begierde zum Golde noch einmahl/ wiewol zu seinem äussersten Verderben/ blenden/ dann er sprang zwar hinein/ kam aber nimmer wieder zum Vorschein/ ohne Zweiffel ist er entweder von den gewaltigen Ströhmen in den Abgrund gezogen/ oder von den grossen Fischen erhaschet/ oder gar an den Felsen zu Tode gestossen worden: Dem sey nun/ wie ihm wolle; Der König hat es bereuet/ daß er ihn den andern Versuch hat thun lassen/ welcher diese Geschicht durch seinen Secretarium auffzeichnen/ und in dem Königlichen Archivo beylegen und verwahren lassen/ von wannen sie dem hochgerühmbten Kirchero mitgetheilet worden/ der sie in seiner unterirrdischen Welt pag. 98. Tom. I. anführet."

Wie man sieht, verzichtet Happel auf jegliche ‚Moral' oder sonstige Deutung; auch das Element der Verfremdung interessiert ihn weiter nicht: die körperlichen Veränderungen des Tauchers nötigen lediglich zu der Bemerkung, daß man „ihn auch billiger unter die Amphibia, oder solche Thier/ die im Wasser und auff dem Lande zugleich leben können/ als unter die Menschen/ rechnen" sollte. Happel sammelt also nur Kuriositäten und reiht Seltsamkeit an Seltsamkeit. Das zeigt sich auch im Stil seiner Wiedergabe des Kircherschen Berichtes, der es, wie gesagt, an Bildhaftigkeit und Überzeugungskraft mit dem Franciscis keineswegs aufnehmen kann. Vielleicht ist die Reue des Königs Happels Erfindung; Kircher und Francisci sprechen nicht ausdrücklich von einer derartigen Regung.

Zu Athanasius Kircher und Eberhard Werner Happel gesellt sich im gleichen Zeitraum noch ein dritter deutscher Polyhistor, Johann Daniel Major aus Breslau (1634—1693), der in einem wahrhaft merkwürdigen Büchlein, dessen Titel allein schon aufhorchen läßt, in seiner „See-Farth nach der Neuen Welt ohne Schiff- und Segel" alles, was ihm zu seiner Zeit bemerkenswert erschien, zum ersten Male im Jahre 1670, in alphabetischer Reihenfolge aufzuzeichnen und zu erklären versucht. Unter dem Buchstaben U kommt er zu folgendem Artikel[75]:

„URINATORIA oder vielleicht besser zu schreiben/ URNATORIA, (ab Urnâ)[76] das Untertauchen/ vermittels/ oder auch gantz frey/ und sonder gehöriger Glocken Wasser-Harnische/ die gelegenheit der unterwässrigen Orthe zu erforschen/ allerhand Kräuter/ Steine/ Corallen/ Perlen und Muschel-werck/ oder was etwa zu Schiff versuncken/ von dannen hervor zu hohlen/ ja wol zur Zeit/ wenn es je an ein heftiges Seetreffen geht/ bißweilen an heimlich-zugerichteten Brenn-schiffen/ unter dem Wasser daß Ancker-tau abzukappen/ und das Schiff unter die Armada der Feinde lassen loß zugehen; dergleichen verwegene Mergos oder ungefiederte Teucher/ die Herren

75 D. Johann-Daniel Majors See-Farth nach der Neuen Welt/ ohne Schiff und Segel; Anno 1670 zu erst/ und nu wiederumb/ der gelehrten Welt vorgestellet, Hamburg 1683, S. 180–183.

76 Cf. Varro, De lingua Latina XXVII, 126 (vgl. oben Anm. 3, 61).

Venediger unterschiedliche/ in vorigem Türcken-kriege gehabt; und hingegen von seiten der Barbaren/ schreibt Theophilus Urbinus[77] daß bei Abuzir/ einer Stadt in AEgypten/ am Nil gelegen/ die Fischer gewohnet seyn/ einen gantzen geschlagenen Tag unterm Wasser zu liegen/ und ihrer gar fertigen Schwimm-Kunst sich zum Raub/ Diebstahl/ und verderblicher herumbkehrung überhin-fahrender Kähne und Nachen/ zu mißbrauchen: ja was noch denckwürdigers von Kirchero erzehlet wird/ soll zur Zeit Frederici, Königes in Sicilien/ Nicolaus ein gar berühmter und deßwegen Pescecola (oder der Fisch) genennter/ Unter-taucher gewesen seyn/ der von Jugend auf in das See-Wasser/ und geniessung roher Fische verliebt/ zum öfftersten von darab/ gegenüber nach Calabrien/ und wieder zurück/ unter dem Wasser Bothschafft gegangen/ von vorbey-fahrenden Schiffern manchesmal/ bey erstem Anblick seiner/ für ein Meer-Wunder geschätzt/ dann inner Port genommen worden/ Briefe in einer wolverwahrten ledernen Tasche bey sich gehabt; nachdem er sich aber genug gemästet/ unversehens wiederumm hinab gefahren/ und folgends hernach/ von gemeldtem König Siciliens/ gegen Verehrung einer ins Wasser geworffenen göldenen Schale/ so fern selbige dieser Nicolaus wieder hervor bringen würde/ veranlasset worden/ die höchst-gefährlichen famosen, See-Klippen/ Charybdis genennt/ ohne vieles bedencken/ zu besuchen; die Schale gefunden/ und bey frolockender hervorbringung derer/ erschröckliche Dinge erzehlt/ die ihm hernach/ bey gleichmäßiger hinabstürtzung nach noch einer goldenen Schale und Beutel Geldes/ den Lebens-gar-aus gemacht/ weil er entweder von grossen Meer-Wundern verschluckt/ oder von hefftigen Strudeln und Würbeln der Flüsse unter der See/ in die tieffste Finsternüss- und Abgründe der Welt gerissen worden/ und jämmerlich umb-kommen."

Aus dem Inhalt dieser vergleichsweise kurzen Notiz erfährt man gleichzeitig, daß die Froschmänner des 20. Jahrhunderts in den „ungefiederten Teuchern der Herren Venediger“ ihre legitimen Ahnherren haben. Stilistisch wird hier die barocke Wortfolge in ein wahrhaft atemberaubendes Telegramm-Schema gepreßt, das einer (grammatischen) Analyse würdig wäre.

---

77 Major zitiert in Fußnote (i): Theophilus Urbinus, Türckischer Städte-Büchlein [Nürnberg 1664], p. 1.

Mit Johann Daniel Major ist indessen die Reihe der deutschen Zeugnisse des 17. Jahrhunderts nicht beendet; längst hatte sich ja einerseits die Naturwissenschaft, andererseits die Theologie des aufregenden Gegenstandes bemächtigt.

Der „Kayserliche Rath und Canonicus regularis des Augustiner Mönchs-Klosters Neuburg in Nieder-Österreich", der Doktor der Theologie Johann Adam Weber, der (nach Zedler) seine Werke zwischen 1667 und 1691 verfaßte[78], kommt in seinem etwas umständlichen Elaborat, der „Ars discurrendi de qualibet materia ad centum fontes reducta[79]", am Ende seiner sechsten „Quelle", die er „Veritas" betitelt, auf das Problem der ‚Tiermenschen' zu sprechen; eigentlich müßte man hier genauer ‚Menschentiere' sagen, wenn dieses Wort nicht mißverständlich wäre. Jedenfalls handelt es sich um jene immer wieder behandelten menschenähnlichen Tiere, also um die ‚umgekehrte' Metamorphose, die im besonderen an den (mythischen) Phänomenen der Satyrn und Sirenen exemplifiziert wird. Selbstverständlich ist da zunächst wieder von dem Satyr des heiligen Hieronymus[80] die Rede, und Weber zieht aus dieser Erscheinung den Schluß, daß die Fähigkeit zu sprechen noch keinen Menschen mache, wie Bileams Eselin[81] lehre, ganz zu schweigen von den Papageien, die die menschliche Sprache am vollkommensten nachzuahmen vermöchten[82].

Genau wie Caspar Schott führt Weber dann die Sirene an, die imstande gewesen sei, ein Kreuz zu schlagen, schließt aber sofort messerscharf, daß, wer ein Kreuz schlage, nicht unbedingt wissen müsse, was ein Kreuz sei, geschweige denn was es

78 Zedlers Großes vollst. Universal-Lexicon LIII (1747), Sp. 905.

79 Ars discurrendi de qualibet materia ad centum fontes reducta auctore Joanne Adamo Webero, canonico regulari D. Augustini, Collegii Neo-Cellensis in Tyroli, Norimbergae 1673, p. 54 ss.

80 Cf. S. Eusebii Hieronymi Vita S. Pauli primi eremitae, cap. 8, in: Opera omnia II, Migne Patr. Lat. 23, 23; vgl. oben Anm. 3, 77.

81 Numeri 22.

82 „Psittacos humani sermonis felicissimos imitatores"; vgl. Anm. 85.

bedeute, zumal ja auch Affen und Hunde Gliederverrenkungen und kunstvolle Sprünge (artuum inflexiones & doctas pedum librationes) zustande brächten und sie trotzdem niemand unter die Menschen rechne.

Hier wird die Kuriosität nicht um ihrer selbst willen berichtet, sondern eifrig Kritik, wenn auch noch rein theologische, geübt. Auch der fast groteske Einwand, daß doch das Kreuz-Schlagen eine heilige Sache (res sacra) sei, ist von der Theologie diktiert. Die Antwort lautet rhetorisch[83]:

„Ist denn das Aufsagen des Apostolischen Glaubensbekenntnisses keine heilige Sache? Und war also jener Papagei des Kardinals Ascanius[84], von dem Caelius erzählt[85], der das ganze Glaubensbekenntnis lernte und haargenau aufsagte, etwa ein Mensch?“

Nach einer weiteren Überlegung, ob man Satyrn und Sirenen nur deshalb „aus der Zahl der Menschen ausschließen“ müsse, weil sie nicht sprechen könnten, die mit dem Gegenargument, es gebe doch andererseits auch viele stumme Menschen, entkräftet und mit der Feststellung, daß nicht allein die Sprache, sondern vor allem die Vernunft das Wesen des Menschen ausmache, beschlossen wird, kommt der eifrige Augustiner zu den Schlußbetrachtungen seiner „sechsten Quelle“, in der er ganz überraschend — Nicola Pesce erwähnt[86]:

---

83 Weber, Ars discurrendi p. 55.

84 Ascanius Sforza, Kardinal 1484–1505.

85 Ludovicus Caelius Richerius Rhodiginus aus Rovigo (1450 bis 1520), Lectionum antiquarum libri XVI, Basileae 1517, lib. II, cap. 32, p. 76: „Caeterum … nec silebo parte hac miraculum insigne nostris uisum temporibus. Psittacus hic fuit Ascanij cardinalis Romae, aureis centum comparatus numis, qui articulatissime continuatis perpetuo uerbis Christianae ueritatis symbolum integre prenunciabat, perinde ac uir peritus enunciaret. Quod quia praeclarum est, ac dictu rarissimum, non fuit consilium, transilire per incuriam.“ Vgl. dazu Plin. nat. hist. X, 58, 117: „Super omnia humanas voces reddunt psittaci, quidem etiam sermocinantes.“

86 Weber, Ars discurrendi pp. 55–56.

„Ich behaupte also, daß Satyrn und Sirenen und dergleichen, wenn sie außer der menschlichen Gestalt keinerlei menschliches Verständnis (nihil humanae ratiocinationis) zeigen, sondern sich vielmehr — wie es bisher alle bewiesen haben — in ihren Handlungen als unverständig erweisen (brutescant), eindeutig (omnino) aus der Menschheit in die Schar der Tiere zu verweisen sind. Wenn sie jedoch hinreichende Zeichen von Verstand (sufficientia rationis signa) zeigen und durch natürliche Fortpflanzung von Adam abstammen sollten, werden sie Menschen sein.

Dem steht nicht entgegen, daß die Sirenen so lange, ohne zu atmen, im Wasser bleiben können. Denn auch die Natur des Menschen kann schließlich daran gewöhnt werden, daß er der Wohltat der Atmung weniger bedarf. In der Tat berichtet Volaterranus von einem Menschen, der sich zur Zeit Gregors IX. in Apulien allmählich an die Fluten und an die Tiere des Meeres gewöhnte, so daß er, der früher Nikolaus hieß, später Cola Piscis genannt wurde. Auch in Sizilien lebte nach dem Zeugnis des Alexander ab Alexandro, lib. II, cap. 21, ein gewisser Colanus, der ein solches Vergnügen daran hatte zu schwimmen und unter Wasser zu weilen, daß er bis zu fünfhundert Stadien schwimmend zurückzulegen vermochte und außerhalb des Wassers nur mit Mühe (anxie) leben konnte. Offenbar kann am Ende das kalte Wasser die Notwendigkeit, Atem zu holen, verringern."

Im Gegensatz zu solch dürftigen Erklärungsversuchen geht der auf medizinischem Gebiet äußerst bewanderte Salomon Spranger aus Würschnitz in Sachsen (1655—1711), Pfarrer in Ritterhude bei Bremen, dem Problem des Tauchens mit allem naturwissenschaftlichen Rüstzeug seiner Zeit zu Leibe. Spranger gab im Jahre 1692 in Leipzig ein Spezialwerk über die „Homines ENYDROBIOI", daß heißt: über die Menschen, die unter Wasser leben, heraus, in dessen 4. Kapitel bereits er auf den also offenbar auch in Deutschland sehr berühmten Niccolo Pesce zu sprechen kommt[87]:

„Um ganz von Anfang zu beginnen, so ist vor sonstigen der Erwähnung und Bewunderung würdig, was Alexander ab Alexandro von dem vielbeschrieenen Taucher (de Urinatore famigeratissimo) Cola-

87 Salomon Spranger, Homines ENYDROBIOI, hoc est: sub aquis viventes, Leipzig 1692, pp. 18–26.

nus[88] in Sizilien, dem man eben deshalb den Beinamen ‚Fisch' gab, nach der Erzählung des Pontanus[89] als Tatsache berichtet. Dieser Piscecola habe, zu einzigartigem Geschick geboren, gewöhnlich mehr im Wasser geweilt als auf dem festen Boden. Das ist eine feststehende Aussage der Schriftsteller.

Vor allem will ich Kircher anführen, der aus dem Königlichen Archiv mitteilt, jener sei von Kind an so an die Wogen des Meeres (marinis motibus) gewöhnt gewesen, daß er fast vier oder fünf Tage lang im Meere zubrachte und sein Leben von rohen Fischen fristete. Und auf Grund dieses dauernden Aufenthaltes im Wasser änderten sich sein Wesen und seine Natur derartig, daß er mehr einem Amphibium als einem Menschen ähnlich war, da ihm, wie bei einer Gans, zwischen den Fingern eine Schwimmhaut wuchs, auf daß er um so besser schwimmen könne. Daher erwarb er sich eine solche Erfahrung in dem unruhigen Meere, daß er als Freund der Seeleute diese vor zukünftigen Stürmen warnte[90]. Schließlich wollte er, von der Gier nach Gold verleitet, die Charybdis zum zweiten Male erforschen und büßte seine Habgier und seinen Leichtsinn: entweder wurde er von den verborgenen Strudeln der Charybdis verschlungen oder von einem Hundsfisch[91] gefressen, sehr zum Bedauern des Königs von Sizilien und der anderen Leute.

---

88 Spranger vermerkt unter Anm. b) [p. 23 s]: „Andere haben ihn Poison Cola, Fisch Cola genannt. Denn zuerst hieß er Nikolaus, später Colapiscis, also Nikolaus der Fisch; Richter nennt ihn in seinem „Spectaculum historicum" auf deutsch Erd-Meermann."

89 Spranger nennt Pontanus unter Anm. c) [p. 24] einen Zeitgenossen „σύγχρονος" Alexanders und „Informator" des Königs Ferdinand I. von Neapel im Jahre 1470.

90 Dazu Spranger unter Anm. e) [p. 24]: „Peckius in seinen Commentarien [vgl. oben Anm. 3, 60] und nach ihm Joh. Calv. [?] in Lexic. Jurid. p. 958 [? cf. Lexicon jvridicum: hoc est Juris civilis et canonici in Schola atque foro vsitatarum vocum Penus, s. l.1619, p. 1230 s. v. VRINATORES] berichten, daß dies von Volaterranus ausführlichst beschrieben werde"

91 Spranger bemerkt Anm. f) [p. 24]: „Auf Deutsch Häyn oder Hundsfisch, wie der, der den Propheten Jonas verschlungen hat, einer gewesen sein soll. Siehe den ausgezeichneten Anekdoten-Sammler (rerum Historicarum Compilator] Erasmus Francisci, von dem bereits die Rede war."

Viele bezweifeln, daß sich das alles so verhält. Ich sehe jedoch nicht ein, warum es nicht erlaubt sein soll, eine Sache hier anzuführen, die geschehen konnte. Denn nach Huetius[92] ist jede Geschichte wahrhaftig, die die Geschehnisse so erzählt, wie sie in vielen zeitgenössischen oder der Zeit, in der sie geschehen sind, nahen Büchern erzählt werden; um so mehr sind es also solche, die sogar in den Archiven bezeugt werden. Daß dies aber wirklich geschehen ist, versichern so viele Autoren einmütig (unanimi calamo), ja selbst das Königliche Archiv Siziliens bestätigt es. Ich berufe mich auf Cardanus[93], der rund heraus erklärt, daß dieser sizilische Nikolaus ganz kurz vor seiner Zeit gelebt habe. Und diese von ihm mitgeteilte, aber, wie er selbst beklagt, nicht überprüfbare Tatsache scheint der genaue und zuverlässige Scaliger[94], der die Taucher von Grund auf behandelt, nicht zu verwerfen. Dem stimmen außer den Genannten in ihren Berichten zu: Thomas Lansius[95], Nikolaus Wynmannus[96], Erasmus Francisci[97], die Acta Anglicana[98], die Ephemerides Eruditorum[99].

---

92 Nach Anm. g) [p. 24]: „In Demonstrat. Evangel. pag. 20"; Spranger zitiert hier wörtlich Petri Danielis Huetii Demonstratio evangelica, tertia editio, Parisiis 1690., Axioma II, p. 14: „Omnis historia est verax, quae res gestas ita narrat, uti narrantur in multis libris coaetaneis, vel aetati proximis qua res gestae sunt."

93 Spranger vermerkt unter Anm. h) p. 24: „Medic. Mediolan. LX Subtilit. p. 258"; vgl. oben Anm. 3, 59.

94 Sprangers Anm. i.) [p. 24]: „Exercit. 262"; vgl. oben Anm. 3, 57.

95 Sprangers Anm. k) [p. 24]: „In der Trauerrede auf Bischof Rudolph von Halberstadt, gehalten in Tübingen, in der er sich nach ausführlicher Wiedergabe dieser Geschichte ziemlich gewandt zu zeigen bemüht, daß unser Leben ohne Frömmigkeit durchaus unglücklich ist"; vgl. oben Anm. 23.

96 Sprangers Anm. 1) [p. 25]: „In Colymb. p. 167"; vgl. oben Anm. 3, 35.

97 Sprangers Anm. m) [p. 25]: „Part. I. Ost- und West-Indisch. LustG. f. 68"; vgl. oben Anm. 56.

98 Sprangers Anm. n) [p. 25]: „Mens. Nov. Anno 1665"; um was für „Acta Anglicana" es sich hier handeln könne, vermochte auch das ‚Institute of historical Research' der Universität London nicht zu ermitteln.

99 Sprangers Anm. o) [p. 25]: „Mens. Jun. A. 1666"; auch die hier zitierten ‚Ephemeriden' sind bibliographisch nicht erfaßbar. Die

Unter diesen finde ich keinen, sowie auch sonst niemanden, der zweifelte[100], daß die Geschichte dieses wirklichen Menschen[101] auch wahr sei[102].

„Acta Eruditorum“ 1687 zitieren (p. 29) „Giornale de' Letterati dell' anno 1686 i. e. Ephemerides Eruditorum anni, Parmae 1686. 4°.“

100 Sprangers Anm. r.) [p. 25]: „Das Kennzeichen einer wahren Geschichte ist der Umstand, daß alle über dieselben Ereignisse dasselbe sagen und schreiben.“ Dieser Satz wird griechisch und lateinisch ohne nähere Quellenangabe zitiert; vgl. Anm. 92.

101 Sprangers Anm. q) [p. 25]: „Daß er ein wirklicher Mensch gewesen und geblieben ist, geht aus seinen Handlungen klar hervor, die Vernunft beweisen. Keineswegs aber war er so, wie er von Erasmus Francisci, l. c. p. II., p. 1416 [vgl. oben Anm. 70] dargestellt wird. B. Dannhauerus nennt ihn ein See-Ungeheuer oder Gespenst in der Disputation, die er ϑεῖα Thearchiae überschreibt, p. 18.“ – Hier ist Spranger offenbar einem doppelten Irrtum erlegen: Francisci schreibt im „Andren Theil deß Ost- und West-Indischen wie auch Sinesischen Lust-Garten“ p. 1416, nach der Erwähnung von Fischen, die in Rußland gefangen wurden,“ derer Köpffe/Augen/Nasen/Mund/Hände/Füsse/und alle Glieder/wie der Menschen; aber keine Stimme/Rede/noch Verstand haben; und von den Reusen geessen werden“, wie sich (oben Anm. 70) zeigte, daß Cola Pesce zwar von manchen unter diese Fische gerechnet werde, aber „ein rechter vernünfftiger Mensch gewest“. Ganz falsch ist der zweite Hinweis: Johann Conrad Dannhauer, Professor der Theologie in Straßburg, erwähnt, nämlich in seinem (heute kaum noch greifbaren) Werke „ΘEIA THEARCHIAE sive Divinae Providentiae extra ordinem Mira, definita & exemplis illustrata, Argentorati 1664“, von dem es wohl kaum noch eine weitere Ausgabe geben dürfte, p. 18 den Colapesce nicht; dagegen läßt er sich p. 12 seiner reformationsfreundlichen Darlegungen zu einem Bericht über ein Seegespenst oder Meeresungeheuer (ad relationem monstri seu spectri marini) hinreißen, von dem er „in theatro Europaeo ad. ann. 1619, p. 319“ (?), wo es auch abgebildet sei, gelesen hat. Sein Bericht ist ebenso charakteristisch wie originell.

102 Sprangers Anm. p) [p. 25]: „Der hochwohllöbliche Herr Lochner stimmt in seinem gewiß hervorragenden Gedicht, das „Schiff-Sincken“ überschrieben ist, mit uns überein!“ – Nach Joh. Herdegen, Histor. Nachricht von deß löblichen Hirten- und Blumen-

Auch die verschiedenen Namen der Könige und des Heimatortes, insofern man mit Volaterranus behaupten wollte, Cola habe in Apulien unter Gregor IX.[103], nach Majolus unter Alfons in Sizilien[104], nach Kircher unter König Friedrich von Sizilien[105] gelebt, scheinen nicht von solcher Bedeutung zu sein, daß sie der Wahrheit irgendwie Abbruch tun; vielmehr bestärkt sie der meisten Übereinstimmung in der Hauptsache, und noch gewisser machen sie andere ‚Erforscher des Orkus' (Orciscopularii[106]),

---

Ordens an der Pegnitz Anfang und Fortgang, Nürnberg 1744, S. 251–254; 402–404; 404–409; 720–722, gab es vier „Pegnitz-Schäfer" namens Lochner, nämlich: Friedrich genannt Periander der Erste (1602–1673), seine Söhne Carl Friedrich genannt Periander der Andere (1634–1693), und Jacob Hieronymus genannt Amyntas der Andere (1649–1700), sowie Carl Friedrichs Sohn Mauritius Hieronymus genannt Periander der Dritte (geb. 1680), von denen als Verfasser des genannten, im Druck leider nicht nachweisbaren, Gedichts vielleicht Jacob Hieronymus Lochner in Frage kommt, der 1699 in Bremen eine Schrift „Der terris natantibus" herausgab.

103 Sprangers Anm. s) [p. 25]: „Wie Kornmann De Mirac. Vivor. p. 198 [!] berichtet"; vgl. oben Anm. 27; Spranger benutzte wohl die Ausgabe 1614.

104 Sprangers Anm. t) [p. 25]: „An der angeführten Stelle, Francisci, part. I. f. 73; vgl. oben S. 112 u. 121.

105 Vgl. oben S. 162.

106 Sprangers Anm. x) [p. 25—26]: „So nennt Joseph Scaliger in den Anmerkungen zu Manilius, p. 403, die Taucher, die des Meeres (des Orkus) Klippen erforschen. [Vgl. Josephi Scaligeri Jul. Caesaris F. in Manili libros V astronomicôn Commentarius et Castigationes, Lutetiae 1579, pp. 280—281, ferner Menocchio unten S. 209]. Herr D. Major nennt sie auf deutsch ungefiederte Teucher in der ‚Seefarth nach der Neuen Welt ohne Schiff und Segel', n. 69"; vgl. oben S. 190 u. Anm. 75. Hier ist auch an „jene ganz reale Grenze, welche Lebende und Tote trennt" zu erinnern, die „der lateinische Name Orcus (zu arceo) ebenso ausdrückt wie das altisländische Wort ná-grindr ‚Gehege, das die Totenwelt einschließt' …" (K. Kerényi, Zum Verständnis von Vergilius Aeneis B. VI, in: Hermes 66 (1931), S. 432), deren „Eigentümlichkeit ist, daß sie für Menschen nur in der Richtung nach der Todesseite offen steht, für Geister aber auch nach der Lebensseite" (K. Kerényi, [Bespr. von]

‚die es ergötzt, im Meere das Meer zu erforschen, die mutig
sich in die Wogen stürzen und tief in den Höhlen den Nereus
selbst und die Nymphen des Meeres zu sehen versuchen
und auch die Beute der Wogen hervor aus der Tiefe sich holen,
Reste des Schiffbruchs, und gierig den Sand auf dem Grunde
durchwühlen[107].

Hier findet sich bereits der Ansatz zu einer kritischen Bestandsaufnahme der historischen Zeugnisse, wie sie das 18. Jahrhundert liefern wird. Jedenfalls ist Sprangers Belesenheit beachtlich, wenn er auch häufig nur nach dem Gedächtnis zu zitieren scheint. Zudem werden die Quellen nicht nur genannt, sondern gegeneinander abgewogen.

Spranger erwähnt weiterhin im 6. Kapitel seines Buches auch die mehrfach belegte[108], auf die sogenannten „Problemata" des Aristoteles[109] zurückgehende Praxis der Taucher,

---

J. Kroll, Gott und Hölle, in: Gnomon 9 (1933), S. 364), sowie an die auch für Nicola Pesces „Wassersucht" hochbedeutsame Feststellung: „In die Geisterwelt, welche über die Grenze strömt und doch in ihrer eigenen Dimension jenseits der Grenze bleibt, finden seelisch Veranlagte den Weg in der Ekstase" (K. Kerényi, ebda.). Kerény verwies (ebda. S. 371) auch mit Recht auf Franz Altheims (Griechische Götter im alten Rom, S. 177 ff.) Deutung der „spelunca ... semihominis Caci" (Vergil, Aen. VIII, 193 s.; cf. Servius ad loc. (Il 227), aber auch ad VII, 568 (II, 168)) als einer „unterweltlichen Behausung". Hier ergeben sich auf Schritt und Tritt weite Perspektiven.

107 Sprangers Anm. y) [p.26]: „Diese Beschreibung liest man bei Manilius in astronom. p. 122"; vgl. M. Manili Astronomicôn libri V. Jos. Scaliger rec., Lutetiae 1579; vgl. oben Anm. 3, 61.

108 Vgl. oben S. 35 u. 90 sowie Anm. 3, 61, und unten S. 202.

109 Cf. Aristotelis quae feruntur Problemata physica ed. C. Ae. Ruelle recogn. H. Knoellinger, edit. cur. Iosephus Klek, Lipsiae 1922, Λ B (32), 2, 3, pp. 287–288; Aristotelis Opera omnia, graece et latine IV (Parisiis 1878), p. 278 (Problematum sect. 32, 3): „Cur urinantes spongias adligant auribus? An ne mare per vim obcurrens aures rumpat? haud enim ita implentur, ut exemptis spongiis." ib. p. 279 (sect. 32, 11): „Cur minus aures urinantibus rumpuntur,

mit Öl getränkte Schwämme in Mund oder Ohren zu stecken[110]:

„Mit verschiedenen Mitteln schützen sie sich gegen die Gefahren, die ihnen unter Wasser drohen. Damit die Ohren, die, weil unter Wasser der Atem angehalten wird, aufgebläht sind, nicht durch das Wasser, das dichter als die Luft ist, verletzt werden und platzen, binden sie sich Schwämme mit oder ohne Öl an ...“

Schließlich kommt Salomon Spranger im 28. Kapitel seines Buches[111] noch einmal ausführlich auf Nicola Pesce zu sprechen, jetzt jedoch unter ausgesprochen medizinischen Gesichtspunkten, die er, genau wie im 29., wo er von den Perlentauchern spricht, jeweils durch die Zeugnisse von Fachgelehrten zu stützen sucht; unter diesen zitiert er aber bezeichnenderweise auch den Theologen Ludovico Vives, der erzählt, die Söhne der Fischer würden geradezu im Wasser erzeugt (in aquis plane geniti) und erzogen und ergötzten sich an diesem Aufenthalt nicht anders als die Fische[112]. In einem ähnlichen

---

si oleum antea infundant? An ratio quidem cur rumpantur aures, ante exposita est; oleum vero in aures effusum facit ut mare postea superveniens delabatur, quomodo in partibus exterioribus apud unguento delibutos fit; labens autem ictum parti interiori aures non infligit? quapropter non disrumpit.“

110 Spranger, Homines ENYDROBIOI, p. 35: „... varii variis remediis contra obvia sub aquis pericula se muniverunt. Auribus, spiritu intra mare retento, inflatis, ne aqua, quae aere durior est, obtunderentur & rumperent, spongias sive absque, sive cum oleo alligarunt.“ Anm. a): „ut scribit Arist. Sect. 32 Problem. 2.3.“

111 Spranger, Homines ENYDROBIOI, pp. 161–166.

112 Spranger l. c. pp. 166–167: „Atque in iis, qui praeter Piscecolam etiam absque instrumentorum adminiculis aut margaritas piscaturi, aut quodcunque aliud opus peracturi maris fundo sese committunt, non disparem arbitror obtinere rationem temperamenti & consvetudinis, hanc optime nobis exponit Ludovicus Vives his verbis: In quibusdam locis maritimis homines maximopere dediti sunt natatui, cui exercitationi assuescunt pueros suos, ut hi diutissime sub aquis durare possint. Filii horum in aquis plane geniti, educati,

Zusammenhang untersucht Spranger noch später die mutmaßliche Entstehung der Schwimmhäute Nicolas; er führt sie, wenigstens teilweise, auf die fast ausschließliche Ernährung durch rohe Fische zurück (etiam ex parte crudis piscibus, queis ceu quotidiano cibo usus est, adscribenda censeatur), durch die des Tauchers Natur und sein Äußeres immer fischartiger geworden seien (exin natura ejus & superficies magis magisque pisculenta fuit reddita[113]).

Hier, in dieser scheinbar unbedeutenden Bemerkung, in der es sich um eine Nebenerscheinung, ein Detail, eine anatomische Abnormität handelt, wird die Metamorphose, die Verfremdung als Adaptations- oder Assimilationsvorgang mit bemerkenswertem Aufwand an kritischer Einsicht, aber als Tatsache[113] angeführt.

Damit aber hat sich die exakte Naturwissenschaft der Angelegenheit angenommen; und so ergreift denn auch die experimentelle Medizin jetzt das Wort. Der hochberühmte englische Naturforscher und Experimentator Robert Boyle (1627 bis 1691), jüngster Sohn des ebenfalls berühmten Earls of Cork Richard Boyle (1566—1631), berichtet, daß er daran gedacht habe, Menschen in eine luftleere Retorte (Recipiens), die zwar nicht ganz aus Glas bestehen, jedoch mit Glasfenstern versehen sein sollte, einzusperren, um einerseits selbst zu beobachten, wie lange sie es ohne Luft aushalten könnten, andererseits ihnen Gelegenheit zu geben, durch Zeichen anzudeuten, wenn ihnen die Kräfte schwänden. An dieser Stelle fügt er folgende Bemerkung ein[114]:

„Es scheint auch nicht unmöglich, daß sich manche Menschen durch Übung und Gewohnheit darauf einstellen, eine Zeitlang ohne Luft zu leben, zumal man ja sieht, daß viele länger unter Wasser bleiben

---

habitatione ejusmodi non aliter delectantur, quam pisces." (Lib. II. de verit. Fidei Christ.)

113 Spranger l. c. p. 188.

114 Roberti Boyle Opera varia [I], Coloniae Allobrogum 1677 [et] Genevae 1680: Nova Experimenta physico-mechanica de vi aeris elastica & ejusdem effectibus, p. 145.

können als die übrigen Menschen, wie etwa diejenigen, die in Westindien nach Perlen tauchen, angeblich eine ganze Stunde unter Wasser aushalten. Zudem erzählt Cardanus, daß ein gewisser sizilianischer Taucher Colanus — falls Cardanus nicht irrt oder uns etwas aufbindet — drei oder gar vier Stunden lang habe unter Wasser bleiben können. Und man braucht Dir, mein Herr[115], nicht ins Gedächtnis zu rufen, daß Du selbst in England öfters einen Mann von ziemlicher Körperfülle (crassiori corporis habitu) gesehen hast, der bis zum tiefsten Grund der Themse zu tauchen und aus den untersten Schründen der Ufer große Fische lebend mit bloßen Händen heraufzuholen pflegte. Auch berichtet Acosta[116], er habe in Peru eine derartige Methode des Fischfangs beobachtet, die dort jedoch von den Indianern mit größerer Mühe durchgeführt würde.

Diese Leute und ihre Gewohnheit habe ich erwähnt, weil es immerhin nur wenige gibt, die, selbst wenn sie sich allmählich daran gewöhnen, den Mangel an Luft nur einige Minuten lang ertragen können. Ja, ein außerordentlich gewandter und erfahrener Mann, der durch diese nützliche Fähigkeit, mit deren Hilfe er Waren und sogar Kanonen[117] aus versenkten Schiffen heraufholen lernte, viel vermochte, gestand mir, auf meine Frage, wie lange er es in einer Tiefe von fünfzig oder sechzig Fuß unter dem Wasser, ohne Atem zu holen, aushalten könne, er hätte es nicht länger als zwei Minuten ertragen können, wenn er nicht zu der Luft seine Zuflucht genommen hätte, die er in einem Apparat bei sich getragen habe, dessen Konstruktion ich Eurer Herrlichkeit erklären kann. Noch etwas anderes habe ich auf mein dringendes Ersuchen hin von ihm erfahren, das keineswegs von der Hand zu weisen ist. Auf meine Frage nämlich, ob es ihm von Nutzen sei, einige kleine mit Öl getränkte Schwämme im Munde zu haben, wenn er ganz unter Wasser tauche und von seinem Apparat entfernt sei, antwortete er mir, mit Hilfe dieser Schwämme habe er das Fehlen der gewohnten Atmung viel länger ertragen können als ohne sie[118] …“

---

115 Boyle hat sein Werk seinem „ehrenwerten und vielgeliebten Enkel“ (oder Neffen?), dem Herrn von Dungarvan, dediziert.

116 Cf. Historia natural y moral de las Indias … por el. Padre Joseph de Acosta … sesta Edicion, Madrid 1792, I, lib. III, cap. XV, pp. 146–151: De diversos pescados, y modos des pescar de los Indios.

117 Boyle schreibt: „Merces ipsasque Bombardas.“

118 Vgl. oben S. 199 u. Anm. 108.

Bei einem Vergleich der Berichte Franciscis, Boyles und Sprangers ergeben sich ebenso überraschende wie aufschlußreiche Unterschiede, die sich auf die drei Darstellungsformen der Sach-, Zweck- und Kunst-Schilderung zurückführen lassen. Robert Boyle nämlich erwähnt im Zuge der Erörterung seiner „physico-mechanischen" Versuche den sizilianischen Taucher lediglich mit einem Satze, um die etwaige Möglichkeit — nise erret vel imponat nobis Cardanus —, daß ein Mensch drei oder gar vier Stunden unter Wasser bleiben könne, als Maximum in Betracht zu ziehen, das ein Mensch durch Gewöhnung erreichen könne; hier handelt es sich somit um eine reine Zweck-Schilderung: die Anführung eines mehr oder weniger passenden oder aber unerläßlichen, weil allgemein bekannten Beispiels innerhalb des Ganges einer wissenschaftlichen Untersuchung. Demgegenüber unterliegt die Sach-Schilderung Salomon Sprangers dem Grundgesetz seines Werkes, das, dem Titel entsprechend, von Menschen berichtet, die unter Wasser leben; demzufolge ist „prae caeteris memoratu miratuque dignum", was zuverlässige Gewährsmänner von ‚Piscecola' erzählt haben: der Beiname ‚Piscis', das „singulare fatum" die Ernährung durch rohe Fische und schließlich die „mutatio naturae et temperamenti". Die Geschichte Nicolas wird auch in gebotener Kürze zu Ende erzählt, der Zweifel, „an habeant ita omnia", erwähnt, jedoch gleichzeitig die Berechtigung der sachlichen Wiedergabe auf Grund übereinstimmender Berichte zeitgenössischer Autoren unterstrichen. Die dritte, im vorliegenden Zusammenhange bedeutsamste, Art der Darstellung, die Kunst-Schilderung, bezeichnet Erasmus Francisci selbst in dem langatmigen Titel seines Werkes als „auf annehmliche Unterredungs-Art eingerichtet"; die Dialog-Form gestattet ihm die scheinbar unbefangene Auseinandersetzung mit Zweifeln an der Wahrhaftigkeit seiner sensationellen Berichte, gleichzeitig aber auch die Unmittelbarkeit ihrer Wiedergabe. So kommt er, im Gegensatz zu Happel, der zwangsläufig im Stil einer Enzyklopädie der Seltsamkeiten stecken bleibt, oft zu Darstellungen von erstaunlicher Lebendigkeit. Die „Gestalt der Meer-Menschen/ in den Philippinischen Insuln“ beschreibt er nach Kirchers „Magnetismus[119]“ — „ex orali relatione P. Didaci Bombadilla, Philippinarum Procuratore & teste oculato“ — folgendermaßen[120]:

„Dieser halb Mensch-gestaltete Fisch aber hat einen runden Kopff/ der so hart an den Schultern sitzt/ daß man gar schier keinen Hals dazwischen sihet. Der äusserste Rand seiner Ohren/ welchen man sonst auch das Oehrlein/ oder Ohrläpplein/ nennet/ ist mit einem krospelichten Fleisch gar zierlich bekleidet; und inwendig das Ohr allerdings/ wie ein rechtes Menschen-Ohr geschaffen. Seine Augen seynd mit ihren wolständigen Augbrauen gezieret/ und so wol der Situirung/ und Bildung/ als Farbe/ wegen vielmehr Menschenweder Fisch-Art. Die Nase kommt ein klein wenig anders: angemerckt sie/ zwischen beyden Wangen/ nicht allenthalben sich erhebt; sondern durch ein schmales Strichlein getheilet wird. Unter demselben aber erscheinen die Lippen/ beydes an Grösse/ und Gestalt/ den unsrigen gantz ähnlich. Die Reihe ihrer Zähne findet man nicht spitzig-gekerbt und gesägt/ wie an den Fischen/ sondern gleich eben/ und Perlen-weis. Auf der Brust haben sie gleichfalls eine weisse Haut: und dieselbe steiget/ zu beyden Seiten/ ein wenig weiter/ weder nach der Proportion deß Leibes/ hervor/ um die Zitzen zu formiren: welche nicht herunter hangen/ wie an den Frauen; sondern sich rundlich ballen/ als wie die Jungfern-Brüste/ und voll Schneeweisser Milch sind. Ihre Arme fallen nicht lang; sondern breit/ und bequem zum Schwimmen; doch mit keinem Elenbogen/ Händen/ oder Gelencken/ unterschieden. An ihren/ und den menschlichen/ Geburts-Gliedern findet man nicht den geringsten Unterscheid. Nach solchem/ folget endlich der Fisch-Schwantz.“

Genauso lebendig wie die Beschreibung Franciscis ist seine Erzählung. Der, auch von Dannhauer[121] vielleicht von Francisci übernommene, Bericht der dänischen Reichsräte Rosensparr und Holck vom Jahre 1619 zeigt Anschaulichkeit und

119 Athanasius Kircher, Magnes sive de arte magnetica, lib. III, part. 6, pp. 531–532.

120 Erasmus Francisci, Ost- und West-Indischer Lust- und Statsgarten p. 1413.

121 Vgl. oben Anm. 101.

Frische. Wieweit das im einzelnen Franciscis Verdienst ist, bleibe dahingestellt; entscheidend ist, daß er in der „Wunder-Begebenheit/ mit einem Meer-Mann/ zwischen Norwegen und Dennemarck“ der Kunstform der ‚Wundergeschichte‘ auf seine Weise gerecht zu werden versucht[122]:

„Im Jahr 1619. seynd im May-Monat/ von damals regirender Königlicher Majestät in Dennemarck/ 2. Reichs-Räthe/ mit Namen/ Wolff Rosensparr/ und Christian Holck/ als Gesandte/ in Norwegen geschickt worden/ einen Land-Tag daselbst zu halten; wie auch sonsten allerley Königliche Geschäffte zu verrichten: welche sich denn/ samt ihrem Volck/ auf einem grossen Königlichen Orlog- oder Kriegs-Schiff/ nechst Boots Hülff/ auf die Reise begeben. Und als sie / nach Vollendung ihrer Geschäffte/ wiederum zuruck/ nach Kopenhagen/ gesegelt/ und/ ungefehr auf halber Reise/ an einem schönen hellen Tag/ die Gesandten auf deß Schiffs Gallerey/ ihr Volck aber auf dem obersten Uberlauff/ gespatzirt/ und hinunter in das Wasser gesehen/ da das Meer schön lauter und klar gewesen: haben sie ohngefähr/ tieff im Wasser/ einen Mann gesehen/ der gleichsam unter jedem Arm ein Bund Stroh truge/ und gieng auf der Gassen/ wie in einer Stadt. Darob sie sich verwundert/ und alsobald zu rath worden/ deß Schiffs Boot hinunter vom Schiff auf das Wasser zusetzen: in welches ihrer 5. Bootsleute/ samt dem Schiffer/ gestiegen/ und alsobald den kleinen Werffancker/ mit einem angehenckten Schweinen Schuncken/ vom Schiff hinunter gelassen/ so tieff/ daß gemeldter Meermann denselben sehen/ und ergreiffen können. Welcher sich stracks darauf geschwungen/ den Schweinen Schunken erfasst/ und ablösen wollen.

Als die Bootsleute/ samt dem Schiffer/ dasselbige ersehen; haben sie/ nicht unbehend/ solchen Meer-Mann/ mit ihren Schiffhacken/ unter dem Wasser umfangen/ hinauf gezogen/ und mit grosser Geschwindigkeit in deß Schiffs Boot und aus demselben in das Schiff gebracht. Da er denn auf dem obern Uberlauff deß Schiffs eine geraume Zeit gelegen/ sich bewegt/ und gewunden/ als ein Fisch/ aber keine Sprache/ noch Stimme/ von sich gegeben. Als er nun mit Zappeln und Wüten sich ermüdet/ ist er letzlich so still gelegen/ als wenn er tod wäre. Seine Gestalt war gleich wie eines andern Menschen/ mit einem langen Haar/ biß auf die Achseln/ deßgleichen der

122 Erasmus Francisci a. a. O., S. 1416–1417.

gantze Leib mit Haar überzogen/ wie die Haut von Meerhunden. Alle seine Gliedmassen waren mit Haut und Fleisch/ nicht anders/ denn eines natürlichen Menschens: es hat ihn auch niemand anders/ als für einen natürlichen Menschen/ halten können.

Da er nun lang also gelegen: haben die angeregten Reichs-Räthe/ samt etlichen vom Adel/ so sie bey sich gehabt/ die sämtlich um denselbigen Meer-Mann gestanden/ auf ihre Dänische Sprache unter sich selbst gesagt: das mag wol ein wunderbarer Gott seyn: der solche menschliche Geschöpff/ und vielmehr dergleichen Wunder/ in dem Wasser/ als auf Erden hat. Wie nun der See- oder Meer-Mann diß gehört; hat er angefangen zu reden/ und/ mit verständlichen Worten/ zu ihnen gesagt: ja! wenn du es so wol wüstest/ als ich es weiß: würdest du erst sagen/ daß er ein wunderbarer Gott wäre; daß auch vielmehr wunderliche Creaturen im Wasser/ und unter der Erden/ denn oben auf der Erden/ sich befinden. Und so ihr mich zur Stund nicht werdet wiederum in das Wasser setzen; soll weder Schiff noch Gut von euch zu Lande kommen. Hiemit hat er seine Rede geendet/ und kein Wort nie mehr sprechen wollen. Auf welches die beede Herren Reichs-Räthe inständig ihren Schiffleuten befohlen/ ihn aufzunehmen/ und wiederum in das Wasser zu setzen. Welchem sie denn gehorsamet. Sobald sie ihn aber aufgehoben/ und in das Boot deß Schiffs gebracht/ daß sie ihn wiederum in das Wasser liessen; hat er behend die Füsse an das Boot gesetzt/ sich also selbst ihnen unter den Händen hinweg/ und hinaus geschwungen; und ist seines Wegs davon geschwummen[123]."

In Wirklichkeit mag es sich bei diesem „Meer-Mann" um ein besonders ‚menschliches' Exemplar eines Seelöwen gehandelt haben, so daß, sofern es hier darauf ankäme, wieder einmal mehr die ‚umgekehrte' Metamorphose zur Rede stünde. Aber die Berührungspunkte zwischen Therio- und Anthropomorphismus sind naturgemäß so zahlreich, die Grenze zwischen

123 Ein Vergleich dieser Fassung mit der Dannhauers, die etwas kürzer ist, ergibt interessante Abweichungen. So bevorzugt Francisci z. B. die Litotes; er schreibt „nicht unbehend", wo Dannhauer „eilends" hat; ferner übersetzt F.: „deßgleichen der gantze Leib mit Haar überzogen," D.: „deßgleichen mit einer Haut vom Haar" u. a. m.

beiden hatte sich als so fließend erwiesen, daß die Nachbarschaft derartiger Geschichten zu der Nicola Pesces innerhab eines umfangreichen Kapitels über „See-Menschen“ ebenso verständlich wie verzeihlich, ihre Unterscheidung verdienstlich erscheint.

Seinen ‚Helden‘ Niccolò hat auch das Italien des 17. Jahrhunderts natürlich nicht vergessen. Dazu waren auch die Werke Alexanders ab Alexandro und des Pontanus zu stark verbreitet, als daß sie nicht bei jeder passenden Gelegenheit herangezogen wurden. Und die „Selva di varia lezione“ des Pedro Mejía wurde durch immer neue Auflagen der Übersetzung von Francesco Sansovino[124] geradezu zu einem italienischen Volksbuch.

Ähnlich steht es mit dem gleichfalls im Jahre 1675 in Venedig gedruckten Werke des bereits 1656 verstorbenen Jesuiten (Giovanni oder) Giacomo Stefano Menocchio aus Pavia „Delle Stuore, o vero Trattenimenti eruditi[125]“, das nichts anderes als eines der nun schon sattsam bekannten kulturgeschichtlichen Compendien darstellt. Es ist erfreulicherweise „bey St. Emmeram zu Regensburg“ ins zeitgenössische Deutsch übersetzt worden, das den Ausdruck des 17. Jahrhunderts besser zum Bewußtsein bringt als die beste moderne Übersetzung. Menocchio berichtet die Geschichte des Tauchers, oder besser: der beiden Taucher Colanus und Cola, in der geläufigen Form, ohne Moral, jedoch mit dem rationalistischen Hinweis auf die Macht der Gewohnheit, im 53. Kapitel unter der Überschrift: „Von zwey verwunderlichen Schwimmern[126]“:

---

124 Francesco Sansovino, Selva di varia lezione, Venezia 1564, 1638, 1675, cap. XXI.

125 Giacomo Stefano Menocchio S. J., Delle Stuore o vero Trattenimenti eruditi, Venetia 1675, parte III, cent. V. cap. LIII.

126 Johannes Stephanus Menochius, Nützliche und sehr Gelehrte Zeitvertreibung. Ins Teutsche übersetzt bey St. Emmeram zu Regensburg, Augsburg 1695/99, S. 256–259.

„Alexander ab Alexandro lib. 2. cap. 21. erzehlt ein grosse und wunderliche Neigung und Erfahrenheit in der Kunst zu schwimmen von zweyen/ deren der eine ein Neapolitaner/ der andere ein Cataneser aus Sicilia/ welches weil es verwunderlich ist/ will ichs aus dem Italianischen herübersetzen. Er sagt also/ unter allen grossen Schwimmern/ die zu unsern Zeiten gewesen seynd/ erinnere ich mich einen/ den ich gar wol gekennt hab/ gar ein schlechter Mensch/ als der sich umb ein schlechtes Geld für einen Ruder-Knecht auf die Schiff verdingt/ oder mit Fischfangen sich hindurch brachte. Diser von der Insul Ischkhia/ vor disem genannt Pitecusa gegen Neapel hinüber gelegen/ schwumme eines schwümmens auch bey üblem Wetter/ und wann das Meer ungestümm war/ bis in die Insul Procida über 6. welsche Meil darvon gelegen/ und weil es etlichen schwer und fast unglaublich zuseyn gedunckte/ hat er in Gegenwart viler ein Prob gethan/ sich zu Ischkhia ins Wasser geworffen/ ihme lassen eine Velucken nachfahren ohn ausgesetzter/ biß daß er zu Procida frisch und gesund an das Land ausgetretten.

Aber noch mehr ist sich zu verwundern über das/ was Jovianus Pontanus in unserm Beyseyn erzehlet/ von einem Sicilianer aus der Stadt Catana mit Namen Cola, mit dem Ubernamen il Pesce der Fisch genannt. Diser war gleichsamb von Natur darzu gebohren/ daß er mehr solt im Wasser als auf dem Land seyn/ dann er gieng alle Tag ins Meer/ und sagte er könne sich dessen nit enthalten aus der hefftigen Neigung darzu/ und gemachter starcken Gewohnheit; und wann er nit alle Tag schwimmen thät/ sagt er/ könte er nit leben noch Athem schöpffen/ also werde er umb das Hertz getruckt und geängstiget. Also thate er alle Tag/ ohngeachtet er bey sich selber merckte/ daß er endlich dardurch wurde umb das Leben kommen. Cola hatte solche Freud vom schwimmen/ und kam ihne so leicht an/ daß er einem Fisch gleich war; dahero schwumme er bißweilen einen Tag von 50. biß in 60. welscher Meil Weegs weit/ wann schon das Meer ungestümm war. Es hat sich begeben/ als er einsmal im Meer war/ daß unweit von ihme ein Schiff mit vollem Segel fürüber fuhr; er schwimmt hinzu/ und wird von denen Schiff-Leuthen mit Freuden ins Schiff gelassen/ die fragen ihn wo er herkomme (dann sie kenneten ihn alle) wo er hinwolt/ wie er das Ungewitter überstanden/ und anders mehr? darauf er ihnen auf alles antwortet: und nachdem er mit ihnen gessen und getruncken und ein wenig Ruhe genommen/ fragt er sowol die Schiff-Leuth als andere Reisige/ ob sie nichts zu verbotschafften hätten an die Port/ wo sie seyen abgefahren/ und nach dem er die Posten aufgenommen/ hat er sich wider also nacket wie er war/ ins Meer geworffen/ und schwumme also jetzt auf Neapel/ jetzt auf Cajeta/ jetzt in Sicilien/ jetzt an unterschidliche Oerther in Calabria/ und brachte denen Befreundten und Bekannten der Schiff-Leuthen/ welchen er auf dem Meer begegnet/ die Zeitung/ daß sie wol auf seyen/ guten Wind hätten/ und anders was ihme war aufgegeben worden. Endlich ist dem unglückseeligen Cola widerfahren/ was er besorgt und ihm selber vorgesagt hat. Dann als er zu Messina an einem gewisen Festtag sich befunde/ war auf dem Wasser ein Belustigung angestellt/ und dem besten Schwimmer ein Gewinnen aufgesetzt/ diß war ein guldene Schalen ins Meer geworffen/ die solte der Schwimmer aus dem Grund herausholen. Indeme Cola dieselbe sucht/ ist er (niemand weist wie) in der Tieffe verlohren und nit mehr gesehen worden; dahero man darfür gehalten/ er sey zwischen denen Schroffen in ein Loch kommen/ deren der Orthen vil seynd/ in welches er verfehlet/ und nit mehr hat können herauskommen. Solches End hat Cola genommen/ wie obbesagter Author vermeldt.

Solche Schwimmer nennet Julius Firmicus[127] Orciscopularios villeicht weil sie mit schwimmen unter dem Wasser ihren Tod zwischen denen Schrofen und in denen Hölen suchen/ alswie dem Cola widerfahren ist. Von solchem sagt Manilius lib. 5[128]

---

127 Cf. Julii Firmici Materni Matheseos libri VIII, Lipsiae 1913, pp. 309 s, (lib. VIII, 15, 2): „In parte VIII. Capricorni oritur Delfinus. Quicumque hoc sidere oriente natus fuerit, habebit natandi studium, sed cum Saturni testimonio urinator erit, cum Martis vero et Mercurii petaminarios efelmatores (felmatoris, felinatori) orchestopalarios (ortistopalarios, ortistopalados, soristopalarios, sorcistopalarios), petauristarios aut certe nautas cursus agilitate perspicuos. Si vero hoc sidus in occasu fuerit inventum, et hunc locum Saturnus minaci radiatione respexerit, in mari vel in fluvio procellis et turbinibus erit submersus." – Schon Jos. Scaliger (in Manili V libros astronomicôn Commentarius et Castigationes, Lutetiae 1579, p. 281) schreibt: „Hos vrinatores Firmicus in paraphrasi sphaerae barbaricae videtur orciscopalarios vocare. Sed leuiter immutatum puto & orciscopularios legendum, orci scopuli, ἅδου σκόπελοι, caeci & latentis … Sunt igitur orciscopularij, qui maris latentes scopulos explorant." Vgl. oben Anm. 106.

128 Cf. Manilius a. (oben Anm. 107) a. O. lib. V, p. 127; vgl. Anm. 3, 61 u. S. 199.

Illis in ponto jucundum est quaerere pontum
Corpora qui mergunt undis, ipsumque sub antris
Nerea, & aequoreas conantur visere Nymphas.
Wer gern im Wasser ist/
Und sucht sein Lust im schwimmen;
S'Meer ihm nit bitter ist/
Es bringt ihm auch kein Grimmen:
Die Hölen streicht er aus/
Neptunum will er finden;
Er sucht durch Wasser strauß
Die Nymphen anzubinden.

Weil Cola ins Wasser gewohnet/ ist es gleichsamb sein Natur worden: woraus sich zeigt/ daß gar wahr ist/ was Virgilius sagt 2. Georg[129]. A teneris assuescere multum. Es ligt gar vil daran/ von Jugend auff ein Sach gewohnen ..."

Von besonderem Reiz sind oft die Marginalien der deutschen Übersetzung des Menocchio, so die köstliche Bemerkung: „Gute Schwimmer ertrincken gemeiniglich[130]", und besonders die gewissermaßen abschließende Feststellung: „Gewhonheit/ von Jugend auf wird die andere Natur[131]".

Während sich aber Menocchio noch allein auf Alexander ab Alexandro und Jovianus Pontanus stützt, ist die Quelle, der der neapolitanische Jesuit Niccolò Giannettasio (1648—1715) den Stoff zur Ausschmückung seines Epos „Halieutica" entnimmt, ohne jeden Zweifel der „Mundus subterraneus" seines Confraters und vermutlichen Freundes Athanasius Kircher[132].

Wie nun aber Giannettasio den doch gewiß nicht spröden Stoff bearbeitet, ist sicherlich wesentlich ‚heidnischer' als die Erzählung Kirchers. Sein offizieller Zensor, der Kanonikus P. Antonio Matinas rühmt am 15. November 1688 in seinem

---

129 Cf. Verg. Georg. II, 272: „adeo in teneris consuescere multum est."

130 Vgl. a. (Anm. 126) a. O., S. 258 oben, zu: „Indeme Cola dieselbe sucht ..."

131 Vgl. a. (Anm. 126) a. O., S. 258 unten, zu: „Weil Cola ins Wasser gewohnet ..."

132 Vgl. Pitrè, Studi pp. 26 u. 71.

Zensur-Bericht, über den er am 29. August 1689 zu Neapel „in congregatione“ referiert, Giannettasio habe „Schwung, Glanz und Würde des Gesanges“ (motum, candorem carminisque maiestatem) von dem reinen Seher aus Mantua (a castissimo Mantuano Vate), Vergil also, entlehnt, aber auch Gewandtheit und Witz von dem Sulmonesen (a Sulmonense facilitatem atque leporem) Ovid, dessen Schwächen er ausgleiche (non perfecti Ovidiani operis damna compensat), wenn er ebenso erfreulich wie gelehrt (suaviter et erudite[133]) von den Fischen singt[134].

Der fromme Jesuit bemüht aber die heidnischen Götter wie ein antiker Dichter oder wie - Friedrich Schiller. Man kann die, sicherlich auch, aber nicht nur jesuitischer Kasuistik entsprechende, Gepflogenheit, bei Benützung des antiken ‚Stils' von Göttern, nicht aber von Gott zu sprechen, geradezu als generelles Kennzeichen betrachten, das die bloße Fiktion, also die ‚unterhaltende' Dichtung von ‚ernster' Literatur unterscheiden soll, um nicht zu sagen: muß. Es gilt also die klassische Formulierung: „Als Mensch und Bürger ist man Christ, als Rhetor Heide[135]“, hier in besonderer Weise. Andererseits ist auf die harten Kämpfe zu verweisen, die in Deutschland der nicht ohne Grund als „Philomusus“ verschriene Jacob Locher (1471—1528) für Homer und Vergil, Horaz und Ovid durchstehen mußte[136].

Giannettasio ist übrigens tatsächlich nicht nur von Vergil[137], sondern auch von Ovid ganz unmittelbar beeinflußt; das beweist vor allem die geradezu groteske, jedoch keineswegs originäre Feststellung[138], Nicola Pesce stamme von der Nym-

---

133 Offenbar mißt man mit den Maßstäben des Horaz, cf. de arte poetica 333.

134 In dem Anm. 142 gen. Werke nach p. 245 (Zensurvermerke [pp. 247–248]).

135 E. R. Curtius, Europ. Literatur u. lat. Mittelalter, S. 440.

136 Vgl. dazu etwa K. Borinski, Geschichte der deutschen Literatur, Stuttgart 1921, I, S. 370.

137 Vgl. etwa Verg. Aen. III, 411: „claustra Pelori“.

138 Vgl. die Erzählung des Vincenz von Beauvais, oben S. 37.

phe Ocyroe — nach Ovid eine Tochter Chirons[139] — ab, die wiederum eine „Crataeidin“, eine Tochter der Crataeis und somit eine Schwester der Scylla sei[140]. Rein antik aber ist seine Ausdrucksweise nicht; dazu ist sie zu weitschweifig und wimmelt von Wiederholungen, die sich auch in der deutschen Übersetzung nicht ganz vermeiden lassen, zumal die Synonyme im Deutschen weit spärlicher sind als im Lateinischen, das zudem noch auf das Griechische zurückgreifen kann[141].

P. Niccolò Giannettasio SJ (1648—1715) „besingt“, nicht ohne genaueste geographische Einzelheiten anzugeben, Cola den Fisch folgendermaßen[142]:

„Einst lebt' ein Mann, der geboren am moosigen Felsen der Insel
Procida — Ocyroe war die Mutter, die Nymphe Cratäischer Abkunft —;
Keiner war kund'ger als er, in den schäumenden Wogen des Meeres
Thunfisch' zu jagen und selbst die geschwinden Delphine zu haschen
Oder so tief in des Ozeans fischreiche Buchten zu tauchen,
Keiner gewandter, den Atem, den einmal geschöpften, zu halten.
Drüber hinaus noch berichtet man Wunder die Fülle: Er löste
Sich vom Cumäischen Ufer und schwamm zur Sizilischen Küste
Durch das Tyrrhenische Meer und erreichte Trinacrias Wasser.
Kaum war im Sprunge er tief in die Fluten des Meeres gekommen,
Jagte er eilig vorbei schon an Capri und Lubra, und siehe:
Schon spült die Woge von Paestum die blinkende Brust ihm im Schwimmen;
Drauf läßt Leukosia, dann Palinurus er hinter sich liegen,
Dann Blanda Julia auch, und durchfurcht die Gewässer Paolas;
Schon streift' er Bruttiens Küste, schon sieht er die Engen Peloros'.“

139 Cf. Ovid, Metam. II, 636.

140 Cf. Ovid, Metam. XIII, 749.

141 Vgl. etwa: mare, fretum, altum; pontus, pelagus etc.

142 Nicolai Parthenii Giannettasii Neapolitani S. J. Halieutica, Neapoli 1689, lib. I, pp. 28–32.

Zum höchsten Erstaunen der Fische, der Winde und der Wellen erreicht der kühne Schwimmer immer wieder die Küste Siziliens; er habe sogar, heißt es, unter Wasser schwimmend, vom Hafen Messinas aus die Insel Ortygia vor Syrakus erreicht.

„Cumäs Bewohner, die Schiffer, benannten ihn ‚Fisch', und auch wirklich
War er ein Fisch, weil die häufige Übung das Wesen des Menschen
Und sogar selbst die Natur in ihr Gegenteil weiß zu verwandeln,
Neue Befähigung, Kraft und Vermögen und Art zu verschaffen."

Nach dieser höchst realistischen, geradezu empirischen Feststellung, die den Einfluß der neuen Erfahrungswissenschaft verrät, beginnt die eigentliche Geschichte:

„Als einst der Herrscher der Insel die Taten des Mannes vernommen —
Größer als glaubhaft erschienen sie — ließ er ihn rasch zu sich rufen.
Und er befahl seinen Dienern, sogleich eine große getriebne
Schale, mit Bildern geschmückt, aus lauterem Silber, zu bringen,
Wartet' indessen im Kreise des Adels, der jubelnd ihm huldigt',
Unmittelbar am Gestade des sichelförmigen Golfes,
Wo die Charybdis sich rasend in unaufhörlichem Wirbel
Gegen die Strömung erhebt und die Wasser der Unterwelt aufwühlt.
Bald aber trat im Geleit einer zahllosen Menge des Volkes
Kühn vor den König der ‚Fisch', und sogleich wandte jener sich zu ihm:
‚Laßt uns erproben,' so sprach er, ‚ob Wahres von dir man berichtet!
Jetzt gilt's, durch Tat zu erweisen den Ruf — nicht mehr und nicht wen'ger!'
Und in die Wogen der wilden Charybdis warf er die Schale
Eilends und sprach dabei: ‚Siehst du dies kostbare Silber? Es wird jetzt
Zeuge des Mutes uns sein und für dich die Belohnung der Leistung.'

Kaum war's gesagt, als auch jener, von Gier nach dem Ruhme getrieben,
Schon von dem Leibe das leuchtende Leinen sich schleunigst gerissen
Hatte und rief: ‚Auch Beweis des Gehorsams, erhabener Herrscher,
Sicherster Zeuge des rühmenden Rufes!' So sprach er und eilte
Weg vom Gestade und sprang in die Wellen des Meeres und tauchte
Tief in die Fluten, wie Proteus sich wirft in die wogenden Wasser.
Aber er tauchte nicht gleich wieder auf aus dem Strudel zum Lichte."

Am Gestade wundert man sich über das lange Ausbleiben des erfahrenen Tauchers, verflucht seinen Wagemut, verdammt andererseits auch den harten Befehl des Königs (Regis barbara jussa) und beklagt schließlich das unabwendbare Schicksal (ineluctabile Fatum). „Aber", so reflektiert der moralisierende Dichter:

„Jeder ist Schicksal und Gott sich selbst, wenn er Unheil sich zuzieht." Dann aber,

„Als auf der Fläche des Meeres der ‚Fisch' triumphierend sich zeigte
Und in der Hand als Beweis des Erfolges die Schale emporhielt,"

schlägt die gedrückte Stimmung ins Gegenteil um:

„Frei von der Furcht und dem Schrecken umjubeln die Leute den Sieger;
Kaum noch erhofftem Erfolg gilt dröhnender Beifall der Menge.
Einzig jedoch, wie erschüttert, inmitten des tobenden Volkes,
Unter dem Beifall der Herren, die laut und vernehmlich ihn rühmten,
Stand der Ocyroe Sohn …
Drauf, noch zitternd und zagend, zum Könige geht er und meldet:
‚Hier diese Schale bezeugt den Gehorsam! Jedoch, wieviel kostet'
Mich der Gehorsam sowie auch die brennende Gier nach dem Ruhme!
Leb ich, so dank ich es euch, ihr Götter, sowie eurer Gnade,

Huldreiche, euch, die ihr mich aus dem Acheron risset!' Und weiter
Sagte er nichts. Doch der König, gebannt von der seltsamen Sache,
Mahnt' ihn zu reden, zu schildern die Wunder der Tiefe, die Schrecken,
Die in dem Schlund er gesehen, und welcherlei Grauen ihm drohte,
Als die Charybdis, von Untier umgeben, ihn angriff. Da sprach er:
‚Staunenerregende Wunder, o König, will ich dir berichten,
Wenn ich auch bebenden Mundes fast nicht mehr zu sprechen imstande;
Immer noch jagt mir vor Schrecken das Blut durch die zitternden Adern,
Immer noch schlägt mir das Herz, und es sträuben sich schaudernd im Nacken
All meine Haare, die Stimme erstickt in der Kehle vor Grausen.
Als in die Fluten ich tauchte, bemerkt' ich vom Ufer Siziliens
Schäumende Wogen in rasender Strömung sich nähern; sobald ich
Sie nur gesehen, versank und der wütende Wirbel mich packte,
Ward ich inmitten des Strudels gewaltsam zu kantigen, scharfen
Klippen gerissen; gewölbt unter diesen eröffnet im grausen
Grund eine Höhle mit ragendem Rachen den Schlund, und gewaltig
Strömt aus geheimem Gelaß eine nicht zu ermessende Woge.
Hier haust die wilde, die furchtbare Göttin, umgeben von Wölfen
Und von den Hunden der See auf lebendigem Felsen; von hundert
Strudeln durchwühlt sind die tobenden Fluten, die rastlos hier strömen.“

Die Charybdis habe, so meint der verwegene Taucher trotz aller nachträglichen Erschütterung abschließend, durchaus auch weibliche Reize und sei als Frau keineswegs zu verachten (non despicienda); was man da unten aber sonst sehe, sei fürchterlich:

„Überall sah ich die Felsen bedeckt zur Rechten und Linken
Von den gewalt'gen Polypen, den gräßlichen Greueln des Grundes,

Hörte die höllischen Hunde, die bellten. O Götter! welch Schrecken
Fiel mich da an, als ich sah, wie mit scheußlichen Scheren von allen
Seiten sie auf mich zielten und gierige Rachen erklafften.'"

Am Ende findet der Berichterstatter kaum noch Worte (horresco referens) für die Schrecken der Meerestiefe und die Todesangst, die er ausgestanden.

„'Als mich der Rückstrom des Meeres erfaßt — und das war die erste
Hoffnung auf Heil, die mir strahlte — und mich durch die Schlünde der Tiefe
Rückwärts in reißendem Wirbel entführt auf die offene See zu,
War ich dem Unheil entkommen und streckte zum Himmel die Hände,
Siegreich, denn wirbelnd im Kreis erblickt ich die leuchtende Schale
Vor mir im Strudel des Wassers sich wieder und wiederum drehen.
Mitten aus Wirbeln und Strudeln gelang mir's die Schale zu holen.
Aber noch einmal trieb hastig der heftige Strom mich hinunter,
Fluten umgaben mich rings. Doch da rief ich die Götter so flehend,
Wie ich nur konnte, und endlich vermocht' ich mit mächtigen Zügen
Niederzuringen das Meer, und ich kämpfte mich hoch zu den Lüften ...'"

Wie zu erwarten, ist der Herrscher mit diesem Bericht nicht zufrieden; er will Genaueres über den Meeresgrund erfahren:

„Solche Geschichten jedoch genügten dem König mitnichten;
Und in der Meinung, er könne noch mehr vom Geheimnis der Tiefe
Hören, befahl er den Dienern, ein zweites Gefäß zu beschaffen,
Groß, aus gediegenem Silber; sie schleppten schleunigst die Schale
Her. Zu dem Manne drauf sprach der sizilische König die Worte:

‚Jetzt heißt's für dich, einen neuen und größeren Ruhm zu erringen!
Alles, was unter der Höhle der Scylla liegt, sollst du erforschen.
Wenn es erst soviel gewährte, das Glück, nun so wird's auch zum zweiten
Male dir hold sein, dir weisen den Weg durch die Wirbel der Wogen.'
Sprach's, und dann warf er die Schale in weitem Schwunge ins Wasser.
Jener erwidert': ‚Nicht solches, o mächtiger König, verlange!
Tun kann ich's nicht! Den Gefahren nur einmal entgangen gewesen,
Mag mir genügen; denn jener mißbrauchte die Gnade der Götter,
Der ohn' Bedenken und leichtfertig weiteres Wagnis versuchte,
Sich, seinem Schicksal vertrauend, in offne Gefahren hineinstürzt'."
Aber der König bedrängte den Mann und verschmäht' nicht zu bitten,
Dem von den Göttern so gnädig gewährten Geschick zu vertrauen
Und es zu wagen: „Die Tapferen, deren Vertrauen recht groß ist,
Haben die Götter zum Schutz, wenn sie glauben, zu können, was schwer ist;
Die aber nicht, ohne Hoffnung, in Furcht oder Ängsten, es wagen,
Scheinen an Götter nicht glauben zu können, nicht glauben zu wollen."
Schließlich dann sagt' er ganz offen, er wünsche jetzt, daß es geschehe.
Solcherlei Worte bewegten den Sohn der Ocyroe gar nicht;
Dennoch auf schroffen Befehl und auf härteres Drängen des Königs
Sah er sich wider sein Wollen gezwungen, der Unbill zu folgen. —
Freilich, den Wünschen des Herrn nicht zu weichen, ist schwierig, da er ja
Recht und Gesetz und Verstand sowie Wunsch auch und Wille persönlich
Ist, und was immer befohlen, es bleibt unerschüttert bestehen. —
Außer sich also, gezwungen vom bittren Geschicke und sinnlos —
Selten ist Vorsicht und Klugheit der Menschen dem Schicksal gewachsen! —
Stürzt er sich jäh in die Fluten, der Arme! Nie wieder zum Lichte

War's ihm vergönnt zu gelangen; am Grunde des Meers ist sein Grabmal."

Das Verfremdungsmotiv macht dem Formalisten Giannettasio wenig Sorge: obwohl er, wie bereits erwähnt, den ‚Fisch' vorsorglich zum Sohn der Nymphe Ocyroe macht, betont er doch ausdrücklich, daß er, den man ‚Fisch' nannte, „et talis erat: quia plurimus usus Nativum potis est genium in contraria, & ipsam Naturam mutare, novosque inducere mores". Übung und Gewohnheit vermögen das angeborene Wesen in sein Gegenteil zu verwandeln, eine alte Weisheit in neuer und keineswegs ungeschickter Form. Die Verfremdung ist kein Problem, sondern gewissermaßen eine alltägliche Erfahrung. Sensationell ist der Extremfall; da dieser zwangsläufig zur Katastrophe führt wie jede Art von Hybris, ist er der poetischen Darstellung wert, auch wenn er bereits mehrfach erzählt worden ist, sogar von einem so berühmten Confrater, wie es Athanasius Kircher war. Nicola Pesce ist längst ein Schulbeispiel in vielfacher Bedeutung dieses Wortes geworden.

Wie für den neapolitanischen Dichter so ist und bleibt übrigens Kircher selbstverständlich auch für Deutschlands Poeten und Wissenschaftler der Kronzeuge; und so faßt denn auch Zedlers Universal-Lexicon, jene frühe Enzyklopädie, das Wissen der Zeit über den ‚Taucher' nach dem Bericht des Jesuiten in folgender Weise zusammen[143]:

„Pesce-cola, ein Name, welcher zu Ende des 15. Jahrhunderts einem berühmten Taucher in Sicilien, der sonst Nicolas hieß, gegeben wurde, Dieser war von Jugend auf gewöhnet worden, Austern und Corallen in dem Grunde des Meeres zu fischen; wie man denn von ihm erzählet, daß er bisweilen 4 oder 5 Tage unter dem Wasser geblieben, und sich von rohen Fischen erhalten habe. Er konnte vortrefflich schwimmen, gieng offt bis an die Insul Lipari, und führte Briefe bey sich in einem Behältniß von Ertz. Nachdem der König von Sicilien, Friedrich, von des Pesce-cola Stärcke und Geschicklichkeit gehöret,

143 J. H. Zedlers Gr. vollst. Universal-Lexicon XXVII (1741), Sp. 742.

befahl er ihm, sich in den Abgrund Charybdis, nahe bey dem Vorgebürge di Faro zu werffen, um sich darinnen der Natur des Orts zu erkundigen, und ihm Nachricht davon zu ertheilen. Als er nun merckte, daß sich Nicolas nicht gerne in einen solchen gefährlichen ort hinein wagen wolte, warf der König einen grossen goldenen Pocal hinein, und verhieß ihm denselbigen zu geben, wenn er ihn wieder heraus bringen könnte. Hierdurch ließ sich dieser erfahrne Taucher bewegen, daß er sich in den Abgrund hinein stürtzte, worinnen er fast 3 Vierthel-Stunden blieb, hernach wieder heraus kam, den Pocal in seiner Hand hielt, dem Könige von den Klippen, Hölen und Meerwundern, welche er darinnen gesehen, Nachricht ertheilte, und zugleich bezeugte, daß ihm unmöglich fallen würde, sich noch ein mahl hinein zu wagen. Hierauf beschenckte ihn der König mit einem Beutel voll Goldes, und warf noch über dieses eine goldne Schale ins Meer, welches den Pesce-cola anreitzte, sich noch ein mahl hinein zu begeben; allein er ist nach der Zeit niemahls wieder zum Vorschein gekommen. Kircher. mund. subterran. t. I."

Schon das Ende des 17. Jahrhunderts brachte ja eine einschneidende Veränderung im Gebrauch der übernommenen Motive. Am deutlichsten zeigte sich das bei Salomon Spranger, der in seinen zahlreichen Fußnoten bereits einen ganzen Katalog von Belegen anführt. Die damit beginnende und rasch um sich greifende Neigung zur lexikographischen Erfassung zwingt somit zu einem kurzen Rückblick, der nunmehr drei geschlossene Epochen vergleichend überschauen kann.

Ein solcher Vergleich ist unter jedem Gesichtspunkt aufschlußreich; wenn hier der entwicklungsgeschichtliche gewählt wird, so ermutigt dazu nicht nur das Ergebnis, das den rund zwanzig Zeugnissen des 17. Jahrhunderts verdankt wird, sondern vor allem der, offensichtlich eine organisch-biologische Geschichtsauffassung, wie sie von Giovanni Battista Vico (1688—1743) bis Oswald Spengler (1880—1936) vertreten wird, bestätigende, gleichförmige oder, genauer gesagt, analoge Ablauf der Motivbehandlung innerhalb der einzelnen Epochen, ein Ablauf, der allerdings auf jeweils verschiedener Ebene vor sich geht.

In der Antike folgt der einem urtümlichen Totemismus (dem,religiösen' Zeitalter Turgots, dem ,theologischen' Auguste Comtes) entspringenden magischen Vergöttlichung übermenschlicher Mächte: der Naturgewalten, gefährlichen Tiere und Pflanzen, ein mythischer Theriomorphismus, der die Metamorphose von bisher totemistisch vergöttlichten Gewalten und, in steigendem Maße, von Menschen außergewöhnlicher Art in Tiere konsequent weiterentwickelt (das ‚philosophische' Zeitalter Turgots, das ‚metaphysische' Comtes); in dialektischer Entsprechung beschließt diese Entwicklung auf Grund der Entdeckung des Menschlichen im Göttlichen der mythologische Anthropomorphismus, der, paradoxerweise, langsam zu einer Art von kritischem Dogmatismus (dem ‚naturwissenschaftlichen' Weltbild Turgots, dem ‚positivistischen' Comtes) erstarrt.

Ein analoger Ablauf war an den Symptomen der volkstümlichen Pädagogik, Didaktik und Moralistik des Mittelalters zu verfolgen: aus der gläubigen Hinnahme des Wunders als solchem, das noch im 16. Jahrhundert, besonders auffallend bei Caelius Rhodiginus[144], unmittelbar angesprochen wird, wurde zunächst die verehrungsvolle Anerkennung des Mysteriums der Schöpfung, das aber, wiederum in dogmatischer Verhärtung, bald als deutbares Vor- und Wahrzeichen klassifiziert wurde. Die kirchlich gebundene, lehrhafte Tendenz der mittelalterlichen Schriftsteller erlaubte zunächst keinen anderen Ausweg.

Dann jedoch, im Laufe des 16. und 17. Jahrhunderts, werden Wunder und Zeichen langsam, aber stetig und unaufhaltsam zu Kuriositäten, die bald nicht grotesk genug sein können, um schließlich im Absurden zu erstarren, bis allmählich bewußte Kritik und beginnender Rationalismus im Absurden die eifrig gesuchte Sensation finden, ihr zur Außerordentlichkeit verhelfen und sie endlich zur Abnormität erklären, deren Daseinsberechtigung innerhalb der normalen Welt jeweils, wenn auch mit den grundverschiedenen Mitteln der Wissenschaft oder der Dichtung, zu erweisen ist und demzufolge auch erwiesen wird. Damit ist der Weg in die Zukunft gebahnt,

---

144 Vgl. oben Anm. 85.

dessen Anfänge sich in überzeugender Weise im 16. und 17. Jahrhundert zeigten.

Die Entwicklung des Meermenschen-Motivs vom Mirakulösen zum Kuriosen ist freilich an Jovianus Pontanus und Niccolò Giannettasio infolge ihrer klassischen oder vielmehr humanistischen Haltung antiker Observanz weniger deutlich zu erkennen, dafür aber um so auffälliger an Pedro Mejía und Thomaso Garzoni einer-, an Praetorius, Richter und Happel andererseits, seine wissenschaftliche Untersuchung nicht weniger klar an den in so auffallender Weise am Beginn und am Ende der Epoche stehenden ‚Spezialwerken' Nikolaus Wynmanns und Salomon Sprangers, vor allem auch an der rein medizinischen Betrachtung bei Cardanus und Boyle, bei denen die ‚unverständliche' Entfremdung endgültig in nüchternster Weise auf bloße Adaptation durch Gewöhnung zurückgeführt wird[145]. Die Auswirkungen derartiger Wertungen lassen sich jeweils bei den ‚Laien', den Unterhaltungsschriftstellern und Dichtern, verfolgen. So spiegelt sich der Geist der Zeit in der Verwendung und Auslegung scheinbar beiläufiger Motive, deren Unverwüstlichkeit sich gerade durch ihre jederzeitige Brauchbarkeit erweist.

145 Cf. Tit. XIV: De vi Assuefactionis, in: Nova Experimenta pneumatica respirationem spectantia authore Roberto Boyle, Geneva 1686.

5
Der Taucher und seine Rivalen

Mit dem Kanonikus an der Kathedrale von Palermo, Antonino Mongitore (1663—1743), beginnt das Zeitalter der Enzyklopädien. In seinem zwar lokal gebundenen, deshalb jedoch um so genaueren und vollständigeren Werk „Della Sicilia ricercata" macht Mongitore in den „Memorie di Cola Pesce famoso notatore" eine Bestandsaufnahme, die man bedenkenlos als saubere Gelehrtenarbeit bezeichnen kann[1]:

„Cola Pesce, der in Catania geboren wurde und lange Zeit in Messina lebte, wird von vielen Schriftstellern wie ein Naturwunder (come un prodigio della natura) gefeiert. Er verließ die Gemeinschaft der Menschen und verbrachte von Kindheit an fast das ganze Leben im Meere unter den Fischen. Und da er es nur mit Mühe (non senza pena) längere Zeit außerhalb des Wassers aushalten konnte, bekam er den Beinamen der ‚Fisch' und wurde von allen Leuten Cola Pesce genannt — das heißt Niccolò, da dieser Name in Sizilien und anderswo so ausgesprochen wird. Er blieb zum Erstaunen aller, die ihn kannten, lange Zeit unter Wasser. Und er erzählte viele erstaunliche und geheimnisvolle Dinge vom Meer, die er beim Durchschwimmen nach Art der Fische durch dessen Fluten beobachtet hatte, sogar zur Zeit wütender Stürme. Er wurde daher von den Messinensern für ein Naturwunder (come un miracolo di natura) angesehen.

Als sich König Friedrich von Sizilien in Messina aufhielt, wollte er die wunderbare Natur dieses Menschen (questa sua prodigiosa natura) auf die Probe stellen. Daher warf er an einem Festtage vor den Augen einer zahlreichen Menge, die sich eingefunden hatte, einen goldenen Becher in das Meer und befahl jenem, diesen herauszuho-

---

1 Antonino Mongitore, Della Sicilia ricercata nelle cose più memorabili, Palermo 1743, tom. II, cap. XXIV, pp. 66—73.

len. Der stürzte sich unverzüglich ins Meer, fand den Becher und brachte ihn dem König. Ebenso machte er es ein zweites Mal, nachdem der Becher von neuem ins Meer geworfen worden war. Als ihn der König aber zum dritten Male in die Wogen geschleudert hatte und Cola, um ihn zu holen, wiederum unter Wasser getaucht war, kehrte er nicht mehr zurück, während der König und das Volk noch lange auf ihn warteten. Daher glaubten alle, daß er in die tiefen Höhlen des Meeres von Messina geraten sei, der Strömung und der gewaltigen Wut der Wogen nicht habe Widerstand leisten können und so untergegangen sei. So schreibt Fazello dec. I, lib. 2, cap. 2, f. 50[2]

Alessandro d'Alessandro schreibt, dier. Genial. lib. 2, cap. 21, von diesem großen Schwimmer, den er Colanus nennt, unter Bezugnahme auf Jovianus Pontanus: ‚Alles aber, was seit Menschengedenken jemals gehört worden ist und was von den Schriftstellern überliefert wurde, übertrifft das, was wir von Jovianus Pontanus gehört haben: wunderbar zu berichten und jedes Wunder übersteigend'[3]. Er fügt zu der Erzählung Fazellos hinzu, daß er (sc. Cola) sich mehr im Wasser des Meeres als auf dem Lande aufzuhalten pflegte, daß er sagte, er sei, von der Macht der Natur getrieben, gezwungen, jeden Tag ins Wasser zu springen und dort lange zu bleiben; sonst schien er nicht leben zu können. Er schwamm, auch bei heftigen Stürmen, fünfhundert und mehr Stadien, das sind mehr als zweiundsechzig Meilen, mit erstaunlicher Geschwindigkeit gleich einem Meerestier (qual fiera marina). Manchmal begegnete er Schiffen, die mit vollen Segeln rasch daherfuhren, bei Sturm und hohem Wellengang. Die ihm bekannten Matrosen riefen ihn beim Namen und waren erstaunt, wenn er fröhlich an Bord kletterte. Sie fragten ihn, woher er komme und wohin er schwimme, wielange er unterwegs sei, was für Unwetter er erlebt und überstanden habe. Und er antwortete auf alles. Darauf wurde er mit Speise erquickt, erhielt verschiedene Aufträge von den Matrosen und stürzte sich wieder ins Meer, um zu erledigen, was ihm aufgetragen worden war. Am häufigsten schwamm er in den Gewässern von Gaeta und Salerno, Bruttien und Lucanien, Catania und anderen Gegenden Siziliens und brachte getreulich so manche Botschaft zu den Verwandten und Freunden der Matrosen, wie es ihm

2 Vgl. oben S. 83 f. u. Anm. 3, 48; Mongitore zitiert nach der Palermitaner Ausgabe von 1560.

3 Vgl. oben S. 65; die von Mongitore zitierten Namen werden in der Folge buchstabengetreu wiedergegeben.

von diesen aufgetragen worden war. Alessandro erzählt schließlich auch von seinem Tode anläßlich der Suche nach dem goldenen Becher.

Diesen Cola Pesce erwähnen ferner Volaterrano, Maurolico, Cardano, Bonfiglio, Scotti [Schott], Kormanno [Kornmann], Giannettasio halietcor. lib. I, f. 272[4] und andere, die wir nachher zitieren werden. Ich will aber nicht versäumen, das abzuschreiben, was Chircherio in seinem „Mundus subterraneus“, tom. I, lib. 2, cap. 15, f. 97, nach dem Bericht im Königlichen Archiv erzählt[5]...

Über die Zeit, zu der Cola Pesce lebte, finde ich verschiedene Meinungen bei den Schriftstellern; daraus entstehen Schwierigkeiten. Denn Fazello schreibt, er habe ‚zur Zeit unserer Väter‘ gelebt, zur Zeit des Königs Friedrich. Fazello schrieb im Jahre 1560. Daher mochte Colapesce nach ihm ein Jahrhundert früher leben, also etwa um 1460, und so ist es auch nach der Meinung Porcacchis in seinen „Isole“ f. 54. Jedoch regierte zu dieser Zeit weder Friedrich I., nachmals Kaiser, da dieser im Jahre 1250 starb, noch Friedrich II. von Aragon, genannt der Dritte, der im Jahre 1336 starb. Und in die Regierungszeit dieses Königs Friedrich versetzt Chircherio (Kircher) die Geschichte.

Maurolico, lib. I, 2. edit. 2, f. 33[6], der Pontanus zitiert, und Riccobaldo in seiner Chronik sowie nach ihm Bonfiglio in seiner ‚Geschichte Siziliens‘ par. I, lib. I, f. 58[7] setzen ihn (Colapesce) unter Friedrich II., Kaiser und König von Sizilien, und sagen, Colas Tod sei im Jahre 1233 erfolgt. Nicht viel anders schreibt Francesco Pipino in seiner Chronik bei Muratori, tom. 9 rerum Italic. cap. 48, f. 669, nach dem er (Cola) im Jahre 1239 den Tod gefunden hat. P. Gaspare Bagatto[8] in seiner ‚Ist. univers. lib. 3, f. 286‘ versetzt ihn (Cola) in das Pontifikat Gregors IX.; infolgedessen lebte er nach diesen Autoren zur Zeit Kaiser Friedrichs.

---

4 Vgl. oben S. 212 ff. u. Anm. 4, 142; Mongitore benutzte wohl eine andere Ausgabe.

5 Vgl. oben S. 162 ff.; es folgt Kirchers Bericht in vollem Wortlaut.

6 Cf. Pitrè, Studi, p. 134, n. 2: Sicanarum rerum Compendium Clar. Francisco Maurolyco abbate divae Mariae a portu siculo messanensi authore. Editio secunda correctior. p. 33, lib. I, Messanae a. MDCCXVI.

7 Vgl. oben S. 145 u. Anm. 4, 11; Mongitore benutzte wohl eine andere Ausgabe.

8 Vgl. oben S. 89 u. Anm. 3, 55.

Girolamo Cardano schreibt ‚De Subtilitate', lib. 11, f. 636, daß er (Cola) zu seiner Zeit gelebt habe: ‚Es steht fest, daß er kurz vor unserer Zeit, ja noch zu unserer Zeit gelebt hat.' Cardano lebte um 1544, wie Pope-Blount in seiner ‚Cens. celebr. Aut., f. 641[9] mitteilt, und starb im Jahre 1576, nach Picinelli im ‚Ateneo ne' Scritt. Milanesi, f. 337[10]', so daß er (Cola) nach ihm um 1540 lebte. Er (Cardano) macht ihn jünger als zulässig (el fa moderno più del dovere).

Alessandro di Alessandro dier. genial. lib. 2, cap. 21, behauptet, er habe die Geschichte des Colapesce von Pontanus gehört und jener habe ‚zur Zeit unserer Väter' gelebt. Pontanus lebte zur Zeit des Königs Alfons, kam nach Pope-Blount, f. 500, im Jahre 1485 [wohl 1458] in sein Amt und starb, nach seinem Epitaph, das von Toppi in der ‚Bibliotheca Napoletana', f. 152, wiedergegeben ist, im Jahre 1503 im Alter von 82 Jahren[11]. Man muß demnach feststellen, daß er (Cola) ein Jahrhundert früher, also um das Jahr 1380, gelebt hat.

P. Scotti in seiner ‚Physica Curiosa', lib. 3, cap. 5, § 3, f. 372[12], Majolo in seinen ‚Dies caniculares', coll. 2, Vveber [Joh. Adam Weber] in seiner ‚Ars discurrendi', fon. 6, f. 55, übernehmen die Ansicht des Volaterrano, der ihn (Cola) in das Pontifikat Gregors IX. versetzt, der von 1227 bis 1241 regierte. Jedoch sagt Volaterrano, lib. 6, Geogr.[13] f. 150, das nicht ausdrücklich, sondern berichtet von Ereig-

---

9 Cf. Thomas-Pope Blount, Censura celebriorum Authorum, Londini 1690, pp. 452—454; Genevae 1710, pp. 500—502.

10 Cf. Filippo Picinelli, Ateneo dei Letterati Milanesi, Milano 1670, pp. 335—337: „Morì in Roma l'anno 1576, in età di 76 anni."

11 Auf dem Epitaph des „Giovano Pontano nativo della Terra di Correto nell'Umbria … Maestro e Secretario d'Alfonso d'Aragona primogenito di Rè Ferdinando I … eletto Cittadino Napolitano, Presidente della Regia Camera & Luogotenente del gran Camerlungo" (cf. Nicolò Toppi, Biblioteca Napoletana, Napoli 1678, pp. 151—152) heißt es: „Obijt anno Christi MDIII Aetat. LXXXII", während Thomas-Pope Blount (l. c. pp. 352—354) angibt, er sei im Jahre 1505 im Alter von 78 Jahren gestorben.

12 Vgl. oben S. 169 u. Anm. 4, 53; Mongitore benutzte vermutlich eine andere Ausgabe der „Physica curiosa" Schotts.

13 Vgl. oben S. 57 u. Anm. 3, 11; „Geogr." ist wohl ein Druckfehler (statt Greg.?) oder Umschreibung des Titels (?), zudem benutzte Mongitore offensichtlich eine andere der vielen Ausgaben des Volaterranus.

nissen, die sich zwischen 1307 und 1362 zugetragen haben. Daher scheint es, daß sie ihn nicht genau zitiert haben und daß er (Volaterrano) ihn (Cola) in die Regierungszeit Friedrichs II. um das Jahr 1330 setzen wollte.

Ludovico Vives schreibt in seinem Buche ‚De Veritate Fidei Christ.', lib. 2, f. 217 der Basler Ausgabe[14], indem auch er den Volaterrano zitiert, daß er (Cola) zwei Jahrhunderte früher lebte, und setzt ihn unter den König Friedrich etwa in das Jahr 1330.

Schließlich will ich, um nicht allzuweit auszuholen, nur noch des Majoli „Dies caniculares", colloq. 2, f. 84 und coll. 9, f. 332, zitieren, der auf Grund der Autorität des Volaterrano und des Alessandro di Alessandro behauptet, daß er (Cola) unter König Alfons gelebt habe und daß der es war, der den Becher ins Meer warf. Dasselbe schreiben Francesco Flaccomio in Sicelide sec. 3, f. 39 und Garzoni in der ‚Piazza univ.', disc. 112, f. 794[15], so daß sein (Colas) Tod in das Jahr 1432 fallen kann, als er (Alfons) in Messina weilte.

Wer wird hier einen Faden finden, der geeignet ist, sich aus diesem chronologischen Labyrinth herauszufinden? Nach langer Überlegung habe ich festgestellt, daß Majoli von einem Colapesce unter Gregor IX. in Apulien schreibt und dann von einem anderen namens Colanus in Sizilien zur Zeit des Königs Alfons. Darauf kommt er im 9. Colloquium, f. 332, wieder auf jenen Colapesce zu sprechen und ebenso auf Colanus in Sizilien unter König Alfons. Dasselbe schreiben Scotti, Vveber, Kornmanno in seinen ‚Opera curiosa', tom. I, f. 182; sie erwähnen also zwei (Männer) zu zwei verschiedenen Zeiten. Tatsächlich tut auch Lancellotti in seinen ‚Hoggidì', dising. 50[16], Colapesces an zwei Stellen Erwähnung, und zwar mit Unterscheidung der Zeit: fol. 591 für das Jahr 1227 und für das Jahr 1494 fol. 580. Wenn es also zwei waren, so könnte man sich sagen, daß der eine zu der einen Zeit lebte, der andere in einem anderen Jahrhundert. Mit dieser Doppelung könnten wir die verschiednen Meinungen der Schriftsteller in etwa in Übereinstimmung bringen. Ich sage ‚in

---

14 Vgl. oben S. 57 u. Anm. 3, 12; in der Basler Ausg. vom Jahre 1543 steht die Stelle p. 97.

15 Vgl. oben S. 94 u. Anm. 3, 65; Mongitore benutzte wohl die erste Ausgabe Venezia 1585.

16 Vgl. oben S. 146 u. Anm. 4, 13; Mongitore benutzte wohl die auch von Pitrè zit. Ausg. von 1627, schreibt aber trotzdem „dising. 50", statt 49.

etwa', denn wie kann man die Angaben jener miteinander vereinbaren, von denen einige den Cola unter den Kaiser Friedrich setzen, andere in die Zeit des Königs Friedrich und wieder andere in das Zeitalter des Königs Alfons, wo doch der eine im 13., der zweite im 14. und der dritte im 15. Jahrhundert regierte? Man muß feststellen, daß eine dieser drei Ansichten ins Ungewisse fällt. Ich überlasse es anderen, die Überfluß an Zeit und Muße haben, diesen Punkt zu überprüfen.

Man könnte die Natur Colapesces wegen der Schwierigkeit, sich lange Zeit unter Wasser aufzuhalten, auf Grund der notwendigen Atmung für fabelhaft (favolosa) ansehen. So meinte auch Pietro Messina [Pedro Mejia] in seiner ‚Selva di varia lezione', part. 1, cap. 21; wenn man aber genau liest, was Pontanus und Alessandro d'Alessandro von unserem Colapesce berichten, erweist es sich als Wahrheit. Die Tatsache ist an sich wunderbar (maraviglioso), geht aber nicht über natürliche Kräfte hinaus. Bedeutende Autoren führen Gründe für dieses Wunder (questa maraviglia) an. Unser Fazello schreibt unter Berufung auf die Autorität des Aristoteles[17], daß die Möglichkeit, sich unter Wasser aufzuhalten, daher komme, daß einer sehr schwammige und hohle Lungen hat. Andere schreiben sie der Gewohnheit zu, wie Vveber in seiner ‚Ars discurrendi', fol. 55, und Robert Boyle in seinen ‚Neuen Experimenten', tom. I, tit. 14, f. 450, und in seinen ‚Physico-mechanischen Experimenten', f. 145, wo er auch das Beispiel unseres Colapesce anführt, Federico Garmanno in den ‚Miracula mortuorum'[18], in der Vorrede sect. I, § 57 & seq., Francesco Bacone da Verulamio in seiner ‚Geschichte des Lebens und des Todes'[19], n. 17 & 18, f. 557, und andere anderen Ursachen.

---

17 Vgl. oben S. 83 f. u. Anm. 3, 48; Fazello p. 45: „Vt author est in libro de Respirat. Aristoteles" (cf. Arist., Libelli (1533), p. 129).

18 Cf. L. Christ. Frid. Garmanni Medici Chemnicensis De Miraculis Mortuorum Libri III Quibus praemissa Dissertatio de Cadavere & Miraculis in genere Opus Physico-Medicum ... beato Autoris obitu interveniente editum L. Immanuele Heinrico Garmanno Aut. Fil. Poliatro Sneebergensi, Dresdae & Lipsiae Anno MDCCIX, sect. I, § 57, pp. 43—45.

19 Cf. Francisci Baconis de Verulamo Vicecomitis S. Albani Historia vitae et mortis cum annotationibus Barth. Moseri, Dillingen 1645, n. 17—18, p. 434: „Vsus tamen & Consuetudo, in hac Naturali Actione Respirationi nonnihil valet; vt in Vrinatoribus Delijs, &

Vor allem muß man den hochgelehrten Kardinal Prospero Lambertini (heute der glorreiche Höchste Priester mit dem Namen Benedikt XIV.) nennen. Er bezweifelt in seinem berühmten Werke „De servorum Dei Beatificatione & Beatorum Canonizatione[20]“, lib. 4, p. 4, cap. 21, f. 299 & seq., daß man es, wenn einer, der untertaucht, sich lange unter Wasser aufhält und lebendig wieder hervorkommt, als Wunder bezeichnen kann; er untersucht diesen Fall höchst gelehrt und zieht unter anderen Autoren den Michelangelo Lapio heran, der im Jahre 1670 in Rom ein Werk veröffentlichte mit dem Titel „Discorso sopra il tempo, che si possa stare sott' acqua, e non morire[21]“. Er führt ferner die Beispiele jener an, die in Westindien der Perlenfischerei obliegen, sowie unseren Colapesce.

P. Francesco Pipini erwähnt in seiner Chronik[22] (bei Muratori, tom. 9, Scrip. rerum Italicar. cap. 48, f. 669) einen Umstand, den wir bei den anderen nicht finden, und zwar, daß diese Natur (Colas) von einem Fluch herrühre, den seine Mutter gegen ihn geschleudert habe.

Die Möglichkeit, sich auf einen Papst berufen zu können, mußte Mongitore natürlich besonders willkommen sein; das von ihm zitierte „klassische Werk über die Kanonisation[23]“ hatte sein Verfasser, Prospero de' Lambertini, der spätere Papst Benedikt XIV. (1740—1758), noch als Kardinal geschrieben; es weist alle Züge jener kritischen Haltung auf, deren sich die Kirche gegenüber der wachsenden Skepsis der

---

Piscatoribus Perlarum, qui perpetuo Vsu, Decuplum Temporis ad minimum, retinere Anhelitum possunt, plusquam pro Ratione aliorum Hominum.“ Mongitore benutzte eine andere Ausgabe.

20 Vgl. unten Anm. 24.

21 Dieses Werk „De tempore, quo quis sub aquis manere potest, & non mori' (Lambertini p. 206) war offensichtlich bereits Mongitore nicht mehr greifbar; es kann daher auch nicht ausgemacht werden, ob Lapio den Colapesce ausdrücklich erwähnt; wahrscheinlich ist es. Nach Wynmann und Spranger ist Lapio der dritte, der eine Spezialabhandlung verfaßt.

22 Vgl. oben S. 41 f.; Mongitore bringt anschl. den gesamten Bericht lat.

23 F. X. Seppelt u. Kl. Löffler, Papstgeschichte, München 1933, S. 339.

Aufklärung befleißigen mußte. So werden die wirklichen und angeblichen Wundertaten der Heiligen und Seligen einer genauen Prüfung unterzogen und, wenn irgend möglich, mit allen Mitteln der zeitgenössischen Wissenschaft auf natürliche Vorgänge zurückgeführt. Im 21. Kapitel des ersten Teiles des vierten Buches der umfangreichen Schrift kommt der Kardinal auf die als ‚Wunder' angesehenen Wiederbelebungen Ertrunkener zu sprechen[24]:

„Michelangelo Lapio gab, während er ‚Subpromotor Fidei' war, unter anderen Schriften eine heraus, die zu Rom im Jahre 1670 gedruckt wurde unter dem Titel ‚Über die Zeit, die ein Mensch, ohne zu sterben, unter Wasser bleiben kann'. In der Vorrede erklärt er, er gebe jene heraus, damit man in Fällen der Selig- und Heiligsprechung ein richtiges Urteil fällen könne, sofern es sich dabei um die Entscheidung über Menschen handle, die, ins Wasser gefallen, lange Zeit unter Wasser blieben, herausgezogen, für tot gehalten und durch ein Wunder ins Leben zurückgerufen wurden, nachdem irgendein Diener Gottes oder ein Seliger angefleht worden war. Er glaubt jedoch, man dürfe es nicht für ein Wunder halten, wenn die Untergegangenen die ganze Zeit über, die sie unter Wasser bleiben mußten, dort auf natürliche Weise leben konnten, selbst wenn sie, aus dem Wasser gezogen, für tot gehalten wurden, während man eher ‚halbtot' (semimortui) hätte sagen sollen. Sofern nämlich der Erweis des erfolgten Todes fehlt, darf man ihre Rückkehr zu den Lebensfunktionen niemals für eine Wiedererweckung ansehen.

Ferner behauptet Lapio in seiner Schrift an Hand vieler Beispiele, und zwar insbesondere solcher von Perlen- und Korallenfischern, es sei nicht unmöglich, daß ein Mensch lange Zeit auf natürliche Weise unter Wasser lebe, obwohl er unter Wasser nicht atmen könne: ‚Onde mossi da simile esperienza molti letterati di grand' ingegno hanno creduto, non esser fuori de' limiti della naturalezza il vivere certi uomini lungo tempo sott' acqua senza respirare' …

---

24 De Servorum Dei Beatificatione et Beatorum Canonizatione libri IV & Ultimi Pars I auctore Prospero Cardinali de Lambertinis primum Anconitanae, deinde Bononiensis, nunc universalis ecclesiae pontifice Benedicto XIV., ed. secunda, Pataviae 1743, lib. IV, pars I, cap. XXI § 20—25 pp. 206—208.

Dazu stimmt, was man bei Boyle in seinem Opere vario, pag. 145, liest. Dort berichtet jener, es erscheine nicht unmöglich, daß sich manche Menschen durch Gewohnheit und Übung so umstellen, daß sie eine Zeitlang die Luft entbehren und daher auch länger unter Wasser bleiben können; er führt als Beispiel die Perlenfischer West-Indiens an, die ins Meer tauchen und eine ganze Stunde unter Wasser bleiben sollen, ebenso das Beispiel eines gewissen sizilischen Tauchers Colanus, der nach dem Zeugnis des Cardanus, falls dieser uns nicht etwas aufbinden wollte, drei oder vier Stunden unter Wasser blieb, sowie eines gewissen Engländers, der bis zum tiefsten Grunde der Themse hinabtauchte und aus den Schründen des Ufers große Fische lebendig mit bloßen Händen heraufzuholen pflegte; er fügt hinzu, daß es nur wenige Menschen gebe, die länger als zwei Minuten, ohne zu atmen, unter Wasser am Leben bleiben könnten."

Im selben Jahre 1743, in dem Mongitores Werk in Palermo, Papst Benedikts in Padua herauskam, erschien in Madrid der 6. Band des „Theatro critico universal" des Benito Geronimo Feyjoo, der 1765 als General des Benediktinerordens Spaniens starb, ein ‚Welttheater' unter moral-theologischen Aspekten, in dem nicht nur Colapesce, sondern auch, völlig überraschend, ein spanischer ‚Rivale' des Sizilianers erscheinen. Feyjoos Anliegen ist es, den Glauben an Meermänner und Tritonen, an Nixen und Nereiden im Sinne der Kirche wie der Papst selbst und im Sinne der Aufklärung wie Mongitore kritisch zu widerlegen, wenn nicht auszurotten; an Stelle der Sensationslust tritt die Skepsis. Seiner Nationalität entsprechend, beginnt der Benediktiner mit der höchst seltsamen Geschichte des Asturiers Francisco de la Vega und leitet den 8. Diskurs des 6. Bandes über dieses befremdliche Ereignis (peregrino sucesso) mit dem Geständnis ein, daß es ein Wagnis sei, den außerordentlichen Fall (caso … tan estraño, tan exorbitante) innerhalb seines Werkes ans Licht der Öffentlichkeit zu ziehen und damit womöglich seine Wahrheit zu verbürgen; jedoch gebe es so viele noch lebende glaubwürdige Augenzeugen (testigos oculares y dignos de toda fee), daß er nicht umhin könne, von einem jungen Manne aus der Gegend von Burgos zu berichten, der sich ins Meer gestürzt und lange

Zeit darin gelebt habe wie ein Fisch unter Fischen (como pez entre los pezos). Die Behauptung, dies sei die Folge eines Fluches seiner Mutter gewesen, lasse sich jedoch, wie das Ende der Geschichte zeige, nicht aufrecht erhalten[25].

Er, Feyjoo, habe die Geschichte zunächst für eine der vielen Schwindeleien gehalten, wie sie gewöhnlich im Volke weitererzählt würden (una de tantas vulgares patrañas). Aber ein besonders verehrter Freund (un amigo de mi mayor veneracion y afecto) habe ihn dazu gedrängt, sie in seine Schriften aufzunehmen, und sich gleichzeitig „in gewisser Weise" (en algun modo) für ihre Wahrheit verbürgt, da sie ihm von zwei Personen erzählt worden sei, die jenen jungen Mann gekannt und mit ihm Umgang gehabt hätten, nachdem er aus dem Meere in seine Heimat zurückgekehrt sei (despues de restituido del mar à su tierra). Gleichzeitig habe sein Freund ihn, Feyjoo, aufgefordert, sich doch genauere Angaben darüber zu verschaffen; er habe sich also persönlich erkundigt und von vertrauenswürdigen Landsleuten des jungen Mannes weitere Einzelheiten erfahren. Endlich habe ihm der Herr Marquis von Valbuena, der in der Stadt Santander wohne, durch den Herrn Don Joseph de la Torre eine ganz genaue Schilderung der Vorgänge zugesandt, die er in wörtlicher Abschrift wiedergebe. Und nun folgt in zwölf kurzen Kapiteln die sonderbare Geschichte des Francisco de la Vega[26]:

„In der Ortschaft Liérganes des Bezirks von Cudeyo[27], im Erzbistum Burgos, zwei Meilen südwestlich von der Stadt Santander, lebten

25 Vgl. oben S. 133 und die Bearbeitung Ludwig Tiecks unten S. 304 f.

26 Theatro critico universal o discursos varios en todo genero de materias para desengano de errores comunes por Benito Geronymo Feijoo, Madrid 1743, tom. VI, disc. 8: Examen philosophico de un peregrino sucesso de estos tempos, pp. 251—256.

27 La Junta de Cudeyo, cf. Enciclopedia universal ill. europea-americana, tomo XVI, Bilbao s. a., p. 920: „Una de las cinco juntas de la antigua merindad de Transmiera, en la prov. de Santander actual, p. j. de Santoña. Constituínla multitud de pueblos, entre ellos ... Liérganes ..."

Francisco de la Vega und seine Frau Maria del Casar, Einwohner des genannten Ortes. Ihrer Ehe entstammten vier Söhne mit Namen Don Thomas, der Priester war, Francisco, Joseph und Juan, der noch heute im Alter von 74 Jahren am Leben ist.

Die verwitwete Maria del Casar schickte ihren Sohn Francisco im Alter von fünfzehn Jahren in die Stadt Bilbao, damit er das Handwerk eines Zimmermanns erlerne; in dieser Lehre blieb er zwei Jahre, bis 1674. Als er einmal am Vorabend des Johannistages mit anderen jungen Leuten am Gestade der genannten Stadt baden gegangen war, bemerkten diese, daß er flußabwärts geschwommen war; seine Kleider hatte er bei denen seiner Gefährten zurückgelassen. Und da diese glaubten, er werde bald zurückkehren, warteten sie voller Hoffnung, bis sein langes Ausbleiben sie annehmen ließ, er sei ertrunken. Und das berichteten sie denn auch dem Meister, und der sagte es der Mutter Maria del Casar, die ihren Sohn Francisco als tot beklagte.

Im Jahre 1679 zeigte sich den Fischern von Cadiz eine menschliche Gestalt (una figura de persona racional), die bald auf den Wogen schwamm, bald nach Belieben untertauchte. Als sie sich ihr nähern wollten, verschwand sie am ersten Tage wieder. Am folgenden jedoch ließ sie sich von den genannten Fischern wieder sehen, und nachdem sie das gleiche Spiel erlebt hatten (experimentando la misma figura, y fuga), kehrten sie ans Land zurück und erzählten die Neuigkeit. Nachdem diese allenthalben bekannt geworden war, wuchs das Verlangen, zu wissen, wer das gewesen sei, und sie überlegten lange und angestrengt, um Mittel zu finden, das Wesen zu fangen. Sie beschafften sich daher starke Netze, mit denen sie es vollständig einkreisen konnten, wenn es sich ihnen zeigte. Dann warfen sie Brotstücke ins Wasser und bemerkten, daß es sie auffischte und aß und daß es sich, indem es ihnen nachschwamm, einer der Barken näherte, so daß sie es schließlich in dem engen Kreis der Netze einfangen und ans Land ziehen konnten. Als sie das Wesen, das sie für ein Ungeheuer hielten (que se consideraba monstruo), näher betrachteten, fanden sie in ihm einen vernünftigen Menschen mit (normalem) Körperbau und Gliedern. Daher sprachen sie in verschiedenen Sprachen zu ihm; in keiner und auf nichts antwortete der Mensch, obgleich er, für den Fall, daß ihn irgendein böser Geist besessen haben sollte, in dem Franziskanerkloster, in dem er wohnte, beschworen worden war. Doch im Augenblick hatte nichts Erfolg. Nach einigen Tagen aber sprach er das Wort ‚Liérganes' aus. Da das jedoch keiner von ihnen kannte, erklärte es ein junger Mann aus dem genannten Ort, der als Tagelöhner in der Stadt Cadiz arbeitete; er sagte, das sei seine Heimat, die in der oben erwähnten Gegend liege. Und auch Don Domingo de la Cantolla, der Sekretär der Obersten Inquisition, stammte aus demselben Orte. Daher schrieb ihm ein Mann, der ihn kannte, von dem Fall. Und Don Domingo berichtete ihn seinen Verwandten in Liérganes, damit man, falls man dort irgendeine Nachricht erhalte, sich sofort mit Cadiz in Verbindung setze (que se diesse la mano con la de Cadiz). Sie antworteten ihm, daß man nicht mehr wisse, als daß der Sohn der Maria del Casar, der Witwe des Francisco de la Vega, der wie sein Vater gleichfalls Francisco heiße, in dem Fluß bei Bilbao verschwunden sei; daher halte man ihn bereits seit Jahren für tot. All das teilte Don Domingo seinem Bekannten in Cadiz mit, der es in dem erwähnten Franziskanerkloster berichtete, wo Francisco sich aufhielt.

Es weilte damals in diesem Franziskanerkloster ein Angehöriger des Ordens namens Frater Juan Rosende, der zu jener Zeit von Jerusalem gekommen war und der durch Spanien reiste, um Almosen für jene heiligen Orte zu sammeln. Dieser kannte die Gegend, in der Liérganes liegt. Er freundete sich mit dem jungen Manne an, der aus dem Meere aufgetaucht war. Und während er überlegte, ob er vielleicht, dem Berichte des Cantolla entsprechend, wirklich aus Liérganes stamme, beschloß er, ihn auf seine Bettelreise mitzunehmen. Als er diese an der Küste von Santander beendet hatte, war er im Jahre 1680 in die Nähe des Ortes Liérganes gekommen; und als er den Berg erreicht hatte, der Dehesa heißt und eine Viertelstunde von dem Dorfe entfernt liegt, sagte er zu dem jungen Mann, jetzt solle er einmal führen. Der tat das auch unverzüglich und ging geradenwegs auf das Haus der Maria del Casar zu, die ihn, im selben Augenblick, in dem sie ihn sah, erkannte und mit den Worten umarmte: ‚Du bist mein Sohn Francisco, den ich in Bilbao verloren habe!' Die Brüder, der Geistliche und der Laie, waren auch anwesend und umarmten ihn gleichfalls mit großer Rührung. Francisco jedoch zeigte keinerlei Veränderung, keine Gefühlsregung, nicht anders, als wenn er ein Klotz (un tronco) wäre.

Frater Juan Rosende ließ den Burschen im Hause seiner Mutter, wo er neun Jahre lang stumpfsinnig lebte, dergestalt daß ihn nichts beeindruckte und daß er auch nichts weiter sprach als einige Male die Wörter ‚Tabak, Brot, Wein', jedoch ohne Sinn. Wenn man ihn fragte, ob er etwas wolle, antwortete er nichts; wenn man ihm etwas gab, so nahm er es und aß es im Übermaß für einige Tage; dann aber vergingen andere, ohne daß er Nahrung zu sich nahm.

Wenn ihm jemand auftrug, einen Brief von einem Dorfe zum andern, das er von früher her kannte, zu tragen, so erledigte er das mit größter Sorgfalt und gab ihn dem, an den er gerichtet war; er verstand und überbrachte die Antwort, die man ihm gab, genauestens, so daß er das, was man ihm sagte, zu begreifen schien. Jedoch dachte er nichts dabei.

Einmal schickte ihn jemand mit einem Brief von Liérganes nach Santander. Auf diesem Wege mußte er einen Fluß überqueren, der mehr als eine Meile breit ist, und deshalb bei Pedreña eine Fähre benutzen. Da er dort aber keine Fähre fand, sprang er ins Wasser und landete an der Mole von Santander, wo ihn, durchnäßt wie er war, viele sahen. Den Brief aber, den er in seiner Tasche trug, lieferte er dem Empfänger pünktlich ab. Auf dessen Frage, wovon er durchnäßt sei, erwiderte er nichts. Das Antwortschreiben brachte er mit gewohnter Zuverlässigkeit nach Liérganes.

Er war etwas mehr oder weniger als sechs Fuß groß, entsprechend stark und wohlgebildet; sein Haar war rötlich und kurz, als ob es eben zu wachsen begänne; seine Gesichtsfarbe war bleich; seine Nägel waren verdorben, als wenn sie vom Salzwasser zerfressen wären. Er ging immer barfuß. Wenn man ihm Kleidung gab, so trug er sie, wenn nicht, so lief er genauso unbesorgt nackt umher wie barfuß.

Wenn man ihm etwas zu essen gab, nahm er es und aß alles, was es auch war; gab man ihm nichts, so verlangte er auch nichts, so daß er wie ein lebloses Ding zum Umherschicken, wie ein lebendiges im Gehorchen erschien. Er blieb stumm; gelegentlich wiederholte er einige Wörter, die man ihm vorsprach, aber ohne Sinn und Zusammenhang. Das kann ich als feststehend versichern.

Als er ein Kind war, zeigte er große Vorliebe für die Fischerei; er badete in dem Flusse, der durch das Dorf Liérganes fließt, und war ein großer Schwimmer. In diesem Alter wies er die gewöhnlichen Eigenschaften auf.

Alles, was hier berichtet wurde, ist die reine Wahrheit nach dem Bericht seiner Brüder, des Priesters Don Thomas und Juans, der noch lebt; und alles, was von diesen Tatsachen abweicht, ist falsch, wie die Behauptung, daß er Schuppen am Körper gehabt habe und daß dieses Wunderzeichen (este prodigio) von einem Fluche herstammte, den seine Mutter ausstieß.

In dieser Art und Weise lebte im Hause seiner Mutter und in diesem Lande der junge Francisco de la Vega etwa neun Jahre lang, und dann verschwand er, ohne daß sich noch eine Spur von ihm zeigte (sin que se haya sabido mas de èl), wenn man auch behauptete, daß ihn kurze Zeit später ein Mann aus der Nähe von Liérganes in einem asturischen Hafen gesehen habe. Jedoch fehlt dafür jegliche Bestätigung."

Im nächsten Abschnitt führt Feyjoo noch mehrere, seiner Ansicht nach höchst glaubwürdige Zeugen an, deren Aussagen er weitere Einzelheiten über den Fischmenschen Francisco entnimmt und von denen einer diesen sogar einige Male in seinem Hause aufgenommen haben soll. Am wichtigsten sind in diesem allgemeinen Zusammenhang die speziellen Angaben über Franciscos körperliche Veränderung, insbesondere „la circunstancia de las escamas". So behauptete man, er habe einige Schuppen auf dem Rücken (sobre el espinazo) gehabt und gewissermaßen einen Schuppenstreifen unter dem Nabel (como una cinta de ellas desde la nuez al estomago); jedoch seien sie nach kurzer Zeit abgefallen. Ein anderer Zeuge sage, an einigen Stellen seines Körpers sei die Haut so hart gewesen wie Fischhaut (en algunas partes del cuerpo tenia el cutis aspero al modo de lixa). Dem stünden jedoch wieder andere Behauptungen entgegen:

„Diejenigen, die ihn bei seiner Ankunft in Santander sahen, konnten in aller Wahrhaftigkeit (con verdad) versichern, daß er Schuppen habe, weil er sie damals tatsächlich hatte; und diejenigen, die ihn später sahen, versicherten ebenso wahrhaftig (tambien con verdad), daß er sie nicht hatte, weil sie bereits abgefallen waren. Ebenso verwechseln einige die rauhe Haut an einigen Stellen seines Körpers mit Schuppenbildung."

Am Ende des ganzen Diskurses kann sich Feyjoo — so bedeutsam erscheint ihm die Angelegenheit! — nicht enthalten, im Rahmen einer „Addicion"[28] den Wortlaut eines Briefes wiederzugeben, der von einem Don Gaspar Melchor de la Riba Aguero an einen Don Diego Antonio de la Gandara Velarde am 11. November 1733 geschrieben wurde. Der Brief stellt

28 Feyjoo l. c. p. 288.

eine nüchterne Zusammenfassung der Geschichte Franciscos auf Grund von persönlichen Erkundigungen an Ort und Stelle dar und enthält nichts Neues, berührt jedoch noch einmal ausdrücklich die beiden heiklen Punkte: die Schuppen am Körper des Burschen und den Fluch der Mutter.

Don Gaspar schreibt, genau wie Feyjoo selbst, Francisco habe sich aus Essen und Trinken nicht viel gemacht und kaum etwas gesprochen, am häufigsten das Wort 'Tabak', den er sehr gern genommen habe (de que tomaba mucho)[29], gelegentlich auch 'Brot' und 'Wein'; jedoch habe er, wenn man ihn fragte, ob er etwas wolle, nicht geantwortet, auch nicht durch Zeichen angedeutet, daß man es ihm geben solle. Don Gaspar schließt daraus, Francisco habe allmählich die Fähigkeit zu denken und zu entscheiden (la parte Intelectual) verloren, allein das sei ihm geblieben, „was man Instinkt nennen kann". An dieser Stelle nun fährt er fort:[30]

„Als ich ihn zum ersten Mal sah, hatte er keine Schuppen mehr, obwohl seine Haut gewiß sehr rauh und die Nägel sehr abgenützt waren. Indessen versicherte ein alter Mann aus jenem Orte, ein Mann von sehr klarem Verstande, daß man, als er ankam, einige Schuppen auf der Brust und auf dem Rücken gesehen habe, daß sie jedoch bald darauf abgefallen seien ... Derselbe alte Mann versicherte, daß dieser Bursche, bevor er sich ins Meer stürzte, Beweise von recht guter Begabung (muestras de muy buena capacidad) gezeigt habe ...

Von seinen Brüdern lebt heute nur noch Juan, der die Landwirtschaft betreibt. Obwohl er ein sehr frommer und tugendhafter Mann ist, hatte ihn die eigenartige Erscheinung außerordentlich beeindruckt, und daher wagte sie niemand in seiner Gegenwart zu erwähnen. Als feststehend verbreitete sich, daß die Mutter dieses Menschen, als er noch ein Kind war, einen Fluch gegen ihn ausgestoßen habe; jedoch sein geistlicher Bruder sagte mir einige Male, daß seine

29 Mit der Vorliebe Franciscos für Tabak steht, vielleicht nicht zufällig, die Bitte des schuppenbedeckten, angeblich holländischen Seemenschen bei de Maillet (vgl. oben S. 135 u. Anm. 3, 144) in Zusammenhang.

30 Feyjoo l. c. pp. 291—292.

Mutter es leugne, und ich beuge mich der Wahrhaftigkeit dieser Frau, weil ich sie kannte und sie mir mild und tugendhaft erschien ..."

Feyjoo bedauert weiterhin lebhaft, daß sein Fischmensch (nuestro nadante hombre) den Verstand verloren habe, und zählt eine Menge von Rätseln und Geheimnissen (cosas ignoradas) des Meeres auf, die jener, wenn er ihn behalten hätte (si ... huviesse conservado el juicio), den Naturforschern hätte klären und lösen können. Er schließt diese Betrachtungen mit folgender Überlegung:[31].

„Wenn wir irgendeinen positiven Hinweis hätten, daß dieser Fall wunderbar (milagroso) gewesen ist, würden wir, wenn auch auf einem nicht sehr realen, nicht sehr alltäglichen (muy trillado) Wege, allen diesen Schwierigkeiten entgehen ... Die Behauptung, die durch Spanien lief, daß das Unglück des armen Francisco von einem Fluch seiner Mutter herrühre, würde, wenn sie wahr wäre, die Zuflucht zur Philosophie rechtfertigen. Jedoch war jene Behauptung die Tochter der Unwissenheit über die Grenzen, bis an die die Natur gelangen kann, und der allgemeinen Sucht, in jedem außergewöhnlichen Ereignis ein Wunder zu sehen (tocar à milagro). Alle glaubwürdigen Berichte, die durch meine und meiner Freunde Bemühungen aufgetrieben worden sind, stimmen darin überein, daß es weder einen solchen Fluch gab noch irgendeinen anderen Umstand, aus dem man folgern könnte, daß die Sache die Grenzen des Natürlichen überschritt."

Nach diesen durch und durch rationalistischen Erwägungen, die den Verfasser des „Theatro critico" als überzeugten Anhänger der Aufklärung erkennen lassen, kommt dieser in den vier Kapiteln des vierten Abschnittes nunmehr auch auf Colapesce, den er bereits im 6. Diskurs des 5. Bandes: „Senāles de muerte actual" erwähnt hatte[32], zu sprechen:[33]

„Um die Wahrheit dieser Geschichte zu verbürgen, bietet uns die Überlieferung (las Historias), soweit ich sehe (en quanto yo he leido),

---

31 Feyjoo l. c. p. 258.

32 Feyjoo l. c., tom. V (1742), p. 127.

33 Feyjoo l. c. pp. 259—261.

keinen dem unseren ähnlichen Fall, mit Ausnahme eines einzigen, und auch der ist es nur zum Teil. Es ist der jenes Sizilianers, der gemeinhin von seinen Landsleuten Pesce Cola — das heißt der Fisch Nicolao — genannt wurde und von dem wir im 6. Diskurs des 5. Bandes unter Nummer 7 vorläufige Kenntnis gegeben haben; jetzt wollen wir einen unserer Absicht entsprechenden vollständigeren Bericht folgen lassen.

Dieser Nicolao stammte aus der Stadt Catania und war von geringer Herkunft. Aus Neigung widmete er sich von Kind an der Übung im Schwimmen. Die Übung bewies und vergrößerte gleichzeitig die angeborene Fähigkeit, die er dazu besaß. Und die Fähigkeit und die Neigung im Verein mit seiner Armut brachten ihn ganz selbstverständlich dazu, seinen Lebensunterhalt im Wasser zu suchen. Er fand ihn in der Austern- und Korallenfischerei. Indem er diesem Erwerbszweig folgte, hielt er sich soviel im Wasser auf, daß es ihm bereits etwas schwer fiel, auf dem Lande zu leben (vivia algo violento en la tierra). Vertraut mit jenem wilden Elemente, freute er sich in gleicher Weise an dessen Heiterkeit, wie er sein Wüten verachtete. Mit derselben Unbesorgtheit schwamm er im unruhigen wie im ruhigen Meere. Kaum ein Fisch drang mit mehr Kühnheit in seinen tiefsten Schoß oder durchmaß mit größerer Schnelligkeit seine weiten Gefilde. Heidnischer Aberglaube hätte ihn für eine Gottheit des Meeres gehalten. Was ihm anfangs nur Vergnügen bereitete, wurde allmählich Notwendigkeit. Wenn er einen Tag nicht ins Wasser gehen konnte, fühlte er eine solche Beängstigung, einen solchen Druck auf der Brust, daß er nicht schlafen konnte. Er diente oft als Meeresbote von einem Hafen zum anderen oder vom Festland zu den Inseln und machte sich nützlich, wenn das Meer so stürmisch war, daß sich die Schiffer nicht hinauswagten. Da er andauernd alle jene Meere durchkreuzte, wurde er vielen bekannt, die gewerblich die Schiffahrt zwischen den Gestaden Siziliens und Neapel betrieben. Er begnügte sich nicht mit den Küsten; gewöhnlich schwamm er weit auf die hohe See hinaus, wo er oftmals ganze Tage verbrachte. Wenn er ein Schiff vorüberfahren sah, machte er sich, selbst wenn es weit entfernt war, mit höchster Geschwindigkeit unverzüglich und ohne jedes Bedenken an seine Verfolgung und ging an Bord. Er betrat das Schiff, aß und trank, was man ihm gab. Höflich und freundlich bot er sich an, Nachrichten der Seeleute in jeden beliebigen Hafen zu bringen, und führte alles pünktlich aus. Darauf suchte er verschiedene Küsten auf, um die Nachrichten zu überbringen, hier an die Väter, dort an die

Mutter und die Söhne, anderswo an die Freunde oder an die Untergebenen dieses oder jenes oder eines anderen Seemannes, ganz wie sie es ihm auftrugen. Ebenso überbrachte er alle möglichen Briefe, zu welchem Zwecke er sich mit einem wohl verwahrten und verschlossenen Lederbeutel versehen hatte, damit sie nicht naß würden.

So lebte dieses vernünftige Amphibium (este racional Amphibio), bis sein Unglück ihn zum Opfer Neptuns machte, den er verehrte. Der König Friedrich von Neapel und Sizilien befahl ihm, — entweder um einen offenkundigen Beweis von der seltsamen Fähigkeit des Nicolao zu erhalten, oder aus Wissensdurst (por una curiosidad philosophica), die Beschaffenheit des Meeresbodens kennenzulernen, den das Altertum Charybdis nannte und der in der Nähe des Kaps Faro liegt — in jene zerklüftete Tiefe zu springen. Da dem Nicolao die Ausführung bedenklich schien (dificultando Nicolao la execucion)[34], weil er die ungeheure Größe der Gefahr kannte, warf der König einen goldenen Becher in die Tiefe und sagte zu ihm, er solle ihm gehören, sofern er ihn aus jenem Abgrund hole. Die Habgier reizte die Kühnheit (la codicia excitò la audacia). Er stürzte sich in die schauerliche Tiefe, aus der er nach ungefähr drei Viertelstunden — diese lange Zeit war notwendig, um den Becher in dem Labyrinth des Meeres zu suchen — mit diesem in der Hand wieder auftauchte. Er unterrichtete den König über die Beschaffenheit jener Klüfte und über verschiedene Meeresungeheuer, die in ihnen hausten; dabei überschritt er vielleicht ein wenig die Grenzen der Wahrheit, da er ja sicher war, daß kein Augenzeuge ihn je der Lüge überführen könne. Ob nun der König einen genaueren Bericht über alle Einzelheiten wünschte oder ob Friedrich einer von den vielen Fürsten war, die, der gewöhnlichen Vergnügungen überdrüssig, nur noch spürbares Vergnügen empfinden (solo encuentran lisonja sensible al gusto), wenn die Geschicklichkeit derer, die sie unterhalten, durch ihre Lebensgefahr gewürzt (sazonada) ist: er bemühte sich jedenfalls, den Nicolao zu einer neuen Probe zu zwingen; und als er ihn widerstrebender als beim ersten Mal fand, weil er ja die Ungeheuerlichkeit des Wagnisses deutlich genug kennengelernt hatte, warf er nicht nur einen zweiten goldenen Becher ins Wasser, sondern zeigte ihm auch einen Beutel, voll von Münzen des gleichen Metalls, und versicherte ihm, daß ihm, wenn er den zweiten Becher wiederbringe, nicht nur dieser, sondern

---

34 Vgl. Val. Schmidt a. (Anm. 35) a. O., S. 164: „Niklas machte Schwierigkeiten."

auch der Beutel gehören solle. Die außerordentliche Begierde nach dem Golde (la desordenada ansia del oro), die schon so vielen Menschen verhängnisvoll geworden ist, war es auch für den armen Nicolao. Entschlossen stürzte er sich auf die zweite Beute. Jedoch kehrte er niemals zurück, weder tot, noch lebendig. Er starb und fand sein Grab in einer jener unzugänglichen Höhlen. Es bleibt zweifelhaft, ob er sich unvorsichtig in eine Enge, in die er nicht hineinkommen konnte, zwängte oder ob er, nachdem er in eine verwinkelte Kluft geraten war, den Ausgang nicht mehr fand oder ob er schließlich von einem der Meerestiere ergriffen wurde, die, wie er selbst gesagt hatte, in jenen Klüften wohnten.

Dieses Ereignis stimmt mit dem unseren in vielen wunderbaren Zügen, wenn auch nicht in allen (en mucho de lo que este tiene de admirable, aunque no en todo) überein. In dem einen wie in dem anderen sieht man eine heftige Leidenschaft für das Leben im Wasser, eine außerordentliche Kraft und Fähigkeit zum Schwimmen und schließlich das natürliche Wunder (la natural maravilla), viele Stunden ohne Atem auszuhalten. In unserem Falle ist wahrscheinlich der Mangel an Schlaf von größerem Gewicht, und ganz gewiß das Fehlen des Verstandes."

Der verdiente Schulmann und spätere Berliner Professor Friedrich Wilhelm Valentin Schmidt (1787—1831) stieß auf der Suche nach der Quelle von Schillers „Taucher" bereits im Jahre 1827 auf Feyjoo[35]. Er verfolgte zwar ganz andere Ziele, bezeichnete jedoch als die Absicht des „Theatro critico universal", das „von großem Einfluß auf die Richtung der spanischen Bildung im achtzehnten Jahrhundert gewesen" sei, „den Aberglauben jeder Art auszurotten oder bloß zu stellen", bedauerte, daß dabei auch „Märchen, Sage und Legende" der Kritik zum Opfer gefallen seien, meinte aber abschließend doch: „Männer wie Feyjoo verdienen also den Dank aller Wahrheitsfreunde, selbst dann, wenn unerwartet schlimme Erfolge neben den guten aus ihren Bemühungen hervorgehen." Denn schließlich widerlege Feyjoo doch „das geschichtliche Vorhandensein der

35 Valentin Schmidt, Balladen und Romanzen der deutschen Dichter Bürger, Stollberg, Schiller, erläutert und auf die Quellen zurückgeführt, Berlin 1827, S. 162—164.

Meermänner, Sirenen, Undinen u. d. m.“, das neben vielen anderen der Theologieprofessor Hermann Dürrholtz hundert Jahre vorher noch als feststehend betrachtet hatte[36], und wiederhole „die Nachrichten über Colan … als Beispiel einer natürlichen, wenn gleich ungewöhnlichen Menschengeschicklichkeit“.

Das ist beinahe mehr, als man in dem vorliegenden Zusammenhange verlangen kann, da Schmidt, wenn auch übereinstimmend mit seiner eigenen Überzeugung, die eindeutig rationalistische Tendenz Feyjoos hervorhebt, während er die Eigenart der Gestaltung so gut wie ganz außer acht läßt.

Hier und jetzt kann von Quellensuche und Abhängigkeitsverhältnissen zwischen den einzelnen Berichten nur beiläufig und lediglich bei besonderen Gelegenheiten die Rede sein, während jedoch die Behandlung des Motivs von ausschlaggebender Bedeutung ist. Da ergibt sich nun bei näherer Betrachtung, daß dieser spanische Benediktiner nicht nur ein heller Kopf ist, daß er nicht in bloßer Skepsis verharrt, sondern seine Bedenken sehr geschickt, und ohne die Vorgangsschilderung zu verwirren, anbringt. So findet er zur Begründung des fremdartigen Verhaltens Colas, scheinbar selbstverständlich, die Ursachen: die Neigung (inclinacion), die er an späterer Stelle mehrmals zur Leidenschaft (passion) erhebt, und die angeborene Fähigkeit (la nativa habilidad), die sich „ganz natürlich“ entgegenkommen und gegenseitig steigern und die in dem besonderen Falle Colas als geeignete Möglichkeit zur Linderung der Armut angesehen werden. Wie hieß es noch bei Alexander ab Alexandro? — „singulari fato seu fortuna genitus“ und „naturae vi et necessitate coactus“! Aber nicht Cola macht „aus der Not eine Tugend“, sondern die „Tugend“, das heißt das der Verbindung von Leidenschaft und Fähigkeit entsprechende Vergnügen (deleyte), wird zum Zwang (necessidad); Cola kann allmählich nur noch im Meere leben, außerhalb des Wassers bekommt er Herzbeklemmungen (angustia) und Atemnot (fatiga en el pecho): die Adaptation an das andere

36 Vgl. oben S. 158 u. Anm. 4, 44.

Element ist völlig — natürlich, Cola ist — welch überraschend umfassendes Oxymoron! — ein „natürliches Wunder“ (natural maravilla), ein „vernünftiges Amphibium“. Er ist so ‚vernünftig‘, daß ihm zuzutrauen ist, er übertreibe „etwas“ bei der Schilderung der Schrecken der Tiefe (en que acaso excederia algo de la verdad), da ja niemand anders die Richtigkeit seiner Angaben überprüfen könne. Der Fluch der Mutter aber, den Feyjoo im Falle seines spanischen Landsmannes Francisco so apodiktisch bestreitet, wird bei Cola, dem Berichte Alexanders ab Alexandro entsprechend, überhaupt nicht erwähnt. Er paßt einfach nicht in das System der Aufklärung.

Hier ist also gewissermaßen ein Nullpunkt erreicht: die Verfremdung hat keinerlei Spielraum mehr, und ihre letzten physischen und psychischen Möglichkeiten werden mit kaltem Verstand untersucht und auf entsprechende Formeln gebracht. Die Atmosphäre ist gereinigt. Alles ist erklärbar. Die Generalformel lautet: jeder übt die Kunst am besten aus, zu der er die größte Fähigkeit mitbringt; das heißt: jeder tut das am liebsten, was er am besten kann, jeder wählt den Weg des geringsten Widerstandes. In dem besonderen Falle der Schwimmer und Taucher bedeutet das:[37]

„Die Leidenschaft für die Übung des Schwimmens ist bei denen, die sie erlernt haben, allgemein verbreitet; bei manchen ist sie heftig, und zwar ganz besonders bei denen, die eine spezielle Veranlagung dazu haben.“

Da Feyjoo auch den neapolitanischen Schwimmer Alexanders ab Alexandro kennt, kommt er zu einer Staffelung des Erstaunlichen, bei der der Spanier Francisco die oberste Stufe erreicht, da er offensichtlich wenig oder gar nicht schlief:[38]

„Der sizilianische Schwimmer verbrachte die Nächte auf dem Lande, wo er ruhte wie die anderen Menschen. Der Spanier hielt sich unun-

37 Feyjoo l. c. p. 261.
38 Feyjoo l. c. p. 268.

terbrochen, vier oder fünf Jahre lang, in den Wellen des Meeres auf, wo er die Wohltat des Schlafes allem Anschein nach nicht genießen konnte."

In einem langen Exkurs versucht Feyjoo auch diese Frage naturwissenschaftlich zu lösen. Er zitiert vorsichtig Spezialschriften, nennt Aristoteles und Plinius: auch die Fische schlafen. Schließlich bleibt wieder nur — der Fluch der Mutter; und der wird standhaft geleugnet.

Es überrascht demzufolge nicht, daß auch der Geschichtsschreiber Messinas, Caio Domenico Calogero Gallo (1692—1780), in seinen „Annali" als Kind seiner Zeit diesen Fluch nicht erwähnt, obwohl er außer dem namentlich genannten Fazello noch andere Gewahrsmänner zu kennen scheint; bei ihm heißt es:[39]

„Cola Pesce war ein Mensch, der sicherlich bei den Nachfahren Verwunderung erregt (uomo al certo de recar meraviglia a' posteri). Schon von Kindheit an gewöhnt, im Meere zu leben und darin zu schwimmen, hielt er sich die ganze Zeit unter Fischen auf und verließ die Gemeinschaft der Menschen, wodurch er sich den Beinamen ‚Fisch' erwarb. Man sagt, er habe wunderbare Dinge von dem erzählt, was er unter Wasser beobachtete: von den Werken der Natur und ihren Erzeugnissen, wenn auch die von ihm berichteten Neuigkeiten nicht auf uns gekommen sind. Schwimmend legte er lange Strecken zurück, auch bei stürmischem Meer, und begegnete den Schiffern auf hoher See, denen er Auskunft gab über das, was er erlebt hatte; und zum Entgelt bekam er Speise. Darauf stürzte er sich von neuem ins Meer und setzte seinen Weg fort.

Da er in Messina auf Grund seiner seltsamen Lebensart (per la rara maniera del suo vivere) in hohem Ansehen stand, geschah es, daß an einem bestimmten Festtage der König Friedrich seine Kraft und Geschicklichkeit auf die Probe stellen wollte. Daher ließ er im Hafen von Messina, und zwar genau unterhalb des eigenen Königlichen

39 Caio Domenico Gallo, Annali della città di Messina, Messina 1758, tom. II, lib. III, p. 185, n. 12; zit. bei Pitrè, Studi p. 143, u. Aug. Schneegans, Sicilien, 2. Aufl., Leipzig 1905, S. 83—84.

Palastes, eine goldene Schale ins Meer werfen und befahl dem Cola, sie aus der Tiefe heraufzuholen. Dieser gehorchte zweimal. Beim dritten Male aber kehrte er nicht mehr nach oben zurück, obwohl der König und das Volk lange Zeit vergeblich auf ihn warteten. Man glaubt, er sei in die tiefen Strudel und Höhlen geraten und habe sich weder befreien noch vor der Strömung der Wasser retten können; daher sei er zugrunde gegangen; oder irgendein Meerestier habe ihn verschlungen.

Sehr zahlreich sind die Schriftsteller, die seiner Erwähnung tun. Fazello behauptet im 2. Kapitel des 2. Buches seiner 1. Dekade, er stamme aus Catania."

Dem Bericht Gallos ist nichts Neues zu entnehmen[40]. Lediglich die Bemerkung, daß Colas Beobachtungen auf dem Meeresgrunde nicht aufgezeichnet worden seien, ist von Belang, da sie an die Betrachtungen Feyjoos erinnert, der bedauert, daß durch Colas Tod der Naturforschung wichtige Unterlagen entzogen worden seien. Gallos Notiz ist in einem knappen und nüchternen, dem Zweck des Gesamtwerkes entsprechenden Chronikstil abgefaßt, dessen sich die Geschichtsschreibung der Zeit in zunehmendem Maße befleißigt. Nur die tatsächlichen Begebenheiten werden aufgezählt, Begründungen und Erklärungen fehlen weitgehend. Der Zeitgeist ist rationalistisch; für objektive Verfremdungen hat man kein Verständnis, und schon gar nicht für subjektive.

Womöglich noch knapper, aber dennoch in besonderer Weise aufschlußreich sind weitere Nachrichten aus dem Sizilien des 18. Jahrhunderts, die Giuseppe Pitrè einem Manuskript der Biblioteca Comunale von Palermo entnommen hat[41]. Sie stammen von Francesco Maria Emmanuele di Villabianca

---

40 Weitere rein chronikalische Berichte sind (angeblich) zu finden bei Sampieri, Messina illustrata lib. V und in der „Descrizione della città di Napoli e suoi borghi" von Giuseppe Sigismondi, II, 193, Werken, die im internationalen Leihverkehr nicht erhältlich sind.

41 Cf. Pitrè, Studi p. 144: F. M.ª Emmanuele di Villabianca da Palermo, Memorie siciliane, t. I, p. 146. Ms. Qq. D. 158 della Biblioteca Comunale di Palermo.

und sind, wie Pitrè ausdrücklich bemerkt[42], zu verschiedenen Zeiten niedergeschrieben; insgesamt handelt es sich dabei um eine kurze Geschichte Colapesces:

„Dieser wurde in der Mitte des Jahres 1490 in Catania geboren; er fühlte sich schwach und elend (si sentiva affannare per cosa naturale), wenn er außerhalb des Wassers war. Hier [im Wasser] war es ihm so wohl, daß er, zum jungen Manne herangewachsen, ein so bedeutender Schwimmer wurde, daß er das Meer mitten in starken Stürmen durchmaß und zwanzig oder dreißig Meilen weit schwamm. Der König Alfons warf für ihn einen goldenen Becher in das Meer von Messina, und er tauchte auf den Grund, kam aber nicht mehr herauf und starb, wie man glaubt, in irgendeiner Kluft jenes Hafens, oder es verschlang ihn irgendein Meeresungeheuer. — Siehe Messia, Selva ..., tom. I, f. 46. Kirckener (sic!), Mundus subterraneus, t. I., behauptet, daß er beim ersten Male aus dem Meer hervortauchte mitsamt dem goldenen Becher, beim zweiten Male jedoch, als er eine goldene Schale (una bocce d'oro) oder einen anderen Becher holen wollte, zugrunde ging. Man hört von den Schriftstellern, es habe zwei Cola Pesce gegeben, einen namens Cola, einen anderen namens Colanus."

„Und man behauptet, die ihm verliehene Fähigkeit, in den Wellen zu schwimmen, sei von Himmel verhängt worden als Folge (in pena) des Fluchs, den seine Mutter gegen ihn ausgestoßen hatte."

„Diese Menschen hatten wahrhaftig ‚Rachen' (le gargie) wie Fische."

„Es gab noch einen anderen Colapesce zur Zeit König Friedrichs des Einfältigen, und man glaubt, es seien zwei gewesen. Siehe Mongitore, La Sicilia ricercata, tom. 2, p. 165—73."

Die einzelnen Eintragungen Villabiancas sind ziemlich klar voneinander unterschieden. Die Kenntnis Kirchers ist nicht weiter auffällig, da der deutsche Jesuit längere Zeit in Sizilien weilte und sein Werk dort genauso bekannt war wie in Deutschland und anderswo.

In der zweiten Notiz erscheint, vielleicht auf Grund einer

---

42 l. c. p. 144, n. 1; Pitrè bemerkt auch (p. 27) zutreffend, Villabianca zitiere „come si suol dire, a credito"; vgl. auch p. 28.

mündlichen Mitteilung, der Fluch der Mutter: „E si dice essere stato condanna del Cielo l'abilità a lui concessa di nuotar nelle acque in pena della maledizione inflittagli dalla madre." Eine mündliche Überlieferung bestand in Sizilien zweifellos, und sie jedenfalls unterlag keinem rationalistischen Bedenken.

Die dritte Bemerkung gibt der berechtigten Verwunderung über die ‚Natur' Colas Ausdruck; offensichtlich ist von den beiden Colas die Rede; das Wort „gargie" muß selbst Pitrè seinen Lesern als „la gola" interpretieren. Der letzte Zusatz erfolgte nach der Lektüre von Mongitores grundlegendem Werk, das jedem gebildeten Sizilianer bekannt sein mußte.

Es ist kaum anzunehmen, daß sich Villabianca in den zwischen den einzelnen Vermerken liegenden Zeiten systematisch mit den Quellen der Geschichte Colas befaßt, also etwa die Chronik Ricobalds von Ferrara eingesehen und dort von dem Fluche der Mutter gelesen hat. Daß sein Zusatz vielmehr aus dem Volke kam, wird gewissermaßen bestätigt durch die Reiseberichte, die in der zweiten Hälfte des 18. Jahrhunderts Mode wurden und die sich ausdrücklich auf die ‚vox populi' berufen.

Der Engländer Patrick Brydone aus London führte auf seiner Reise durch Sizilien und Malta gewissenhaft Tagebuch und sandte seine Aufzeichnungen regelmäßig als Briefe an seinen Freund William Beckford:[43]

„Wir sind sowohl durch das, was wir gesehen als durch das, was wir gehört haben, sehr wohl unterhalten worden. Wir bewunderten sonst die Taucher von Neapel, wenn sie sich acht und vierzig bis fünfzig Fuß tief in das Wasser hinabließen, und konnten es nicht begreifen,

43 Patrick Brydone, A Tour through Sicily and Malta, Paris 1780, vol. I, lett. IV, pp. 58—59 (nach Pitrè, Studi p. 144—145); deutsche Übers.: Reise durch Sizilien, Leipzig 1774, S. 79—81, 2. Aufl. 1777, I, 63—69. A. Fleischmann (Ursprung und Bedeutung von Schillers Ballade: Der Taucher, in: Zs. f. d. dtn. Unterr. 21 (1907), S. 575) hält Brydone's Bericht für Schillers Quelle; vgl. dazu E. Müller, Die Quellen von Schillers „Taucher", in: Studien z. vergl. Literaturgesch. 8 (1908), S. 241 f.

wie ein Mensch drey Minuten lang unter dem Wasser bleiben könnte, ohne Odem zu schöpfen; allein, dieß ist nichts gegen die Heldenthaten eines gewissen Colas, der aus dieser Stadt gebürtig ist. Er soll, wie man sagt, etliche Tage lange in der See gelebt haben, ohne ans Land zu kommen, und daher hat er den Zunamen Pesce, oder der Fisch erhalten. Einige von den sicilianischen Schriftstellern versichern, daß er bloß durch seine Behendigkeit im Wasser Fische gefangen habe, und der leichtgläubige Kircher behauptet, daß er auf dem Grunde der See habe über die Meerenge hinüber gehen können (the credulous Kircher asserts, that he could walk across the Straits at the bottom of the sea). Dem sey wie ihm wolle, so war er wegen seines Schwimmens und Tauchens so berühmt, daß einer von ihren Königen, Friederich, hinkam, um seine Künste mit anzusehen. Dieser königliche Besuch gereichte dem armen Pesce zum Verderben. Denn, da der König seine außerordentliche Stärke und Behendigkeit bewunderte, hatte er die Grausamkeit, ihm den Vorschlag zu thun, nahe bey dem Strudel Charybdis unterzutauchen, und um ihn desto mehr zu reizen, warf er einen großen goldenen Becher hinein, der seine Belohnung seyn sollte, wenn er ihn wieder herauf brächte. Pesce machte zween Versuche, und setzte die Zuschauer durch die lange Zeit, die er unter dem Wasser zubrachte, in Erstaunen; allein bey dem dritten wurde er, wie man vermuthet, von dem Strudel ergriffen, indem er niemals wieder zum Vorscheine gekommen ist. Sein Körper wurde, wie man sagt, einige Zeit hernach bey Jaurominum (near Taurominum), etwa dreyßig Meilen davon, gefunden, wie man denn immer bemerkt hat, daß das, was die Charybdis verschlingt, von dem Strome südwärts getrieben und an das dasige Ufer geworfen wird. Hingegen ist niemals etwas, das hier verunglückt, durch die Meerenge getrieben oder an die nördliche Küste von Sicilien geworfen worden, es sey denn, daß wir das glauben, was Homer von des Ulysses Schiffe sagt."

Die Nachricht, daß Colas Leichnam bei Taormina angetrieben worden sei, taucht hier zum ersten Mal auf und dürfte dem Engländer von Sizilianern gesprächsweise mitgeteilt worden sein. Brydone beschreibt im folgenden den Zustand der Charybdis zur Zeit seines Aufenthaltes und vergleicht ihn mit den einschlägigen Berichten der Dichter und Schriftsteller; seine Beschreibung ist, wie nicht anders zu erwarten, sachlich und nüchtern. Indessen gibt der Abbé Jean-Claude Richard de Saint-Non (1730—1804) in seinem viel gelesenen „Voyage pittoresque“ eine noch genauere Beschreibung, die, zumal in den beiden Fußnoten, bis in kleinste Einzelheiten geht. Auf diese seine natur- oder vielmehr meereswissenschaftliche Betrachtung, die übrigens im Gegensatz zu der Brydones die Gefahren der Charybdis aufs lebhafteste betont, folgt der Hinweis auf Colapesce:[44]

„Trotz der Gefahr, die das Schwimmen und Tauchen in der ganzen Umgebung dieses Hafens mit sich bringen muß, und trotz der furchtbaren Abgründe, die ihn umgeben, versichert man, daß es zuweilen Menschen gegeben hat, die kühn genug waren, ganz nahe an sie heranzuschwimmen. Und man spricht heute noch in Messina von einem berühmten Taucher namens Colas, der die Hälfte seines Lebens im Wasser verbrachte und dem die erstaunliche Leichtigkeit (la facilité prodigieuse), mit der er schwamm, den Beinamen ‚Fisch‘ eintrug. Sein Ruf war jedoch die Ursache seines Verderbens. Denn die Landesgeschichte erzählt, daß König Friedrich von Sizilien, der Zeuge der Leistungen dieses wunderbaren Schwimmers (de ce nageur merveilleux) sein wollte, ihn aufforderte, im Umkreis der Charybdis zu tauchen, und um ihn anzufeuern, einen goldenen Becher, der seine Belohnung sein sollte, wenn er ihn heraufholte, eben dort hinunterwerfen ließ. Der unerschrockene Colas stürzte sich zweimal hinab, und er hatte Glück genug, den Becher mit heraufzubringen. Friedrich aber ließ den Becher ein drittes Mal hinabwerfen, der ‚Fisch‘ tauchte wiederum und kam nicht mehr zum Vorschein. Der Unglückliche wurde zweifellos von der Gewalt der Strömung mitgerissen. Man fand seinen Leichnam einige Tage später mehr als dreißig Meilen weit entfernt.“

An dieser, alles in allem der englischen an Nüchternheit kaum nachstehenden Schilderung ist nicht nur auffällig, daß sie ausdrücklich von einer lebendigen Überlieferung (on parle encore à Messine) spricht und daß, wie bei Brydone, die Auffindung der Leiche Colas als Tatsache angesehen wird, sondern auch daß die Attribute „prodigieuse“ und „merveilleux“ bereits mehr oder weniger unverbindlich, so also, wie man sie in der

44 Richard de Saint-Non, Voyage pittoresque, Paris 1785, vol. IV, I^{e} partie, p. 27 (pp. 441—442).

Umgangssprache gebraucht, verwendet werden. Das Außerordentliche hat seine Magie offenbar endgültig verloren. Es ist eine Besonderheit mehr unter den vielen anderen, die eine Reise durch Sizilien zu bieten vermag. Wie der Aetna, so wartet die Charybdis je und je auf ihren Bezwinger, wie er, so forderte und fordert auch sie ihre Opfer.

Eine solche Abwertung des Wunderbaren zum bloß Erstaunlichen zieht, zumal als Ergebnis oder auch nur als Denkansatz einer auf den Standpunkt des „Nil admirari" gelangten Aufklärung schon längst, und vielleicht nicht erst seit Voltaire, den blanken Spott oder wenigstens die spielerische Verhöhnung dessen nach sich, der sich dem geleugneten Wunder ‚stellt'. Nur nach vollkommener Entmythisierung des Motivs war seine Verspottung, aber auch erst dann seine — Idealisierung möglich. Die Zeit ist demzufolge reif zu dem (negativen) Versuch, den ‚Helden', der aus Habgier oder auch nur aus sklavischem Gehorsam sein Leben aufs Spiel setzt und verliert, zu verhöhnen, aber eben auch zu dem (positiven), seine Tat als eine zutiefst sittliche in neuem Lichte erscheinen zu lassen. Beide Versuche werden kurz hintereinander gemacht; die sie unternehmen, sind, wohl nicht zufällig, zwei deutsche Dichter:

Franz Alexander von Kleist (1769—1797) und Friedrich Schiller (1759—1805).

Daß Nicola Pesce das Urbild von Schillers „Taucher" darstellt, kann keinesfalls zweifelhaft sein. Um so verwunderlicher ist es, daß Schiller, nachdem er, am 14. Juni 1797, den „Taucher" beendet hatte, am 7. August 1797 an Goethe schrieb:[45]

„Herder hat mir nun auch unsere Balladen, die ich ihm kommuniziert hatte, zurückgeschickt; was für Eindruck sie aber gemacht haben, kann ich aus seinem Briefe nicht erfahren. Dagegen erfahre ich daraus, daß ich in dem Taucher bloß einen gewissen Nikolaus Pesce, der dieselbe Geschichte entweder erzählt oder besungen haben muß, ver-

45 Briefwechsel zwischen Schiller und Goethe, Stuttgart: Cotta o. J., 2. Bd. Nr. 352, S. 134.

edelnd umgearbeitet habe. Kennen Sie etwa diesen Nikolaus Pesce, mit dem ich da so unvermutet in Konkurrenz gesetzt werde?"

Schillers Aussage erscheint unverfänglich. Eine Ausrede oder gar eine Lüge ist ihm nicht so leicht zuzutrauen. Zudem verwechselt er nach dem (leider nicht erhaltenen, jedenfalls nicht auffindbaren) Briefe Herders Gegenstand und Urheber der Geschichte. Goethe belehrt ihn darüber am 13. August 1797:[46]

„Der Nikolaus Pesce ist, soviel ich mich erinnere, der Held des Märchens, das Sie behandelt haben, ein Taucher von Handwerk. Wenn aber unser alter Freund bei einer solchen Bearbeitung sich noch der Chronik erinnern kann, die das Geschichtchen erzählt, wie soll man's dem übrigen Publiko verdenken, wenn es sich bei Romanen erkundigt: ob das denn alles fein wahr sei? Ebenso ein merkwürdiges Beispiel gibt Diderot, der bei einem so hohen Genie, bei so tiefem Gefühl und klarem Verstand, doch nicht auf den Punkt kommen konnte zu sehen: daß die Kultur durch Kunst ihren eigenen Gang gehen muß, daß sie keiner andern subordiniert sein kann, daß sie sich an alle übrige so bequem anschließt u.s.w., was doch so leicht zu begreifen wäre, weil das Faktum so klar am Tage liegt."

Abgesehen davon, daß bei Herder die Kenntnis Kirchers, Pontanus', Alexanders ab Alexandro, vielleicht sogar des Pedro Mejía oder des Simon Majolus tatsächlich vorausgesetzt werden kann, ergibt sich aus Goethes Bemerkung, daß die Geschichte des Nicola Pesce irgendwie lebendig war. Schiller, der ja bekanntlich dauernd auf der Suche nach ihm genehmen oder zumindest geeigneten Stoffen war, mag sie also von Goethe selbst oder einem anderen Bekannten gelegentlich gehört haben.

Wenn aber auch die Quellenfrage an sich sekundär ist, so kann doch die Art der Vorlage, die hier zu 'veredeln' war, nicht ganz aus dem Kreis der Betrachtung verbannt werden. In Frage kommt nach allgemeiner Ansicht vor allem die Darstellung Kirchers. Jedoch übersandte Goethe Schiller am 6. Januar 1798 die Abschrift eines Gesprächs zwischen einem chinesi-

46 Ebd. Nr. 354, S. 139.

schen Gelehrten und einem Jesuiten, das ihn „unglaublich amüsiert“ hatte[47], und antwortete auf Schillers Frage vom 12. Januar, wo er denn „dies schöne Morceau aufgefunden“ habe[48], bereits am 13. Januar: „Das tolle philosophische Gespräch ist aus des Erasmus Francisci neupoliertem Geschicht-, Kunst- und Sittenspiegel, einem abgeschmackten Buche, das aber manchen für uns brauchbaren Stoff enthält[49]“. Wenn somit auch Erasmus Francisci als Vorlage zur Erwägung steht, so hat man doch eine ganze Reihe von Einzelheiten herausgefunden, die mehr auf Kircher verweisen. Eine von diesen betrifft die „Cimmeriae pene tenebrae“ Kirchers, die in der 19. Strophe von Schillers „Taucher“ als „purpurne Finsterniß“ erscheinen[50]. Hier dürfte aber wohl für Schiller das Vorbild Homers[51] entscheidend gewesen sein, dem auch Vergil[52] folgt, während Ovid von den Cimmeriern[53] spricht. Zudem verteidigt Schiller seinen befremdenden Ausdruck in seinem Brief an Körner vom 21. Juli 1797 mit folgenden Worten:[54]

„Wegen der purpurnen Finsterniß brauchst Du Dir keine Sorge zu machen. Ob ich gleich der Minna dafür danke, daß sie mir ihre Schwindelerfahrungen zum Succurs schickte, so komme ich und mein Taucher doch auch ohne dies aus; das Beiwort ist gar nicht müßig: der Taucher sieht wirklich unter der Glasglocke die Lichter grün und die Schatten purpurfarben. Eben darum laß ich ihn wieder umgekehrt, wenn er aus der Tiefe heraus ist, das Licht rosicht nennen; weil diese Erscheinung nach einem vorhergegangenen grünlichen Scheine so erfolgt.“

---

47 Ebd. 3. Bd. Nr. 460, S. 8 und Nr. 398, S. 4—5.

48 Ebd. Nr. 403, S. 13.

49 Ebd. Nr. 404, S. 14—15.

50 Vgl. H. Viehoff, Schiller's Gedichte, erläutert u. auf ihre Veranlassungen u. Quellen zurückgeführt, 3. Theil, 5. Aufl., Stuttgart 1869, S. 35.

51 Cf. Odyssee XI, 243:

52 Cf. Georg. IV, 373: mare purpureum.

53 Cf. Metam. XI, 592 ss.

54 Schillers Briefe, hrsg. v. F. Jonas, Stuttgart o. J., 5. Bd., Nr. 1225, S. 223.

Der Einfluß von Goethes Farbenlehre ist offensichtlich; sie wird gewissermaßen zur Rechtfertigung der Übernahme des homerischen Attributs herangezogen.

Da indessen auch solche Einzeluntersuchungen nicht zum Ziele führten, hat man schließlich die Vermutung ausgesprochen, „daß Schiller den Stoff aus einer Novelle (?) entnommen habe, worin er indeß bereits veredelt, wenn gleich den Hauptzügen nach mit Kirchers Darstellung übereinstimmend behandelt gewesen sei[55]“.

Ist nun schon die Tatsache, daß angesichts der überreichen Überlieferung die Suche nach Schillers Quelle erfolglos blieb, merkwürdig, so ist die Feststellung noch seltsamer, daß wenige Jahre vor Schillers Dichtung der Stoff wissenschaftlich und poetisch in aller wünschenswerten Breite an die deutsche Öffentlichkeit gezogen worden war.

Zunächst kannte man, wie die Xenien[56] beweisen, in Weimar sehr genau den Weber und späteren Professor der Mathematik und Physik Christian Ernst Wünsch aus Frankfurt an der Oder (1744—1828). Seine „Kosmologischen Unterhaltungen für junge Freunde der Naturerkenntniß“ waren in erster Auflage bereits 1770 in drei Bänden erschienen; im zweiten Bande, der dem Herzog Friedrich August III. von Sachsen (1750—1827) gewidmet ist, erzählt Wünsch Colapesces Geschichte nach Kircher in aller Ausführlichkeit:[57]

„Was die Charybdis, oder den Meerstrudel bey Sizilien, anbetrifft: so hat sich einst ein Täucher in ihn hinab gestürzt, und eine merkwür-

55 H. Viehoff a. a. O. S. 21; vgl. M. W. Götzinger, Deutsche Dichter, erläutert, 1. Theil, 4. Aufl., Leipzig 1863, S. 282—293.

56 Vgl. „Xenien 1796“. Nach d. Hss. ds. Goethe- u. Schiller Archivs hrsg. v. E. Schmidt u. B. Suphan, Weimar 1893, 800, S. 93 u. 205.

57 Christian Ernst Wünsch, Kosmologische Unterhaltungen für die Jugend. Zweyter Band: Von den auf der Erde sich ereignenden Phänomenen, Leipzig 1779, Fünfzehente Unterhaltung, S. 520—524. Auf die Möglichkeit, daß Schiller diese Darstellung gekannt hat, machte P. Hoffmann in den „Märkischen Blättern“ 1905, Nr. 108 aufmerksam; vgl. E. Müller a. a. O. S. 241, der sich dagegen ausspricht.

dige Beschreibung davon gemacht, als er wieder herauf gekommen ist. Er hieß Niklas, und hatte sich von Jugend auf dergestalt an das Meer gewöhnt, daß er endlich oft wohl vier bis fünf Tage lang, ohne an das Licht zu kommen, darinnen blieb, um Corallen und Austern zu sammlen, daher ihn auch die andern Fischer nur Pescecola oder Fischnickel nannten: denn er war wirklich einem Amphibion ähnlicher als einem Menschen, indem sich zwischen seinen Fingern und Zähen ordentliche Schwimmhäute, wie bey den Fröschen, gebildet hatten, so, wie auch sein übriger Körper, vorzüglich aber die Brust, durch seinen öftern Aufenthalt im Wasser sehr verunstaltet worden war. Als Briefträger schwamm er oft nach Calabrien, und aß unterwegens rohe Fische und Austern, die überhaupt allezeit seine Kost waren, so oft er sich in dem Meere befand. Viele Schiffer, denen er begegnete, hielten ihn für ein Monstrum: aber andere, die von ihm gehört hatten, baten ihn in das Schiff zu Tische, welches er auch nie abschlug, und sich sofort wieder in des Meer stürzte, denn seine Brieftasche war so verwahret, daß kein Wasser hineindringen konnte. Als man dem Könige von Sicilien diesen seltsamen Menschen beschrieben hatte, ließ er, um von der innern Beschaffenheit der Charybdis einige Nachricht zu erlangen, einen goldenen Becher hinein werfen, auf das ihn gedachter Niklas wieder heraus holen, und ihn für sich behalten mögte, welches auch in Gegenwart des Königs und seines Ganzen Gefolges wirklich geschah. Nach drey Stunden kam er, den goldenen Becher in den Händen haltend, frolockend aus der Tiefe des Meerstrudels wieder empor, und ward unter großen Beyfalle des Volks in das Schloß des Königs geführet, wo er sich von seiner schweren Arbeit sofort durch Schlaf und Speisen erholen mußte, eh er sagen konnte, was er daselbst angetroffen. Als ihn hierauf der König fragte, warum er sich anfangs gefürchtet habe, in die Charybdim hinab zu fahren, antwortete er: Fische und Menschen sind darinnen vorzüglich viererley Gefahren ausgesetzt, weswegen sie sich fürchten, dahin zu gehen. Fürs erste sprudelt das Wasser aus den Löchern und Höhlen mit solcher Gewalt in die Höh, daß ihm kaum der stärkste Mann widerstehen kann. Dann trifft man daselbst eine so große Menge spitziger und scharfer Klippen an, daß es nicht möglich ist, den Grund zu erreichen, ohne sich die Haut abzureißen: ja man würde sich sogar einer offenbaren Gefahr des Lebens unterwerfen, wenn man zwischen diesen Klippen hinab klimmen wollte. Aus diesen Klippen wälzen sich fürs dritte ebenfalls große Wasserströme mit unglaublicher Gewalt gegen einander, woraus sich sofort furchtbare

Wirbel bilden, die durch den bloßen Anblick nicht nur Menschen, sondern auch Fische in Furcht und Schrecken setzen. Die vierte große Gefahr bestehet in den ungeheuren Heerden der Polypen, die sich an den Seiten gedachter Steinklippen veste gesetzt, und in Gestalt unermeßlicher Bärthe aneinander gehängt haben: diese lebendigen und weit ausgebreiteten Bärthe haben mir durch ihre seltsame Bewegung selbst daß größte Schrecken verursacht. Endlich sah ich auch in den Höhlen dieser Klippen eine Menge jener grausamen Fische auf ihren Raub lauren, die den Namen der Hunde führen, und in ihren Rachen, unten sowohl als oben, mit drey Reihen scharfer Zähne versehen, übrigens aber dem Meerschwein ziemlich ähnlich sind. Als man ihn hierauf fragte, wie er doch den goldenen Becher so geschwind habe finden können, gab er zur Antwort: Ich weiß schon, daß die hinein geworfenen Sachen nicht gerade hinab fallen, sondern von den Strömen auf die Seite getrieben werden. Also stürtzte ich mich an eben dem Ort hinein, wo der Becher hinein gefallen war, und überließ mich sofort dem Strome, der mich dann auch ohngefehr nach der Gegend führte, wo der Becher lag. Aber er war nicht bis auf den Grund hinab gefallen, sondern auf einer eingebogenen Steinklippe liegen geblieben, sonst hätte ich ihn schwerlich herauf holen können, weil es fast unmöglich ist, durch die gewaltigen Strudeln und Wirbeln bis auf den Grund zu gelangen: denn daselbst befinden sich schreckliche Schlünde davon einige das Wasser stromweise verschlingen, indem es die andern mit solcher Gewalt wieder ausspeyen, daß ihnen keine Kraft zu widerstehen vermögend ist. Auch ist das Meer an diesen Orten so tief, daß auf dem Grunde die schwärzeste und dickste Finsterniß, die man sich nur immer denken kann, herrschet. Man bat ihn, daß er sich doch noch einmal hinab wagen, und alles noch genauer untersuchen mögte: aber bloße Bitten halfen nichts. Nur ein Beutel mit Golde, und ein daran hangender zweyter Becher von großem Werthe, den man abermals in die Charybdim warf, konnten ihn erweichen: denn nun stürzte er sich sogleich aufs neue in diese furchtbaren Abgründe, und soll noch wieder zurücke kommen.“

Die Darstellung der Episode weist weder die Geschlossenheit noch die Überzeugungskraft auf, wie sie bei Kircher zu finden war; auch stilistisch ist sie im Vergleich zu der lateinischen Vorlage dürftig. Die Moral, die Wünsch daraus zieht, gipfelt in dem Satz: „Wer arm ist, wagt oft um wenig Geld sein Leben, weil er es bey gegenwärtiger Verfassung der menschlichen Gesellschaft ohne Geld ohnedieß nicht lange erhalten kann." Während sich jedoch Feyjoo so scharf gegen die Auffassung geäußert hatte, daß sich am Körper Franciscos Schuppen gebildet hätten, betont Wünsch mit sichtlichem Nachdruck, daß „Niklas wirklich einem Amphibion ähnlicher als einem Menschen" gewesen sei, da „zwischen seinen Fingern und Zähen ordentliche Schwimmhäute, wie bey den Fröschen" zu sehen waren.

Nach dieser mehr populärwissenschaftlichen Verwendung des Motivs folgte im Jahre 1792 als „Ein Beytrag zur physischen Erdbeschreibung" der „Abriß einer Naturgeschichte des Meeres" von dem Geheimrat Friedrich Wilhelm Otto. Dieser grundgelehrte Mann bemerkt:[58]

„Von der eigentlichen Beschaffenheit des Bodens im Meere und seiner Materialien, wissen wir nur wenig durch die Erfahrung, da hier Untersuchungen nicht wohl möglich sind, und man sich fast allein auf die Nachrichten der Taucher verlassen muß."

Dazu, insbesondere zu der Erwähnung der „Nachrichten der Taucher", bringt er nun aber in einer Fußnote einen ausführlichen Exkurs über Cola Pesce oder vielmehr „Nicolaus Pescecola", wie er ihn nennt, der sich wieder ausschließlich auf Athanasius Kircher stützt, ohne jedoch die Schwimmhäute (cartilago inter digitos in formam pedum anseris excrescens ad natandum necessaria) mit einem Wort zu erwähnen:

„Unter denjenigen, welche uns von dem Meeresgrunde Nachrichten gegeben haben, ist Nicolaus Pescecola, nach den Erzählungen des Kircher, der berühmteste. Wir wollen indessen nicht ganz für die Wahrheit stehen, ob Kircher gleich versichert, er habe diese Nachrichten aus dem Archive des Königs von Sicilien entlehnt. Es lebte nehmlich zu den Zeiten Friedrichs, ein berühmter Taucher, welcher

58 Friedrich Wilhelm Otto, Abriß einer Naturgeschichte des Meeres. Ein Beytrag zur physischen Erdbeschreibung, Berlin 1792, S. 22 u. Note **) S. 22—24.

Nicolaus hieß, und wegen seiner Geschicklichkeit zu schwimmen, und des Ausdauerns unter dem Wasser insgemein Fischnikel genannt wurde. Dieser Mann war von Jugend auf der See gewohnt, und ernährte sich von Austern und Korallen, welche er an die Bewohner der Küste verkaufte. Diese seine lange Bekanntschaft mit dem Meere machte endlich, daß es fast zu seinem eignen Elemente wurde. Er brachte oft mehrere Tage lang im Wasser zu, wo er keine andere Speise genoß, als Fische, die er fing und roh aß. Oft schwamm er von Sicilien nach Calabrien über, wohin er Briefe überbrachte. Eben so fand man ihn oft zwischen den Liparischen Inseln. Beyde Meeresgegenden sind als sehr gefährlich bekannt.

Dieser so außerordentliche Mann konnte nun dem Könige nicht lange verborgen bleiben, und er befahl, ihn zu sich zu führen. Es kostete nicht wenig Mühe, den Nicolaus aufzufinden, da er seine meiste Zeit in den Tiefen des Wassers verlebte. Man fand ihn endlich und brachte ihn vor den König. Dieser hatte schon lange über die Beschaffenheit der Scylla und Charybdis etwas gewissers zu erfahren gewünscht, und trug ihm daher auf, den Grund des Wasserwirbels zu untersuchen, und um ihn zu dieser Unternehmung desto mehr anzufeuern, ließ er einen goldenen Becher hinein werfen. Nicolaus stürzte sich in den Schlund, wo er augenblicklich verschwand. Ganzer Dreyviertelstunden sah man nichts von ihm. Endlich erschien er wieder, hielt den Becher triumphirend in die Höhe und brach mit Gewalt die Wellen hindurch ans Ufer. Die Nachrichten, welche er dem Monarchen über die Beschaffenheit des Wirbels gab, genügten selbigem indessen nicht; und er forderte von ihm, daß er sich noch einmal in den Schlund hinab begeben sollte. Nicolaus lehnte dieses Begehren, der Gefahr wegen Anfangs ab, bis er sich endlich durch den Gewinn eines zweyten Bechers, dem ein Beutel mit Gelde beygefügt war, anreitzen ließ, einen zweyten Versuch zu wagen. Er sprang wieder in den Strudel, aus dem er aber nie wieder zum Vorschein gekommen ist. Athanas. Kircheri Mundus subterraneus in XII libros digestus. Tom. I, p. 79. seqq.“

Wäre es schon verwunderlich, wenn Goethe die „Kosmologischen Unterhaltungen“ des mehrfach von ihm verspotteten Wünsch nicht gekannt hätte, so ist es ganz unwahrscheinlich, daß er das Buch Ottos, das sein engstes Interessengebiet, den Neptunismus, berührt, nicht zur Kenntnis genommen haben soll.

Noch auffälliger aber wäre es, wenn beiden Dichtern, Goethe und Schiller, die im 3. (September-) Heft der „Deutschen Monatsschrift" vom Jahre 1792 erschienene langatmige komische „Romanze" des Legationsrates und „drittrangigen"[59] Dichters Franz Alexander von Kleist (1769—1797), der „eine reiche dichterische Wirksamkeit in Vers und Prosa entwikkelte"[60], entgangen wäre. Weder Hermann Ullrich, der das „in Wielandscher Manier in Knittelversen abgefaßte Gedicht"[61] erwähnt, noch der sonst so rührige Heinrich Düntzer[62] gehen auf die Frage ein, ob Schiller von dieser Veröffentlichung Kenntnis gehabt haben könnte. Dagegen weist Düntzer ausdrücklich daraufhin, daß „gerade im Jahre 1797" die Übersetzung des Buches „L'Huomo galeggiante" von Oronzio de' Bernardi unter dem Titel „Vollständiger Lehrbegriff der Schwimmkunst" von Friedrich Kries in Weimar erschienen war[63], in dem es heißt:[64]

„Viele Geschichtschreiber unsers Landes gedenken des berühmten Sizilianers, Cola Pesce, als eines Naturwunders, der, wie ein wahres Amphibium, mehr im Wasser, als auf dem Lande lebte. Sie erzählen, daß er bey den heftigsten Stürmen funfzig und mehr italienische Mei-

---

59 Vgl. H. Ullrich, Beiträge zur Geschichte der Tauchersage, Progr. Dresden 1884, S. 6; ders., Die Tauchersage in ihrer litterarischen u. volksthüml. Entwickelung, in: Archiv f. Litteraturgeschichte XIV (1886), S. 80.

60 Vgl. W. Kosch, Deutsches Literatur-Lexikon, Halle 1927, 1. Bd., Sp. 1208.

61 H. Ullrich a. a. O.; vgl. R. Boxberger, Eine poetische Bearbeitung der Taucher-Sage vor Schiller, in: Archiv f. Litteraturgesch. I (1870), S. 504.

62 H. Düntzer, Schillers lyrische Gedichte IV, 3. Aufl., Leipzig 1888, S. 125 (Erläuterungen zu den Deutschen Klassikern III, 12—13, 41.—42. Bändchen).

63 Vgl. H. Düntzer a. a. O. S. 125 Anm.

64 Oronzio de' Bernardi, L'uomo galeggiante, Napoli 1792; deutsch: Vollständiger Lehrbegriff der Schwimmkunst. Übersetzt von Friedrich Kries, Weimar 1797, Bd. 1, S. 242—243.

len mit so großer Schnelligkeit durchschwamm, daß man ihn für ein Seethier hätte halten mögen. Bisweilen machte er sich vor die Schiffe hin, die mit vollen Segeln über das Meer fuhren und rief auf die Matrosen, die er kannte; diese, ganz erstaunt und erfreut, nahmen ihn auf, um zu hören, von wo er ausgereißt wäre, wohin er gienge, und was für ein Stück Weges er schon zurückgelegt hätte. Wer von diesem berühmten Schwimmer eine umständliche Nachricht zu haben wünscht, der lese die Schriften über Sizilien, die der Canonikus D. Antonio Mongitore in Palermo 1743. herausgegeben hat. Auch spricht der Pabst Benedickt XIV. in seinem berühmten Werke von der Canonisation der Heiligen von ihm, und führt unter andern Schriftstellern den Michelangelo Lapio an, der im Jahr 1670. eine Schrift in Rom herausgab, die den Titel hatte: Discorso sopra il tempo, che si possa stare sotto aqua, e non morire (Untersuchung der Frage, wie lange ein Mensch unter dem Wasser aushalten kann, ohne zu sterben.)."

Sollte auch dieses Buch, in dem übrigens wieder das Wort „Naturwunder" fällt, Goethe nicht vor Augen gekommen sein, zumal es doch in Weimar selbst erschienen war? Freilich findet sich hier kein Wort von einer Mut- oder Leistungsprobe. Der dürftige, wenn auch durch Literaturhinweise gestützte Bericht ist nur Teil einer umfänglichen Aufzählung berühmter oder seltsamer Schwimmer, zu denen neben dem Taucher Skyllias aus Skione nach Herodot auch der holländische Seemensch gehört, der ein Schiff bestieg und zum Erstaunen der Matrosen um eine Pfeife Tabak bat[65].

Angesichts der unzureichenden Wiedergabe der Geschichte scheint es wenig glaubhaft, wenn behauptet wird, Franz von Kleist habe „sein humoristisch gehaltenes Gedicht" aus Friedrich Wilhelm Ottos „Abriß", wie Düntzer es ausdrückt,[66] „geschöpft".

---

65 Friedrich Kries kann „dieses Citat weder in der französischen Ausgabe noch in der deutschen Uebersetzung" des von Bernardi genannten „L'uomo di Buffon. Tom. I, p. 19" finden, einfach deshalb, weil es im „Telliamed" des Benoît de Maillet (Amsterdam 1748, p. 202) steht; vgl. oben S. 135 u. Anm. 3, 144 u. 5, 29.

66 H. Düntzer a. a. O. S. 125 Anm.

Aber wie dem auch sei: diese — im doppelten Sinne des Wortes so zu bezeichnende — „humoristisch gehaltene Schöpfung“ ist nunmehr näher zu betrachten.[67]

Nach der wortreichen Feststellung, daß zwar so mancher Held bereits „besungen“ wurde, jedoch Nicolaus der Taucher noch nicht, hebt der Dichter an:

> Als Friederich der Held, nach vielen Uebelstand
> Neapels Scepter aus Gregorius Händen wand,
> Gregor, der Könige mit Sklavenketten führte,
> despotischer durch Gottes Wort regierte,
> als je im alten Römerland,
> auf ihrem Kaiserlichen Throne
> die Domitiane und Nerone;
> so ging's dem Kaiser wie's so manchem König geht,
> der ausser seiner goldnen Krone …
> Nichts hat, wodurch der hohen Majestät
> die Zeit halb schlummernd und doch gut vergeht …
> So ging's nach hergebrachtem Brauch
> den großen Kaiser Friedrich auch;
> zwey Stunden sah er schon aus seinem Fenster
> ins weite Meer, und hatte Nichts entdeckt
> was Laune stört und Neugier weckt …
> Auch Friedrich sah zuletzt, im weiten Meere
> mit Wogen streiten einen Mann,
> der bald im Abgrund lag, bald an den Wolken schwebte,
> und der, obgleich die Fluth ihn zu verschlingen strebte,
> doch immer kühn den schweren Sieg gewann,
> bis er Sicilien erreichte …
>
> Hier steht er nun, mit dunkelbraunen Wangen,
> mit krausem Bart und abgeschornem Haar,

---

67 Franz von Kleist, Nicolaus der Taucher, in: Deutsche Monatsschrift, September bis December, 3. Bd., Berlin 1792, S. 53—72; Kleist bemerkt in einer Fußnote (S. 53): „Siehe von der Geschichte dieses unter dem Namen Nicolaus Pescecola berühmten Tauchers das Nähere in dem neuerdings herausgekommenen Abriß einer Naturgeschichte des Meers, vom Geh. Sec. Otto, Berlin 92, Seite 22 bis 24.“

mit schwarzen kleinen Aug', aus welchem Blicke drangen,
die Friederichen selbst, der Held und Weiser war,
zum Zittern und Erstaunen zwangen.
Sein kurzer Leib, gedrängt und vest
zeigt Muskeln die ein Paar von Ceilons Schlangen
erdrücken, und ein ganzes Löwennest,
trotz einem Herkules, zerstören können.
Die Haut ist rauh, sein Bart ist ausgebleicht,
die Stirne breit; der große Mund erreicht
das größre Ohr, die Nase scheint zu brennen,
und wer ihn sieht der mögte rennen.
So steht Held Nicolas vor Friederich,
sieht einen Menschen nur in ihm wie sich,
und frägt mit männlich vestem Tone:
„Was soll ich Herr vor deinem Throne?“
Mir sagen wer du seyst! erwiedert ihm
der Kaiser stolz. „Ein Mensch, der mit dem Ungestüm
„des Meeres ringt, so Er, der von den Sitten
„des vesten Landes wenig weiß;
„doch der dabey, vergebt Herr Kaiser, mehr gelitten,
„mit größeren Gefahren schon gestritten
„als ihr vor Rom; nur daß ich meinen Schweiß
„noch immer baar bezahlt bekommen,
„wenn ich von Napel bis Sicilien geschwommen.“
Das kannst du? — „Ja, Herr Kaiser, ich kann viel
„was man mir nicht auf meiner Stirn geschrieben,
„und meine Kunst ist nicht ein Taschenspiel;
„doch sollt' mein Name wohl euch unbekannt geblieben,
„euch Nicolas noch nicht genennet seyn?“
Du Nicolas, der weltberühmte Schwimmer?
Der wie man sagt, oft Tage lang allein
das Meer bewohnt, der Schiffe Trümmer,
eh sie am Ufer sind in seine Arme nimmt,
bald nach Neapolis bald nach Meßina schwimmt?
Der viele Tage lang das Meer zu seinem Tische,
zu seiner Speise rohe Fische
und Austern hat? Du bist der seltne Mann
der solche Wunder leisten kann?
„Ja Herr ich bins, und es ist keine Lüge
„was euch der Ruf von mir gesagt;

„kein Strudel ist in den ich mich nicht schon gewagt,
„und den ich nicht mit meiner Brust durchpflüge;
„des Meeres Grund ist mir so wohl bekannt,
„als manchen kaum sein Vaterland,
„und läge nur ein Schatz in des Charibdis Schlünden,
„ich wollt ihn schon trotz allen Strudeln finden."
Ist dieß dein Ernst? „Herr Kaiser, traun, ihr wißt,
„daß mit den großen Herrn kein gutes Spaßen ist,
„und habt ihr Goldes zu verlieren,
„so werft's hinein, ich will es bald ans Tageslicht,
„vor Euer Aller Angesicht,
„der wilden Meeres Fluth entführen!"
Ich halte dich beim Wort! wir wollen sehn,
was du vermagst, längst wünscht ich von den Schlünden,
der Scilla die Natur, den Boden zu ergründen:
du glaubst die Kunst des Tauchens zu verstehn,
wohlan, du sollst in diesen Schlünden,
ein goldnes Trinkgefäß zu deinem Lohne finden;
so wie der Morgen graut werd ich zu Schiffe gehn,
vor deinen Augen diesen Becher,
aus Gold gediehen, in die Fluth
der Scilla werfen; hast du dann nicht Muth,
treu deinem Wort zu seyn, so wirst du als Verbrecher
zum Kerker fortgeführt; doch stürzest du herein, —
so ist der goldne Becher dein.
„Verzeiht Herr Kaiser, wenn ich aber drinnen bliebe,
„was wär's denn dann? — Doch weil ich einmal muß
„so mag's drum seyn! Kein Kraut hilft für die Liebe,
„kein Kraut hilft für den Tod!"
Der Kaiser lächelt, und ein gnadevoll Geboth
befiehlt ihm mit dem Morgenroth
des andern Tags zurückzukehren,
doch jetzo länger nicht den Kaiser zu beschweren …

Kaum taucht Titania den rosenfarbnen Mund
in die beperlten Meereswogen,
so macht Trommeten Schall Meßina's Volke kund,
der Kaiser habe jetzt das wilde Meer bezogen,
durch Nicolas den tiefen Schlund
der Scilla und Charibdis zu ergründen!

Und alles was zwey Beine hat
stürzt wie besessen aus der Stadt
den Kaiser noch am Strand zu finden.
Sie stürzen hin, da schwebt auf stillem Meer
der prächtge Zug; zweyhundert Ruder kahnen,
bepflanzt mit goldgewirkten Fahnen
des Kaisers Majestät, und vor ihm her
rauscht eine Gondel wo aus schmetternden Trommeten,
ein Jubelchor dem Tag entgegen schallt
von dem der Ton sich kaum ins Meer verhallt
als schon ein andres Chor von Hörnern und von Flöten,
das sanftre Herz melodischer durchwallt.
Dem Kaiser folgt in einem leichten Kahne
der Schwimmer Nicolas, und seine Miene zeigt,
daß er das Meer beim wüthendsten Orcane
auch ohne Schiff und ohne Furcht besteigt ...
Wir sehn indeß Meßina's Volk gerührt
und voll Erwartung stehn, sehn schon den Becher blinken,
den Kaiser Friederich mit seinem Schnupftuch winken,
und jetzo, wie vom schnellsten Blitz geführt
den Becher in die Fluth versinken.
Gott! ruft das Volk; da stürzt sich in die Fluth
Held Nicolas, und ist im Nu verschwunden! ...
Der Himmel ist gerecht! doch ach! zwey viertel Stunden,
sind schon dem Volk' erwartend hingeschwunden,
umsonst, kein Nicolas erscheint;
der Kaiser ist bestürzt, der Hofstaat scheint,
des Kaisers wegen, auch betroffen;
die Priester werden ernst, manch schönes Auge weint,
und nur der Hofpoet, der in der Kunst zu hoffen
geübt war, er allein verliert noch nicht den Muth;
als plötzlich sich aus der beschäumten Fluth
ein rasselndes Geräusch erhebet,
und wie zur Oberwelt von Pluto's Thron gesandt,
den goldnen Becher in der Hand,
Held Nicolas hoch auf den Wogen schwebet!
Es lebe Nicolas, es lebe Nicolas!
ruft, schreyt, und tobt ohn Unterlaß
der Pöbel erst und dann der Kaiser,
Es lebe Nicolas! Es lebe Nicolas!

schreyt's immer noch — doch mir wird schon die Stimme heiser
und meinen Lesern? — pa! im modigen Gedicht
denkt man an seine Leser nicht …

Kaiser Friedrich will den Nicolaus zum Ritter schlagen; dieser jedoch verzichtet, küßt dem Kaiser die Hand und:

Herr Kaiser, sagt er, wenn es euch gefällt,
so laßt mich immer auf dem Meere,
im Wasser bin ich zwar ein Held,
wer weiß was ich auf vestem Lande wäre.
„So bleibe was du bist, erwiedert Friederich,
kein Zwang ist gut; doch eh du dich
von mir entferntst, mußt du dein Wort erfüllen,
mit Wundern, die du sahst, jetzt meine Neugier stillen."
Herr Kaiser, Wunder sah ich nicht
so Nicolas, auch war die Zeit zum sehen
so genau gezählt, und in dem tiefen Grund das Licht
so sparsam ausgetheilt, daß Wunder zu erspähen
unmöglich war; kaum daß ich diesen Becher fand,
den mir sein Glanz verrieth der halb im Sand,
dem Sande schien der Boden hier zu gleichen,
so vest wie eingemauert stand.
Nur mühsam konnt ich ihn mit meiner Hand
die kalt und ohne Leben war erreichen,
ich zog ihn zu mir her, und dachte nun
an weiter nichts als gut heraus zu kommen.
Ja Herr, ich habe viel im Leben schon geschwommen,
doch diesen Sprung zum zweytenmal zu thun,
kann Euer Kaiserthum im Grunde liegen,
ich gönn es warlich mit Vergnügen
dem der gleich mir sich in den Strudel stürzt.

„Wie Nicolas, ist so dein Muth gesunken?
„frägt Friederich, ein goldner Becher würzt,
„doch sonst so manches Leid; Gold facht erloschne Funken
„des Muths in ganzen Heeren an,
„und sollte dich nicht mehr bewegen können?
„Was ist für dich das Meer? ein kühner Mann
„muß über sich nie der Gefahr den Sieg vergönnen;

„leicht ist was man mit Muth beginnt, gethan;
„versuch es noch einmal mir von den Wunderdingen
„die Scilla's Grund vergräbt, Bescheid zu bringen;
„du sollst auch dann zum Lohn, aus feinem Gold
„den zweyten Becher und noch hundert Gulden finden."
Das Glück, so Nicolas, ist uns nicht immer hold
und daß ich aus den grausen Schlünden
zu Tage wieder kam, die Wahrheit zu gestehn
war Nichts als Glück Herr Kaiser;
und wie ihr wißt, macht die Erfahrung weiser
drum laßt in Gnaden mich nach Hause gehn,
und einem Anderen das viele Gold verdienen.
„Verwegner, fiel der Kaiser ein, mit Mienen
„die Zeugen seines Zornes sind,
„mit Worten muß ein Mann, nicht wie ein Kind
„mit seinen Puppen spielen;
„was erst Verdienst, kann itzt nicht Zufall seyn,
„kein Blinder wird nach einer Scheibe zielen;
„du rühmtest dich die kühne Kraft sey dein,
„bis in den tiefsten Grund des Meers zu tauchen,
„und diese Kraft, ich will's, du sollst sie jetzt gebrauchen."
Herr Kaiser, zürnt mir armen Schwimmer nicht,
wenn ihr befehlt muß ich umsonst es wagen,
was kann ein armer Knecht zu seinem Kaiser sagen,
und wolltet ihr mir ins Gesicht
mit Euern hohen Händen schlagen,
ich würd' es ohne Murren tragen,
geduldig seyn ist eines Christen Pflicht,
und bey den Heiligen ich bin kein Bösewicht;
acht Tage fleh ich nur um Zeit mich auszuruhn,
dann will ich was ihr wollt, ja alles gerne thun.
„Die Zeit sey dir vergönnt, man soll sogar zum Zeichen
„der Kaiserlichen Gunst, in meinem Schloß
„dir Speis' und Trank aus meiner Küche reichen."
Der Kaiser spricht's, und sanft gerudet, floß,
auf Mittag zeigt der Zeiger aller Uhren,
des Kaisers Gondel nach Meßina's schönen Fluren.

Bekümmert schleicht der große Nicolas
dem Schlosse zu, und hört das Lustgetümmel

des Volkes nicht; in seiner Noth vergaß
er Volk und Ruhm, und denkt nur an den Himmel
und an des Wassers Schutzpatron,
„Ach! seufzt er, wär doch jeder Erdensohn
so klug, und hütete sich vor der Gunst der Fürsten;
veränderlich ist Alles was am Thron
gedeiht und blüht; der schwererrungne Lohn,
nach dem getäuscht, oft tausend Zungen dürsten
ist meist ein Köder, der den Unerfahrnen reizt
mit ihm, noch eh er's weiß, sein Herz sich zu zerreißen.
Wer nach dem Glanz der Fürstenliebe geizt,
der kann mit Recht der Thoren Erster heißen,
entkräftet und verarmt sieht er zuletzt,
kann ihn sein Fürst nicht mehr wie sonst gebrauchen,
daß man nicht ihn, nur seinen Herrn geschätzt ...

Der Tag erscheint, die schwere Stunde naht,
und Nicolas muß sich zum Kampfe rüsten;
und schon verläßt mit Kaiserlichen Staat
derselbe Zug wie erst Meßina's reiche Küsten;
Trommetenschall durchbebt die Luft,
die golddurchwirkten Fahnen flimmern
die hellpolirten Waffen schimmern,
und mancher hochgepriesner Schuft
scheint einem Gotte gleich im Kreise seiner Diener;
man scherzt und lacht und jauchzt und trinkt;
selbst Nicolas, dem schon der Strudel winkt,
wird durch des Weines Kräfte kühner,
und sieht im Geist sich schon, den Becher in der Hand,
zurückgekehrt zum sichern Strand.
Doch nicht das Volk; je näher man dem Ziele
auf stillem Wogentanze schwebt,
je mehr verräth's durch Stille die Gefühle
die Fürstenstolz mit Gold zu unterdrücken strebt ...
das Murren ist erstickt,
und keiner wagt den Schwimmer mehr zu nennen,
als man den Herold schon erblickt.
Der Becher scheint in seiner Hand zu brennen
so wie das Sonnenlicht ihn trift,
und giebt zum zweyten kühnen Werke,

durch seinen Glanz dem Schwimmer neue Stärke,
der auf geschmückten Boot der Scilla Schlund umschifft.
Der Kaiser winkt und von der Fluth verschlungen,
ist das verführerische Gold.
und Nicolas, für den gedungnen Sold
mit minder Stolz als Furcht, dem Becher nachgesprungen.
Ein schaudernd Ach! tönt von dem Volk am Strand
dem Kaiser zu, und scheint ihm anzudeuten
wie Furcht und Zorn in ihren Seelen streiten.
Mit der Gefahr des Völker Zorns bekannt,
verläßt sein Auge nicht die Fluthen,
er zählt mit Aengstlichkeit die schrecklichen Minuten
in denen Nicolas noch unter Wasser bleibt,
und hoft mit jeder, nun wird Er erscheinen!
Doch stets umsonst, die wilde Scilla sträubt
sich stolz, mit Friedrichs Macht die ihre zu vereinen.
Die Furcht des Kaisers wächst; der unzufriedne Sinn
des Volkes läßt sich immer lauter hören;
so wie die Woge rauscht blickt Alles hin,
um trauriger, getäuscht sich wegzukehren.
Kurz eine Stunde war entflohn,
und Nicolas ist immer nicht erschienen,
und Friedrich muß zuletzt des Mittels sich bedienen,
das Fürsten nur gedeiht, muß wie ein Göttersohn
erst staunen, zürnen, drohn,
mitleidig dann den Sterblichen bedauern,
und die Nothwendigkeit betrauern,
daß oft der Einzelne dem Allgemeinen stirbt.
Nachdem er dis gethan und seiner Kriegeswachen
geschärftes Schwerdt beim Volk Gehorsam ihm erwirbt,
schwimmt er ganz wohlgemuth in seinem prächt'gen Nachen
Meßina's Strande wieder zu,
indeß Held Nicolas in guter Ruh
bei seinem goldnen Becher modert,
und einst am jüngsten Tag die hundert Gulden fodert.

Wenn hier auch keineswegs der Ort ist, eine Lanze für dieses wortreiche Elaborat des „drittrangigen Dichters" Franz von Kleist zu brechen, so wird man das Gedicht, das vom klassizistischen Standpunkt freilich in jeder Beziehung, also in formaler wie inhaltlicher Hinsicht, abgelehnt werden mußte, doch nicht ganz ohne weiteres übergehen können.

Zunächst ist, zumal wenn man der Behauptung Düntzers Glauben schenkt und Friedrich Wilhelm Ottos „Abriß“ als einzige Quelle Kleists ansieht, die historische Genauigkeit erstaunlich, mit der das Ereignis in die Zeit Kaiser Friedrichs II. und Papst Gregors IX. verlegt wird und die, immerhin ein halbes Menschenalter vor Friedrich von Raumers „Geschichte der Hohenstaufen und ihrer Zeit“ (1829), von dem Kaiser, „der Held und Weiser war“, und dem Papst, „der Könige in Sklavenketten führte“, ein ziemlich genaues Bild entwirft. Ferner wird niemand die zeitbedingte 'Sozialkritik‘ übersehen, die dem Gedicht im dritten Jahre der Französischen Revolution das aktuelle Gepräge, das ‚Salz‘ verleiht. Wichtig für den vorliegenden Zusammenhang ist weiterhin Nicolas' Gedanke „an des Wassers Schutzpatron“, der zwar nicht namentlich genannt wird, jedoch ebenso Poseidon wie der heilige Nikolaus sein kann[68]. Und im Vergleich zu Schillers „Taucher“ ist natürlich auch von Bedeutung, daß es Nicolas selbst ist, der sich dem Kaiser geradezu anbietet, und zwar mit den selbstbewußten Worten:

> „und läge nur ein Schatz in des Charibdis Schlünden,
> ich wollt ihn schon trotz allen Strudeln finden,
>
> und habt ihr Goldes zu verlieren,
> so werft's hinein, ich will es bald ans Tageslicht,
> vor Euer Aller Angesicht,
> der wilden Meeres Fluth entführen!“

---

68 Vgl. dazu auch Arthur Bernard Cook, Zeus. A Study on ancient religion, Cambridge 1914, I, pp. 169—171: „In time of storm and stress it is the name of St. Nicholas that instinctively rises to the lips of the Greek mariner, and to him candles are promised, and vows registered. He is to the modern sailor all that Poseidon was to his ancestors.“ Cook verweist u. a. auf D. H. Kerler, Die Patronate der Heiligen, Ulm 1905.

Darüber hinaus ‚verkörpert' das Gedicht, bei aller Realistik und historischen Genauigkeit, bei aller „reflektierenden Didaktik"[69], übrigens auch ungewollt in seiner sprachlichen Form[70], eine Art des Grotesken, die sich ebenso auf die Verfremdung der Gestalt, deren Eigenarten (krauser Bart, geschornes Haar, kleine schwarze Augen, kurzer „vester" Leib, rauhe Haut, ausgebleichter Bart, breite Stirn, großer Mund, noch größere rote (?) Nase — „und wer ihn sieht, der mögte rennen") ganz grundlos oder wenigstens ohne erkennbare Folge karikiert werden, wie auf die des Gehalts erstreckt. In fast verzweifelter und daher 'immanent' komischer Anstrengung ahmt der Dichter den leichtfertigen Ton einer verstandesstolzen Aufklärung nach und stellt sich mindestens so, als ob ihm ‚nichts heilig' sei, da man es ja in puncto Vernunft „so herrlich weit gebracht" habe und zudem aus dem ganzen Vorgang doch auch noch die ‚moralische' Lehre zu ziehen ist, „daß oft der Einzelne dem Allgemeinen stirbt".

Schließlich wird die Desillusionierung durch die wiederholten Zwischenbemerkungen des Autors bis an, wenn nicht über die Grenze des Erträglichen getrieben: einmal durch ironische Übersteigerung der Bescheidenheitsformel und 'prosaischen' Hinweis aus das „zwölfte Buch der Odyssea", dann durch den fast schon zynischen Ausruf: „ ... pa! im modigen Gedicht/ denkt man an seine Leser nicht!", der die scheinbar beabsichtigte Herbeiführung der Begeisterung, natürlich in voller Absicht, ad absurdum führt. Das ist Selbstironie in manieristischer und — romantischer Art.

All dem ist nunmehr Schillers ‚Ballade' (in der ursprüngli-

69 Vgl. K. Goedeke, Grundriß z. Gesch. d. dtn. Dichtung V (1893), 2, S. 458—459.

70 Vgl. den Text mit seinen orthographischen und grammatischen Mängeln (u. a. Verwechslung von „ihm" und „ihn", überhaupt fehlende Unterscheidung von Dativ und Akkusativ) und der seltsamen Interpunktion!

chen Fassung des „Musen-Almanachs für das Jahr 1798“[71]) gegenüberzustellen:

Der Taucher

Ballade

Wer wagt es, Rittersmann oder Knapp,
Zu tauchen in diesen Schlund?
Einen goldenen Becher werf ich hinab,
Verschlungen schon hat ihn der schwarze Mund.
Wer mir den Becher kann wieder zeigen,
Er mag ihn behalten, er ist sein eigen.

Der König sprach es, und wirft von der Höh
Der Klippe, die schroff und steil
Hinaus hängt in die unendliche See,
Den Becher in der Charybde Geheul.
Wer ist der Beherzte, ich frage wieder,
Zu tauchen in diese Tiefe nieder?

Und die Ritter, die Knappen um ihn her,
Vernehmens und schweigen still,
Sehen hinab in das wilde Meer,
Und keiner den Becher gewinnen will.
Und der König zum drittenmal wieder fraget:
Ist keiner, der sich hinunter waget?

Doch alles noch stumm bleibt wie zuvor,
Und ein Edelknecht, sanft und keck,
Tritt aus der Knappen zagendem Chor,
Und den Gürtel wirft er, den Mantel weg,

---

71 Reprografischer Nachdruck der Ausgabe von J. G. Cotta Tübingen 1798, Hildesheim 1969, S. 119—130. Das Gedicht, zu dem Giuseppe Pitrè, Studi p. 71 bemerkt: „La ballata di Federico Schiller Der Taucher, è un pietoso racconto che nessun tedesco recita mai senza commozione“, scheint heute weitgehend aus dem Bewußtsein, selbst der halbwegs gebildeten Deutschen, entschwunden zu sein.

Und alle die Männer umher und Frauen
Auf den herrlichen Jüngling verwundert schauen.

Und wie er tritt an des Felsen Hang,
Und blickt in den Schlund hinab,
Die Wasser, die sie hinunter schlang,
Die Charybde jetzt brüllend wiedergab,
Und wie mit des fernen Donners Getose
Entstürzen sie schäumend dem finstern Schoose.

Und es wallet und siedet und brauset und zischt,
Wie wenn Wasser mit Feuer sich mengt,
Bis zum Himmel sprützet der dampfende Gischt,
Und Flut auf Flut sich ohn Ende drängt,
Und will sich nimmer erschöpfen und leeren,
Als wollte das Meer noch ein Meer gebähren.

Doch endlich, da legt sich die wilde Gewalt,
Und schwarz aus dem weißen Schaum
Klafft hinunter ein gähnender Spalt,
Grundlos als giengs in den Höllenraum,
Und reissend sieht man die brandenden Wogen
Hinab in den strudelnden Trichter gezogen.

Jetzt schnell, eh die Brandung zurückekehrt,
Der Jüngling sich Gott befiehlt,
Und — ein Schrey des Entsetzens wird rings gehört,
Und schon hat ihn der Wirbel hinweggespült,
Und geheimnißvoll über dem kühnen Schwimmer
Schließt sich der Rachen, er zeigt sich nimmer.

Und stille wirds über dem Wasserschlund,
In der Tiefe nur brauset es hohl,
Und bebend hört man von Mund zu Mund:
Hochherziger Jüngling, fahre wohl!
Und hohler und hohler hört mans heulen,
Und es harrt noch mit bangem, mit schrecklichem Weilen.

Und wärfst du die Krone selber hinein,
Und sprächst: wer mir bringet die Kron',
Er soll sie tragen und König seyn,
Mich gelüstete nicht nach dem theuren Lohn,
Was die heulende Tiefe da unten verhehle,
Das erzählt keine lebende glückliche Seele.

Wohl manches Fahrzeug, vom Strudel gefaßt,
Schoß gäh in die Tiefe hinab,
Doch zerschmettert nur rangen sich Kiel und Mast,
Hervor aus dem alles verschlingenden Grab.
Und heller und heller wie Sturmes Sausen
Hört mans näher und immer näher brausen.

Und es wallet und siedet und brauset und zischt,
Wie wenn Wasser mit Feuer sich mengt,
Bis zum Himmel sprützet der dampfende Gischt,
Und Well' auf Well' sich ohn Ende drängt,
Und wie mit des fernen Donners Getose
Entstürzt es brüllend dem finstern Schoose.

Und sieh! aus dem finster flutenden Schooß
Da hebet sichs schwanenweiß,
Und ein Arm und ein glänzender Nacken wird bloß
Und es rudert mit Kraft und mit emsigem Fleiß,
Und er ists, und hoch in seiner Linken
Schwingt er den Becher mit freudigem Winken.

Und athmete lang und athmete tief,
Und begrüßte das himmlische Licht.
Mit Frohlocken es einer dem andern rief,
Er lebt! Er ist da! Es behielt ihn nicht.
Aus dem Grab, aus der strudelnden Wasserhöhle
Hat der Brave gerettet die lebende Seele.

Und er kommt, es umringt ihn die jubelnde Schaar,
Zu des Königs Füßen er sinkt,
Den Becher reicht er ihm knieend dar,
Und der König der lieblichen Tochter winkt,
Die füllt ihn mit funkelndem Wein bis zum Rande,
Und der Jüngling sich also zum König wandte:

Lang lebe der König! Es freue sich,
Was da athmet im rosigten Licht.
Da unten aber ists fürchterlich,
Und der Mensch versuche die Götter nicht,
Und begehre nimmer und nimmer zu schauen
Was sie gnädig bedecken mit Nacht und Grauen.

Es riß mich hinunter Blitzesschnell,

Da stürzt' mir aus felsigtem Schacht,
Wildflutend entgegen ein reissender Quell,
Mich pakte des Doppelstroms wüthende Macht,
Und wie ein Kreisel mit schwindelndem Drehen,
Trieb mich's um, ich konnte nicht widerstehen.

Da zeigte mir Gott, zu dem ich rief,
In der höchsten schrecklichen Noth,
Aus der Tiefe ragend ein Felsenrif,
Das erfaßt' ich behend und entrann dem Tod,
Und da hieng auch der Becher an spitzen Korallen,
Sonst wär er ins Bodenlose gefallen.

Denn unter mir lags noch, Bergetief,
In purpurner Finsterniß da,
Und obs hier dem Ohre gleich ewig schlief,
Das Auge mit Schaudern hinunter sah,
Wies von Salamandern und Molchen und Drachen
Sich regte in dem furchtbaren Höllenrachen.

Schwarz wimmelten da, in grausem Gemisch
Zu scheußlichen Klumpen geballt,
Der stachlichte Roche, der Klippenfisch,
Des Hammers gräuliche Ungestalt,
Und dräuend wies mir die grimmigen Zähne
Der entsetzliche Hay, des Meeres Hyäne.

Und da hieng ich und war mirs mit Grausen bewußt,
Von der menschlichen Hülfe so weit.
Unter Larven die einzige fühlende Brust.
Allein in der gräßlichen Einsamkeit,
Tief unter dem Schall der menschlichen Rede
Bey den Ungeheuern der traurigen Oede.

Und schaudernd dacht ichs, da krochs heran
Regte hundert Gelenke zugleich,
Will schnappen nach mir, in des Schreckens Wahn
Laß ich los der Koralle umklammerten Zweig,
Gleich faßt mich der Strudel mit rasendem Toben,
Doch es war mir zum Heil, er riß mich nach oben.[72]

---

72 Vgl. Niccolò Giannettasio: „Cum rediens maris aestus ... vada trans conclusa reflexo Eduxit torrente, marique immisit aperto."

Der König darob sich verwundert schier,
Und spricht: Der Becher ist dein,
Und diesen Ring noch bestimm ich dir,
Geschmückt mit dem köstlichsten Edelgestein,
Versuchst dus noch einmal und bringst mir Kunde,
Was du sahst auf des Meers tiefunterstem Grunde?

Das hörte die Tochter mit weichem Gefühl,
Und mit schmeichelndem Munde sie fleht:
Laßt Vater genug seyn das grausame Spiel,
Er hat euch bestanden, was keiner besteht,
Und könnt ihr des Herzens Gelüsten nicht zähmen,
So mögen die Ritter den Knappen beschämen.

Drauf der König greift nach dem Becher schnell,
In den Strudel ihn schleudert hinein,
Und schaffst du den Becher mir wieder zur Stell,
So sollst du der trefflichste Ritter mir seyn,
Und sollst sie als Ehgemahl heut noch umarmen,
Die jetzt für dich bittet mit zartem Erbarmen.

Da ergreifts ihm die Seele mit Himmelsgewalt,
Und es blitzt aus den Augen ihm kühn,
Und er siehet erröthen die schöne Gestalt,
Und sieht sie erbleichen und sinken hin,
Da treibts ihn, den köstlichen Preiß zu erwerben,
Und stürzt hinunter auf Leben und Sterben.

Wohl hört man die Brandung, wohl kehrt sie zurück,
Sie verkündigt der donnernde Schall,
Da bückt sichs hinunter mit liebendem Blick
Es kommen, es kommen die Wasser all,
Sie rauschen herauf, sie rauschen nieder,
Den Jüngling bringt keines wieder.

Bei den vielfältigen Untersuchungen über den Inhalt von Schillers Ballade ist es nun zunächst von jeher aufgefallen, daß von seinen möglichen oder auch nur mutmaßlichen ‚Quellen' weder Athanasius Kircher noch seine getreuen Nacherzähler Eberhard Werner Happel und Erasmus Francisci, weder Christian Ernst Wünsch, Friedrich Wilhelm Otto und Patrick Brydone noch Franz von Kleist etwas von einer Tochter des

Königs oder Kaisers oder überhaupt von einem weiblichen Wesen zu berichten wissen, das als Akteurin, als Anreiz oder gar als Siegespreis den Taucher verleitet habe, seinen Sprung in die Tiefe zu wiederholen. In allen Erläuterungsversuchen wird daher einhellig angenommen, ja ausdrücklich behauptet, Schiller habe das ‚Liebesmotiv' für seine „Veredlung" des Stoffes frei „erfunden". Schon Valentin Schmidt vermerkt mit Nachdruck:[73]

„Ganz Zusatz ist die Königstochter, welche als Preis des zweiten Hinabtauchens geboten wird. Dies versetzt die Ballade völlig aus einer historischen Zeit in die Märchenwelt",

und trifft sich so interessanterweise mit dem neuesten Deutungsversuch Benno von Wieses[74], ohne damit freilich Schillers „edlen Taucher" ‚retten' zu können; denn Benedetto Croces scharfe Kritik[75] trifft nur zu genau: Schillers Ballade habe gerade die naiven, die volkstümlich-märchenhaften Züge des Stoffes: das zauberhafte Motiv der Verwandlung, die immer wache Sehnsucht nach der geheimnisvollen Weite und Tiefe des Meeres und das Verlangen nach seinen unbekannten Schätzen, die Verlockung der Gefahr und, nicht zuletzt, den Fluch der Mutter, vernachlässigt oder gar vernichtet, „immaschinendola (sc. la leggenda) in avventura erotica, e svolgendola in forma, più che artificiosa, meccanica". Köstlich wegen ihres pseudorhetorischen Überschwangs, gleichzeitig ein Beleg für die Wandelbarkeit literarischer Interpretation, ist Heinrich Düntzers Auslegung[76]:

„Die in dieser [d. h. Kirchers] Erzählung hervortretende Gewalt der Habsucht über das Gemüth konnte Schiller nicht brauchen; edlere

---

73 V. Schmidt, Balladen und Romanzen, Berlin 1927, S. 165.

74 B. v. Wiese, Friedrich Schiller, Stuttgart 1959, S. 613.

75 B. Croce, Leggende di Luoghi ed Edifizi di Napoli, Bari 1925, p. 272; vgl. auch Napoli nobilissima V (1896), p. 88.

76 H. Düntzer, Schillers lyrische Gedichte IV, Leipzig 1888, S. 129—131.

Gefühle mußten seinen Helden bestimmen, und eine gewichtigere Lehre den Grundton des Ganzen bilden. Sein Knappe wird zuerst durch Ehrsucht zu dem Unternehmen getrieben, vor welchem alle Ritter zurückbeben; als er aber die fürchterlichen Schrecken gesehen, aus denen ihn nur ein glücklicher Zufall gerettet, da kann nichts ihn zu der vom Könige in arger Vermessenheit geforderten Wiederholung bewegen als das höchste irdische Glück, der Besitz der in Liebe für ihn glühenden Königstochter. Er vergißt über dem leidenschaftlichen Triebe, dieses edelste Glück sich zu erringen, ganz das, was er eben dem Könige warnend bemerkt hat, daß der Mensch die Götter nicht versuchen dürfe, und stürzt sich fast willenlos, voll sehnsüchtiger Liebe, in den Strudel, aus welchem er zur Strafe seiner Vermessenheit, die ihn unserm Herzen so werth macht, nicht wieder zurückkehrt. Doch der König hat sich der größten Vermessenheit schuldig gemacht; deshalb wird er auch am ärgsten getroffen. Büßt der Knappe das Leben ein, so hat er sich doch den Ruf höchsten Muthes erworben und eine Seligkeit genossen, die keiner Erhöhung fähig war, da ihm plötzlich die Liebe der Königstochter aufgegangen war, deren Besitz er sich bestimmt sah. Dagegen hat der König das Glück seiner Tochter zerstört und so sein eigenes Leben untergraben. Das letztere ist freilich nicht angedeutet, aber mit dem Gefühle des bittersten, unersetzlichen Verlustes der Königstochter entläßt uns der Dichter, der dies absichtlich nicht weiter ausführt, da er vor allem das Bild des kühnen Jünglings uns lebhaft vergegenwärtigen wollte, der seiner Liebe zum Opfer fällt."

Hier wimmelt es von Eigenmächtigkeiten und massiven Unterstellungen, wie sie in der Schiller-Interpretation des 19. Jahrhunderts nicht selten sind.

Auch die Möglichkeit, die Karl Goedeke[77] in Betracht zieht, daß nämlich Schiller den Bericht des Thomas Fazellus kannte, ja daß er, wie Hermann Ullrich[78] bemerkt, die in der Jenaischen Bibliothek vorhandenen Übersetzungen der „Silva" des Pedro Mejía sowie auch das Werk des Erasmus Francisci vor

77 Vgl. Schillers Sämmtliche Schriften. Hist.-krit. Ausg., Stuttgart 1871, Bd. XI, S. 443; dazu H. Ullrich, Beiträge, S. 6.

78 Beitr. z. Gesch. d. Tauchersage, S. 5, u. Zu Schillers Balladen, in: Archiv f. Litteraturgesch. X (1881), S. 221 u. 226. Vgl. oben Anm. 3, 47.

Augen bekommen hatte, ist nicht ohne weiteres von der Hand zu weisen. Aber weder Fazellus noch Mejía noch Francisci nennen ein Mädchen oder gar eine Königstochter, deren Hand oder Herz für ‚Cola den Fisch' irgendwie in Frage gekommen wäre, und eine Kenntnis der italienischen oder französischen Volksüberlieferung, wie sie Giuseppe Pitrè[79] und Hermann Ullrich[80] und nach diesem Heinrich Steinthal[81] lange nach Schiller ans Tageslicht brachten, kann man bei diesem schlechthin nicht voraussetzen. Hermann Ullrich bringt immerhin sehr genaue und vielsagende Hinweise:[82]

„Da der Dichter [des Volksliedes „La fille du roi d'Espagne"] die Habsucht als Motiv des Wagnisses seitens des Tauchers nicht verwerten kann, so tritt an deren Stelle die Gefälligkeit oder Liebe zu einer Jungfrau, die meistens als Königstochter erscheint."

„Eine Belohnung in Geld wird von dem Volksdichter nicht nur stets (von zwei Ausnahmen abgesehen) als dichterisches Motiv verschmäht, sondern ausdrücklich der Liebe der betreffenden Jungfrau als minderwertig gegenüber gestellt."

Gerade die Volksüberlieferung bürgt nun aber für das Alter und die größere Überzeugungskraft des Motivs, und der so oft betonten 'Erfindung' Schillers gegenüber ist das Wort Karl Kerényis am Platze, „daß die Entdeckungen auch nur vermeintlicher Ursprünge immer fördernder für die Wissenschaft waren als eine Haltung, die alles Entstehen als etwas Leichtes, Einfaches und Selbstverständliches hinnimmt"[83].

Weniger abwegig erscheint es daher, das Motiv der Mutprobe aus Liebe bereits in der Literatur des Altertums zu suchen, deren Reichtum dem 18. Jahrhundert in viel weiterem Umfange vor Augen stand als dem heutigen. Dabei ist es rela-

79 Studi pp. 35 ss.

80 Beiträge S. 7 f. u. Die Tauchersage, in: Archiv XIV (1886), S. 82 ff.

81 Mythos, Sage, Märchen, Legende, Erzählung, Fabel S. 132 f.

82 Beiträge S. 7 und Die Tauchersage S. 83.

83 K. Kerényi, Die Griechisch-Orientalische Romanliteratur, Tübingen 1927, S. IX, Anm. 16.

tiv gleichgültig, ob eine mittelbare oder unmittelbare Abhängigkeit Schillers von einer bestimmten Quelle angenommen werden muß.

Greifbare Andeutungen des Motivs finden sich zunächst bei Hyginus und Pausanias.

Hyginus 'Mythographus', dem so zahlreiche mythologische Aufschlüsse zu verdanken sind, berichtet:[84]

„Man erzählt, als Theseus mit sieben Mädchen und sechs Knaben nach Kreta zu Minos gekommen sei, habe dieser eines der Mädchen namens Eriboea, von seiner Schönheit hingerissen, vergewaltigen wollen; Theseus habe das nicht dulden wollen und als Sohn Poseidons gegen den Tyrannen für die Reinheit des Mädchens einzutreten gewagt. Als darauf nicht mehr um das Mädchen, sondern vielmehr um die Abkunft des Theseus ein Streit entstand, ob er nämlich wirklich ein Sohn Poseidons sei oder nicht, soll Minos einen goldenen Ring von seinem Finger gezogen und ins Meer geworfen haben; diesen zu holen befahl er dem Theseus, sofern er wolle, daß man ihm glaube, er sei ein Sohn Poseidons. Er, Minos, könne nämlich leicht bezeugen, daß er von Jupiter abstamme. Er bat sogleich den Vater um ein Zeichen des Beweises, daß er sein Sohn sei; und unverzüglich habe jener durch Donner und Blitz den Beweis gegeben. In gleicher Weise stürzte sich Theseus ohne jegliches Gebet oder irgendwelche Anrufung seines Vaters ins Meer. Und sofort kam eine große Anzahl von Delphinen aus den Felsenklüften hervor und führte ihn auf sanften Wogen zu den Nereiden; von diesen erhielt er den Ring des Minos und von Thetis einen von zahlreichen Perlen strahlenden Kranz, den sie selbst von Aphrodite zur Vermählung bekommen hatte."

In der etwa gleichzeitig entstandenen berühmten und viel gelesenen „Beschreibung Griechenlands" des Pausanias liest man die gleiche Erzählung in etwas verkürzter Fassung[85]. Ihre wahrhaft klassische Form hatte sie bereits fünfhundert Jahre

---

84 Hyginus, Poeticon Astronomicon, Coloniae 1534, b II.

85 Pausaniae Graeciae Descriptio I, 17, 3, ed. Carolus Godofredus Siebelis, Lipsiae 1822, vol. I, p. 69; cf. Pausanias, Graeciae Descriptio cum latina Romuli Amasaei interpretatione, Lipsiae 1696, p. 40; jetzt auch: Pausanias, Beschreibung Griechenlands, übers. v. Ernst Meyer, Zürich und Stuttgart, 2. Aufl. 1967, S. 67 f.

vor Christi Geburt in dem 17. Chorlied des Bakchylides gefunden[86].

Wenn auch Schiller diese erst im 19. Jahrhundert wiederentdeckte großartige Dichtung noch nicht kennen konnte, so dürfte doch in ihr der ‚älteste Taucher' zu suchen sein, der um eines Mädchens willen ins Meer springt, um den Ring zu holen, den der tyrannische König in die gefahrvolle, unergründliche Tiefe schleuderte. Schillers ‚Erfindung' läßt sich daher, ohne der heute allgemein üblichen, mehr sozialpsychologisch als ästhetisch bedingten Abwertung, die zudem unhistorisch und im vorliegenden Zusammenhang irrelevant ist, in irgendeiner Hinsicht das Wort zu sprechen, auf die Wiedereinführung des uralten, um nicht zu sagen: archetypischen, Motivs der Brautwerbungsleistungsprobe reduzieren, wie sie etwa, in charakteristischer Dreizahl, bei der Sphinxfrage an Oedipus, bei den Kampfspielen um Brunhild oder auch in den Rätseln der Prinzessin Turandot auftaucht, und wie sie zweifellos auch dem Bericht de Thevenots über die Hochzeitbräuche auf der Insel Nicaria zugrunde liegt[87], den die deutsche Übersetzung folgendermaßen wiedergibt:[88]

---

86 Die neugefundenen Lieder des Bakchylides. Text, Übersetzung und Commentar von Hugo Jurenka, Wien 1898, XVII „…Ἠίθεοι ἢ Θησευς", S. 118—131; vgl. ed. septima v. Bruno Snell, Leipzig 1958 (dort Chorlied Nr. XVI). Die Übersetzung von H. Jurenka folgt dem griechischen Metrum; eine Übersetzung in freien Rhythmen stammt von Aug. Hausrath und findet sich in dem Sammelbande „Griechische Maerchen. Maerchen, Fabeln und Novellen aus dem klassischen Altertum", ausgew. u. übertr. von Aug. Hausrath und Aug. Marx, Jena 1913, S. 150—153.

87 Nicolaus Melchior de Thevenot, Voyages tant en Europe qu'en Asie et Afrique. Première partie, Paris 1689, pp. 349—350; deutsch: Deß Herrn Thevenots Reisen in Europa, Asia und Afrika, Frankfurt a. M. 1693, I, 70, S. 151.

88 Vgl. Arthur Fleischmann, Eine neue Quelle für Schillers Taucher, in: Das Freie Wort V (1905), S. 360—362, und ders., Ursprung und Bedeutung von Schillers Ballade „Der Taucher", in: Zeitschr. f. dtn. Unterr. 21 (1907), S. 576—578; dagegen E. Müller in: Studien z. vergl. Lit. 8 (1908), S. 239—244.

„Sie befleissigen sich absonderlich deß Schwimmens/ und die Schwämme wie auch die von denen Schiffen verlohren Wahren auß der Tieffe deß Meers hervorzuhohlen; Man verheyrathet in selbiger Insul keine Jünglinge/ wofern sie nicht zum wenigsten 8 Clafftern/ untern Wasser gehen/ und darüber Beweiß bringen können. Wann ein Papas oder einer der Reichsten daselbst seine Tochter verehlichen wil/ so bestimmet er einen Tag/ daran er dieselbe dem besten Schwimmer zur Ehe verspricht; Alsbald ziehen sich die junge Bursche insgesamt vor allen Leuthen und in Gegenwart der Tochter gantz nackend auß/ springen ins Wasser/ und derjenige/ der am längsten unten bleibt/ bekömt dieselbe/ worauß erhellet daß diese Leuthe mehr Fische als Menschen seyn."

Daß die Anerkennung der Voraussetzung, daß Schiller durch diesen Bericht zu seiner Dichtung angeregt worden sei, zu einer entscheidenden Verlagerung des motivischen Schwergewichts führen muß, ist dem Entdecker dieser Stelle, der behauptet, daß, „im Gegensatze zu den bisherigen Anschauungen der Erklärer des Gedichtes, der Persönlichkeit des Tauchers selbst nur eine untergeordnete Bedeutung zugedacht ist"[89], natürlich nicht entgangen. Hier ist jedoch nur die Typik des Berichts von Belang, da das Taucher-Motiv, unabhängig von seiner Prävalenz innerhalb der Ballade Schillers, in seiner idealistischen 'Veredlung' zur Rede steht.

Denn viel bedeutsamer als die Frage nach seiner Quelle ist eben die zu wiederholende Feststellung, daß Schiller die Geschichte nach seinen eigenen Worten „veredelnd umgearbeitet" hat, sowie auch Goethes Erklärung, „daß die Kultur durch Kunst ihren eignen Gang gehen" muß. Die Veredlung der Gestalt des Tauchers ist aber unverkennbar und eindeutig ebenso Schillers ‚idealistischer' Gesinnung wie dem klassizistischen ‚Ausdruckszwang', wie Gottfried Benn die „sich im Verlauf einer Kulturperiode" wiederholenden „inneren Lagen" prägnant bezeichnete[90], hier also der Abkehr von der (subjektiven) Deformierung und (objektiven) Deformation

89 Vgl. A. Fleischmann in: Zeitschr. f. dtn. Unterr. 21 (1907), S. 576.
90 Vgl. G. Benn, Ges. Werke VII, S. 1836, ferner VIII, S. 1924.

zuzuschreiben, dem „eignen Gang“ somit, den die Kultur „durch Kunst“ gehen muß: an die Stelle des Geheimnisvollen ist das Natürliche, das bei Goethe freilich, wie seine gleichzeitigen Balladen beweisen, dem Dämonischen der Elemente unmittelbar und eng verbunden bleibt, an die Stelle des Monströsen das Moralische getreten.

Unter diesem Gesichtspunkt hat man denn auch von jeher Schillers Ballade zu deuten gesucht[91].

---

91 Die Wirkungsgeschichte des „Tauchers“, die sich in den Interpretationsversuchen der letzten 150 Jahre widerspiegelt, bedürfte einer eigenen Abhandlung. Der Standpunkt der verschiedenen Beurteiler (vgl. die Bibliographie) wechselt von gläubiger Hinnahme einer „sittlichen Grundidee“ bei Heinrich Viehoff (1859) und Max Wilhelm Götzinger (1863) zu dem Versuch, Schillers Absicht mit seinen eigenen Worten zu deuten, bei Karl Hoffmeister (1839), vor allem (überzeugend) bei Julius Brock (1888) sowie noch bei Ernst Elster (1904), der auch kurz auf das Quellenproblem eingeht, von pathetischer Zustimmung bei Paul Polack und den anderen von F. Teetz (a. a. O. S. VI—VII) genannten ‚wackeren‘ Schulmännern und selbst bei Karl Berger (1909) bis zur Eliminierung des „Tauchers“ aus Schillers Werken durch H. M. Enzensberger (1966), von überschwenglicher Verherrlichung der Ballade durch Herbert Cysarz (1934) bis zu nüchterner Würdigung des Prinzips des Willens durch Wolfgang Kayser (1935.1936), von der Beschränkung auf bloße Stilkritik bei Reinhard Buchwald (1954) und Gerhard Storz (1959) über die romantisierende Deutung Benno von Wieses (1959) bis zu der vorsichtigen Wertung der Objektivierung des ‚Wirklichen‘ durch Emil Staiger (1967) und schließlich der rein formalen Würdigung durch Friedrich Burschell (1968), der zudem meint, daß „der Dichter ohne Ideen nicht auskam und im Grunde nur (!) Exempel ... statuieren wollte.“

6
Amphibische Existenz

Es erscheint heute fast unbegreiflich, daß die Wirkung der Schillerschen Gestaltung der Geschichte des Nicola Pesce weit über den deutschen Sprachraum hinausreichte. Vielleicht aber wirft die ‚amphibische' Existenz ein Licht auf die Tatsache, daß es so war.

Jene nämlich ist im ganzen 19. Jahrhundert gegenwärtig, dem deutschen Generalkonsul in Messina[1], wenn er am Ufer des Faro steht, genauso wie dem reisenden Franzosen. Denn schon 1822 erwähnt Auguste de Sayve in seiner in Paris erschienenen Reisebeschreibung „Voyage en Sicile" in dem Abschnitt „Plongeurs" nicht nur den Taucher Colapesce, sondern auch den Dichter Friedrich Schiller:[2]

„Die Taucher von Messina sind sehr kühn; und man spricht dortzulande noch heute von dem berühmten Taucher Colas, genannt ‚il Pesce', das heißt ‚der Fisch', wegen seiner Fähigkeit, unter Wasser zu bleiben. Er besaß die Tollkühnheit, in den Schlund der Charybdis zu tauchen; er ertrank, als er es zum dritten Male wagte, sich der Gefahr auszusetzen (s'y aventurer), um einen goldenen Becher heraufzuholen, den der König Friedrich von Sizilien dort hinuntergeworfen hatte. Der berühmte deutsche Dichter Schiller hat nach diesem Ereig-

---

1 In dem Kapitel „Schiller's sicilianische Dichtungen" seines heute noch, auch und gerade für Kenner Siziliens, lesenswerten Buches „Sicilien. Bilder aus Natur, Geschichte und Leben" (2. Aufl., Leipzig 1905) preist der ehemalige deutsche Generalkonsul in Messina, August Schneegans, Schillers „seltene Gabe …, wie ein Seher uns das Nichtgesehene vor Augen zu führen" (S. 88).

2 Voyage en Sicile, fait en 1820 et 1821 par Auguste de Sayve, Paris 1822, tome II, pp. 128—129.

nis die reizende Geschichte (le charmant épisode) seines Tauchers gestaltet, eines der Meisterwerke seiner leichten Gedichte (de ses poésies légères)."

Indessen setzte Schillers Gestaltung, infolge der bewußten ‚Veredlung' oder, zugespitzter gesagt, durch die moralische Idealisierung des Helden, eine nicht mehr zu überschreitende Grenzmarke, dergegenüber, in dialektischer Reaktion, nur noch ironische Parodie[3], breite Verwässerung[4] oder aber beißende Kritik möglich war.

Zunächst erfährt der Stoff in Italien, wo die Überlieferung weit lebendiger war, nach den poetischen Versuchen des Pontanus, des Giannettasio und des Flaccomio eine ganze Reihe von Bearbeitungen, deren sachlicher Tatbestand gleichzeitig von den zeitgenössischen Compendien getreulich vermerkt wird[5]. Dabei ist festzustellen, daß eine willkürliche ‚Verbil-

---

3 Pitrè, Studi p. 78, n. 2, erwähnt drei bibliographisch nicht mehr erfaßbare Beispiele: Fr. Schiller's Der Taucher: Romantisches Machwerk, Erfurt o. J., H. Lieck, Der Taucher. Dramatisch-akrobatisch-nautische Operette, Mainz o. J. u. L. Wehner, Der Taucher. Parod. Operette, Leipzig 1875.

4 Hierher dürften die nicht mehr greifbaren Libretti von Friedrich Christian Heinz (1809) und Samuel Gottlieb Bürde aus Breslau (1753—1831) zu rechnen sein. Bürdes ‚Romantische Oper in 2 Akten' mit der Musik von Joh. Friedr. Reichardt (1752—1814) kam am 18. März 1811 im Berliner Nationaltheater „mit wenig Glück" zur Aufführung; sie „enthalte gute Verse, errege aber kein wahres, dramatisches Interesse" (vgl. W. Pauli, Joh. Friedr. Reichardt, sein Leben und seine Stellung in der Geschichte des deutschen Liedes, Berlin 1903, S. 167 f.). Karl Friedrich Zelter schreibt am 8. April 1811 an Goethe über diese Aufführung (vgl. Der Briefwechsel zwischen Goethe und Zelter. Hrsg. v. Max Hecker, 1. Bd.: 1799—1818, Leipzig 1913, s. 295). — Ebenso gehört hierher wohl auch Konradin Kreutzers (1780—1849) vergessene Oper „Der Taucher" (1814, umgearb. 1823), deren Librettist nicht zu ermitteln ist (Carl Johann Braun von Braunthal?).

5 Pitrè, Studi p. 25, zählt auf: Nuovo Dizionario, ovvero Istoria in compendio di tutti gli uomini che si son renduti celebri per talento,

dung‘ der Gestalt und der Person Colapesces um sich greift. Im Drama erscheint diese als Heroisierung, in der Komödie als fast unerträgliche ‚Vereinfachung‘, da hier aus Liebe zu dem 'Nationalheros‘ Cola oder — konstitutioneller Gesetzlichkeit die schlichte ‚Natürlichkeit‘ und treuherzige Simplizität des kühnen Tauchers eifersüchtig gewahrt wurde.

Notgedrungen muß sich eine kurze Übersicht über die italienischen Bearbeitungen des 19. Jahrhunderts an den Bericht Giuseppe Pitrès halten, da der größte Teil jener ‚Dichtungen‘ verschollen oder in unerreichbaren Bibliotheken begraben ist[6].

Noch aus dem 18. Jahrhundert stammt der Reisebericht eines bedeutenden Wissenschaftlers, „eines der berühmtesten Naturforscher aller Zeiten“[7], Lazzaro Spallanzanis aus Scandiano in der Provinz Reggio Emilia (1729—1799), der in Deutschland durch E.T.A. Hoffmann die größte, jedenfalls die entscheidende literarische Berühmtheit erlangte:[8]

„Es ist gleichzeitig lustig und traurig, den Fall eines gewissen Colar (sic!) aus Messina zu erzählen, der, da er sehr lange im Wasser blieb,

---

virtù ecc. comp. da una Società di letterati sulla 7a ed. francese del 1789 trad. per la prima volta in italiano ecc., vol. XX, Napoli 1791, p. 389; Nuova Enciclopedia popolare italiana, vol. XVI, Torino 1863, p. 180 s. v. Palombaro; die italien. Übers. des französ. Sammelwerkes „La Méditerranée“ von Guglielmo Villarosa.

6 G. Pitrè unterscheidet, seiner ganz anderen Absicht entsprechend, streng zwischen „La Leggenda scritta“, also den rein chronistischen Aufzeichnungen (l. c. pp. 7—34), unter die freilich auch schon die Bearbeitungen des Pontanus und, vorausgreifend, des Giannettasio fallen, und „La Leggenda nella letteratura“, den selbständigen Bearbeitungen (l. c. pp. 69—88), zu denen er wiederum ganz gelegentliche Erwähnungen (wie z. B. bei Meli und Tempio) rechnet.

7 Vgl. Aug. Hirsch, Biogr. Lexikon der hervorragendsten Ärzte, 2. Aufl., Berlin u. Wien 1934, Bd. V, S. 353.

8 Lazzaro Spallanzani, Opuscoli inediti, p. 36, in: Lettere di vari illustri italiani e stranieri del sec. XVIII e XIX, tom. X, Reggio 1843; zit. b. Pitrè l. c. pp. 146—147.

den Beinamen ‚der Fisch' hatte. Es geht die Sage, daß König Friedrich von Sizilien, der in der Absicht, ihn zu sehen, nach Messina gekommen war, auf eine grausame Art seine Meisterschaft erprobte, indem er ihn zwang, einen goldenen Becher zu holen, den er in den Strudel der Charybdis werfen ließ und der der Preis seines Mutes sein sollte; nachdem der kühne Taucher (il prode ritrovatore) die Zuschauer in Erstaunen gesetzt hatte, indem er zweimal hinabgesprungen und lange im Wasser geblieben war, kam er beim dritten Male nicht mehr zum Vorschein; nicht lange danach fand man seinen Leichnam am Strande von Taormina."

Die kurze Notiz unterscheidet sich kaum von anderen Reiseberichten; auch die Auffindung des Leichnams, woher die Kunde davon auch stammen mag, ist hier erwähnt. Jedoch gibt Spallanzani mit seiner einleitenden Bemerkung: „E lepido e tragico insieme", gewissermaßen Fazit und Anstoß zu allen späteren, scheinbar so widersprüchlichen tragikomischen Bearbeitungen der „Sage" (fama).

Zunächst aber findet sich noch eine ‚einfache' Volkserzählung, „un racconto popolare", des Vincenzo Linares aus Licata in Sizilien, der etwa im Jahre 1843 die Geschichte des Colapesce wieder in das Gedächtnis seiner Landsleute ruft:[9]

„Sizilien bietet eines der außerordentlichsten Beispiele [von berühmten Tauchern und Schwimmern] in der Geschichte des Nicola aus Catania, der vom Volke der ‚Pesce Cola' genannt wurde. Von Jugend an verbrachte er sein Leben im Meere, und vermöge des dauernden Aufenhaltes im Wasser gewöhnte er sich derartig daran, daß er nur mit Mühe auf dem Lande leben konnte, ja dort sogar von heftigsten Schmerzen befallen wurde. Er war, wie leicht zu begreifen, der gewandteste Schwimmer seiner Zeit, schwang sich an Bord der Schiffe, spielte den Boten von Ufer zu Ufer und zu den benachbarten Inseln, besonders wenn das Meer stürmisch war; zu diesem Zwecke trug er einen ledernen Beutel an der Seite, um darin die Briefe aufzubewahren.

9 Vincenzo Linares, Il Vapore, giornale di Palermo, an. I, e Racconti popolari, Racc. XXXIX, Palermo 1886, p. 493; zit. b. Pitrè l. c. pp. 147—148.

König Friedrich von Neapel wollte seine Gewandtheit auf die Probe stellen und befahl ihm, sich in den Faro di Messina zu stürzen, und, um ihn anzuspornen, warf er einen goldenen Becher hinein. Es klingt unglaublich (pare impossibile)! Nicola stürzte sich in jenen entsetzlichen Strudel, und zur Verwunderung aller kehrte er nach einer Viertelstunde mit dem Becher wieder zurück. Anderntags wollte man den Versuch wiederholen, und ein zweiter, größerer Becher wurde hinabgeworfen sowie als Belohnung ein Beutel voll Gold versprochen. Nicola hatte diesmal seinen Mut verloren. Zweimal versuchte er hinunterzuspringen: beide Male hielt ihn eine unsichtbare Hand zurück ... Schließlich stürzte er sich ins Meer. Armer Nicola! Es scheint, daß ihn sein Herz warnte ..., und er erschien nicht mehr an der Oberfläche."

Diese Erzählung, deren, nach Pitrès Ansicht[10] nur mittelbare, Quelle Athanasius Kircher zu sein scheint, enthält, sicherlich nur auf Grund der Absicht, möglichst volkstümlich zu wirken, eine psychologische Unterstellung: Nicola habe beim zweiten Male den Mut verloren (avea perduto il suo coraggio), heißt es; und noch weiter: „Zweimal hielt ihn eine unsichtbare Hand (una mano invisibile) zurück". Nicht genug also, daß man im 19. Jahrhundert den Versuch macht, die subjektiven Empfindungen zu erklären (il cuore pare che gli parlasse), man schafft auch die Voraussetzung dafür, indem man das vorher so oft überlieferte Zögern Colapesces dramatisiert.

Mit ähnlichen psychologisch-poetischen Ambitionen erzählt der Historiker Giuseppe La Farina aus Messina (1815—1863), mehr oder weniger auf Alexander ab Alexandro gestützt[11], die Geschichte Colapesces:[12]

„Wir können diesen (königlichen) Palast nicht betrachten, ohne den Namen unseres berühmten Cola Pesce in die Erinnerung zu rufen,

10 Vgl. Pitrè l. c. pp. 25—26: „... nessuno ...vide mai il Mundus subterraneus".

11 Vgl. Pitrè l. c. p. 28.

12 Giuseppe La Farina, Messina ed i suoi monumenti, Messina 1840, pp. 25—26, zit. b. Pitrè l. c. pp. 148—149.

den Namen jenes Mannes, der nach dem Zeugnis sehr vieler und namhafter Schriftsteller die Fähigkeit besaß, in die Strudel des Meeres zu tauchen und sich in dessen algenreichen Tiefen zu tummeln, jenes Mannes, für den der Sturm nichts bedeutete als

der leichte Hauch des Lüftchens von den Bergen
dem sonnverbrannten Krieger im Gesicht,

jenes Mannes, der schwimmend fünfhundert Stadien geschwind zurücklegte, der schwimmend die Häfen von Sizilien und Calabrien aufsuchte, der auf dem Rücken der schaumgekrönten Wellen ruhte, sanfter als auf weichen Perserpfühlen. Er stieg auf die Wogen, als wären sie seine Kriegsrosse, an Sturmtagen eilte er zu den Schiffen, die mit den Winden kämpften, rief die Matrosen bei Namen, und mit Rufen und Zeichen führte er sie durch jenes Element, das ihm Leben und Heimat bedeutete und das ihm zum Grabe werden sollte.

Der Ruhm dieses wunderbaren Mannes (dell'uomo meraviglioso) gelangte zu Friedrich II., der sich gerade dort (in Messina) aufhielt, und Friedrich warf an einem Festtage vor den Augen einer riesigen Volksmenge, die herbeigeströmt war, einen goldenen Becher in die Tiefe des Meeres. Cola sollte hineinspringen und ihn holen. Und schon durchschneidet Cola mit der Geschwindigkeit eines fallenden Lotes die Wasser und erscheint nach geraumer Zeit wieder. Ein Schrei der Begeisterung erhebt sich im Volke: der goldene Becher glänzt in der Hand des kühnen Schwimmers. Der Versuch wurde wiederholt, und der weit hinausgeschleuderte Becher wurde wiederum zurückgebracht. Aber Friedrich ist noch nicht zufrieden; zum dritten Male schleuderte er den Schicksalsbecher (la fatale tazza) in die unermeßliche Tiefe, und zum dritten Male stürzte sich dieser Sohn des Meeres in die blauen Wogen.

Die Zeit verrinnt. Die konzentrischen Kreise, die der Sprung in die Wasser des Meeres hervorgerufen hatte, verschwanden, seine Oberfläche wurde glatt und still wie die eines marmornen Grabsteines ...

Angst und Furcht malen sich auf den Gesichtern aller ... Bei jedem Fischlein, das den Spiegel des Meeres stört, erhebt sich ein Freudenschrei. Aber die Wasser glätten sich wieder, und Trauer befällt die Herzen der Umstehenden. Cola kommt nicht mehr zum Vorschein — er fand sein Grab im Meere!“

Man wird dem wackeren Führer durch seine Heimatstadt nicht zu nahe treten, wenn man die Vermutung äußert, sein dichterischer Schwung, der sich bis in den ‚raffinierten‘ Zeitwechsel hinein verfolgen läßt, sei nicht zuletzt auch durch Schillers Ballade beflügelt worden. Aber auf solche Weise konnte der Messinenser seinem Lokalpatriotismus den schuldigen Tribut um so besser zollen.

Allerdings gibt es auch zwei in ihrer Art hervorragende sizilische Dichter, die Colapesce innerhalb größerer Werke ein würdiges Denkmal setzten.

In der „Carestia" des Domenico Tempio aus Catania (1750—1821) werde, so schreibt Giuseppe Pitrè[13], Colapesce wieder lebendig oder finde vielmehr einen Nachfolger (un discendente) in einem gewissen Catanesen namens Pippiridduni, „einem ungeschlachten Gesellen (omaccione) von hohem Wuchs und großem Schwimmer". Hier handelt es sich demnach um eine dem ‚groben' Volksgeschmack entsprechende Verbildung, die (wieder), sei es absichtlich, sei es unabsichtlich, in deutlichem Gegensatz zu Schillers Veredlung steht.

In den nicht leicht wiederzugebenden Strophen, in denen, in sizilischem Dialekt, Pippiridduni mit Colapesce verglichen wird, heißt es sinngemäß:[14]

„Dieser Fischmensch sprang ins Wasser
grad wie ein Amphibium,
schwamm und tauchte wie ein Gaukler
eine Woche lang herum;

aß und trank und schlief und schaffte
alles, was zu tun ihm lieb,
tauchte auf, um Luft zu schnappen —
drauf er sieben Tage blieb;

kam und ging und kehrte wieder,
immer munter, immer frisch
wie der sagenhafte, alte,
weitberühmte Cola Fisch."

---

13 Cf. Pitrè l. c. p. 84.

14 Domenico Tempio, La Caristia, poema epicu, canto V, t. 1, pp. 133—134, Catania 1875; zit. b. Pitrè l. c. p. 84.

Etwa gleichzeitig dürfte die beiläufige Erwähnung Colas „per termine di paragone“[15] in den satirischen Terzinen „Ad un Cavaleri“ des Palermitaners Giovanni Meli (1740—1815) sein, von der Giuseppe Pitrè[16] spricht. „Aber im ‚Codici marinu‘ macht er ihn zum Inhalt einer langen und witzigen moralischen Fabel, die die in das System der alten Kriminalgesetzgebung des Königreichs Sizilien eingedrungenen Mißbräuche bloßstellt“[17]. In den ersten zwei Sestinen faßt Meli die Geschichte folgendermaßen zusammen:[18]

„Jeder kannte in Sizilien zu Zeiten
Colapesce, der dem Land und Meer verschworen,
der einst unter Friederich dem Zweiten
hier als ordentlicher Mensch geboren,
doch zum Fisch veranlagt, seewärts strebte,
auf dem Grund des Meeres mit den Fischen lebte.

Er durchschwamm des großen Meeres tiefste Tiefen,
machte lange Reisen und erzählte Bände:
von den Wundern, die ins Meer ihn riefen,
gaben Zeugnis seine fleißgen Hände.
Dies ist im Gedächtnis mir geblieben,
da ich sah, was er mit eigner Hand geschrieben ...“

Die Geschichte, die er dann auf Grund der fiktiven Handschrift Colas wiedergibt, ist eine reine Zeitkritik: Die Erwähnung Colas ist lediglich das willkommene Mittel zum Zweck, das Motiv ist also, wenn es auch nahe genug liegen mochte, geradezu mißbraucht und hat hier nicht einmal mehr allegorischen Charakter.

Nicht viel erfreulicher ist die ‚Erhebung‘ Colas zum Helden einer ganzen Komödie, wie sie, offenbar als erster, der Baron Giovanni Carlo Cosenza aus Neapel (1790—1851), etwa

15 Pitrè l. c. p. 85.

16 Puisii siciliani di l’Abati Giuvanni Meli. Sola edizione completa, riveduta sugli autografi, Palermo 1884, p. 132; cf. Pitrè l. c. p. 85.

17 Ib.

18 Zit. b. Pitrè l. c.

gleichzeitig mit den deutschen Opern- und Operetten-Librettisten Lieck, Wehner, Heinz und Bürde[19] unternommen hat. Die Komödie „Niccolò Pesce"[20] wurde, wie Pitrè[21] nach Croce[22] genauestens notiert, am 23. Oktober 1818 im Teatro Fiorentini zu Neapel zum ersten Male aufgeführt. Sie spielt unter der Regierung des Königs Friedrich II, von Aragon (König von Sizilien 1296—1336), des Sohnes Peters III. (+1285) und Bruders Jakobs II. (1285—1327); ihren politischen Hintergrund bildet der Vertrag, den jener am 19. August 1302 mit König Karl II. von Neapel (1285—1309), seinem Schwiegervater — Friedrich hatte im Mai des Jahres 1302 Eleonore von Anjou, die Tochter Karls geheiratet — schloß. Niccolò Pesce ist, nicht zuletzt auf Grund seiner besonderen Fähigkeiten, seiner „singolarità", der vaterländische Held: er durchkreuzt die Machenschaften des verräterischen Statthalters Rainulf, wird jedoch selbst des geheimen Einverständnisses mit den Venezianern, die Messina belagern, angeklagt und zum Tode verurteilt. Selbstverständlich gelingt es ihm, schwimmend zu entkommen, und am Ende rettet er, nachdem seine Frau den Verräter Rainulf ermordet hat, das Vaterland.

Colapesce ist hier ein Opfer des Lokalpatriotismus geworden, zum „uomo politico"[23], zum Nationalhelden Messinas oder sogar ganz Siziliens. Und „aus dieser Idee", so berichtet Giuseppe Pitrè[24], „schlug der tüchtige Künstler Letterio Subba aus Messina Kapital in Form eines glänzenden Gemäldes, das noch heute in hohem Ansehen steht: Cola erhebt sich als eine erstaunliche nackte Gestalt (stupenda figura di nudo) auf der Leinwand."

19 Vgl. oben Anm. 3 und 4.

20 Commedia in quattro atti. Napoli 1826.

21 Pitrè l. c. p. 78.

22 Cf. Mélusine III, 41.

23 Pitrè, Studi p. 79.

24 L. c.; Pitrè beruft sich auf ein (bibliographisch nicht erfaßbares) Werk von G. Raymondo-Granata: „La Scilla riviva nel fonte di Nettuno", Messina 1858, p. 19.

In ähnlicher Weise ‚erhebt' ein anderer Neapolitaner, Francesco de Petris, Colapesce zum Helden einer Komödie. Auch bei ihm handelt es sich um die ‚einfache' Verwendung einer als historisch angesehenen Gestalt von besonderer Eigenart. Von dieser, zumal sie populär ist, wird zu einem Zweck ‚Gebrauch gemacht', ein Gebrauch, der, ästhetisch anfechtbar, als solcher immerhin geeignet erscheint, den Begriff der Verfremdung e contrario zu erhellen.

Die fünfaktige Komödie „Il Pesce Niccolò, ossia l'uomo anfibio con pulcinella accademico ignorante, bersagliato de birri, e spaventato da un braccio della fontana di Messina"[25] spielt unter König Friedrich II. von Aragon, und wieder ist es ein bösartiger Gewalthaber, diesmal der Stellvertreter des königlichen Statthalters, Don Giustino, der Ränke spinnt, wenn es zunächst auch nur um das Besitztum seines Mündels Luisa geht. Die unglückliche Liebe Luisas zu Giulio, dem Sohne des Statthalters, gibt der Fabel des Stückes die Anziehungskraft, soll sie ihr geben. Niccolò, der beim König bekannt und beliebt ist, wird mitsamt seiner Familie ausgewiesen, weil man ihn für fähig hält, das Liebespaar zusammenzuführen. Giulio selbst wird nach London geschickt.

Der Grund für die schändliche Behandlung Niccolòs liegt weniger in seinen Beziehungen zum König als in seinen besonderen Fähigkeiten: er ist ein großer Taucher, er ist viele Male (tante e tante volte!) in vier Stunden nach Neapel und wieder zurück geschwommen; er schwimmt unter Wasser mit der Geschwindigkeit des flinksten Fisches, den es gibt, so daß er sogar Schiffe überholt; er hat unter Wasser Nachrichten an Kriegsschiffe befördert, die von feindlichen Schiffen umzingelt waren; er warnte Schiffe vor Stürmen und rettete Schiffbrüchige. Don Giustino fügt diesen Ausführungen des Statthalters noch hinzu: Auch durch wichtige naturwissenschaftliche Entdeckungen auf dem Meeresgrunde habe er dem König große Dienste geleistet; dort bewege er sich nämlich mit der gleichen

25 Commedia nuovissima in 5 atti di Francesco de Petris, Napoli 1828.

Selbstverständlichkeit wie andere Menschen auf dem Lande, so daß er sich oft, von Neugier getrieben (spinto dalla curiosità) in die ungeheuerlichen Strudel gestürzt habe, und zudem habe man ihn dann nach vielen Tagen nicht etwa nur aus dem Meere, sondern auch aus Flüssen, Brunnen und Höhlen herauskommen sehen. „Und deshalb", bemerkt der Statthalter, „steht er seit Jahren beim Volke im Rufe der Hexerei (n'ebbe anni fa dal volgo un'imputazione di stregoneria), der man erst die Grundlage entzog, indem man mit anatomischen Begriffen bewies, daß sein amphibischer Charakter nichts als ein einfaches natürliches Phänomen ist, das von der ovalen Öffnung seines Herzens abhängt."[26]

Der Erfolg des Stückes beruhte wohl hauptsächlich auf billigen Theatereffekten, freilich auch auf der loyalen Gesinnung des Dichters, die sich in den „wiederholten Anspielungen auf die Güte, Gerechtigkeit und Großherzigkeit des Königs"[27] ausspricht, schließlich wohl auch auf der jeweiligen Besetzung der Rolle Pulcinellas.

Bedeutsam ist, daß die Gestalt des Meeresungeheuers (la figura del mostro marino) unter einem von dem herkömmlichen sehr verschiedenen Gesichtspunkte ins Komische und Lächerliche entartet (degenera), wie schon Pitrè[28] bemerkt. Darüber hinaus erinnert die Schlußbemerkung des Statthalters im ersten Akt über den „Ruf der Hexerei", in dem Niccolò stehe, nicht nur an Domenico Tempios „e pari smàfara", sondern, so sehr sie auch einem, im 19. Jahrhundert längst überholten, ja überwundenen volkstümlichen Aberglauben entsprechen mag, in auffallender Weise an die Äußerung des von Antonino Mongitore zitierten Chemnitzer Arztes Christian Friedrich Garmann (1640—1708) oder seines Sohnes Immanuel Heinrich über die Taucherglocke, die mit dem ausdrücklichen Hinweis auf das Wort des Bartholomäus Keckermann schließt, demzufolge die Taucher ohne künstliche Hilfsmittel

26 Studi pp. 79—82.
27 Pitrè, Studi p. 82.
28 Ib. p. 83.

Mühe mit der Atmung hätten, wenn sie kein besonderes Abkommen mit dem Teufel schlössen[29].

Man wird annehmen dürfen, daß auch die Bearbeitung der Tauchersage durch Carlo Tito Dalbono[30] ein ähnliches Verbildungsprodukt darstellt; Pitrè, der sie selbst nicht kennt, spricht von einer „armseligen Sache, von der man besser schweige" (povera cosa che è pietà il tacerne)[31].

Um so größeres Gewicht gewinnt dem allen gegenüber die zweifache Bearbeitung des Stoffes durch den Folkloristen Felice Bisazza aus Messina (1809—1867). Er gibt zunächst den nüchternen Tatsachenbericht:[32]

„Niccolò Pesce, einer der berühmtesten Taucher (sotto-marini) Siziliens, lebte in Messina im 13. Jahrhundert unter der Regierung Friedrichs II. von Sizilien. Man behauptet, daß seine Finger durch solche Häute verbunden waren, wie wir sie an den Gänsen sehen, und daß er einen sehr geräumigen Brustkorb hatte. Von Kindheit an gewöhnt, lange unter Wasser zu bleiben, umgürtet mit einer weißen Binde, holte er Atem mit Hilfe eines Hornes (mettendo fiato ad un corno), das er gewöhnlich mit sich führte, und fristete sein Leben durch Korallen- und Muschelfischerei.

Der Ruf dieses so erstaunlichen Mannes drang zu den Ohren König Friedrichs, der ihm den Befehl gab, sich in die durch viele

29 Cf. Mongitore oben S. 228; F. Garmann a. (Anm. 5, 18) a. O. S. 44; B. Keckermann oben S. 148 f., Systema physicum, Hanoniae 1612, cap. 28, p. 441: „Urinatores, nisi habeant peculiare pactum cum Diabolo, admodum aegra respiratione vti".

30 Vizii e Virtù d'illustri famiglie, Napoli 1874, pp. 292—307.

31 Pitrè, Studi p. 87; vgl. die bissige Bemerkung, die B. Croce (Mélusine III, 41) über Dalbonos Roman, „in cui è identificato con Niccolò d'Alagno, padre della famosa Lucrezia" (id., in: Napoli nob. V, 5, 70, n. 2), macht: „Die Achtung, die man einem aus anderen Gründen ehrenwerten Manne schuldet, zwingt hier zu der Haltung der Söhne Noahs und verbietet, Rechenschaft abzulegen über sein unglückliches romantisches Machwerk (malheureux essai de littérature romantique)".

32 Felice Bisazza, Leggende e Ispirazioni, Messina 1841 (s. p.); zit. b. Pitrè l. c. p. 149.

Schiffbrüche berüchtigten und über die Maßen stürmischen Strudel der Skylla und Charybdis zu stürzen; und um ihn zu reizen, warf er in jene Fluten einen goldenen Becher. Und mit diesem kam Niccolò unter dem Jubelgeschrei von tausend Stimmen wieder hervor. Der König wollte, daß er sich noch einmal in den Strudel stürze. Aber beim zweiten Male sah man den armen Kerl nicht mehr auftauchen aus den Wassern. Und bis heute beklagt man seinen Tod (e fin oggi la sua memoria è pianta)".

Dieser Bericht erinnert an den Kirchers; aber Giuseppe Pitrè mag recht haben[33], wenn er so oft betont, daß Kircher selbst während seines Aufenhaltes in Palermo weniger aus dem königlichen Archiv als von der Bevölkerung Messinas Nachrichten bezogen habe. Auf jeden Fall ist die weitere, die poetische Bearbeitung des Stoffes durch Felice Bisazza von großer Bedeutung; Pitrè preist sie allein schon durch sein Bedauern, nur eine Zusammenfassung von ihr geben zu können: „dolente di non poterne far gustare le bellezze"[34].

Die deutsche Literatur hatte es nicht nötig, in die Ferne zu schweifen; sie brauchte innerhalb des Motivbereichs der Wassergeister nur auf die reiche Überlieferung der vor allem in Ostdeutschland zahlreichen Wassermannsagen, zum Teil slawischen Ursprungs, zurückzugreifen, wie sie etwa im Oheim Kühleborn in Friedrich de la Motte Fouqués „Undine" (1811), in August Kopischs überaus gelungenem „Nöck" (ca. 1836) und nicht zuletzt in Gerhart Hauptmanns „Elementargeist" Nickelmann (1896) lebendige Gestalt angenommen haben. Hier gelangen ‚echte', wenn man durchaus will: romantische Verfremdungen, fern von schnödem Rationalismus und plumper Parodie, noch ferner von willkürlicher Künstelei oder gar von dem Versuch, „mit anatomischen Begriffen" zu beweisen, daß ein „amphibischer Charakter" (la qualità anfibia[35]) von der Beschaffenheit des „foramen ovale" abhänge, wie der Statthalter bei de Petris argumentiert. Jene Gestalten haben jedoch

33 Studi pp. 23—24.

34 Ib. p. 83.

35 Pitrè, Studi p. 81.

mit Colapesce einzig und allein das Amphibische, genauer gesagt, das Elementarische gemein. Das aber wiederum wurde sehr früh, früher, als man heute zuzugeben bereit zu sein scheint, Gegenstand des psychologischen Interesses, wie eben die Romantik wesensgemäß die vorwissenschaftliche Durchleutung psychophysischer Zusammenhänge weniger systematisch als vielmehr aporetisch betrieb[36].

Ein erstaunliches, aus mancherlei Gründen wenig beachtetes, Beispiel der Verwendung des Motivs des Wassermenschen im Rahmen eines 'aporetischen Definitionsdialogs' ist die Gesprächsnovelle „Der Eros, oder über die Liebe" des über alle Maßen fruchtbaren Allerweltschriftstellers Heinrich Zschokke (1771—1848). In diesem in jeder Hinsicht merkwürdigen Gebilde, das Zschokkes erster Biograph Ernst Münch unter die „Arbeiten vermischten ästhetisch-litterarhistorischen Inhaltes"[37] rechnet, taucht gänzlich unvermittelt — nicht Colapesce, sondern — jener arme Francisco de la Vega aus Lièrganes auf, von dem der Benediktiner Benito Feyjoo so ausführlich und weitschweifig berichtete. Woher ihn Zschokke, der ihn übrigens Lopez nennt[38], kennt, scheint unerfindlich; sein Horizont ist offenbar doch weiter, als man ihm nachsagt. „Der Eros" gehört zudem nicht etwa zu Zschokkes Alterswerken, so daß man vermuten könnte, Zschokke habe den Spanier durch Ludwig Tieck kennengelernt; nach Goedeke[39] ist die Novelle im Jahre 1821 entstanden, 1825 steht sie bereits im 10. Bande der „Ausgewählten Schriften"[40].

---

36 Vgl. dazu K. J. Heinisch, Deutsche Romantik, Paderborn 1966, S. 11 u. passim.

37 Ernst Münch, Heinrich Zschokke, geschildert nach seinen vorzüglichsten Lebensmomenten und seinen Schriften, Haag 1831, S. 221.

38 Heinrich Zschokke's Novellen und Dichtungen, 10. Aufl., Aarau 1857, 1. Theil, S. 252.

39 K. Goedeke, Grundriß d. Gesch. d. deutschen Dichtung X, 8, 3, 2. Aufl., Dresden 1913, S. 93.

40 Vgl. ib. S. 101.

Die Novelle macht den für ihre Zeit recht gewagten Versuch, in sieben Kapiteln die Spielarten der Liebe an lebendigen Beispielen darzutun, wobei die beiden Hauptkapitel (6 und 7) die Apologie der gleichgeschlechtlichen Liebe zwischen Männern und das letzte ihre schließliche Verurteilung, Zschokke nennt sie „Entlarvung", enthalten.

Innerhalb der Novelle bildet die Geschichte des jungen Lopez aus Bilbao eine Erzählung in der Erzählung, hat also mehr oder weniger den Charakter einer Illustration, die den Gang der (kaum vorhandenen) Handlung unterbricht; sie steht deshalb und wegen ihrer motivischen Fremdartigkeit im Gegensatz zu den anderen, an den handelnden Personen aufgezeigten, Beispielen und daher auch mit Recht im Mittelpunkt.

Im Unterschied zu der Geschichte des Francisco de la Vega alias Lopez brauchten die deutschen Dichter die des Tauchers Colapesce nicht erst aus dem Ausland zu importieren; seit Athanasius Kircher war sie mehr oder weniger zum literarischen Strandgut geworden.

So taucht sie auch in jenem „Magazin historischer Raritäten" auf, das Franz Gräffer im Jahre 1814 herausgab[41], einer Art von Vorläufer der Sammlung „geschichtlicher Irrtümer", die der Bankier William Lewis Hertslet aus Memel im Jahre 1882 verfaßte und die unter dem nicht ganz zutreffenden, aber zügigen Titel „Der Treppenwitz der Weltgeschichte" bis in die unmittelbare Gegenwart hohe Auflagen erreichte[42].

Ein ausführlicher Bericht „Über das Tauchen und die Tau-

---

41 Historische Raritäten oder Magazin geheimer Memoiren, seltener Actenstücke, wunderbarer Erscheinungen und Abentheuer, frappanter Aufschlüsse und wenig bekannter Anecdoten aus der Menschen- und Völkergeschichte der Vor- und Mitwelt. Aus Chroniken und vielen anderen alten und nicht alten, ungedruckten und gedruckten Schriften gesammelt und neu bearbeitet von Franz Gräffer, Leipzig 1814, S. 17—19.

42 William Lewis Hertslet, Der Treppenwitz der Weltgeschichte. Geschichtliche Irrtümer, Entstellungen und Erfindungen, Neubearb. Berlin 1967, S. 513 f.

cherglocken“ im „Morgenblatt für gebildete Stände“ des Jahres 1823[43] hält sich wieder ganz an die „seltsame Erzählung“ des berühmten Jesuiten.

Colapesce war also — trotz Schiller! — nicht vergessen. Durch Friedrich von Raumers „Geschichte der Hohenstaufen und ihrer Zeit“[44], in der sein Schicksal nach Salimbene und Franciscus Pipinus erzählt wird, trat er erneut in das Bewußtsein der historisch und literarisch interessierten Kreise Deutschlands. In breitester Form greift dann Ludwig Tieck im Jahre 1835 die Anekdote auf Grund eigener Studien in seiner ‚manieristischen‘ Gesprächsnovelle „Der Wassermensch“[45] auf und macht sie zum Gegenstande umfänglicher Überlegungen literatur- und zeitkritischer, politischer, soziologischer und psychologischer Art.

Die Novelle „Der Wassermensch“, die Jacob Minor als „Nicht-Novelle“ bezeichnet[46] und die nachträglich Goethes harte Kritik zu bestätigen scheint, daß „Tieck, Arnim und Konsorten … aus früheren Zeiten herrliche Motive hervorziehen und geltend machen, … sie [aber] nur gewaltig verwässern und versauern“[47], ist eigentlich ein einziger Dialog, und zwar zwischen zwei weiblichen Personen: der geistreichen und kritikfähigen Lucilie und ihrer rettungslos trivialen Mutter, die „die Ansichten der Mittelmäßigkeit und Modeliteratur“ vertritt[48],

---

43 Geschichtliche Bemerkungen über das Tauchen und die Taucherglocken, in: Morgenblatt für gebildete Stände, 1823, Nro. 232 u. 233, S. 296 ff.

44 Reutlingen 1829, 3. Bd., S. 491—492; vgl. unten S. 305.

45 Ludwig Tiecks Schriften Bd. 21, Berlin 1853.

46 Vgl. J. Minor, Tieck als Novellendichter, in: Akad. Blätter 1884, S. 212 f. Minor zählt den „Wassermenschen“ zu seiner sechsten Gruppe, „welche … weder in inhaltlicher noch in formeller Beziehung auf den Namen Novelle Anspruch machen“ dürfe.

47 Goethe zu Kanzler F. v. Müller am 23. Okt. 1812; vgl. Goethes Gespräche ohne die Gespräche mit Eckermann. In Auswahl hrsg. v. F. Frhr. v. Biedermann, Wiesbaden 1957, S. 276.

48 Vgl. Marta Schaum, Das Kunstgespräch in Tiecks Novellen, Gießen 1925, S. 44.

und vier männlichen: dem unbelehrbaren Revolutionär Florheim, in dem man den „gutgehaßten" Heinrich Heine erkannt haben will[49], dem besonnenen und zugleich phantasiereichen jungen Rath Eßling, in dem Tieck offensichtlich eigene Anschauungen und Charakterzüge wiederzuspiegeln beabsichtigte, dem gelehrten Professor und dem konservativen Geheimen Rath.

Den Auftakt zu der Diskussion über den Wassermenschen gibt Lucilie, indem sie bemerkt, daß sie „den ‚Taucher' von allen Gedichten unsers Schiller am wenigsten liebe", worauf zunächst eine gemeinsame Kritik der Darstellung und der Darstellungsmöglichkeiten des „Meerschlundes" erfolgt, die durch Florheims verspätetes Erscheinen in der kleinen Gesellschaft unterbrochen wird. Als das Gespräch wieder auf den „Taucher" zurückkommt, ist es erneut Lucilie, die mit der Frage: „Gründet sich nun diese Romanze wohl auf irgend eine Wahrheit?" — eine Frage, die sie selbst als „thöricht" bezeichnet — dem Professor Gelegenheit zu weitschweifigen gelehrten Erörterungen gibt, indem er zunächst bemerkt:

„Gewiß ist der Dichter hier durch eine wirkliche Begebenheit, wie sie wenigstens oftmals erzählt wird, und selbst von gleichzeitigen bedeutenden Schriftstellern, zu dieser Ballade oder Romanze veranlaßt worden."

Man entnimmt diesen Worten nicht ohne Verwunderung, daß Tieck von Schillers Quellen offenbar mehr wußte als die Gelehrten der Folgezeit, wenn auch nicht mit Sicherheit zu bestimmen ist, wen er mit den „gleichzeitigen bedeutenden Schriftstellern" meint; von den älteren ist vielleicht Pedro Mejía ins Auge gefaßt, denn der Professor fährt nach kurzer Unterbrechung fort:

„Der kühne Schwimmer oder Taucher, welcher hier im Gedicht als Knappe oder schöner Jüngling charakterisiert wird, ist eine Person,

49 Vgl. ebd. S. 75.

die sich gegen das Ende des fünfzehnten Jahrhunderts in Italien so bekannt gemacht hatte, daß man schon in der ersten Hälfte des sechszehnten in Spanien die albernsten und tollsten Mährchen von ihm herum trug, die selbst alle Kinder kannten, denn es ist kein anderer als Nicola, oder Cola der Fisch, wie man ihn gemeinhin nannte, und wie ihn auch Cervantes einmal in seinem Don Quixote erwähnt[50]. Man nannte ihn Fisch, weil er recht eigentlich ein Wassermensch, der im Meere mehr, wie auf der Erde lebte, war."

Auf Luciliens Frage, ob es „wirklich dergleichen Menschen gegeben, die das vermochten", gibt der Professor eine sehr eingehende Erklärung der ‚natürlichen Deformation' auf Grund von Veranlagung und Gewöhnung; man könne

„bemerken, daß es Menschen giebt, die gleichsam schon mit der Geburt und im Wachsthum Fähigkeiten entwickeln, welche andere nur durch viele Mühe und Uebung erringen."

Hier steckt also jene Theorie dahinter, die im Menschen alle Anlagen aller vor ihm geschaffenen Kreaturen vermutet: homo omnis creatura!

„Wem also im Wasser wohl ist, wer sich dem Element befreundet fühlt, der kann es, besonders wenn er dafür organisirt ist, mit der Zeit auch wohl beherrschen. Und wie dem Vogel die Luft das Fliegen möglich und leicht macht, so hilft dem ächten Schwimmer das Wasser, statt ihn zu hemmen und zu ermüden; und so wird öfter von Menschen erzählt, denen es leicht wurde, eine Strecke das Meer zu durchschwimmen, so weit und fern, daß Lord Byrons berühmter Versuch dagegen fast ein Nichts wird."

Wie bei Zschokke so wird auch hier, freilich in einem sehr unterschiedlichen Zusammenhang, der faszinierende ‚Eupho-

50 Tieck hatte in den Jahren 1799 bis 1801 den „Don Quixote" übersetzt und kannte daher die oben S. 61 und 89 erwähnte Stelle aus dem Roman des Miguel de Cervantes sehr wohl.

rion' des Zeitalters, Lord Byron, erwähnt, der am 3. Mai 1910 den Hellespont von Sestos nach Abydos durchschwamm[51].

Dann kommt der Professor mit seinem Hinweis auf die „magische Sympathie", die uns mit den Elementen, „vorzüglich dem des Wassers, befreundet", auf die spezifisch romantische Theorie der elementaren Verfremdung[52] zu sprechen, die

---

51 Vgl. Karl Elze, Lord Byron, Berlin 1870, S. 105: „In Tenedos und vor den Dardanellen unter Kap Janissary (Sigäum) ging die Fregatte („Salsette") vor Anker und wartete hier über vierzehn Tage auf den Ferman zum Eintritt in den Bosporus. Byron benutzte diese Zeit zu einem Abstecher nach Troja, sowie zu seiner berühmten Schwimmfahrt von Sestos nach Abydos (3. Mai), auf welche er sich lebenslänglich so viel zu gut gethan hat. Er wurde dabei vom Schiffslieutenant Ekenhead begleitet, welcher die Strecke in einer Stunde und fünf Minuten zurücklegte, während Byron selbst fünf Minuten länger zubrachte. Die Hauptschwierigkeit liegt bekanntlich in der starken Strömung, und Kenner behaupten, daß es eben dieser Strömung halber unmöglich sei, von der asiatischen Seite nach der europäischen zurückzuschwimmen. Byron jedoch blieb dabei, daß kein Unterschied zwischen den beiden Richtungen sei, und daß er die Möglichkeit von Leanders mythischer Heldenthat dargethan habe. Die Anstrengung und die Kälte des Wassers zogen ihm übrigens ein mehrtägiges Fieber zu. Byron liebte derartige Schwimmfahrten und war stolz auf seine Leistungen in diesem Fache. In Portugal war er von Lissabon über den Tajo nach Belem geschwommen und in Venedig schwamm er im Jahre 1818 vor einer großen Zuschauermenge mit einem Herrn Scott gegen einen berühmten italienischen Schwimmer vom Lido nach der Stadt und durch den großen Kanal bis zur entgegengesetzten Lagune von Fusina, wobei er vier Stunden und zwanzig Minuten im Wasser zubrachte. Der Italiener erreichte nicht einmal den Markusplatz. Bei den Gondolieren und Fischern von Venedig hieß Byron seitdem ‚il pesce Inglese'." — Die Dardanellen sind durchschnittlich 5—6 km breit, an der schmalsten Stelle 1220 m.

52 Vgl. etwa Cl. Brentano, Märchen von dem Schulmeister Klopfstock und seinen fünf Söhnen (Märchen, Berlin o. J., 2. Bd., S. 321), wo der zweite Sohn von einem Meerfräulein „die Gabe, unter dem Wasser wie auf der Erde zu leben", erhält.

mit Goethes „Fischer“ belegt wird, woraufhin sich das Gespräch wieder dem Taucher Cola zuwendet. Der ausführliche historische Bericht, den der Professor nunmehr gibt, geht, wie die Bemerkung: „Er war von Catanea gebürtig“, beweist, offenbar auf Alexander ab Alexandro zurück, während der „lederne Gürtel“, in dem Cola die Briefe der Seeleute aufzubewahren pflegte, nur von Athanasius Kircher, die „Herzbeklemmungen“ dagegen von vielen anderen erwähnt werden, der Professor jedoch lediglich auf Jovianus Pontanus und Alexander verweist.

Von besonderer Bedeutung ist dann der Einwand des Geheimen Rathes, der (wieder) auf eine (durchaus ‚moderne‘) Kritik an Schillers „Taucher“, die Jacob Minor ärgerlich „Nörgelei an dem Schiller'schen Gedichte“ nennt,[53] hinausläuft:

„Hier finde ich nun freilich einen andern Mann, als in unsrer Ballade. Ein erfahrner, abgehärteter Schwimmer, der nur im Wasser lebt, den das Volk als solchen kennt, der selbst dem rauhesten Seemann als Wunder erscheint, indem er lange Zeit auf dem Grunde des Meeres zubringen kann, und der alles dies nur als ein Spiel, scheinbar ohne große Anstrengung, vollbringt. Da begreift es sich, daß ein wißbegieriger oder neugieriger Fürst ihn verlockt, auf den Grund der Charybdis hinab zu steigen, um Kunde aus dieser furchtbaren Unterwelt herauf zu bringen. Wie sich's aber ein König könnte einfallen lassen, seine Höflinge und Kammerherren dort hinunter zu senden, die vielleicht sich noch niemals im Schwimmen versucht haben, ist mir immer unbegreiflich gewesen. Und nun unterwindet sich ein Knabe, ein schwacher Jüngling, von dem wir auch nicht wissen, ob er schon im Schwimmen und Untertauchen etwas gethan hat, dieser ungeheuren Wagniß.“

Nachdem also der Geheime Rath auf diese Weise, nicht ohne Luciliens poesiebeflissenen Widerspruch hervorzurufen, mit beißender Ironie die ‚unmögliche‘ Ausgangssituation in Schillers „Taucher“, wo die dramatische Divergenz den Schritt vom Erhabenen zum Lächerlichen verschuldet, glossiert hat,

53 Vgl. J. Minor a. (Anm. 46) a. O. S. 213.

erzählt der Professor in deutlichem Anklang an Alexander ab Alexandro („Bei einem großen Feste in Messina ...“) die sattsam bekannte Geschichte, derzufolge der König einen goldenen Becher in die Tiefe geworfen und Cola sich diesem „auf vielseitiges Zureden der Umstehenden, die seine Eitelkeit reizten“, nachgestürzt habe.

Sodann erörtert der Professor den mutmaßlichen Zeitpunkt des Geschehens. Aus seinen Worten ist zu schließen, daß Tieck Salimbene nicht kannte, seine Kenntnisse somit auch nicht auf von Raumers Bericht zurückgehen. Er verwechselt ferner König Friedrich II. (III., 1296—1337) von Sizilien, den Sohn Peters III. von Aragon und Constanzes, der Tochter König Manfreds, und dessen Neffen Alfons IV. den Gütigen von Aragon (1327—1336), einen Sohn Jacobs II. von Aragon, denen nach mannigfachen Wirren und nach der glanzvollen Regierung Alfons' V. (I.) von Aragon (1416—1443—1458) dessen unehelicher Sohn Ferdinand I. (Ferrante, 1458—1494) folgte, mit Friedrich IV., der nach der kurzen Herrschaft seines entarteten und „allgemein verhaßten“ Bruders (nicht Neffen) Alfons II. (1494—1495) im Jahre 1496 König von Sizilien wurde und nach dessen Absetzung im Jahre 1501 Ferdinand V. der Katholische von Aragon, der Gemahl Isabellas der Katholischen von Kastilien und Großvater Kaiser Karls V. schließlich im Jahre 1504 Neapel und Sizilien endgültig unter der Krone Spaniens vereinigte. Nach Meinung des Professors „würde die Geschichte am besten auf jenen Ferdinand passen“, auf Ferrante also, der auch tatsächlich, wie ausdrücklich erwähnt wird, zuerst der erbitterte Feind, später aber ein vertrauter Freund Lorenzos des Prächtigen de' Medici war[54].

Mit diesen geschichtlichen Erwägungen begnügt sich Tiecks Professor jedoch keineswegs. Nach der namentlichen Erwähnung des Pontanus und Alexanders ab Alexandro weist er auf eine zweite Lesart der Geschichte hin, derzufolge Colapesce erst beim zweiten Versuch nicht mehr aufgetaucht sei und die nach Salimbene und Jacobus ab Aquis, Gambacorta und

---

54 Vgl. dazu George F. Young, Die Medici, Coburg 1946, S. 161.

Buonfiglio erst Athanasius Kircher und nach ihm Erasmus Francisci, E. W. Happel, Johann Daniel Major und Salomon Spranger bringen.

Tiecks Erzählstruktur folgt einem Schema, das, in der Form des Dialogs[55] die Zeit- mit der Literaturkritik verbindend, Schillers „Taucher" als ‚erregendes Moment' und Motivbasis benutzt und nach der historisch-biologisch-theoretischen Erwägung der Deformationsmöglichkeiten, deren letzter Grund in der „magischen Sympathie" gefunden wird, zunächst die Geschichte des Cola Pesce in einer Doppel-Novelle bringt, sie sodann als Grundthema spielerisch variiert, um sie schließlich durch den Professor noch einmal in einer ganz anderen Fassung, „die man … mit noch größerem Recht eine Novelle nennen könnte, obgleich sie noch größere Kennzeichen der Wahrheit hat, und durch mehr als eine Autorität bestätigt ist", zusammenhängend erzählen zu lassen.

Bei dieser zuletzt genannten Erzählung, die „sich volle zweihundert Jahre nach jener Begebenheit des Nicola, aus welcher Schiller seinen Taucher bildete, zugetragen" haben soll, ist die Quelle ganz eindeutig festzustellen: es ist der Bericht des spanischen Benediktiners Benito Geronymo Feyjoo, den schon Zschokke benutzte. Tieck entdeckte ihn ohne Zweifel bei seinen umfangreichen spanischen Studien und Übersetzungen. Der Ort der Begebenheit ist demzufolge auch „Lierganes, nicht weit von Santander", und Tieck kann sich nicht enthalten, außerdem noch ausdrücklich auf das nahe gelegene Santillana hinzuweisen, „dessen Name bei uns durch den Roman Gil Blas bekannt genug geworden"[56].

In Tiecks Wiedergabe spielt nun aber bezeichnenderweise der Fluch der Mutter, der bei Feyjoo so schwere Bedenken

---

55 Zur ‚dramatischen Form' vgl. J. Minor a. (Anm. 46) a. O.

56 Der Roman „Gil Blas de Santillana" von Alain René Lesage (1668—1747) erschien in den Jahren 1715—1735; vgl. auch „Der deutsche Gil Blas", eingeführt von Goethe, oder: Leben, Wanderungen und Schicksale Joh. Christoph Sachses, eines Thüringers, von ihm selbst verfaßt, 1822.

erregte[57], die entscheidende Rolle. Andererseits sind die mit Feyjoo übereinstimmenden genauen Zeitangaben auffällig: der „Knabe“ war 1657 geboren, kam 1674 am Johannistag vom Schwimmen nicht mehr zurück, 1679 fingen ihn Fischer in der Nähe von Cadiz[58], er wurde in ein Kloster aufgenommen, wo er sich durch das einzige Wort, das er sprechen konnte, „Lierganes“, verriet; 1680 brachte ihn ein Mönch in seine Heimat zurück, wo ihn seine Mutter „weinend in ihre Arme schloß“; schließlich kehrte er aber für immer ins Meer zurück.

Durch die Lektüre von Friedrich Raumers „Geschichte der Hohenstaufen“[59] wurde auch Conrad Ferdinand Meyer, der von der Person des großen Staufers Friedrich II. fasziniert war, auf Colapesce aufmerksam; er apostrophiert ihn nicht nur in seinem Sonett „Nicola Pesce“, sondern auch in dem Fragment „Die Richterin“. Man berichtet von dem Dichter, er habe sich „als Schwimmer von seltener Ausdauer ganze Nachmittage auf dem See“ vertrieben, und dazu habe ihn „ein tieferes Bedürfnis als das körperliche Wohlbehagen des sizilianischen Fischers“ veranlaßt: das Einsamkeitsbedürfnis[60].

In dem Fischmenschen, der sich der Gesellschaft der Menschen entzieht und in die Einsamkeit des Meeres flüchtet, weil die Schrecken des Elementes nicht grausamer sein können als die Menschen, ist der Dichter „präfiguriert“[61].

In entgegengesetzter Weise wird dasselbe Motiv für die prophetische Vision der Greuel des Weltkrieges in Arnold Zweigs Novelle „Der Spiegel des großen Kaisers“ verwendet[62].

Auch die Trivialliteratur gedenkt des Tauchers Nicola. Jules

---

57 Vgl. oben S. 232.

58 Vgl. Feyjoo oben S. 233.

59 Vgl. oben Anm. 44.

60 Vgl. Ad. Frey, C. F. Meyer, Stuttgart 1900, S. 47, u. Constanze E. Speyer, Die deutschen Kaiser in der Dichtung C. F. Meyers, in: Archiv f. d. Studium d. neueren Sprachen u. Literaturen 69 (1915), 133. Bd., S. 55.

61 Vgl. Robert Mühlher, Dichtung der Krise, Wien 1951, S. 180.

62 Reclams UB 7631/32; Berlin 1964, S. 68.

Verne macht ihn einmal[63] zum Kreter und versetzt ihn in das Inselreich der Kykladen, ein andermal[64] vergleicht er den korsischen Fischersohn Luigi Ferrato „mit jenem sagenhaften Nicolo Pesce, der, ein Sohn von La Valetta, Nachrichten von Neapel nach Palermo beförderte, indem er schwimmend das Äolische Meer überquerte."

In Günter Kunerts Postangestelltem Uwe Zoschke, der so lange für die Olympischen Spiele trainiert, bis die „unbegreifliche Veränderung seiner Epidermis" nicht mehr zu verheimlichen ist, feiern Colapesce und Francisco im 20. Jahrhundert in moderner Gestalt fröhliche Urständ[65].

Jeder Autor jedoch ist als Kind seiner Zeit von deren Denkformen abhängig. Diese Abhängigkeit offenbart sich in den drei Bereichen des realen Affekts: dem der Empfindung, des Gefühls und der Stimmung, in dem die ästhetischen Kategorien irrelevant sind, sodann in dem Bereich der potentialen Vergegenständlichung menschlicher Verhaltensweisen und Schicksale, in dem die psychologischen Kategorien mit den ästhetischen im Wettstreit stehen, und schließlich in dem Bereich der irrealen Selbstbespiegelung, in dem der manieristischen Lust am formalen Experiment keine Grenzen gesetzt sind.

---

63 Jules Verne, Vingt mille lieues sous les mers. Neu übers. v. Joachim Fischer (1968). Fischer Bücherei JV 6, S. 137—138. 143. 219.

64 Jules Verne, Mathias Sandorf, Paris 1967, tom. II, p. 88.

65 Günter Kunert, Die Beerdigung findet in aller Stille statt. Erzählungen, München 1968: „Schwimmer", S. 7—14.

Nachwort

Fragt man nach dem Ergebnis der immerhin recht umfangreichen Untersuchungen, die auf weite Strecken, allerdings keineswegs freiwillig, den Charakter einer Quellensammlung annehmen mußten, so kommt es — wie stets in solchen Fällen — auf den Gesichtspunkt der Antwort an. Motivgeschichtlich könnte es sich um eine Fundgrube handeln; jedenfalls werden anderswo nicht mehr allzu viele Wassermenschen zu finden sein. Literargeschichtlich dagegen ist die Ausbeute geringer: bei einer reinen Statistik, wie sie der notgedrungen immer wieder zitierte Giuseppe Pitrè anstrengte[1], käme die Dichtung im Gegensatz zur Chronistik stark ins Hintertreffen. Es bleibt demnach der Kern und die eigentliche Absicht der Betrachtungen, an einem bestimmten Motiv als Beispiel, der „geistigen Lust, den Wechsel der Gestalten zu schildern", wie Ovid sagt, auf die Spur zu kommen. Psychologisch wäre das der Weg von Grauen und Angst über Furcht und Neugier zu Durchdringung und bewußter Gestaltung, mit der schließlich jener ‚menschliche' Standpunkt erreicht ist, der die Verfremdung erst wirklich zum ‚ästhetischen Vorgang' macht. Erst dann aber kann eine zwanglose Wertung einsetzen, die freilich von anderen als tagesbedingten Kategorien abhängen müßte.

Nicht zu leugnen jedoch ist die Abhängigkeit jenes Vorgangs von der sogenannten ‚Befindlichkeit', dem Selbstverständnis des Menschen, das nur bei vorausgesetzter Konstanz der Vernunft und auch dann offenbar nur auf Grund einer unausgesprochenen Übereinkunft auf eine bestimmte Norm gebracht werden kann. Vielleicht ist demgegenüber der tatsächliche ‚Wandel der Befindlichkeit' das Geheimnis der inne-

---

1 Vgl. oben Anm. 6, 6.

ren Geschichte des Menschen; und das wäre dann ein, immerhin überraschendes, Ergebnis der Betrachtungen über das seltsame Leben und das Schicksal des Wassermenschen Colapesce.

Die Sicherheit des Selbstverständnisses ist nämlich nur dann gewährleistet, wenn es sich auf die Selbstverständlichkeit der Gegebenheiten gründet, auf den Zustand, nach dem der echte ‚Taucher' strebt, nach dem sich Heinrich von Kleist und Conrad Ferdinand Meyer sehnten. Es gibt nämlich Menschen, denen alles außerordentlich erscheint, und andere, für die es nichts Außergewöhnliches gibt, wieder andere, die sich selbst für außerordentlich halten, und schließlich einige wenige, die außergewöhnlich, ‚außer-ordentlich' sind und somit einer anderen Ordnung angehören, zu der sie zurückstreben.

Diese Außerordentlichen zwingt das Befremden über die Unordnung der Welt zur Entfremdung des Ichs, die schmerzliche Erfahrung des unheilvollen Zustandes ihrer Umgebung zur unwillkürlichen Verfremdung. Je stärker der Wahn, die Welt sei widerwärtig, desto mächtiger der Wille, sie und sich zu ändern. Die absolute Identifizierung von Wahn und Wille in dem Bestreben, die Genugtuung für die Träne über die „ungeheure Unordnung der Welt" (H. von Kleist), die „Nacht der Vernichtung" (Richard Wagner) oder aber das Fundament der Existenz in der Beziehungslosigkeit des Existenten (Franz Kafka) zu finden, ist das Merkmal der „Unvergleichlichen", der „sehnsuchtsvollen Hungerleider nach dem Unerreichlichen" (J. W. Goethe).

Ein Rudiment dieses Bestrebens muß aber in jedem Menschen stecken; sonst fühlten sich nur ganz wenige von den wenigen angesprochen, sonst wäre den meisten die andere Ordnung, überhaupt eine andere Welt als die jeweils ihre gleichgültig. Denn das Meer allein kann es ja schließlich nicht sein, das das Motiv des Tauchers zum Movens macht; sonst genügte es, Berichte und Bilder zeitgenössischer Tiefseetaucher zu sammeln und anzuschauen, die einen sicherlich interessieren, aber nicht ‚treffen' können, so treffen, daß die

‚Betroffenheit‘ die Selbstverständlichkeit des Selbstverständnisses gefährdet oder sogar zerstört.

Es geht also um mehr als „Lamentins und Manatins“[2], wie es bei Zschokke heißt, es geht um die jeweilige Fixierung der in der Wiedergabe des Beispiels, das eines unter tausenden ist und folglich durch tausend andere ersetzt werden könnte, der in dem Reflex des Spiegels, der tatsächlich jener Spiegel des großen Kaisers (A. Zweig) zu sein scheint, aufleuchtenden ‚Zustände‘ geistiger, seelischer, körperlicher und gesellschaftlicher Art.

Hier zeichnet sich ein weiteres Ergebnis der Untersuchungen ab. Denn ein gesellschaftlicher Zustand ist an eine Ordnung gebunden, der das Außerordentliche entgegengesetzt ist. Ein Fisch gehört nicht zu den Menschen. Er wird automatisch aus der menschlichen Gesellschaft ausgeschlossen oder, falls er zufällig als Mensch geboren sein oder wie ein Mensch aussehen sollte, als Monstrum in einen Käfig gesperrt. Natürlich kommt es dabei auch auf Herkunft und Struktur der Ordnung an. Wenn sie jedoch überhaupt nicht besteht oder geleugnet wird, wie im 17. oder im 20. Jahrhundert, dann wird das Außerordentliche, weil es keinerlei Kontrastierungsmöglichkeit findet, absurd.

Das Märchen von der (früher angeblich) ‚heilen Welt‘ ist und war immer ein Märchen; denn die Welt war niemals ‚heil‘, der Mensch war seit jeher ein mehr oder weniger gezähmtes, grausames und unberechenbares Raubtier, und die Flucht in die Illusion entspringt keiner geringeren Verzweiflung als die in die Absurdität. Die Zeitalter, die das scheinbar Diskontinuierliche der Geschichte als Problem erleben, wechseln mit denen ab, die ihre tatsächliche Kontinuität zu erkennen verstehen. Wendepunkte lassen sich bei näherer Betrachtung in

2 H. Zschokke, Novellen u. Dichtungen, 10. Aufl. (1837), 1. Theil, S. 251; „Lumantin oder Manati“ (nach Brockhaus, Konversations-Lexikon, 14. Aufl., X (1894), S. 905) „ein Geschlecht wasserbewohnender pflanzenfressender Säugetiere aus der Ordnung der Sirenen.“.

jeder Zeit finden, und manche Zeiten kokettieren nur deshalb mit ihnen, weil sie sich selbst wichtiger nehmen als die vergangenen. Hugo von Hofmannsthals Vorwurf, daß „in unserer Zeit gar zu viel Wesens von unserer Zeit gemacht" werde, gilt heute mehr als je, und in Wahrheit „kann uns" doch nur „die Geschichte über die beleidigende Einseitigkeit des puren Heute hinausweisen"[3]. Die Anschauungsformen von Raum und Zeit sind in ihrer Relativität nicht erst heute erkannt worden, und der Trug der Elemente gehört zu den frühesten Erfahrungen der Menschheit. Daher erforschten die Gelehrten aller Zeiten das ‚Fremde', und die Dichter schufen aus eigenem leidvollen Erleben mit oder ohne Absicht die ‚verfremdete' Welt, deren Grenzen zur wirklichen zuweilen kaum noch erkennbar sind.

Der „eigne Gang der Kultur durch Kunst", wie Goethe es nannte[4], ist, sofern die Kunst das Selbstverständnis, den Zustand des Menschen und die Ordnung oder Nicht-Ordnung wiederspiegelt, und zwar nicht ‚richtig' spiegelt, sondern eben spiegelbildlich wiedergibt, zudem in ebenen, konkaven und konvexen Spiegeln, je und je an einzelnen Gebilden abzulesen, und es wäre zu wünschen, daß es mehr dergleichen Motive gäbe, die durch so lange Zeiträume verfolgt werden können wie das des Wassermenschen.

Eine kurze Rückschau auf diese Zeiträume ergibt einen aufschlußreichen Überblick, in dem trotz der Lückenhaftigkeit der chronologischen Abfolge die dialektische Entwicklung des Geistes deutlich sichtbar wird: Dem totemistisch bedingten Vergleich magischer Observanz folgt das Spiel mit seltsamen Mythen, der Verwunderung über die Vielfalt der Schöpfung und dem Staunen über ihre Abartigkeiten die systematische Erfassung ihrer Wirklichkeit und die willkürliche Verformung des Normalen, der Veredlung des Wirklichen auch in seiner außergewöhnlichen Form einerseits die komische Parodie, andererseits die Deformierung der Welt bis zum Grauenhaf-

3 W. v. d. Steinen, Geschichte als Lebenselement, Bern, 1969, S. 14.
4 Vgl. oben S. 251.

ten, der Verinnerlichung und Sehnsucht nach vorbewußtem Dasein die Veräußerlichung bis zur brutalen Provokation atavistischer Potenzen:

Homo omnis creatura,
sed nocet empta dolore voluptas! —
Der Mensch, sein selbst bewußt,
fühlt aller Wesen Herz,
doch zahlt er diese Lust
mit Ungemach und Schmerz!

Bibliographie

Ackermann, Paul, Franz von Kleist. Eine litterarische Ausgrabung, Berlin 1892 (vgl. Kosch I, 1208)

Acosta S. J., Joseph de, Historia natural y moral de las Indias, 6a. edicion, Madrid 1792

—, Historia naturale, e morale delle Indie. Trad. da Gio. Paolo Galucci, Venetia 1596

Acta Anglicana 1665 (cf. Spranger p. 21, 25)

Aelianus Praenestinus, Claudius, De animalium natura libri XVII, Petro Gillio Gallo et Conrado Gesnero Heluetico interpretibus, Lugduni 1616

—, De natura animalium varia historia, epistulae et fragmenta recogn. Rud. Hercher, Parisiis 1858

Albertus Magnus, De animalibus libri viginti sex, Venetiis 1495

—, De Animalibus libri XXVI nach der Cölner Urschrift hrsg. von Hermann Stadler, Münster 1921. Beiträge zur Geschichte der Philosophie des Mittelalters Bd. 15/16

Aldenhoven, C., Zu Schiller's Taucher, in: Die Nation 1887, Nr. 37, S. 550—553

Alexander ab Alexandro, Genialium Dierum libri VI, Parisiis 1532; Moguntiae 1604

Altheim, Franz, Griechische Götter im alten Rom, Giessen 1930. Religionsgeschichtliche Versuche und Vorarbeiten Bd. 22

Aluares de Oriente, Fernao d', Lusitania transformada. Poema, Lisboa 1607

Alvarez, Francesco, Viaggio nella Ethiopia al Re Prete Janni, fatto per Don F. A. Porthugese, in: Ramusius, J. B., Navigationi et viaggi, Venetia 1554

Anastasius Bibliothecarius, Historia ecclesiastica ex Nicephoro patriarcha, Georgio Syncello et Theophane contracta, in: Migne, Patrologia Graeca 108 (1863)

Aristoteles, Opera omnia graece et latine, Parisiis 1854/78

—, Aristotelis libelli, qui Parua naturalia volgo appellantur, in: Aristotelis De Natura, aut de rerum principijs libri VIII Joachimo Perionio Cormoriaceno interprete, Basileae 1533: De respiratione liber

—, Aristotelis quae feruntur Problemata physica, ed. C. Ae. Ruelle, recogn. H. Knoellinger, ed, cur. Jos. Klek, Lipsiae 1922
Ausonius, Decimus Magnus, Opuscula, rec. R. Peiper, Leipzig 1886
B., S., Le Plongeur XVI: Cola Pesce, in: Mélusine VIII (1896/97)
Bacon, Francis, Historia Vitae et Mortis cum annotationibus Barthol. Moseri, Dilingo 1645
Bakchylides, Die neugefundenen Lieder des Bakchylides. Text, Übersetzung und Commentar von Hugo Jurenka, Wien 1898; ed. VII. v. Bruno Snell, Leipzig 1958
Barlandus, Hadrianus, Rerum maxime memorabilium in Brabantia, Flandria, Hollandia, Selandia gestarum tomus II, Francofurti ad Moenum 1580
Bartsch, Karl, Zu Schillers Taucher, in: Die Gegenwart 13 (1878), Nr. 15, S. 237—238
Bellonius, Petrus (Pierre Bellon), L'histoire naturelle des estranges poissons marins, Paris 1551
Benn, Gottfried, Gesammelte Werke in 8 Bänden. Hrsg. v. D. Wellershoff. Wiesbaden 1960/68
Berger, Karl, Schiller. Sein Leben und seine Werke, 1.—4. Aufl., Bd. II (München 1909)
Bernardi, Oronzio de', L'uomo galeggiante, Napoli 1792
—, Vollständiger Lehrbegriff der Schwimmkunst, auf neue Versuche über die spezifische Schwere des menschlichen Körpers gegründet. Aus dem Italienischen übers. von Friedrich Kries, I. Theil, Weimar 1797
Bethe, Erich, Die griechische Dichtung, Wildpark-Potsdam 1929
Bisazza, Felice, Leggende e Ispirazioni, Messina 1841
—, Opere, tom., II. Messina 1874
Blount, Thomas-Pope, Censura celebriorum Authorum sive Tractatus in quo varia virorum Doctorum de clarissimis cujusque Seculi Scriptoribus judicia traduntur. Omnia collegit Thomas-Pope Blount, Londini 1690; Genevae 1710
Bonfinius, Antonius, Rerum Vngaricarum Decades III, Basileae 1543
Borinski, Karl, Geschichte der deutschen Literatur, Stuttgart 1921
Boxberger, Robert, Eine poetische Bearbeitung der Taucher-Sage vor Schiller, in: Archiv für Literaturgeschichte I (1870), S. 504—506
—, (Hrsg.), Schillers Werke, 1. Teil: Gedichte, Berlin u. Stuttgart o. J. Deutsche National-Litteratur. Hrsg. v. Joseph Kürschner, 118. Bd., S. 70—75, [Nr.] 26: Der Taucher
Boyle, Robert, Opera varia, tom. I, Coloniae Allobrogum 1677; Gene-

vae 1680: Nova Experimenta physico-mechanica de vi aeris elastica & ejusdem effectibus: Digressio in qua Dubitationes nonnullae de Respiratione continentur
—, Nova Experimenta pneumatica respirationem spectantia, Genevae 1686, tit. XIV: De vi Assuefactionis
Brentano, Clemens, Märchen, 2. Bd.: Die italienischen Märchen, Berlin: Schneider o. J.
Brock, Julius, Die Grundgedanken der Romanzen Schillers, in: Zeitschrift für den deutschen Unterricht 2 (1888), S. 247—276
Brockhaus, Konversationslexikon, 14. Aufl., 10. Bd. 1894
Brümmer, P., Franz von Kleist, 1892 (vgl. Allg. Deutsche Biographie 16)
Bruin, Georgius (Georg Braun), De praecipuis totius universi urbibus libri II, Antverpiae 1572
Brunet, Jacques Charles, Supplement au Manuel du libraire et de l'amateur de livres, tom. II, Paris 1880
Brydone, Patrick, A tour through Sicily and Malta in a series of letters, vol. II, Dublin 1771; Paris 1780; dt.: Reise durch Sizilien, Leipzig 1774
Buchwald, Reinhard, Schiller, 2. Bd. Wiesbaden 1954
Bürde, Samuel Gottlieb, Der Taucher. Romantische Oper in 2 Akten. Musik von Joh. Friedrich Reichardt, Wien 1824
Buffon, George Louis Leclerc, Histoire naturelle générale et particuliére, I—VII, Paris 1774/89
Bugati O. P., Gasparo, Historia universale, nella quale si racconta brevemente et con bell' ordine tutto quel ch'è successo dal principio del mondo fino all' anno MDLXIX, Venetia 1570
Buonfiglio e Costanzo, Giuseppe, Storia siciliana, parte I e seconda, Venetia 1604; Messina 1738
Burckhardt, Jacob, Die Kultur der Renaissance in Italien, Leipzig: Phaidon o. J.
Burschell, Friedrich, Schiller, Reinbek 1968
Caelius s. Rhodiginus
Calas, Nicolas, Max Ernst, in: [Festschrift für] Max Ernst. Gemälde und Graphik 1920—1950, Brühl 1951
Capaccio, Giulio Cesare, Il Forastiero. Dialogi, Napoli 1634
—, Delle Imprese, Napoli 1592
Cardanus, Hieronymus, De subtilitate libri XXI, Basileae 1582
Celano, Carlo, Notitie del bello, dell' antico e del curioso della città di Napoli, Napoli 1692
Cervantes Saavedra, Miguel de, El ingenioso hidalgo Don Quijote de la Mancha (I, 1605; II, 1615); dt.: Leipzig 1924

Cesareo, Giovanni Alfredo, Leggende e Fantasie, Roma 1893
Chardin, Paul, Les Poissons fantastiques I: Le Poisson Nicole, in: Revue des Traditions populaires, tom. VI, n. 3, Paris 1891
Chronica abbreviata de factis civitatis Parmae, in: Monumenta historica ad provincias Parmensem et Placentinam pertinentia III, Parmae 1858: Chronica Parmensia
Cirino, Andrea, Liber secundus De natura piscium, in: De Venatione et Natura animalium libri V, Panormi 1653
Claudianus, Claudius, In Rufinum liber II, in: Claudii Claudiani Carmina, rec. Th. Birt, vol. V, in: Mon. Germ. Hist., Auctores antiqu. X (1892)
Clausonius, Norriges oc omliggende Oers sandererdige Beskrivelse, Copenhagen 1652 (vgl. Happel, Denkwürdigkeiten, S. 90)
Cluverius, Philippus, Introductionis in Vniversam Geographiam, tam Veterem, quam Novam libri VI, Lugdunum Batavorum 1627
—, Sicilia antiqua, cum minoribus insulis, ei adjacentibus, Lugdunum Batavorum 1619
Comte, Auguste, Cours de la philosophie positive, 6 vol., 3ième éd., Paris 1869
Cook, Arthur Bernard, Zeus. A study on ancient religion, vol. I, Cambridge 1914
Cosenza, Giovanni Carlo, Niccolò Pesce. Commedia in quattro atti, Napoli 1826
Croce, Benedetto, Il Bassorilievo del Sedile di Porto e la leggenda di Niccolò Pesce, in: Napoli nobilissima. Rivista di topografia ed arte napoletana, vol. V (1896), fasc. V, pp. 65—71; fasc. VI, pp. 85—89; Mélusine VIII, Paris 1896/97, coll. 97—100 (= S. B., Le Plongeur XVI)
—, La Leggenda di Niccolò Pesce, in: Giambattista Basile. Archivio di letteratura popolare III (1885), n. 7; Nachträge ib. 15.8.1885 u. 15. 1. 1886; Traduction libre, in: Mélusine III, Paris 1886/87, coll. 37—41
—, Leggende di luoghi ed edifizi di Napoli I, in: Scritti di storia letteraria e politica XI: Storie e leggende Napoletane, 2a ediz., Bari 1923, pp. 266—273
—, La Storia spagnuola di Niccolò Pesce, in: Napoli nobilissima, vol. V (1896), fasc. IX, pp. 141—143
Curtius, Ernst Robert, Europäische Literatur und lateinisches Mittelalter, 6. Aufl., Bern und München 1967
Cysarz, Herbert, Schiller, Halle 1934

Dalbono, Carlo Tito, Vizii e Virtù d'illustri famiglie, 2ª ediz., Napoli 1874
Dannhauer, Johann Conrad, ΘΕΙΑ THEARCHIAE sive Divinae Providentiae extra ordinem mira, definita exemplis illustrata Deo clementer annuente Praeside Viro maxime venerando DN. Joh. Conrado Dannhawero SS. Theolog. Doct. Profess. Publ. Convent. Eccles. Praeside Capit. Thom. Decano ad publicum examen proposita ab Andrea Schmutz Argentoratensi, Argentorati 1664
De Petris s. Petris, Francesco de
Deschamps, Pierre, Manuel, s. Brunet, J. Ch.
Diodorus Siculus, Diodori des Siciliers/ vnd berümptsten Geschicht schreybers/ vonn anfang der Weldt biß zuo jrer bewonung vnd rhuomreichen herrschunge fürgfallner gschichten, Basel 1554
—, Bibliotheca Historica, recogn. Fr. Vogel, Lipsiae 1888, p. 486
Dizionario storico, Nuovo, ovvero Istoria in compendio di tutti gli uomini che si son renduti celebri per talento, virtù ecc., composto da una Società di letterati ..., vol. XX, Napoli 1791 (cf. Pitrè, Studi p. 25)
Düntzer, Heinrich, Schillers lyrische Gedichte IV, 3. Aufl., Leipzig 1888. Erläuterungen zu den Deutschen Klassikern III, 12—13, 41.—42. Bändchen
Echo, Das, 4. Jg., Koloszwar 1885 (cf. Pitrè, Studi p. 3)
Edda s. Genzmer, F. und Heusler, A.
Elster, Ernst, Schillers Balladen, in: Jahrbuch des Freien Deutschen Hochstifts 3 (1904), S. 265—305
Elze, Karl, Lord Byron, Berlin 1870
Enciclopedia Italiana, vol. XXVII, Roma 1935
Enciclopedia popolare italiana, Nuova, vol. XVI, Torino 1863
Enciclopedia universal illustrada europea-americana, vol. XVI, Bilbao s. a.
Ephemerides eruditorum, Mens. Jun. A. 1666 (vgl. Spranger p. 25, n.o)
Fabriano, Mambrino da, La selva di varia lettione, Venetia 1547; Lione 1556
Fazellus O. P., Thomas (Tommaso Fazello), De rebus Siculis Decades duae, Panormi 1558. 1560 (cf. Mira I, 345)
—, De rebus Siculis prioris decadis liber II, in: Rerum Sicularum Scriptores ex recentioribus praecipue, Francofurti 1579
Federman, Daniel, Niderlands Beschreibung. Erstlich durch Ludwig Guicciardin von Florentz ... bis auf das MDLXXVI. Jar zusamen

getragen. Jetzund ... verteutschet durch Danielen Federman von Memmingen, Basel 1580

Feyjoo O. S. B., Benito Geronymo, Theatro critico universal o Discursos varios en todo genero de materias para desengano de errores comunes, tom. VI, Madrid 1743

Finx s. Francisci, E.

Fioravanti, Leonardo, Della Fisica, Venetia 1582

Firmicus Maternus, Julius, Matheseos libri VIII, ed. W. Kroll, F. Skutsch, K. Ziegler, Lipsiae 1913

Flaccomio, Francesco, Sicelis. Poema eroico, Messanae 1609 (cf. Mira I, 359)

Fleischmann, Arthur, Eine neue Quelle für Schillers Taucher, in: Das Freie Wort V (1905), 5, S. 360–362

—, Ursprung und Bedeutung von Schillers Ballade: Der Taucher, in: Zeitschrift für den deutschen Unterricht 21 (1907), S. 576–578

Francisci (Finx), Erasmus, Ost- und Westindischer wie auch Sinesischer Lust- und Statsgarten, Nürnberg 1668 (s. auch Theophilus Urbinus)

Franciscus Pipinus O. P., Chronicon ab anno MCLXXVI usque ad annum circiter MCCCXIV, in: Muratori, Rerum Italicarum Scriptores IX (1726)

Frati, Carlo, Dizionario bio-bibliografico dei Bibliotecari e Bibliofili italiani dal sec. XIV al XIX, raccolto e pubblicato da Albano Sorbelli, Firenze 1934. Biblioteca di bibliografia italiana 13

Frey, Adolf, Conrad Ferdinand Meyer, Stuttgart 1900

Frostler, Josef, Zur Stoffgeschichte von Schillers Balladen, in: Euphorion 21 (1914), S. 573–582

Fulgosus, Baptista, Opus incomparabile in IX libros digestum de dictis et factis memorabilibus, Basileae 1541

Gaetani di Castelmola, C., La Napoli che scompare, Napoli 1889 (cf. Pitrè, Studi p. 64, n. 1)

Gallo, Caio Domenico Calogero, Annali della città di Messina, tom. II. Messina 1758

Gambacorta, Rocco, Foro christiano, nel quale si tratta come devono osservarsi l'humane leggi conforme alle divine ecc., Palermo 1594 (cf. Mira 400)

Garmann, Christian Friedrich, De Miraculis Mortuorum libri tres quibus praemissa Dissertatio de Cadavere & Miraculis in genere, Opus physicomedicum. Curiosis observationibus, experimentis, aliisque rebus, qvae ad elegantiores literas spectant, exornatum diu desideratum & expolitum, beato Autoris obitu interveniente editum L. Immanuele Henrico Garmanno Autor. Fil. Poliatro Sneebergensi, Dresdae & Lipsiae 1709

Garzoni, Tomaso, Piazza universale di tutte le professioni del mondo, Venezia 1616 (1. Ausg. Venezia 1585)

—, Thomae Garzoni Piazza Universale. Das ist: Allgemeiner Schawplatz Marckt vnd Zusammenkunfft aller Professionen/Künsten/Geschäfften/Händeln vnd Handtwercken, Frankfurt am Mayn 1659

Gebhardt, Bruno, Handbuch der Deutschen Geschichte, 7. Aufl. s. Levison, W.

Gehler, Johann Samuel Traugott, Physikalisches Wörterbuch, VIII. Bd., Leipzig 1836, 2, S. 709–710

Gellius, Aulus, Noctes Atticae, rec. C. Hosius, Leipzig 1903

Genzmer, Felix, Edda, 1. u. 2. Bd., Übertragung. Mit Einl. u. Anm. v. Andreas Heusler, 3. u. 2. Aufl., Jena 1928/32. Sammlung Thule

Gervasius von Tilbury, Otia Imperialia ad Ottonem IV. Imperatorem, in: Scriptores rerum Brunsvicensium ed. G. W. Leibniz, tom. I, Hanoverae 1707

—, Otia Imperialia, i. Ausw. hrsg. u. m. Anm. begl. v. F. Liebrecht, Hannover 1856

Geschichte, Der Herzogthümer Schleswig und Holstein, Abth. V, Frankfurt 1703 (cf. Pitrè, Studi p. 24)

Gesner, Conrad, Historiae Animalium liber IV qui est de Piscium et Aquatilium natura, Francofurti 1620

Giannettasio S. J., Niccolò, Halieutica, Napoli 1689

Gilles, Gillius s. Petrus Aegidius

Goedeke, Karl, Grundriß zur Geschichte der deutschen Dichtung V, 2 (1893) und X, 8,3 (2. Aufl. 1913)

—, Schillers Sämtliche Schriften. Hist.-krit. Ausg. Bd. XI, Stuttgart 1871

Goes, Damianus a, Vrbis Olisiponis Descriptio, Eborae 1554

Goethe, Johann Wolfgang von, Briefwechsel zwischen Goethe und Schiller, Stuttgart: Cotta o. J.

—, Briefwechsel zwischen Goethe und Zelter, Leipzig 1913

—, Xenien 1796. Nach den Handschriften des Goethe- und Schiller-Archivs hrsg. v. Erich Schmidt u. Bernh. Suphan, Weimar 1893. Schriften der Goethe-Gesellschaft Bd. 8

Götzinger, Max Wilhelm, Deutsche Dichter, erläutert, 4. Aufl., 1. Theil, Leipzig 1863 (1. Aufl. 1831/32)

Gottfried von Viterbo, Chronicon, pars I, in: Joh. Pistorius, Germanicorum Scriptorum tom. II, ed. III cur. B. G. Struvio, Ratisbonae 1726

Goulart, Simon, Thrésor d'histoires admirables et mémorables, Genève 1620

Goya y Lucientes, Francisco, Caprichos. Einl. v. Miroslav Micko, Prag 1958

Gräffer, Franz, Historische Raritäten, oder Magazin geheimer Memoiren, seltener Actenstücke, wunderbarer Erscheinungen und Abentheuer, frappanter Aufschlüsse, und wenig bekannter Anecdoten aus der Menschen- und Völkergeschichte der Vor- und Mitwelt. Aus Chroniken und vielen anderen alten und nicht alten, ungedruckten und gedruckten Schriften gesammelt und neu bearbeitet, Leipzig 1914

Gräße, Johann Georg Theodor, Beiträge zur Litteratur und Sage des Mittelalters, Dresden 1850

Graf Arturo, [Bespr. von] Benedetto Croce, La leggenda di Niccolò Pesce. Estratto del Giambattista Basile, anno III., no. 7, Napoli 1885, in: Giornale storico della letteratura italiana VI (1885), pp. 263–269

Granata s. Raymondo-Granata

Graß genannt Vayen, Johann Beat, Schöne Historie, Exempel, Vnderweisungen, Auch viler natürlicher dingen Vrsachen, Herrlicher Philosophen Sententz/Disputationes vnd Argumenta/Durch Petrum Messiam/Siuillianischen Edelman/erstlich zusammen gelesen/Jetzunder aber aus Tuscanischer, und etslich aus Castilianischer sprach ins Deutsch gebracht/Strassburg 1570

Grimm, Jacob, Deutsche Mythologie, 4. Ausg. (Neudruck), Basel 1953

Gronovius, Lorenz Theodor, [Hrsg. von] C. Plinii Secundi Naturalis historiae liber IX: De Aquatilibus, Lugdunum Batavorum 1778

Grosius (Grosse), Henningus, Magica de spectris et apparitionibus, Lugdudum Batavorum 1656

Grützmacher, Sitzungen der Berliner Gesellschaft für das Studium der neueren Sprachen, 3. Bericht über die in Italien befindlichen provençalischen Liederhandschriften. Auszüge aus der vaticanischen Handschr. Nr. 5232, fol. 130 b: Lo uescoms de saint Antonin, in: Archiv für das Studium der neueren Sprachen und Literaturen 18 (1863), 33 Bd., S. 466

Gruget, Claude, Les diverses Leçons de Pierre Messie, contenans la lecture de variables histoires & autres choses memorables, mises en Francoys, Paris 1552, 1557, 1569, 1583; Lyon 1561, 1563, 1592

Guicciardini, Lodovico, Descrittione di tutti Paesi Bassi, altrimenti detti Germania Inferiore, Anversa 1567

—, Descriptio Belgicae sive Inferioris Germaniae, Amsterdami 1634

—, Niderlands Beschreibung ... Jetzund verteutschtet durch Danielen Federman von Memmingen, Basel, 1580

Hanno, Discorso sopra la navigatione di Hannone Carthaginese fatto per un pilotto Portoghese, in: Ramusius, Navigationi I, 124 r

Happel, Eberhard Werner, Gröste Denkwürdigkeiten der Welt Oder, so genannte Relationes Curiosae/Worinnen dargestellet/und nach dem Probir-Stein der Vernunfft examiniret werden die vornehmsten Physicalis, Mathematis, Historische und andere Merckwürdige Seltzamkeiten/Welche an unserm sichtbahren Himmel/in und unter der Erden/und im Meere jemahlen zu finden oder zu sehn gewesen/und sich begeben haben. Der Erste Theil, Hamburg 1683

—, Mundus mirabilis tripartitus oder Wunderbare Welt, Ulm 1687

Heinisch, Klaus Joachim, Kaiser Friedrich II. in Briefen und Berichten seiner Zeit, Darmstadt 1968 (6. Aufl. 1978)

—, Kaiser Friedrich II. Sein Leben in zeitgenössischen Berichten, München 1969. Die Fundgrube 41; dtv dok. 2901

—, Homer im Deutschunterricht, Paderborn 1965

—, Deutsche Romantik. Interpretationen, Paderborn 1966

Herakleitos, περὶ ›Απιστίων, in: Opuscula mythologica, ed. Thomas Gale, Amstelaedami 1688, p. 72

Herdegen, Johannes (genannt Amarantes), Historische Nachricht von deß löblichen Hirten- und Blumen-Ordens an der Pegnitz Anfang und Fortgang, Nürnberg 1744

Herodot, Libri IX quibus Musarum indita sunt nomina, Venetiis 1502

—, Libri 9 cum Joach. Camerarii praef., Basileae 1541

—, Historia, Parisiis 1570

—, Historiae, ed. R. Agahd, Leipzig 1926

—, Historien. Deutsche Gesamtausgabe. Übers. v. A. Horneffer. Neu hrsg. u. erl. v. H. W. Haussig, 2. Aufl., Stuttgart 1959

Herold, Johann, Heyden Weldt vnd irer Götter anfängchlicher Vrsprung ... Durch Johann Herold beschriben vnd jnns teutsch zusamen gepracht, Basel 1554

Hertslet, William Lewis, Der Treppenwitz der Weltgeschichte. Geschichtliche Irrtümer, Entstellungen und Erfindungen, Berlin

1882. 4. Aufl., 1895. 8. Aufl. von Hans Ferd. Helmolt 1912. 10. Aufl. 1926. Neubearb. v. Friedrich Wencker-Wildberg u. Alfr. Grunow, Berlin 1967

Heusler, Andreas, Einleitung und Anmerkungen zu: Edda, 1. u. 2. Bd., Jena 1928/32

Hieronymus, S. Eusebius, Opera omnia, in: Migne, Patrologia Latina 23, 23: Vita St. Pauli primi Erimitae

Hirsch, August, Biographisches Lexikon der hervorragendsten Ärzte aller Zeiten und Völker, 2. Aufl., Berlin u. Wien 1934

Hocke, Gustav René, Manierismus in der Literatur. Sprach-Alchimie und esoterische Kombinationskunst, Hamburg 1959, rde 82/83

—, Die Welt als Labyrinth. Manier und Manie in der europäischen Kunst, Hamburg 1957, rde 50/51

Hölscher, Nachträge zu Viehoff's Erläuterung der Gedichte Schillers, in: Archiv für das Studium der neueren Sprachen u. Literaturen 9 (1854), 15. Bd., S. 340

Hoffmann, Heinrich, Der Struwwelpeter (1845)

Hoffmann, Paul, Schillers Beziehungen zu Frankfurt an der Oder, in: Märkische Blätter. Tägl. Unterhaltungsbeilage z. Frankfurter Oder-Zeitung, Nr. 108, 9. Mai 1905

Hoffmeister, Karl, Schillers Leben, Theil 3, Stuttgart 1839

Holder-Egger, Oswald, Bericht über eine Reise nach Italien im Jahre 1891, in: Neues Archiv 17 (1892), S. 500

Homer, Ilias, ed. G. Dindorf et G. Hentze, Leipzig 1928

—, Odyssee, ed. O. Henke et G. Siefert, Leipzig 1922

Horatius Flaccus, Quintus, De arte poetica, in: Carmina, rec. Fr. Vollmer, Leipzig 1912

Hospinianus, Rodolphus (Rudolph Wirth), Festa Christianorum, Tiguri 1593

Huet, Gédéon, La légende de la statue de Vénus, in: Revue de l'histoire des religions 68 (1913), pp. 193–217

Huetius, Petrus Daniel, Demonstratio evangelica, ed. tertia, Parisiis 1690

Hyginus [Mythographus], Poeticon Astronomicon, Coloniae 1534

Isidorus Hispalensis, Etymologica, in: Migne, Patr. Lat. 82

Jacobus ab Aquis (d'Acqui), Chronicon imaginis mundi. Ms. I. II, 22 s.XV, Bibl. Naz. Univ. Torino

Jöcher, Christian Gottlieb, Allgemeines Gelehrten-Lexicon I—IV, Leipzig 1750/51

Johannes Junior Gobi, Scala celi auctore Joanne, Ulme 1480

Juvenal, Decimus Junius, ed. U. Knoche, Leipzig 1950
Kayser, Wolfgang, Schillers Balladen, in: Zeitschrift für Deutsche Bildung XI (1935), S. 502—512
—, Geschichte der deutschen Ballade, Berlin 1936
—, Das Groteske, seine Gestaltung in Malerei und Dichtung, Oldenburg 1957
—, Das Groteske in Malerei und Dichtung, Hamburg 1960, rde 107
Keckermann, Bartholomaeus, Systema Physicum septem libris adornatum et Anno Christi MDCVII publice propositum in Gymnasio Dantiscano, ed. III, Hanoniae 1612
Kerényi, Karl, [Bespr. von] Josef Kroll, Gott und Hölle. Der Mythos vom Daseinskampfe, Leipzig 1932. Studien der Bibl. Warburg 20, in: Gnomon 9 (1933), S. 363—371
—, Hermes der Seelenführer, Zürich 1944. Albae Vigiliae NF 1
—, Romandichtung und Mythologie. Ein Briefwechsel mit Thomas Mann, Zürich 1945. Albae Vigiliae NF 2
—, Die Griechisch-Orientalische Romanliteratur in religionsgeschichtlicher Beleuchtung, Tübingen 1927
—, Zum Verständnis von Vergilius Aeneis B. VI, in: Hermes 66 (1931) S., 432
Kerler, Dietrich, Die Patronate der Heiligen, Ulm 1905
Kimmerich, Peter, Tieck als Novellendichter in seiner entwicklungsgeschichtlichen Bedeutung, Diss. Bonn 1921
Kircher S. J., Athanasius, Magia universalis s. Schott, Caspar
—, Magnes, sive de arte magnetica opus tripartitum, ed. III ab ipso authore recognita, Romae 1654
—, Mundus subterraneus in XII Libros digestus, Amstelodami 1678
Kleist, Franz Alexander von, Nicolaus der Taucher, in: Deutsche Monatsschrift 3 (1792), Sept.—Dez., S. 53—72
Kornmann, Heinrich, Opera curiosa in tractatus IV distributa, Francofurti 1694
—, De Miraculis siue de Nature Proprietatibus Hominum viuorum, Francofurti 1614
Kosch, Wilhelm, Deutsches Literatur-Lexikon, Halle 1927, 2. Aufl., Bern 1959
Krantz(ius), Albertus, Regnorum Aquilonarium Daniae, Sueciae, Noruagiae, Chronica, Francofurti ad Moenum 1583
Kreutzer, Konradin, Der Taucher. Oper, 1814 (umgearb. 1823)
Kroll, Josef, Gott und Hölle. Der Mythos vom Daseinskampfe, Leipzig 1932. Studien der Bibliothek Warburg 20

Kunert, Günter, Schwimmer, in: Die Beerdigung findet in aller Stille statt. Erzählungen, München 1968. Reihe Hanser 11

La Farina, Giuseppe, Messina ed i suoi monumenti, Messina 1840

Lambertini, Prospero de' (Papst Benedikt XIV.), De Servorum Dei Beatificatione et Beatorum Canonizatione libri IV & ultimi pars I, ed. II, Pataviae 1743

—, Benedicti XIV. Pont. Opt. Max. olim Prosperi de Lambertinis Opera omnia, ed. novissima, tom. IV, Venetiis 1767

Lancellotti, Secondo, L'Hoggidi, ovvero il mondo non peggiore ne più calamitoso del passato, Venetia 1627

—, L'Hoggidi overo gl'ingegni non inferiori a' passati, parte II, Venetia 1636

Lansius, Thomas, Oratio in funere Rudolfi Episcopi Halberstadensis Ducis Brunsvicensis et Luneburgensis habita Tubingae in illustri Collegio, Tübingen 1616

Lapio, Michelangelo, Discorso sopra il tempo, che si possa star sott' acqua e non morire, Romae 1670 (cf. Lambertini p. 206)

Lega del Bene, anno IX, Napoli, Marzo 1894 (cf. Croce, Nap. nob. V, v, 70, n. 2; Pitrè, Studi p. 87, n. 3)

Leitzmann, Albert, Die Quellen von Schillers und Goethes Balladen, Bonn 1911. Kleine Texte f. theol. u. philol. Vorl. u. Übungen, hrsg. v. H. Lietzmann Bd. 73

Lemnius, Levinus, De miraculis occultis naturae libri IIII, Francofurti 1593

Lesage, Alain René, Gil Blas de Santillana (1715—1735)

Levison, Wilhelm, Die Zeit der Karolinger und die Ausbreitung des Christentums, in: Gebhardts Handbuch der Deutschen Geschichte, 1. Bd., 7. Aufl., Stuttgart 1930

Lexicon jvridicum: hoc est Juris civilis et canonici in Schola atque foro vsitatarum vocum Penus, s. l. 1619

Liebrecht, Felix, Zur Volkskunde. Alte und neue Aufsätze, Heilbronn 1879, S. 49—50

Lieck, H., Der Taucher. Dramatisch-akrobatisch-nautische Operette, Mainz o. J. (cf. Pitrè, Studi p. 78, n. 2)

Lignaridus (Dürrholtz), Hermann, Oblectamenta academica: exarata, eo fine, quo iuventus academica post studia graviora, animum honeste & vtiliter reficiat, Oppenhemii 1618

Linares, Vincenzo, Racconti popolari XXXIX, Palermo 1841/43, 4ª ed. 1867. Il Vapore, giornale di Palermo an. I (cf. Mira I, 516; Pitrè, Studi 147/8)

Lucanus, Marcus Annaeus, Belli civilis libri X (Pharsalia), III ed. C. Hosius, Lipsiae 1913

Lucretius Carus, Titus, De rerum natura libri VI, rec. H. Diels, Berlin 1923

Lykophron, Alexandra: Lycophronis Chalcidensis Cassandra siue Alexandra, nunc primum e Graeco in Latinum sermonem ad uerbum fideliter uersa & multis in locis castigata, per Bernardum Bertrandum Rheginum, Galloprouincialem: una cum eruditis Isacij Tzetzis grammatici commentarijs ab eodem Bertrando jam primum etiam Latio donatis, quibus obscurum illud poema egregie illustratur, ac res nimis implicatae ob oculos ponuntur, Basileae 1558

—, Alexandra, neu hrsg. v. Kinkel, Leipzig 1880

Maffei Volaterranus, Raphael, Commentariorum rerum vrbanorum libri XXXVIII, Romae 1506

Maillet, Benoît de, Telliamed, ou Entretiens d'un philosophe indien avec un missionaire françois sur la Diminution de la Mer, la Formation de la Terre, l'origine de l'Homme etc., mis en ordre sur les mémoires de feu M. de Maillet, tome II, Amsterdam 1748

Majolus, Simon, Dies caniculares, hoc est Colloquia tria et viginiti physica, nova et penitus admiranda, Helenopoli s. a.; Moguntiae 1607; Francofurti 1642

Major, Johann Daniel, See-Farth nach der Neuen Welt/ ohne Schiff- und Segel, Kiel 1670

—, See-Farth nach der Neuen Welt, Anno 1670 zu erst / und nu wiederumb/ der gelehrten Welt vorgestellet, Hamburg 1683

Manilius, Marcus, Astronomicôn libri V, Josephus Scaliger recensuit, Lutetiae 1579

Mann, Thomas, Romandichtung und Mythologie (1945, s. Kerényi, K.)

Map(es), Walter, De Nugis Curialium distinctiones quinque, ed. Thomas Wright, London 1850

Matthe, Johann Andreas, Sylva variarum lectionum, das ist: Historischer Geschicht- Natur- und Wunder-Wald allerhand merckwürdiger Erzehlungen. Anfangs in Italiänischer Sprach beschrieben ... übersetzet von einem besonderen Liebhaber der Italiänischen Sprach, Nürnberg 1669

Mauro, L., La selva di varia Lettione, Venetia 1556

Maurolycus, Franciscus, Sicanarum Rerum Compendium, Messanae 1562 (ed. sec. 1726; cf. Mira II, 58; Pitrè, Studi p. 134)

Meier s. Meyer, Jacob

Mejía (Messia, Mexia), Pedro (Petrus Hispalensis), Silva de varia Lecion, Venetia 1553 (span.: Sevilla 1542. 1563. 1564. 1570) — s. auch Fabriano, Graß, Gruget, Matthe, Mauro, Sansovino, Zoleckhofer

Mela, Pomponius, Libri de situ Orbis III, adiectis JOachimi VAdiani Heluetii in eosdem Scholiis, Viennae 1518

—, De Orbis situ libri tres accuratissime emendati, una cum commentariis Joachimi Vadiani Helvetii castigatioribus, Basileae 1522

Melander, Otho, Jocorum atque Seriorum cum novorum tum selectorum atque memorabilium tomus III, recensentibus Otho Jc. filio et Dionysio Melandris, Francofurti 1626

Meli, Giovanni, Puisii siciliani di l'Abati Giuvanni Meli, sola edizione completa, riveduta sugli autografi, Palermo 1884 (cf. Mira II, 66—70)

Mélusine. Revue de mythologie populaire, traditions et usages (cf. B., S. u. Croce, B.)

Menocchio S. J. Giacomo Stefano, Delle Stuore, o vero Trattenimenti eruditi, Venetia 1675

—, Nützliche und sehr Gelehrte Zeitvertreibung. Ins Teutsche übersetzt bey St. Emmeram zu Regensburg, Augsburg 1695/99

Meyer, Conrad Ferdinand, Sämtliche Werke, München 1951

Meyer, Jacob, Commentarii siue Annales rerum Flandricarum libri XVII, Antverpiae 1561

—, Annales sive Historiae rerum Belgicarum a diversis auctoribus ad haec nostra vsque tempora conscriptae I, Francofurti ad Moenum 1580

Meyer, Joachim, Zu Schiller's Taucher, in: Archiv für das Studium der neueren Sprachen und Literaturen 3 (1847), S. 235—237

Mezzabotta, Enrico, I Vespri Siciliani, ovvero la Crociata dei Francesi, parte 2a, cap. VI: L'Arcipelago greco, Roma 1890 (cf. Pitrè, Studi p. 88)

Minor, Jacob, Tieck als Novellendichter, in: Akademische Blätter 1884, S. 212f.

Mira, Giuseppe Maria, Bibliografia Siciliana ovvero gran Dizionario bibliografico delle opere edite ed inedite, antiche e moderne di autori Siciliani, Palermo 1875/84

Mohler, L., Theodoros Gazes, in: Byzantinische Zeitschrift 42 (1942), 1, S. 50—75

Mongitore, Antonino, Bibliotheca Sicula sive de scriptoribus Siculis, Panormi 1708/14

—, Della Sicilia ricercata nelle cose più memorabili, Palermo 1743
Morgenblatt für gebildete Stände 1823, Nr. 232 u. 233: Geschichtliche Bemerkungen über das Tauchen und die Taucherglocken
Mornacius, Antonius, Feriae Florenses et elogia illustrium togatorum Galliae, Parisiis 1619 (cf. Vinnius ap. Peckius p. 248)
Mühlher, Robert, Dichtung der Krise, Wien 1951
Müller, Ernst, Die Quelle von Schillers „Taucher", in: Studien zur vergleichenden Literaturgeschichte 8 (1908), S. 239—244
Münch, Ernst, Heinrich Zschokke, geschildert nach seinen vorzüglichsten Lebensmomenten und seinen Schriften, Haag 1831
Münster, Sebastian, Cosmographey, das ist Beschreibung aller Länder/ Herrschafften/ vnd fürnemester Stetten/ des gantzen Erdbodens. Erstlich durch Herrn Sebastian Münster/ mit grosser Arbeit zusammen getragen vnd verfasst, Basel 1614
Muratori, Lodovico Antonio, Rerum Italicarum Scriptores, tom IX Mediolani 1726
Niccolò de' Conti (Nicolaus de Comitibus), Viaggio di Nicolo conti scritto per Messer Poggio Fiorentino, in: Ramusius, Delle Navigationi et viaggi, fol. 377v—378r
Norden, Eduard, Ennius und Vergilius, Leipzig u. Berlin 1915
Nork (Korn), Friedrich, Der Festkalender, Stuttgart 1847. Das Kloster Bd. 7
Olaus Magnus, Historia de gentibus septentrionalibus, Romae 1555
Omodei, Giulia (Antonino) Filoteo degli, Sommario degli uomini illustri di Sicilia, in: Biblioteca storica e letteraria di Sicilia, vol. XXV, Palermo 1877 = Sicilia restaurata et illustrata. La prima parte trad. in italiano (dal ms. della Biblioteca Comunale di Palermo, segn. Qq. G. 71—73 = Opere storiche inedite nella città di Palermo ed altre città siciliane) per cura di Gioacchino di Marzo, vol. VII, 1876/77 (cf. Mira II, 140)
Oppianus, Oppiani poetae Cilicis De Venatione libri IIII, De Piscatu lib. V, Lugdunum Batavorum 1597
Opuscula mythologica physica et ethica graecę et latine, ed. Thomas Gale, Amstelaedami 1688
Otto, Friedrich Wilhelm, Abriß einer Naturgeschichte des Meeres. Ein Beytrag zur physischen Erdbeschreibung, Berlin 1792/94. 2. Aufl. 1809
Ovid(ius) Naso, Publius, Metamorphosen, ed. R. Ehwald, Lipsiae 1915
—, Fasti, ed. R. Ehwald, Lipsiae 1914

Palaiphatos, De incredibilibus historiis, in: Opuscula mythologica, pp. 28—35

Passano, Giambattista, I Novellieri Italiani in Prosa, I. Bologna 1965

Pauli, Walther, Johann Friedrich Reichardt, sein Leben und seine Stellung in der Geschichte des deutschen Liedes, Berlin 1903. Musikwissenschaftl. Studien Heft 2

Paulus Diaconus, Historia Langobardorum, in: Mon. Germ. Hist., Scriptores rerum Langobardicarum et Italicarum saec. VI—IX, Hannover 1878

Pauly-Wissowa, Real-Encyklopädie des klassichen Altertums 18,2 (1942), Sp. 2449. 2455 (s. a. Der kleine Pauly, Stuttgart 1964 ff.)

Pausanias, Graeciae Descriptio, cum latina Romuli Amasaei interpretatione, Lipsiae 1696

—, Graeciae Descriptio, ed. Carolus Godefredus Siebelis, Lipsiae 1822

—, Beschreibung Griechenlands, neu übers. v. Ernst Meyer, 2. Aufl., Zürich u. Stuttgart 1967

Peckius, Petrus, V. Cl. Petri Peckii In Tit. Dig. & Cod. AD REM NAUTICAM pertinentes Commentarii quibus nunc accedunt Notae cum ampla dote variarum circa Rem Navalem observationum beneficio Arnoldi Vinnii I. C., Lugduni Batavorum 1647

Petris, Francesco de, Il Pesce Niccolò, ossia l'uomo anfibio con pulcinella accademico ignorante, bersagliato da birri, e spaventato da un braccio nella fontana di Messina. Commedia nuovissima in 5 atti, Napoli 1828 (cf. Pitrè, Studi p. 79)

Petronius Arbiter, Saturae, rec. F. Bücheler, Berlin 1922

Petrus Aegidius (Petrus Gillius, Pierre Gilles), Ex Aeliani Historia per Petrum Gyllium Latini facti, itemque ex Porphyrio, Heliodoro, Oppiano, tum eodem Gyllio luculentis accessionibus aucti libri XVI De ui & natura animalium. Eiusdem Gyllii liber vnus De Gallicis & latinis nominibus piscium, Lugduni 1533

Petrus Martyr (Pietro d' Anghiera), De rebus Oceanicis et de orbe nouo Decades III, Basileae 1533

Picinelli, Filippo, Ateneo dei Letterati Milanesi adunati dall'abbate Don Filippo Picinelli Milanese, Milano 1670

Pistorius, Johannes, Germanicorum Scriptorum tom. II, Ratisbonae 1726

Pitrè, Giuseppe, Fiabe e Leggende popolari Siciliane, Palermo 1888. Biblioteca delle tradizioni popolari Siciliane vol. XVIII

—, La Leggenda di Cola Pesce, in: Archivio per lo studio delle tradizioni popolari IV (Palermo 1888/89), vol. VII/VIII, pp. 603s.
—, Studi di leggende popolari in Sicilia e nuova raccolta di leggende Siciliane, Torino 1904
Platina alias Sacchi, Bartholomaeus, Historia de vitis pontificum Romanorum usque ad Paulum II, Coloniae 1573
Plinius Secundus, Caius, Naturalis Historia (Tusculum-Ausg. hrsg. u. übers. v. Roderich König, München 1974/79); vgl. auch Gronovius, L. Th.; ferner: Pliny, Natural History with an English translation in 10 vol., London and Cambridge (M.) 1956/62
Poggio Bracciolini, Gian-Francesco, Opera, Basileae 1538
—, Historiae de varietate Fortunae libri IV, ed. D. Georgio, Lutetiae Parisiorum 1723, p. 1261; vgl. auch Niccolò de'Conti
Polack, Paul, Aus deutschen Lesebüchern. Dichtungen in Poesie und Prosa erläutert für Schule und Haus. Hrsg. v. Rudolf Dietlein, Woldemar Dietlein, Friedrich Polack, 3. Bd., 7. Aufl. hrsg. v. Paul Polack, Leipzig u. Berlin 1908
Pontanus, Johannes Jovianus, De Immanitate, in: Opera quae soluta oratione composuit, Basileae 1538
—, Urania sive de stellis, in: Carmina, ed. Benedetto Soldati, vol. I, Firenze 1902
Pope-Blount, s. Blount, Thomas-Pope
Porcacchi, Thomaso, L'Isole più famose del mondo, Venetia 1576.1605
Praetorius, Johannes (Hans Schultze genannt Krüger), Anthropodemus Plutonicus. Das ist/ eine Neue Welt-Beschreibung von allerley Wunderbahren Menschen, 2. Theil, Magdeburg 1666
Raimon Jordan, lo uescoms de Saint-Antonin, „Tal estarai …", in: Auszüge aus der vatican. Hs. Nr. 5232, fol. 130b, in: Archiv für das Studium der neueren Sprachen und Literaturen 18 (1863), 33. Bd., S. 466; vgl. Grützmacher
Ramusius, Johannes Baptista, Primo volume & Seconda editione Delle Navigationi et viaggi, Venetia 1554
Raumer, Friedrich von, Geschichte der Hohenstaufen und ihrer Zeit, 3. Bd., Leipzig 1824; Reutlingen 1829
Raymondo-Granata, Gregorio, (La) Scilla riviva al fonte di Nettuno, Messina 1848; 1858 (cf. Mira I, 448; Pitrè, Studi p. 79, n. 1)
Regio degli Urseoli, Paolo, Syracusa pescatoria, Napoli 1569
Relacion de como el Pece Nicolao se ha parecido de nueuo en el mar, y habló con muchos marineros en diferentes partes, y de las gran-

des maruillas que les contó de secretos importantes a la nauegacion. Este Pece Nicolao es medio hombre, y medio pescado, cuya figura es esta que aqui va retratada. En Barcelona, por Sebastian de Cormellas, el Call, ano de 1608

Renouard de Bussierre, Théodore, Voyage en Sicile, lett. XXXV, Paris 1837

Rhodiginus, Ludovicus Caelius, Lectionum antiquarum libri XVI, Basileae 1517

Richter, Christoph, Spectaculum historicum. Historisches Schau-Spiel/ so auf dem Schau-Platz dieser Welt von Gott/ von der Natur/ von guten und bösen Engeln/ von Frommen und Gottlosen Menschen/ in natürlichen Dingen und Politischen Welthändeln/ meistentheils in dem XVI. Seculo nach Christi Geburt/ ist gespielet worden./ Dargestellet in vierhundert Gesamleten Wunder-Historien. Von einem Liebhaber der Welt-Geschichte, Jena 1661

Ricobaldus Ferrariensis, Compilatio chronologica, in: Muratori, Rerum Italicarum Scriptores IX (1726)

Rondelet(ius) Gulielmus, Libri de Piscibus marinis, in quibus verae piscium effigies expressae sunt, Lugduni 1554 (cf. Blount p. 489; Pitrè, Studi p. 53s.)

Sachse, Johann Christoph, Der deutsche Gil Blas, eingeführt von Goethe, oder: Leben, Wanderungen und Schicksale Johann Christoph Sachses, eines Thüringers, von ihm selbst verfaßt, 1822

Saint-Non, Jean-Claude-Richard de, Voyage pittoresque, ou Description des royaumes de Naples et de Sicile, Paris 1785

Salimbene de Adam O. M., Chronica, in: Mon. Germ. Hist., Scriptores XXXII

Sallustius Crispus, Caius, Coniuratio Catilinae, ed. A. W. Ahlberg, Leipzig 1919

Sampieri, Placido, Messana XII titulis illustrata, Messanae 1712 (cf. Mira II, 324; Ullrich, Beiträge S. 6)

Sannazzaro, Jacopo, Opera omnia latine scripta, Venetiis 1535

—, Opera omnia, Lugduni 1536

Sansovino, Francesco, Selva di varia lettione divisa in tre parti alle quale s'é aggionta la quarta di F. Sansovino, Vinetia 1564

—, Selva rinovata di varia lettione di P. Messia, di M. Rosco, di F. Sansovino etc., Venezia 1638

—, Selva di varia lezione, Venezia 1675

Sayve, Auguste de, Voyage en Sicile, fait en 1820 et 1821, tome II, Paris 1822

Scaliger, Josephus, Josephi Scaligeri, Jul. Caesaris F., in Manili V libros Astronomicôn Commentarius et Castigationes, Lutetiae 1579

Scaliger, Julius Caesar, Exotericarum Exercitationum libri XV de Subtilitate ad Hieronymum Cardanum, Lutetiae 1557; Hanoviae 1634

Schadewaldt, Wolfgang, Von Homers Welt und Werk, 3. Aufl., Stuttgart 1959

Schaeffer, Albrecht, Über die Ballade, in: Dichter und Dichtung. Kritische Versuche, Leipzig 1923

Schaum, Marta, Das Kunstgespräch in Tiecks Novellen, Giessen 1925. Giessener Beiträge zur deutschen Philologie 15

Schiller, Friedrich von, Sämtliche Schriften. Hist.-krit. Ausg. v. K. Goedeke, Bd. XI, Stuttgart 1871

—, Werke. Hrsg. v. A. Kutscher, Berlin: Bong o. J.

—, Sämtliche Werke. Hrsg. v. G. Fricke u. H. G. Göpfert, München 1958

—, Werke. Hrsg. v. H. M. Enzensberger, Wiesbaden 1966

—, Der Taucher (1797), in: Musen-Almanach für das Jahr 1798, Tübingen 1798. (Reprograf. Nachdruck, Hildesheim 1969).

—, Briefwechsel s. Goethe, J. W. v.

[Schiller, Friedrich,] Friedrich Schiller's Der Taucher: Romantisches Machwerk, Erfurt o. J. (cf. Pitrè, Studi p. 78, n. 2)

Schmidt, Hans, Jona. Eine Untersuchung zur vergleichenden Religionsgeschichte, Göttingen 1907. Forschungen zur Religion und Literatur des Alten und Neuen Testamentes 9

Schmidt, Friedrich Wilhelm Valentin, Balladen und Romanzen der deutschen Dichter Bürger, Stollberg, Schiller, erläutert und auf die Quellen zurückgeführt, Berlin 1827

Schneegans, August, Sicilien. Bilder aus Natur, Geschichte und Leben, 2. Aufl. Leipzig 1905

—, (?), Schillers sicilianische Dichtungen, in: Augsburger Allgemeine Zeitung, Beilage zu Nr. 306 u. 307, Augsburg 1881

Schott S. J., Caspar, Magia universalis naturae et artis, Herbipoli 1657/59

—, Physica curiosa, sive Mirabilia naturae et artis, Herbipoli 1662

Schultze, Hans, s. Praetorius, Johannes

Schulze, Berthold, Ein vergessener Dichter (Franz von Kleist), in: Nord und Süd. Eine deutsche Monatsschrift 65. Bd. (1893), S. 322—343

Schwering, Julius, Franz von Kleist. Eine litterarische Ausgrabung, Paderborn 1892

Sébillot, Paul, Contes des marins en Haute-Bretagne, sér. 2, n. XII, Paris 1881

—, Légendes, croyances et superstitions de la mer, I. sér., Paris 1886, p. 201

—, Traditions et superstitions de la Haute-Bretagne, tom. I, Paris 1882, p. 153—156

—, Le Folk-Lore des Pêcheurs, Paris 1901, pp. 368—369

Seppelt, Franz Xaver, und Löffler, Clemens, Papstgeschichte von den Anfängen bis zur Gegenwart, München 1933

Servius, Maurus Honoratus, Servii Grammatici qui feruntur in Vergilii Carmina Commentarii, rec. G. Thilo et H. Hagen, Leipzig 1881/84

Sigismondo, Giuseppe, Descrizione della città di Napoli e suoi borghi, Napoli 1788 (cf. Croce, Nap. nob. V, v, 66)

Solerti, Angelo, Ferrara e la Corte Estense nella seconda metà del sec. XVI, Città di Castello 1891, p. LXXXVI (cf. Pitrè, Studi p. 83)

Solinus, Caius Julius, Collectanea rerum memorabilium, ed. Th. Mommsen, Berlin 1895

Spallanzani, Lazzaro, Opuscoli inediti, in: Lettere di vari illustri italiani e stranieri del sec. XVIII e XIX, tom X, Reggio 1843 (cf. Mira II, 376)

—, Viaggio alle due Sicilie, ed in alcune parti dell'Appennino, Pavia 1792; Milano 1825/26

Spengler, Oswald, Der Untergang des Abendlandes (1921), Sonderausg. München 1963

Speyer, Constanze Elisabeth, Die deutschen Kaiser in der Dichtung Conrad Ferdinand Meyers, in: Archiv für das Studium der neueren Sprachen und Literaturen 69 (1915), 133. Bd., S. 54—56

Spitzer, Leo, [Bespr. von] Wolfgang Kayser, Das Groteske, seine Gestaltung in Malerei und Dichtung, Oldenburg 1957, in: Göttingische Gelehrte Anzeigen 212 (1958), S. 95—110

—, Interpretationen zur Geschichte der französischen Lyrik, Heidelberg 1961

Spranger, Salomon, Homines ENY ΔPROBIOI, h. e. sub aquis viventes, ductu Historiae & Physicae, quâ veritatem, quâ genuinam vitae rationem, immixtis nonnullis, circa Alimentum, Respirationem Spiritûs, Sangvinem, Temperamentum, Sensus, Aquas item, observationibus illustrati, luci publicae expositi à Salomone Sprangero,

Voigtlando, Lipsiae 1692
Staats-Zeitungs- und Conversationslexikon, Reales, 6. Aufl., Leipzig 1715
Staiger, Emil, Friedrich Schiller, Zürich 1967
Statius, Publius Papinius, Silvae, rec. A. Marestoni, Leipzig 1950
Steinen, Wolfram von den, Geschichte als Lebenselement, Bern u. München 1969. Dalp-Taschenbuch 395D
Steinthal, Heinrich, Mythos, Sage, Märchen, Legende, Erzählung, Fabel, in: Zeitschrift für Völkerpsychologie und Sprachwissenschaft XVII (1887), S. 131—133
Storz, Gerhard, Der Dichter Friedrich Schiller, Stuttgart 1959
Strabon, Rerum geographicarum libri XVII, Basileae 1571
—, recogn. A. Meineke, Leipzig 1866
Suetonius Tranquillus, Caius, Opera, vol. I: De vita Caesarum libri VIII, rec. Max. Ihm, Leipzig 1923
Summonte, Giovanni Antonio, Historia della città e Regno di Napoli, tom. I, Napoli 1602, p. 208
Tacitus, Publius Cornelius, Germania, recogn. C. Halm, ed. V. cur. G. Andresen, Lipsiae 1930
Teetz, F., Aufgaben aus deutschen epischen und lyrischen Gedichten, entworfen u. zusammengestellt, 1. Bändchen, 1. Theil der „Aufgaben aus Schillers Balladen und Romanzen“: Das Balladenjahr 1797, Leipzig 1899
Tempio, Domenico, La Caristia. Poema epicu, canto V, tom. I, pp. 133—134, Catania 1848. 1875 (cf, Pitrè, Studi p. 84)
Tesauro, Emanuele, Il Cannocchiale Aristotelico, osia Idea delle argutezze heroiche, vulgarmente chiamate Imprese, Genua 1654; Venetia 1655. 1663. 1674. 1682
Theophanes Abbas, Isaacos, Chronographia, in: Migne, Patr. Graeca 108
Thevenot, Nicolaus Melchior de, Voyages tant en Europe qu'en Asie et Afrique. Première partie qui comprend le voiage de Levant, Paris 1689
—, Deß Herrn Thevenots Reisen in Europa, Asia und Afrika, Worinnen gehandelt wird usw., Frankfurt am Mayn 1693
Tieck, Ludwig. Der Wassermensch (1835), in: Schriften Bd. 21, Berlin 1853
Toppi, Niccolò, Biblioteca Napoletana, Napoli 1678
Turgot, Anne-Robert Jacques, Oeuvres complètes, ed. Dupont de Nemours, Paris 1884

Tzetzis, Isaac, s. Lykophron
Uberti, Fazio degli, Il Dittamondo, pubbl. da Vincenzo Monti, Milano 1826. Biblioteca scelta di opere italiane antiche e moderne, vol. 176
Ullrich, Hermann, Zu Schillers Balladen, 1. Der Taucher, in: Archiv für Litteraturgeschichte X (1881), S. 220—228
—, Die Tauchersage in ihrer litterarischen und volksthümlichen Entwickelung, ebda. XIV (1886), S. 69—102; Verb. u. Nachtr., ebda. XV (1887), S. 449
—, Beiträge zur Geschichte der Tauchersage, Progr. Dresden 1884
—, [Bespr. von] Benedetto Croce, La Leggenda di Niccolò Pesce, in: Literaturblatt für germanische und romanische Philologie IX (1888), Sp. 31—34
Urbinus, Theophilus (i.e. Erasmus Francisci), Türckisches Städt-Büchlein: Darinn Hundert und etliche der auserlesensten Städte/ Vestungen und Schlösser/ so der Ottomannischen Herrschafft/ theils im Königreich Ungarn/ theils in andern Reichen und Theilen der Welt/ unterworffen; Samt deren Belägerung/ Eroberung/ Schlachten/ Antiquitäten und andren Gelegenheiten/ auch beygefügten vielen schönen Kupffern. Aus unterschiedlichen glaubwürdigen Historicis/ wie auch vieler dahin gereiseter Personen Reißbüchern und Relationen/ mit allem Fleiß beschrieben, Nürnberg 1664
Varro, Marcus Terentius, De lingua latina, ed. Jean Collart, Paris 1954
Vegetius Renatus, Flavius, Viri illustris Flavii Vegetii Renati & Sex. Julii Frontini viri consularis De re militari Opera, ex rec. Petri Scriverii, Lugduni Batavorum 1644
—, Epitome rei militaris, rec. C. Lang, Leipzig 1885
Vergilius Maro, Publius, Aeneis, recogn. W. Janell, Lipsiae 1930
—, Eclogae et Georgica, recogn. W. Janell, Lipsiae 1930
Verne, Jules, Mathias Sandorf, Paris 1967
—, Zwanzigtausend Meilen unter Meeren (Vingt mille lieues sous les mers) Neu übers. u. einiger. v. Joachim Fischer, Frankfurt a. M. 1968. Fischer-Bücherei JV 6.
Vesalius, Andreas, Opera omnia anatomica & chirurgica, cura Hermanni Boerhaave & Bernhardi Siegfried Albini, Lugduni Batavorum 1727
—, De humani corporis Fabrica libri VII (1543)
Vico, Giovanni Battista, Scienza Nuova = Die neue Wissenschaft über die gemeinschaftliche Natur der Völker nach der Ausgabe

von 1744 übers. von Erich Auerbach, Reinbek 1966, RK 196/197
Viehoff, Heinrich, Schiller's Gedichte erläutert und auf ihre Veranlassungen und Quellen zurückgeführt, 3. Theil, 3. Aufl., Stuttgart 1859
Vieth, Encyklopädie der Leibesübungen, Berlin 1795 (II, 311f., vgl. Wassmannsdorff a. a. O. S. 134, Anm. 98)
Vigon, Braulio, Contribucion al Folklore d'Asturias (cf. Pitrè, Studi p. 59)
Villabianca, Francesco Maria Emmanuele di, Memorie siciliane, Ms. Qq. D 158 della Biblioteca Comunale di Palermo (cf. Pitrè, Studi p. 144)
Villarosa, Guglielmo, Übers. v. La Méditerranée (cf. Pitrè, Studi p. 25)
Vincentius Bellovacensis O.P., Opera: Speculi historialis pars III, s. l. [Augusta Vindelicorum] 1474;
—, Speculi naturalis tomus I, s. l. e. a. [Nürnberg 1485]
Vives, Johannes Ludovicus, De Veritate Fidei Christianae libri V, Basileae 1543
Volaterranus s. Maffei Volaterranus, Raphael
Wassmannsdorf, Karl, s. Wynman
Weber, Johann Adam, Ars discurrendi de qualibet materia ad centum fontes reducta auctore Joanne Adamo Webero, canonico regulari D. Augustini, Collegii Neo-Cellensis in Tyroli, Norimbergae 1673
Wehner, L., Der Taucher. Parodistische Operette, Leipzig 1875
Wiese und Kaiserswaldau, Benno von, Friedrich Schiller, Stuttgart 1959
Wilhelm von Malmesbury, Gesta regum Anglorum II, § 205, in: Migne, Patrol. Latina 179 (1855), coll. 1190—1191; cf. Rerum Britannicarum medii aevi Scriptores, ed. Stubbs, London 1887, I, pp. 256—258
Wünsch, Christian Ernst, Kosmologische Unterhaltungen für die Jugend. Zweyter Band: Von den auf der Erde sich ereignenden Phänomenen, Leipzig 1779
Wynman(nus), Nicolaus, Colymbetes, sive de arte natandi, Dialogus & festiuus & iucundus lectu, per Nicolaum VVynman, Ingolstadij linguarum professorem publicum, Aug. Vindelicorum 1538
—, Nicolai Wynmanni Colymbetes, das erste Schwimmbuch der Welt. Hrsg. von Karl Wassmannsdorff, Heidelberg 1889
Young, George Frederick, Die Medici. Übers. v. J. Ewers-Bumiller u. L. Günther, Coburg 1946

Zedler, Johann Heinrich, Großes vollständiges Universal-Lexikon aller Wissenschaften und Künste, Bd. I—LXIV, Suppl. I—III, Leipzig u. Halle 1732—1756
Zeise, Heinrich, Der Taucher von Schiller, in: Jahreszeiten 21 (1862), 2, S. 745—746
Zelter, Karl Friedrich, Der Briefwechsel zwischen Goethe und Zelter, hrsg. von Max Hecker, 1. Bd., Leipzig 1913
Zoleckhofer, Lucas, Vilualtige beschreibung christelicher und heidnischer Keyseren, Künigen, weltweiser Männeren Gedächtnüß wirdige Historien, löblicher Geschicht usw., Basel 1664
Zschokke, Heinrich, Ausgewählte Schriften, Aarau 1825/28, X. Bd.
—, Ausgewählte Novellen und Dichtungen, 1. Theil, 2. Aufl., Aarau 1830; 6. Aufl., Aarau 1843, 4. Bd.: Der Eros ober über die Liebe
—, Novellen und Dichtungen, 10. Aufl., 1. Theil, Aarau 1837
Zweig, Arnold, Der Spiegel des großen Kaisers, Leipzig 1951, Reclams Univ.-Bibl. 7631/32
—, Der Spiegel des großen Kaisers, Berlin 1964

Namenregister

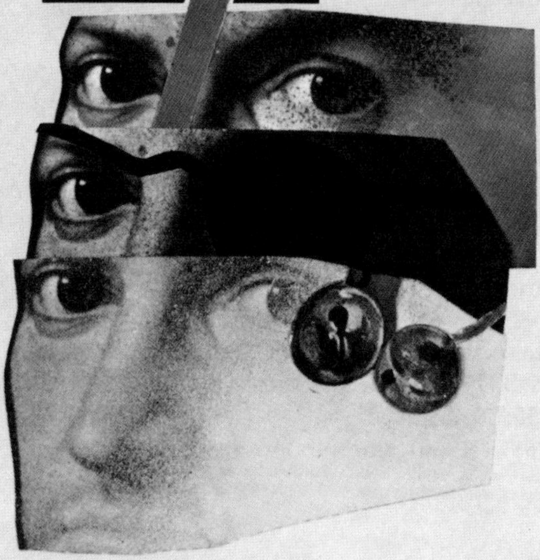

Peter Horst Neumann
Die Rettung der Poesie
im Unsinn Der Anarchist
Günter Eich
Klett-Cotta

Preise Stand 1. 1. 1981